吴式颖　李明德

丛书总主编

外国教育通史

第七卷

16—17
世纪的教育

（下）

易红郡　李先军　张　弢

本卷主编

GENERAL HISTORY OF
FOREIGN EDUCATION

北京师范大学出版集团
BEIJING NORMAL UNIVERSITY PUBLISHING GROUP
北京师范大学出版社

图书在版编目(CIP)数据

外国教育通史：全二十一卷：套装／吴式颖，李
明德总主编. -- 北京：北京师范大学出版社，2025.1.
ISBN 978-7-303-30486-8

Ⅰ. G519

中国国家版本馆 CIP 数据核字第 20251WL437

WAIGUO JIAOYU TONGSHI：QUAN ERSHIYI JUAN：TAOZHUANG

出版发行：北京师范大学出版社 https://www.bnupg.com
　　　　　北京市西城区新街口外大街 12-3 号
　　　　　邮政编码：100088
印　　刷：北京盛通印刷股份有限公司
经　　销：全国新华书店
开　　本：787mm×1092mm　1/16
印　　张：684
字　　数：9000 千字
版　　次：2025 年 1 月第 1 版
印　　次：2025 年 1 月第 1 次印刷
定　　价：4988.00 元(全二十一卷)

策划编辑：陈红艳　鲍红玉　　　　　责任编辑：鲍红玉　安　健
美术编辑：焦　丽　　　　　　　　　装帧设计：焦　丽
责任校对：丁念慈　　　　　　　　　责任印制：马　洁

编委会

总主编

吴式颖　李明德

副总主编

王保星　郭法奇　朱旭东　单中惠　史静寰　张斌贤

编　委

（按姓氏笔画顺序排列）

王　立	王　晨	王者鹤	王保星	史静寰	乐先莲
朱旭东	刘淑华	许建美	孙　进	孙　益	李子江
李立国	李先军	李明德	李福春	杨　捷	杨孔炽
杨汉麟	吴式颖	吴明海	何振海	张　宛	张　弢
张斌贤	陈如平	陈露茜	易红郡	岳　龙	周　采
郑　崧	单中惠	赵卫平	姜星海	姜晓燕	洪　明
姚运标	贺国庆	徐小洲	高迎爽	郭　芳	郭　健
郭志明	郭法奇	傅　林	褚宏启		

目 录 | Contents

第一章

法国教育的发展

美国教育史学家佛罗斯特曾经指出，到 16 世纪结束时，西欧已经出现新的政治、经济、社会和宗教势力，西欧各国人民的社会生活再也不像原来那样了。民族势力已经向教会提出了挑战，并在许多地方赢得了胜利。[①] 16 世纪末的法国也经历了这一变化。1598 年 4 月亨利四世（Henri Ⅳ, 1553—1610）颁布了《南特敕令》[②]，实行宗教宽容政策，使得许多信奉新教的手工业者留在法国，促进了法国经济的繁荣。但亨利四世的宗教宽容政策随着他的去世而被终止实施。其后经过主教大臣黎塞留（Richelieu, 1585—1642）等人的整

---

① ［美］S.E. 佛罗斯特：《西方教育的历史和哲学基础》，吴元训等译，251 页，北京，华夏出版社，1987。

② 《南特敕令》主要内容为：保证不追究胡格诺战争中的一切行为，胡格诺派获得信仰自由，有权建造教堂和召集教务会议；在法律上享有公民的一切权利；在审讯新教徒时组成新旧教法官联合法庭；在政治上与天主教徒一样，新教徒有权担任各种官职和向国王进谏；在军事上允许胡格诺教徒保留 100 多座城堡，拥有军队和武器。这是欧洲历史上第一个保证宗教宽容的文献，但天主教会和高等法院立即提出抗议。亨利四世去世后，敕令并未得到认真执行。17 世纪 20 年代，黎塞留以武力镇压胡格诺派，剥夺了他们政治上和军事上的权利。1685 年 10 月 18 日，法国国王路易十四颁布法令，彻底废止《南特敕令》，导致数年内 25 万以上的新教徒逃往英格兰、普鲁士、荷兰和美洲。

顿,到路易十四①亲政时,法国专制王权进入极盛时期。路易十四加强中央集权统治,大力削弱地方贵族的权力,促进资本主义工商业的发展。同时,路易十四与哈布斯堡家族的长期战争,使法国东部边疆延伸到斯特拉斯堡。17世纪法国教育的发展在历史前进的车轮下出现了新的变化。

第一节 时代背景

一、君主专制的强化

经历了16世纪后期的胡格诺战争②之后,到17世纪上半叶,法国政局趋向稳定。面对经济的凋敝,执政的亨利四世任命有才干的公爵担任财政总监,恢复和发展经济。亨利四世执政时期(1589—1610年),采取有力措施整顿财政,改革税制,减免民众赋税,整治贪污,打击偷税漏税,废除摊派、勒索,使国库收入大为增加,财政状况迅速好转。同时,他重视复兴农业,招抚流散农民,努力改善农业生产条件;修建道路,疏通运河,兴建堤坝,开辟荒田,引进新的作物和耕种技术;鼓励发展畜牧业。不仅如此,亨利四世还注重扶植工商业和海外殖民活动。他聘用新教徒管理工商业,推行重商主义政策,用免税、贷款、授予特权等手段扶植丝绸、亚麻、玻璃、陶瓷及某些奢

---

① 路易十四(Louis XIV, 1638—1715),是法国波旁王朝的国王,在位时间长达72年(1643—1715)。路易十四在法国建立了一个君主专制的中央集权王国,这一君主专制制度一直持续到法国大革命时期。

② 16世纪40年代,加尔文派开始在法国传播,称为胡格诺派。法国南部的封建贵族信奉加尔文派,企图利用宗教改革运动来达到夺取教会地产的目的。他们与北方有分裂倾向的信奉天主教的封建贵族有巨大的利益冲突,最终演变成长期内战。1562年3月,天主教集团首先发动攻击,屠杀新教徒,新教徒立即进行反击,占领奥尔良,导致法国宗教战争爆发,此次战争又被称为"胡格诺战争"(1562—1598年)。亨利四世于1598年颁布保证宗教宽容的《南特敕令》,持续30多年的胡格诺战争至此结束。胡格诺战争使法国王权得到加强,为民族国家的统一和经济的复兴创造了条件。

侈品工业，支持建立商业贸易垄断公司，力求本国产品在国际市场上具有竞争力。亨利四世还同英国、西班牙等国签订商业条约，保护和扩大法国商人在海外的利益。这一时期殖民活动也有了很大进展，1608 年法国在北美建立了魁北克殖民地。经济的恢复和发展增强了国家财力。据统计，亨利四世登基之前法国财政赤字达 29 600 万里弗尔，亨利四世不仅清偿了债务，而且在其晚年国库里还有 1 200 万~1 300 万里弗尔积蓄。[①]

　　贵族出身的黎塞留执政后，即着手对付胡格诺教徒的叛乱。他采取果断措施，于 1628 年占领了胡格诺教徒最后的军事据点。1629 年他颁布了《阿莱斯恩典赦令》，规定除了维持新教徒的礼拜自由、具有担任国家公职的资格之外，剥夺了《南特赦令》给予胡格诺教徒的一切军事和政治特权，根除了他们在法国建立的"国中之国"，使法国进一步得到统一。黎塞留重视加强国家政权建设，强化中央集权。他把自 16 世纪以来向地方临时性派遣的钦差大臣变为定制，并称其为总督。总督由国王直接任免，负责监督地方的行政、司法、财政和军事工作，由此加强了中央对地方的管束。为便于对地方进行控制，黎塞留还在全国各地建立驿站。在思想文化上，他开始建立出版检查制度，1630 年还创办了法国历史上最早的报刊《法兰西报》，作为集权政治的舆论工具。为了进一步加强中央集权的经济基础，黎塞留大力推行扶持工商业、海外贸易和殖民活动的政策。在黎塞留执政时期，法国中央集权的君主专制制度得到了较为充分的发展和巩固。

　　路易十四上台后独揽大权，王权空前强化，开启了君主专制制度的鼎盛时代，即"路易十四时代"。从 1665 年开始，路易十四积极推行财政改革，努力革除弊端，建立财经体系，改变税收分配不均的现象，缩减免税阶层的人数，强迫贵族交纳部分捐税，实行开源节流，增收节支，使国家财政状况有了很大好转。

---

① ［法］让・马蒂耶：《法国史》，郑德弟译，87 页，上海，上海译文出版社，2002。

路易十四自称"太阳王",其名言是"朕即国家",国王的意志就是法令。一切国事公文都由国王签署。他取消高等法院对国王旨意的异议权,并强调臣民只有义务,没有权利,只需绝对顺从。路易十四为使宫廷成为贵族国家的中心,还在巴黎郊外营建了豪华的凡尔赛宫,将大批贵族移居凡尔赛,给予丰厚的赏赐和俸禄,让他们过着腐朽的寄生生活,从而使他们丧失了对抗王权的能力。

路易十四还极力加强对教会的控制。国王对高级教职有任命权,对教会财产有支配权。1682 年路易十四召集法国的高级教士会议,并起草了"四条款宣言",宣称王权独立于教权,教皇不得做出任何侵害法国教会自由和权利的事情,重申了国王对法国教会享有高级教职的任免权和财产支配权等。由于法国天主教会越来越臣服于王权,成为维护君主专制制度的精神支柱,所以受到王权和封建贵族的积极扶植,高级教职始终为封建贵族所独占。

梳理 17 世纪的法国历史可以发现,这一时期的法国君主专制制度逐步强化。在专制君主统治下的法国,相比于 18 世纪大革命时期,这个时期的法国可以称为旧制度下的法国。在这一时期,法国基本实现了民族统一,确立了中央集权制度,逐步由王朝国家向民族国家过渡。天主教以神学思想赋予专制君主以合法性,这种神权政治决定了天主教会在法国享有特殊地位。在历史上,法国素有"天主教的长女"之称。旧制度时期的法国,不仅天主教依然是绝大多数法国人的宗教信仰、生活态度、行为规范,而且天主教会在法国的政治、经济和社会生活中享有各种特权,行使着许多世俗的职能,并几乎垄断了教育。

二、国家职能的扩大

在法国,君主专制制度产生于 15 世纪,巩固于 17 世纪,一直存续到法国大革命时期。在君主专制统治下,国家职能不断扩大,国家机构得到不断发展和完善。这种国家主义在法国表现为：打击封建割据势力，逐步完成国家的统一；控制教会；统一度量衡和币制，打破国内关税壁垒，培育国内统一市场；保护国内工商业的发展，开拓国外市场；完善法律体系，推行统一的法律；设立常备军，加强国家军队建设；奖掖文化；完善官僚机构，强化中央集权，建立行政、军事、财政、司法等专门化国家机构。①

通过这些改革与努力，法国逐步实现了民族的统一，推动了经济的发展，加强了以国王为中心的中央集权制的权威，加快了从王朝国家向近代民族国家的转变。尤其是在路易十四统治时期，从政治到经济，从法律到行政，从军事到外交，从文学到艺术，从宗教到意识形态乃至日常生活方式，国家的观念在时间和空间范围内几乎都形成了比较完备的形态。就这个意义而言，"朕即国家"不仅体现了路易十四专制独裁的个人风格，而且反映了这一时期文明进步的历史事实与国家主义的时代潮流。"路易十四时期法国的力量在1680年以后不久达到了顶峰。随着法国力量的增长，文化和思想领域也呈现出一派光辉灿烂的景象。而且，这种景象在法国政治上的支配地位在这位'伟大的君主'去世以后很久，仍然照耀着欧洲的舞台。"②

开明的专制君主们十分关注教育。一方面是为了训练军事、法律、行政、技术等方面的专业人才，以满足君主专制下国家日益庞大的官僚队伍的需要；另一方面是为了以学校教育的方式培养顺从的臣民，改善他们的生活，从而建立更为稳固的社会秩序。在17世纪，法国国王曾数次颁布实施义务教育以及在每个教区设立初等教育机构的敕令。17—18世纪，国王还曾干预过胡格诺派、詹森派和耶稣会的教育，以及创办法兰西学院、炮兵学校、路桥学校

---

① 郑崧：《国家、教会与学校教育：法国教育制度世俗化研究（从旧制度到1905年）》，35页，上海，学林出版社，2008。
② ［英］J.S.布朗伯利：《新编剑桥世界近代史（第6卷）：大不列颠和俄国的崛起（1688—1715/1725年）》，中国社会科学院世界历史研究所组译，100页，北京，中国社会科学出版社，2018。

等教育和学术机构。尽管这一时期法国政府对国民教育缺乏持久的兴趣和系统的规划，但是一旦国民教育与国家利益的关系被充分认识，国家主义就会像干涉宗教、经济、国防以及其他公共领域一样介入教育。尽管中央集权教育制度直到拿破仑统治时期才确立，但正如法国历史学家托克维尔(Tocqueville，1805—1859)所说的那样，法国大革命时期的中央集权制只是旧制度中央集权的延续。因此，拿破仑的中央集权教育制度也不是一个全新的创设。

虽然君主专制促进了民族和国家的发展，但其统治下的法国毕竟还不能算是一个现代意义上的民族国家。社会被人为地分成三个等级——教士、贵族和第三等级，贵族、教会和地方传统势力依然存在。在旧制度下，教会在教育中处于领导地位，其中一个重要的原因在于，当时的人们普遍把学校，特别是初级学校视为道德实体、教化机构，并且默认教会的道德领导地位。教会则借灌输宗教道德之机传授教义，传播神学思想。

第二节　国家对教育的干预

法国中央集权的国家机器产生于17世纪，这主要归功于苏利(Sully，1560—1641)、黎塞留和科尔伯特(Colbert，1619—1683)等国家建设者，以及路易十四这位最强有力的专制君主。黎塞留统治法国多年，政绩颇多，其中之一就是开创了合理的、集权的中央国家机器，以确保王室直接控制整个法国。一群非世袭的官员成为中央对地方进行控制的主要工具，他们后来变得越来越强大、越来越专断，由此成为投石党运动(Fronde)①时期大规模群众暴动的攻击目标。暴动最后被黎塞留的继任者马扎然(Mazarin，1602—1661)于1653年成功镇压，国家由此进一步强大，并在新国王的领导下全面巩固政权。

————————

① 1648—1653年发生在法国的反对专制王权的政治运动。

路易十四借助最高议会及地方议会，亲自统领高度中央集权的国家机器。法国被分为 32 个财政区，受遍布全国的官员控制。到路易十四去世时，法国军队从 3 万人增长到了 30 万人。巴黎建立起永久性警察武装，后来这一武装遍布整个法国。国家也鼓励贵族离开自己的土地住进凡尔赛的宫廷，以表示对王室的忠诚，同时有效地消解了他们对地方的管理和控制力量，从而使他们有别于英国的绅士。①

17 世纪法国实行的是一种典型的中央集权管理模式。那时的人们处于极端中央集权统治之下，地方上的小事都需要由中央定夺。正如托克维尔所说，中央对地方的控制是如此严格，以至于连申请修建教堂尖塔或教士的房子都需要花一年的时间。托克维尔总结了 17 世纪法国政权的性质："只有一个中央机关，位于王国的中央，控制全国的公共事务；只有一个国家领袖，负责国内的全部事务；每一个省只有一个政府派的代表，监管一切事务，不论巨细。没有一个二级机构可以自主行动，最后，一旦有案子涉及政府的管理或政府官员，就交由例外法庭审判。"②

在法国大革命前，这种中央集权统治对法国教育的发展产生了巨大影响，而且其中的部分影响很早就呈现出来了。

一、《1600 年法案》及其对大学的干预

从 13 世纪开始，巴黎大学就成为象征光明的中心和学生的圣地。拉姆斯（Ramus）曾说，这所大学不仅属于巴黎，而且属于全世界。但在拉姆斯时代，由于法国国内不安定，再加上耶稣会创立的学院蓬勃发展，巴黎大学的地位明显被削弱，学生的数量也大大减少。在一般的学术方面，巴黎大学已经远

---

① ［英］安迪·格林：《教育与国家形成：英、法、美教育体系起源之比较》，王春华等译，142～143 页，北京，教育科学出版社，2004。

② Alexis de Tocqueville, *The Old Regime and the French Revolution*, trans, Stuart, Gilbert, New York, Doubleday & Company, 1955, p.57.

远落后，因此开展一次彻底的改革显得非常必要。但直到 1600 年，亨利四世才将改革付诸实践。

《1600 年法案》是根据亨利四世的命令而制定的。对法国而言，这是国家第一次直接干预教育管理，与教会绝对权威相对的世俗力量也随之建立起来。《1600 年法案》的制定工作由国王任命的一个专门委员会负责。该委员会由一些牧师、地方行政官以及教授组成，最终法案就是他们协商的结果。

按照该法案，巴黎大学设立了四个机构：神学院、法学院、医学院、文学院。以文学院为例，根据《1600 年法案》的规定，文学院的大门向古典作家敞开了，这可以说在一定程度上受到了文艺复兴运动的影响。然而，教学方法和教育理念几乎没有发生任何变化。天主教学说是必修课程，法语依然遭到禁止。大量的重复性练习和背诵依然是惯用的教学方法。文科被认为是一切学科的基础，哲学课程只是简单地解释亚里士多德的著作，历史和其他学科几乎没有受到关注。

尽管国家对高等教育进行了干预，但直到 17 世纪的最后 25 年，巴黎大学仍然没有摆脱衰败的状况。究其原因，巴黎大学改革的力度不够，改革的结果也很糟糕。除了个别人之外，巴黎大学几乎没有出色的教授。当时的情况是：教育形式化，滥用抽象的文法规则，大量的文法训练，繁重的抄写作业以及拉丁语作文。巴黎大学止步不前、不思进取，反而固执地抵制新的思想，禁止研究笛卡儿(René Descartes，1596—1650)哲学，禁止开设法语课程。总之，17 世纪巴黎大学只有僵硬死板的陈规旧俗，一直处于落后状态，其衰败是必然的结果。

二、对技术与职业教育的干预

与普鲁士、奥地利一样，法国很重视对教育进行干预。法国的专制政府经常通过提供赞助和颁布法令——有时也通过建立自己的学校——来干预教育。但17、18世纪法国对教育的干预，同普鲁士、奥地利或多或少存在一些差别。第一，法国在小学后教育方面最关注的是职业和技术教育而不是学院教育。因反对扩张耶稣会学院而出名的黎塞留和科尔伯特认为，耶稣会学院不仅分散了国家对经济和军事事务的注意力，还带来了多余的没有生产力的古典学者。[①] 17世纪法国统治者更关心的是充分发展技术和军事教育，以支持国家发展贸易和机器生产，以及进行军事扩张。第二，普鲁士和奥地利的王室曾大力普及小学教育，但法国除了在1698年颁布了一个有名无实的强制入学法令外，在大革命之前毫无行动。

之所以会有这种差异，部分原因在于这些国家专制统治的结构不同。法国较早地获得了国家统一。早在14世纪，卡佩王朝就开始致力于国家统一事业。尽管在百年战争和宗教战争之后，一直到17世纪，敌对势力确实阻碍过中央集权国家的巩固，但在塞顿-沃森（Seton-Watson）看来，到1500年时建立法兰西国家和民族的基本措施已经到位。1539年，弗朗索瓦一世规定法语是唯一合法的官方语言，这标志着法兰西民族已经达到了相对的同质性。因此，塞顿-沃森指出："法国是欧洲第一个民族国家，率先实现了中央集权管理和民族文化的统一。"[②]尽管没有直接的证据，但比起德国在统治地域和宗教上的不稳定性，法国作为一个相对同质的民族国家，对利用大众教育促进国家融合的需要就不如普鲁士和奥地利那样强烈了。

17世纪，在法国出现的专制国家的社会结构，也和东欧的专制主义有所不同。虽然法国贵族对农民进行残酷的剥削，但法国农民很早就获得了相对的独立性，农奴制早已被废除，没有发生大规模的圈地运动，贵族的土地也被不断分割。因此，法国土地上存在着规模庞大的大小农耕阶级，他们承担

---

① F.B.Artz, *The Development of Technical Education in France*, 1500-1850, Cambridge, MIT Press, 1966, p.25.

② [英]安迪·格林：《教育与国家形成：英、法、美教育体系起源之比较》，王春华等译，144页，北京，教育科学出版社，2004。

沉重的苛捐杂税，被强制服兵役。虽然强迫劳役几乎已经消失，但他们仍然要为国家义务劳动——建设和维修公路。不过，比起其他国家的农民，他们拥有相对的人身自由，处于悲惨屈从地位的普鲁士农民与他们不可同日而语，导致17、18世纪普鲁士的农民起义异常频繁。在这种情况下，法国农民对教育的要求就不如普鲁士那样强烈。后来的七月王朝曾试图促进大众教育发展，还遭到大批农民的反对，而且这股反对势力一直到农民自身意识到教育的好处时，才有所削弱。

在专制统治时期，法国教育的又一特点是，相对于大学的停滞状态，其技术和职业教育有了显著发展。这与法国的国家结构尤其是官僚体制的性质有关——在17世纪法国就已经有非常先进的国家机器。这在很大程度上归结于政府的卖官行为。1604年法规定，如果每年缴纳一定的费用，官位就可以世袭。科尔伯特及其之后的统治者试图摒弃这一做法，但没有成功，因为王室的收入很大一部分来源于此，买卖官位成了维护王室免受贵族以及国会控制的主要手段。只是这样做的代价太大了。托克维尔指出，其结果是官僚体制变得异常复杂，并且毫无效率可言，只好把它闲置起来，而建立另一套既简单又便于操作的管理工具，把那些买官的人该做的事情都做了。

相对于普鲁士高效的官僚体系，法国的官僚体系反应很迟钝，也没有外在压力迫使它提高效率。直到大革命将旧的封建特权扫荡一空，它才开始改革，并倾向于贤能政治。这对法国中等教育产生了重要影响。在普鲁士，中等教育是培养年轻有为的官僚的重要途径，因此中等教育得到极大发展。而在法国，官位已经被卖出，不存在上述二者之间的关系，因此国家对中等教育的兴趣并不大。一直到大革命后，公共服务机构开始竞争上岗，拿破仑才不得不建立国立中学，以培养年轻的官僚。

相反，提高军事和经济效率是法国统治者最为关心的，而发展高效的职业教育被认为与这些目标的达成密切相关。法国的工农业发展与英国不可同日而语，部分原因是法国贵族常常忽视他们的地产，另外法国资产阶级倾向于领俸这种稳定的收入而不愿开创事业。黎塞留和科尔伯特等统治者下决心通过不断进行国家干预来扭转这一势头。重商主义常常被认为与通过国家干预工商业来促进国家强盛相关。另外，值得我们重视的是，后继的统治者们开始直接创办工业，同时发展教育事业。

17 世纪法国建立了一些国家工业，另有一些工业得到国家资助，并受到保护，免受行会的竞争。例如，工业中心戈伯兰(Gobelins)建立后，科尔伯特将它纳入国家控制之下，作为家具、挂毯、丝绸和纺织生产的示范中心。这不可避免地刺激了法国职业教育的发展，而且在法国技术教育史学家阿兹(Frederick Artz)看来，它们带动了法国规模巨大的技术复兴。随后，法国还建立了一些国家培训机构。例如，黎塞留在朗格勒为战争孤儿开办了一所贸易学校，开设数学和建筑学理论课程，以及织布与制鞋实践课程。1657 年，建立了另一所贸易学校(位于圣日耳曼德佩)。法国政府也成立了教授艺术、设计和建筑的学校，如皇家绘画学院(1648 年)、罗马学校(1665 年)、皇家建筑学院(1671 年)。1688 年在科尔伯特的努力下，又一所艺术学校在波尔多建立，这所学校在 18 世纪为各地争相效仿。

这一时期，法国还建立了一些军事专科学校。黎塞留是军事和贸易学校的大力倡导者。他写道："字母和士兵对于建立和维持一个伟大的帝国同样重要，前者能规范和开化国民，后者可以拓展并保护这个国家。"[①]他建立了法国第一所军事专科学校，截至 1684 年共有 4 275 名学生。1682 年，国立航海学校建立，以满足和平与交战时期的航海需要。其职业教育的这些早期探索，完全是 17 世纪国家战略重心的反映。阿兹在总结这一时期法国教育发展情况时强调："整个 17 世纪，所有建立和改革职业教育的努力都是以重商主义理

---

① 转引自[英]安迪·格林：《教育与国家形成：英、法、美教育体系起源之比较》，王春华等译，146 页，北京，教育科学出版社，2004。

论为基础的。加强国家的军事和航海力量、提高机器生产的质量和产量以占领国内外市场，成为政治家们不变的目标。除非你抓住了这一点，否则你不可能理解为什么会大兴职业教育。"[1]

技术和职业教育的发展，是 17 世纪法国专制政府关注的重要领域，其目的是推进国家的军事和商业目标。这是法国教育最有意义的进步，也使得这一时期的法国在技术和职业教育方面遥遥领先于其他国家。

第三节　耶稣会的教育活动

在法国大革命之前，也就是在公共教育和国民教育观念被纳入议会的立法方案之前，教育几乎一直由教会负责。大学在某种程度上也依赖于宗教权威，国家还没有要求对教育行使指导权和统治权。

在所有致力于教育事业的宗教团体中，尤为突出的是耶稣会和詹森派。这两个教派的教规、组织、目标各不相同，体现在教育上也有不同。在耶稣会学校，修辞和辩论备受推崇；而在詹森派学校，则尤为重视逻辑和思维训练。圆滑世故的耶稣会信徒能够适应这个时代，对人性的弱点充满同情；而孤独的詹森派则严于律己、严于律人。耶稣会信徒的圆滑和乐观主义使他们成了伊壁鸠鲁式的享乐主义者，而詹森派的严肃和庄重则使他们成了斯多葛式的禁欲主义者。自 17 世纪以来，这两个教派各抒己见。耶稣会试图努力保持旧式的练习，如拉丁诗歌、强化记忆等；詹森派则效仿改革者，在教授古典文学方面打破陈规旧俗，用更坚实、更完整的教育取代表面化的高雅训练。历史地看，耶稣会学校在 17 世纪招收的学生不计其数，而詹森派学校仅存在

---

[1]　F.B.Artz, *The Development of Technical Education in France*, *1500-1850*, Cambridge, MIT Press, 1966, p.56.

不到 20 年的时间，在它短暂的生命中最多招收了几百名学生。然而，詹森派的教育方法在其学校的废墟中和教师的传播下存活下来了。尽管耶稣会表面上仍处于统治地位，但实际上詹森派获得了最终的胜利，对后世法国的中等教育产生过深远影响。①

一、17 世纪耶稣会的办学

罗耀拉（Ignacio de Loyola，1491—1556）创立耶稣会的目的不是建立一种隐居沉思的规则，而是建立一支能真正作战的军队。这支天主教军队有两项职责：一是通过传教来征服新的地区，使之信仰天主教；二是通过控制教育来维持旧的地盘。1540 年，在教皇保罗三世的大力扶持下，耶稣会教区飞速发展。16 世纪中期，耶稣会在法国建立了几所学院，并于 1561 年在巴黎扎根立足。一百多年后，耶稣会仅在巴黎市就有多达 14 000 名学生。② 在耶稣会学院，中年级和高年级的学生人数不断增长。到 17 世纪末，耶稣会的班级名册中出现了 100 多位熠熠生辉的名人，包括康迪（Conde）、笛卡儿、莫里哀（Molière）等人。1710 年，耶稣会管理着 620 所学院和众多大学。它们成为教育的真正主人，对教育的绝对统治权一直持续到 18 世纪末。③

早在 1551 年，耶稣会获准设立了一所学院，为了纪念他们的捐助人，便把这所学院命名为克莱蒙学院。这所学院经过发展，吸引了当时大量的青年学子。从 17 世纪初开始，克莱蒙学院便有 2 000 名学生在册，人数最多的时候达到 3 000。与此同时，法国各省几乎都创建了耶稣会学院。到 17 世纪末，

---

① ［法］加布里埃尔·孔佩雷：《教育学史》，张瑜、王强译，107 页，济南，山东教育出版社，2013。

② ［法］加布里埃尔·孔佩雷：《教育学史》，张瑜、王强译，108 页，济南，山东教育出版社，2013。

③ ［法］加布里埃尔·孔佩雷：《教育学史》，张瑜、王强译，108 页，济南，山东教育出版社，2013。

耶稣会学院达到了92所。其中，拉弗莱切学院就是后来笛卡儿学习的地方，它的学生数在1 000~1 400。

耶稣会学校办学效果好，因而具有很大的吸引力。"巴黎大学各个学院的学生们便仿佛中了魔一样涌向耶稣会开办的学院。"①耶稣会的学校是那么时兴，以至于巴黎大学不得不采取措施，防止它自己的学院院长们把他们的学生送到耶稣会学校跟班听课。基什拉②说过，巴黎大学几乎只剩下一些谋求高等院系学位的候选人、耶稣会不甚在意的穷人，以及不期望谋取神父这类好差事的富家子弟。当然，这些人的数量不会很多。

当亨利四世发出对耶稣会学校的驱逐令后，耶稣会会士们只是放弃了他们在大城镇的学院，但他们还是作为寄宿学校的教师留在小学校里，或者作为私人导师分布在各地。许多家庭不得不把孩子送到耶稣会在法国边境地区办的学院里。这种状况一度让巴黎大学深感不安，并向国王抱怨。

耶稣会学校的这种成功应该归结于什么因素？在涂尔干(Émile Durkheim, 1858—1917)看来，可以简单地归之于这样一个事实：耶稣会学校提供的教育是完全免费的。寄宿学校只需支付膳宿费用，由于耶稣会从各个方面募集了捐助，所以这个费用也是少之又少。"在一家普通学院里维持一个孩子所需的费用，耶稣会可以教育出两个孩子。"杜·布莱(Du Boulay)③对耶稣会教育的成功进行了说明：耶稣会开始免费授课！这让许多人感到莫大的快乐。因此，他们自己的学校门庭若市，而以前的大学和学院日渐冷落了。④

1559年《耶稣会章程》规定了耶稣会学院的组织情况，1599年出版的《教学大全》则包含了一个完整的教学计划，成为17世纪乃至后来三个世纪不变

① [法]爱弥尔·涂尔干：《教育思想的演进》，李康译，253页，上海，上海人民出版社，2006。
② 基什拉(Jules Quicherat, 1814—1882)，法国历史学家和考古学先驱，法国中世纪史专家。
③ 杜·布莱，法国历史学家，主编了6卷本《巴黎大学校史》。
④ [法]爱弥尔·涂尔干：《教育思想的演进》，李康译，253页，上海，上海人民出版社，2006。

的教育典范。

长期以来耶稣会教育的一个突出特点是：其在发展的整个历史阶段，有意忽视甚至贬低初等教育。耶稣会的拉丁语学院遍布世界各地，耶稣会争取一切机会掌管大学教育机构的建立，但没有建立过一所小学。即使在其建立的中等学校里，也把低年级的班级交给不属于耶稣会的教师管理，而把高年级的班级留给耶稣会的教师。

耶稣会取得的成就体现在中等教育方面。耶稣会教育的基础是希腊语和拉丁语。其目的是统治古典教育，并利用古典教育宣传天主教信仰。耶稣会教育的最高理想是培养能用拉丁文写作的学生，这种教育目标造成的直接后果是作为母语的法语遭到摈弃。《教学大全》一书甚至严禁用法语进行交谈，只有在节假日才能使用法语。因此，耶稣会教育对拉丁语和希腊语的重视，相应地让文法、修辞和诗歌等也受到重视。

二、耶稣会学校的教育内容

耶稣会教育过分关注语言形式，致力于精美语言的训练和练习，却完全忽视其他实用性的学科。耶稣会的教育计划把历史完全排除在外，教师只有在讲解拉丁语和希腊语课文的时候才会提及一些历史事件，但不过是为了帮助学生理解必要的考试内容。耶稣会的智力训练不在于了解真正的事物，也不在于吸收不同领域的知识，而仅仅是为了获得优美的语言形式。

科学和哲学与历史一样受到忽视。科学知识在低年级教育中被完全排除。学生在学习哲学之前，学习的仅仅是古典语言。哲学教育本身也被缩减为枯燥的单词学习、技巧性辩论以及对亚里士多德的评论。记忆和三段论推理是唯一得到训练的技能。这种教育没有事实依据，没有真正的归纳总结，也没有对自然的认真观察。法国教育家孔佩雷深刻地指出，耶稣会信徒首先反对的就是进步，他们不能宽容地接纳新事物。他们的教育囚禁了人类思想，也阻挡了前进的脚步。①

三、耶稣会学校的纪律

耶稣会学校重视纪律，并把榜样当作纪律的一个重要因素。《教学大全》写道："有必要鼓励学生模仿好榜样的高贵行为。榜样是学习的重要动力。"②《教学大全》还设立了许多奖励，包括十字架、缎带、装饰物、罗马共和国时期的头衔。以上奖励方式都是为了激发学生的学习热情，激发他们超越别人的斗志。此外，学生不仅仅因行为表现良好受到奖励，如果检举了同学不好的行为也会受到奖赏。一般说来，教师负责班级管理，但在教师不在的情况下，每个学生都要监管同学，他们是教师的"小间谍"。因此，如果一个学生用法语说话或者违反纪律，他可能会受到惩罚；但是，如果他能指出同学在同一天也犯了同样的错误，那么他就可以免受惩罚。③

在耶稣会学校，教师并不亲自体罚学生，因为这样会有损教师的尊严。他们把教鞭交给外人使用。学校的纪律委员、仆人或门卫负责执行学院中的一切惩罚。尽管《教学大全》建议采用适度的惩罚，但事实证明，并非所有的惩罚者都会手下留情。

在历史学家看来，耶稣会教育像梦境一般吸引并抚慰学生的心灵，但不敢唤醒灵魂；他们关注用词和表达，但相应减少了思考的机会；他们从某种程度上激发智力活动，但当强化记忆转化为反思性思考的时候往往就戛然而止。总之，耶稣会的教育方法就是把学生的思维从无知和迟钝中唤醒，但又

---

① [法]加布里埃尔·孔佩雷：《教育学史》，张瑜、王强译，111 页，济南，山东教育出版社，2013。

② [法]加布里埃尔·孔佩雷：《教育学史》，张瑜、王强译，112 页，济南，山东教育出版社，2013。

③ [法]加布里埃尔·孔佩雷：《教育学史》，张瑜、王强译，112 页，济南，山东教育出版社，2013。

不足以展示人类的完整官能，无法教育学生进行真正的自我活动。① 贝尔索
(Bersot)曾说："关于教育，我们发现耶稣会是这样处理的：历史被缩减为事
实和表格，而没有事件背后蕴含的道理和对世界的认识，即便仅有的历史事
件也因陈述过度而被扭曲事实。哲学被缩减为所谓的经验理论，不必担心学
生会对之产生兴趣。自然科目被缩减为娱乐，缺乏探索和自由精神。文学被
缩减为对古典作家的释义，最终教会学生一些俏皮的话语。人们对文字有两
种完全不同的热情，一种热情塑造伟人，另一种热情塑造顽童。我们发现，
耶稣会教育属于后者，他们把文字看做一种娱乐心灵的东西。"②

第四节　詹森派的教育活动与教育思想

詹森派是 17 世纪在欧洲流行的教派。它的创始人是荷兰神学家詹森
(Jansen，1585—1638)。詹森派的主要目的在于革新基督教，它认为真实的信
仰不是外在的行为和仪式，而是内心的纯洁与虔敬。在这一点上，它与加尔
文派③的精神是吻合的。

詹森派传入法国后，重要的活动中心是波特·诺亚尔修道院。它的创立
者是圣西拉。波特·诺亚尔修道院自成立之日起，就十分重视少年儿童教育。
圣西拉说："教育在某种意义上是一件必要的事情……我希望你们知道我的想
法，没有比教育儿童更能博得上帝欢心的工作了。"④詹森派的教育活动中，

———————

① ［法]加布里埃尔·孔佩雷：《教育学史》，张瑜、王强译，114 页，济南，山东教育出版社，
2013。

② 转引自[法]加布里埃尔·孔佩雷：《教育学史》，张瑜、王强译，114 页，济南，山东教育出
版社，2013。

③ 加尔文派，也称加尔文教、加尔文宗或归正宗、归正会。

④ 转引自[法]加布里埃尔·孔佩雷：《教育学史》，张瑜、王强译，116 页，济南，山东教育出
版社，2013。

值得关注的是他们创办的波特·诺亚尔学校和詹森派信徒罗林的教育思想。

一、波特·诺亚尔学校

　　源于对儿童教育的殷切关注和无私奉献，詹森派在波特·诺亚尔建立了少儿学校，之后在巴黎也建立了少儿学校。他们只招收少量学生，不是为了便于对学生施加影响和统治学生，而是为了更好地履行本职的教育工作。但是，不久后发生的宗教迫害破坏了他们的教育计划。1660年，波特·诺亚尔学校被占领，耶稣会奉国王命令封闭学校，并遣散教师。

　　尽管波特·诺亚尔学校存续时间不长，但其教师中涌现出了数位杰出人物。他们撰写了不少关于教育的论著，这些论著成为法国重要的教育文献资料。例如，逻辑学家尼克尔(Nicole)曾在少儿学校担任哲学和人文学教师，并于1670年出版了《王子的教育》等系列教育作品，这本书可以用于指导各个年级的儿童教育。另一位是文法学家兰斯洛特(Lancelot)，他著有《方法》一书，可以用于指导拉丁语、希腊语、意大利语和西班牙语的教学。有些教师虽然不太知名，但他们也留下了关于教育的著述，如《儿童教育条例》《儿童生活规则》等。从上述著作中，我们可以了解到波特·诺亚尔学校的教育活动及其办学指导思想。

　　(一)波特·诺亚尔学校的教学

　　在推广母语学习上，波特·诺亚尔学校走在了时代前列。詹森派认识到选择晦涩难懂的拉丁语著作作为学生阅读材料的荒谬之处，强调尽早让学生接触他们能够理解的法语书籍才是明智之举。詹森派其实并没有用原汁原味的法语著作取代拉丁文本，但他们至少给学生提供了优秀的法语译本，因而法语在法国首次成为备受重视的学科。在学习拉丁语之前，学生们要先学习用法语写作。教师要求学生写一些记叙文和小品文，学生可以回忆以前阅读的一些相关文章，并结合回忆进行写作。

　　詹森派十分关注如何使学习过程变得更加简单，他们改革了当时阅读与书写的教学方法。詹森派神学家阿尔诺（Arnauld）在其《一般文法》一书中写道："每一个字母都有自己的发音，而这个字母与别的字母在一起时又有了新的发音，这让阅读变得更加困难。例如，学生要学习'fry'这个音节就要先学习'ef''ar''y'三个音，这无疑会让他迷糊。因此，最好教孩子们知道每个字母的真正发音，用自然声音给每一个字母命名。"①波特·诺亚尔学校提议，让孩子们只学习元音和双元音，而不用学习辅音，因为辅音只在与元音或双元音相结合的音节和单词中才发音。这种语音教学法被称为"波特·诺亚尔方法"。

　　波特·诺亚尔学校的文法书是用法语写成的。尼克尔说："用拉丁语解释拉丁语的文法很荒谬，因为学生还不懂拉丁语。"②兰斯洛特在其《方法》一书中对文法教学进行了简化：少学理论，多做练习。当学生稍微了解文法规则的时候，让他们通过练习进一步观察并掌握文法规则。

　　波特·诺亚尔学校的文法教师通过诵读古典著作，丰富了原本枯燥无味的文法规则学习。文法教师在诵读古典著作的节选段落时，进行适当的口头讲解，这样具体的文章实例取代了索然无味的文法规则。教师在声情并茂、生动活泼地朗读古典著作的同时，对文法规则进行讲解。篇章段落与文法规则相结合，文法学习就不会那么枯燥乏味了。这是一种很好的方法，因为它激发了学生活跃的思维，使学习过程与思维活动相辅相成。这种方法也遵循了笛卡儿提出的从已知到未知、从简单到复杂的学习规律。

　　在詹森派看来，教育只是培养正确判断力的途径。尼克尔指出，各种学科只是被用作形成推理与判断能力的一个工具。历史、文学和各种自然科学

---

　　①　转引自[法]加布里埃尔·孔佩雷：《教育学史》，张瑜、王强译，118~119页，济南，山东教育出版社，2013。

　　②　转引自[法]加布里埃尔·孔佩雷：《教育学史》，张瑜、王强译，119页，济南，山东教育出版社，2013。

本身都没有内在价值,教育只不过要求教师利用这些学科培养公正贤明的人。尼克尔还宣称,完全忽视科学比完全投入科学会更好,过多地学习科学没有多大用处。对于那些研究"土星周围是否有桥梁或拱形建筑支撑"的星象学家和数学家,他说:"我宁愿拥有自知之明,也不愿了解那些知识。"①

詹森派的教育完全排除了冗长无趣的背诵记忆和华而不实的想象。波特·诺亚尔学校很少关注拉丁语诗歌的学习。古典语翻译成法语优先于法语翻译成古典语,口头主题阐述优先于书面主题阐释。学生要学会不被浮华的词语蒙骗,不满足于肤浅的词汇和晦涩的理论层面,而应努力透过表面认识事物本质。

(二)波特·诺亚尔学校的纪律

詹森派和耶稣会在教育上最大的不同之处在于:詹森派的波特·诺亚尔学校致力于培养心智健全的人而不是优秀的拉丁语言学家。它的教育目的是让学生参与自我判断和自我反思活动。② 在学生有能力的情况下,让他们尽可能地去思考和理解。在课堂上,教师不放过学生未理解的任何词语。教师仅仅要求学生完成那些能够开发智力的学习任务,学生则只需要掌握能力范围之内的知识。

在人性论上,詹森派主张人性本恶。圣西拉说:"恶魔已经掌控每一个尚未出生的孩子的灵魂。""我们必须为灵魂祈祷,像守护受外敌威胁的城邦一样时刻守护灵魂。恶魔在灵魂之城的外面四处游荡。"③波特·诺亚尔学校的教师瓦伦特(Varet)写道:"你要相信你的孩子完全有可能向邪恶方向发展。他

---

① 转引自[法]加布里埃尔·孔佩雷:《教育学史》,张瑜、王强译,120页,济南,山东教育出版社,2013。
② 转引自[法]加布里埃尔·孔佩雷:《教育学史》,张瑜、王强译,119页,济南,山东教育出版社,2013。
③ 转引自[法]加布里埃尔·孔佩雷:《教育学史》,张瑜、王强译,121页,济南,山东教育出版社,2013。

们的性情喜好不受理智的控制，反而被邪恶腐蚀，往邪恶的方向寻欢作乐。"①

人性本恶的信念可能会产生两种相反的结果，并指导人们在实践中走向两个截然相反的方向。如果相信人类是堕落的天使，人性遭受邪恶玷污，罪恶不可救赎，则会造成一种人对待人性本恶的态度是威言厉语，另一种人对待人性本恶的态度则是温存怜悯。波特·诺亚尔学校的教师们无疑是属于后者的。他们坚定不移地相信人性本恶的宗教信条，但他们同样坚定不移地关爱、呵护儿童。

在波特·诺亚尔学校，人性本恶的信念还产生了另一种结果，那就是增强了教师的工作热情。这种信念激励教师更加勤勉、更加警觉地照料每个儿童，把邪恶的苗头扼杀在摇篮中。负责道德教育的人如果太相信人性、太信赖儿童的优良品德和性情，是十分危险的。因为这样，儿童就会有过度的自由，教师就会袖手旁观，任其发展。相反，如果教师对人性怀有疑虑，即便这种疑虑是错误的，也会产生较好的效果。因为只有认识到儿童可能遭遇的危险影响，教师才能给予他们更多的关注与教诲，警告他们远离邪恶。

警觉、耐心、和善——这就是波特·诺亚尔学校纪律的三大法宝。在詹森派的少儿学校，几乎没有任何惩罚措施。"少点责备、多点宽容、多点祈祷"②——这是圣西拉提出的三点要求。在这所学生数量相对较少的学校里，学生被勒令遣送回家的威吓就足够维持学校纪律了。实际上，所有行为不端的学生都会被遣送回家。这项举措在付诸实践的时候，就形成了一个完善的保障体系。

当然，波特·诺亚尔学校在纪律规范上也有一些缺陷。詹森派主张学生

---

① 转引自[法]加布里埃尔·孔佩雷：《教育学史》，张瑜、王强译，121页，济南，山东教育出版社，2013。

② 转引自[法]加布里埃尔·孔佩雷：《教育学史》，张瑜、王强译，122页，济南，山东教育出版社，2013。

不应该跟任何人进行亲密的交谈，他们强调孩子们应从小培养相互尊重的习惯。这种做法让孩子们从小被迫装扮成小绅士，看起来颇为滑稽，同时也会妨碍孩子们之间发展亲密无间的友谊。但它更为严重的缺陷是，由于担心学生会产生利己主义的自爱，詹森派压制竞争精神。他们有意识地不去刺激学生产生骄傲的心理，因此造成了波特·诺亚尔学校的孩子们感受不到荣誉的激励和对他人的羡慕。①

波特·诺亚尔学校的教师始终表现出对教育事业的强烈感情和无私奉献精神；对宗教信仰的热情和真挚；对人性与尊严的强烈维护；注重庄严、虔诚的仪式以及内心情感的真实性和至上性；鼓励宗教信仰，又不耽于迷信；对人性充满担忧和疑虑，同时用和善的情感关切、引导灵魂从善发展；最重要的是，这些基督徒教师无怨无悔地投身于拯救人类灵魂的教育事业。②

在教学方法和班级管理上，詹森派教师也为教育发展做出了应有的贡献。波特·诺亚尔学校的教师都是令人称赞的人文主义者，他们以某种力量代表了蒙田（Michel de Montaigne，1533—1592）所设想的智力教育，这种智育是为了给社会生活培养具有健全判断力和正直之心的民众。教育史学家巴尼尔（Barnier）说："波特·诺亚尔学校在使教育变得简单化的同时，又没有完全消除其困难。他们努力增加教学的趣味性，又不让学习成为儿童的游戏玩乐。学生只需记忆那些智力能够理解的知识……波特·诺亚尔学校为我们提供了有用的教育理念，使我们得到合乎逻辑的结果。"③

---

① 转引自[法]加布里埃尔·孔佩雷：《教育学史》，张瑜、王强译，123页，济南，山东教育出版社，2013。
② 转引自[法]加布里埃尔·孔佩雷：《教育学史》，张瑜、王强译，123页，济南，山东教育出版社，2013。
③ 转引自[法]加布里埃尔·孔佩雷：《教育学史》，张瑜、王强译，124页，济南，山东教育出版社，2013。

二、罗林的教育思想

前面提到，巴黎大学在 17 世纪初虽然受到了政府的干预，但依然没有改变衰败的结果。但在巴黎大学发展史上，17 世纪后期的 20 年，也就是从 1680 年到 1700 年，新的思想渗透进来。拉丁语的地位有所动摇，人们越来越认识到法语和法国文学的重要性。在此期间，许多杰出的著作让法国文学熠熠生辉，詹森派的教育精神也渗透到了巴黎大学各个学院，笛卡儿哲学成为新的教学内容，教师们越来越重视对作者的解释，而不是对课文语句的重复朗读。

随着新思想的引进，以及学校内部学者们的共同努力，巴黎大学掀起了学科复苏的浪潮，罗林就是发起者之一。

（一）罗林与《学习论》

罗林（Charles Rollin，1661—1741）是法国历史学家、教育家，他在《学习论》(*Treatise on Studies*)一书中总结了自己长达 50 年的教学经验。该书前两卷出版于 1726 年，最后两卷出版于 1728 年，如果按照出版时间，该书应该属于 18 世纪的著作，但它其实是关于 17 世纪教育学的著作，主要探讨了路易十四（Louis XIV）统治下的大学传统。罗林是 17 世纪后期法国大学教育的亲历者、见证者，他在写给巴黎大学校长的拉丁语信中，明确地表达了自己的意图和目标："我的首要设想就是对我们长久以来应用的教学方法进行记录和做出解释，这些教学方法至今只是以一种传统的、口头形式来传递的。我要竭尽全力为现今青年教育坚持的原则和实践建立一座不朽的纪念碑。我的目的是把传统完整地保存下来，尽可能使它们不因时间流逝而发生改变。"[1]

《学习论》共八卷，开篇的前言部分讲述了教育的益处。第一卷名为《适合

---

[1] 转引自[法]加布里埃尔·孔佩雷：《教育学史》，张瑜、王强译，178 页，济南，山东教育出版社，2013。

幼儿的练习：女孩教育》。① 第二卷至第七卷讨论的是公共学校应开设适合青少年教育的不同科目。具体分为：第二卷，语言学习，即希腊语和拉丁语学习；第三卷，诗歌；第四卷，修辞学；第五卷，三种雄辩术；第六卷，历史；第七卷，哲学。最后是第八卷，名为《学校和学院的内部管理》，讨论的不是学习和智力练习，而是纪律和道德教育。从各方面看，第八卷是该著作中最新颖、最精彩、最有特色的部分，它蕴含了罗林丰富的教育思想。

《学习论》出版后，受到不少学者的推崇。伏尔泰称《学习论》是一本具有永恒价值的书。法国文学评论家、曾任巴黎大学教授的尼扎尔(Nisard)曾经评论说："关于教育问题，《学习论》是最独特的一本书。"②

(二)论教育目的与内容

在讨论教育目的时，罗林曾在《学习论》的前言部分提出教育有三个目的：学习、道德和行为举止、宗教。罗林指出，学习能够陶冶情操，能够培养干事业的能力。他强调，国家特别是基督教国家和民众的幸福，取决于良好的青少年教育。教育的目的是通过各门学科的学习，培育并发展青少年的智力：让他们能够胜任命运安排的不同职业，为国家做出贡献；让他们学习虔诚的宗教仪式，这是上帝的要求；青少年要知道自己与父母和祖国之间的神圣纽带，学习对王子和大臣必须表现出的尊重和顺从。③

前面提到，罗林在《学习论》中分卷说明了语言、诗歌、修辞学、雄辩术、历史、哲学等内容的学习，这里简要介绍其中的内容。

尽管罗林偏爱拉丁语教育，但他奉行詹森派的做法，充分肯定法语的重

---

① 《学习论》第一版只有七卷，直到 1734 年，在一些人的强烈请求下，罗林才写了一篇关于男孩和女孩教育的文章，最初以附录的形式出版，在后来的版本中改为第一卷，但卷名未做改变。

② 转引自[法]加布里埃尔·孔佩雷：《教育学史》，张瑜、王强译，178 页，济南，山东教育出版社，2013。

③ [法]加布里埃尔·孔佩雷：《教育学史》，张瑜、王强译，179~180 页，济南，山东教育出版社，2013。

要性。他说："不懂得自己的语言是不光彩的；如果愿意坦白事实，那我们会承认自己从来没有学过法语。"①罗林承认自己对拉丁语比对法语更精通，但他用法文写《学习论》，目的是让青少年和他们的父母能够读懂。他还要求不仅让学生学习如何应用法语，而且要通过学习文法规则，领悟法语的精髓和美妙之处。与同时代的人一样，罗林建议他的学生用拉丁文写作。但他也谈论过法文作文，认为法文作文首先要从寓言和历史故事开始练习，然后练习书信体，最后练习描写一般事物的说明文和简短的演讲稿。尽管在《学习论》的开头，罗林请求读者原谅他用一种新的语言写作，但他能够克服自己的思维习惯，并在其生活的时代推荐学习自己国家的语言，这一点是难能可贵的。

在学习希腊语与拉丁语方面，罗林要求把语言学习简化为理解作品。他为学习希腊语所做的最好辩护是：自文艺复兴以来，我们一直学习希腊语。但是，他也承认希腊语学习并没有获得很大成功。罗林同样关心拉丁语学习。他不仅要求学生阅读拉丁语著作，而且要求学生用拉丁语交谈和写作。在这方面，罗林具有丰富的经验，他与波特·诺亚尔学校的教师们一样，非常重视课文学习和作者解释。他说："作者就像活字典和会说话的文法，通过阅读的体验，我们可以从中学习单词、短语和句法规则及其精髓。"②

罗林提出，要让历史成为永远散发光辉和荣耀的一门学科。他认为，倘若让历史教师完全专注于道德说教，会有损于历史事件的准确性和深刻性。在对历史教学的设计中，罗林十分重视古代历史的教学，而没有涉及法国历史和现代历史。在这方面，他落后于圣乐会的做法。尽管如此，罗林承认，学习法国历史是有用的。他坦诚地说："我没有讲法国历史……在整个历史课程中，我想很难有时间讲法国历史；但是，我绝不是说法国历史不重要，我

---

① 转引自[法]加布里埃尔·孔佩雷：《教育学史》，张瑜、王强译，182页，济南，山东教育出版社，2013。

② 转引自[法]加布里埃尔·孔佩雷：《教育学史》，张瑜、王强译，183页，济南，山东教育出版社，2013。

非常遗憾地看到很多人忽视法国历史,其实这门课程对他们非常有用,也非常必要。在说这些话的时候,我首先要批评的是我自己,因为我没有足够重视它。游遍许多国家,回到自己的祖国却成为陌生人,我为自己感到羞愧。"①

与历史学习一样,在哲学课程中,罗林特别重视道德教诲。他认为,自己研究哲学虽然肤浅,但知道哲学蕴含的伦理学和逻辑学价值,因为这些能够引导道德发展和完善心灵。他指出,物理学能够为哲学课程提供大量有趣的知识,形而上学能够强化学生的宗教信仰。在他看来,古代伦理学也很有价值,它是基督教伦理的先导。②

此外,罗林将天文学、物理学和自然历史等列入课程大纲。例如,关于物理学,他指出每个人都有能力学习这门学科,包括儿童。它要求我们认真观察大自然展现出的各种事物,并对这些事物进行认真思考,欣赏它们不同的美。但是不要钻研它们的神秘根源,因为这是物理学家研究的领域。尽管他关于科学教育的探讨不够完善,但他指出观察外部世界具有重要的教育作用,这一点值得肯定。

(三)论早期教育

罗林对于大学教学内容的设计比较全面,而他对于早期教育,即从三岁到六七岁儿童的学习,尽管篇幅有限,也有值得关注的地方。

一是认字方法。在关于初等教育的论述中,值得一提的是,罗林推荐了一种认字的方法。这种方法就是:让儿童像印刷工学徒学习印刷一样学习认字。儿童面前有一张桌子,上面摆着一只格子箱子,里面有一些印着单个字母的纸片。儿童要把不同的字母纸片摆在桌子上,并且拼出教师要求拼的单

① 转引自[法]加布里埃尔·孔佩雷:《教育学史》,张瑜、王强译,185 页,济南,山东教育出版社,2013。

② 转引自[法]加布里埃尔·孔佩雷:《教育学史》,张瑜、王强译,185 页,济南,山东教育出版社,2013。

词。罗林发现这种方法很成功，从中我们也可以看到，他已经考虑到儿童的天性和需要了。

二是早期教育。罗林为儿童设计了一套早期教育课程。他要求儿童在六七岁之前，就要学会阅读、书写，熟知《历史教义问答》，背诵《寓言集》中的几个故事，学习法语语法和地理知识。在教学方法上，罗林要求教师少讲，学生多说。他还提出，清晰的讲解必须使用带有插图的识字书，这样能够更好地吸引儿童的注意力，加强记忆，而且非常适合那些不识字的儿童。

（四）论学校纪律

在关于大学和学院的内部管理上，从《学习论》中可以看到，罗林受到洛克（John Locke，1632—1704）的深刻影响，他几乎逐字逐句重述了洛克关于奖惩措施的建议。在纪律方面，罗林更倾向于采用温和的方式，但他并没有禁止教鞭的使用。他的建议是：允许体罚，但只有在极端恶劣的情况下才使用。[1]　这也是洛克的观点。

关于惩罚和斥责学生，罗林提出了许多意见和注意事项。他指出，教师不能在儿童犯错误的时候惩罚儿童，因为这会让他们感到绝望，逃避新的责任。教师在惩罚的时候要保持冷静，不要生气，生气会有损教师的权威。[2]　罗林关于学校纪律的这条经典准则，至今让人受益匪浅。

总之，罗林遵循的是詹森派而非耶稣会的传统。罗林渴望拥有基督教所宣扬的美德，他认为培养真正的基督教徒是儿童教育的最终目的，其他都是实现这一目的的工具。他的基督教精神体现在《学习论》的字里行间，这一著作与其说是一部人文著作，还不如说是一部道德著作。罗林以自身的基督教精神证明：教育能够培养有为的青年。

---

[1]　转引自［法］加布里埃尔·孔佩雷：《教育学史》，张瑜、王强译，188页，济南，山东教育出版社，2013。

[2]　转引自［法］加布里埃尔·孔佩雷：《教育学史》，张瑜、王强译，188页，济南，山东教育出版社，2013。

第五节　胡格诺派和圣乐会的教育活动

一、胡格诺派的教育活动

16 世纪以后,加尔文派在法国得到了广泛的传播。加尔文派是经由里昂在法国传播的,到 16 世纪 50 年代,加尔文派教会在法国各地纷纷建立。"由于它既吸收了路德的基本教义,又摒弃和改造了路德与封建主妥协的部分,更好地反映了资产阶级在经济上发家致富,在政治上参与执政的愿望,故深受法国广大资产阶级,尤其是中下层资产阶级的拥护。"[1]在法国,加尔文派的信奉者被称为胡格诺教徒(Huguenots)。最初,胡格诺教徒大多属于市民的各个阶层,后来不少农民和贵族也信奉它。胡格诺派和法国天主教贵族相互对立,导致了 1562 年法国宗教战争的爆发。1572 年天主教贵族在国王支持下突袭胡格诺派,酿成了著名的"圣巴托罗缪惨案"[2],其暴行扩展到法国全境。胡格诺派与旧教派进行了 30 余年的"胡格诺战争"(1562—1598 年)。1576 年法国农民起义反对胡格诺派和旧教同盟,迫于这一形势,新教与旧教贵族妥协。1598 年 4 月法国国王亨利四世颁布了《南特敕令》,宣布天主教为法国国教,同时允许胡格诺派有宗教信仰自由和政治自由。《南特敕令》堪称欧洲基督教国家实行宗教宽容政策的第一个范例。它从法律上正式承认每个人均享有信仰自由,并给予切实保障。[3] 17 世纪 20 年代法国重新爆发内战,胡格诺派战败。1629 年 6 月签订的《阿兰和约》规定,胡格诺派仍保有信仰自由。

在 17—18 世纪,对法国初等教育做出贡献的主要是胡格诺派和基督教学

---

[1]　吕一民:《法国通史》,62 页,上海,上海社会科学院出版社,2012。

[2]　1572 年 8 月 23—24 日夜里,即圣巴托罗缪节的恐怖之夜,查理九世下令血洗聚集在巴黎的胡格诺派,众多尚在酣睡中的胡格诺教徒被杀死。据载,丧生的胡格诺信徒有 3 000 余人。

[3]　吕一民:《法国通史》,65 页,上海,上海社会科学院出版社,2012。

校兄弟会(Brothers of the Christian School)。关于基督教学校兄弟会的教育活动将在下节进行阐述，这里先介绍胡格诺派的教育活动。

胡格诺教徒用法语传教，他们十分重视教育。按照胡格诺派的惯例，每建立一座教堂，就要举办一所初级学校。因此，自16世纪末至17世纪中期，胡格诺教徒在法国的许多地区建立了自己的初级学校。在胡格诺派控制的地区，初等教育为强迫教育，教派对不送子女入学的父母要罚款。[①] 如果学生人数很少，男女儿童可以同校。孩子们在学校里熟读本教派的教义，学习读、写、算的初步知识和唱歌。亨利四世以后的法国君主大多执行迫害新教徒的宗教政策，导致胡格诺派的学校网逐渐缩小。特别是1661年路易十四亲政以后，连续颁布了一些敕令，对胡格诺派的教育活动做出了种种限制，使得这一教派的初等教育首先遭到破坏。

在17世纪，法国的各个教派都兴办了一些中等教育机构。胡格诺派创办的中等学校称为学院或基础学校。学院共设七个年级，主要教授拉丁文、希腊文和法文。在胡格诺派创办的学院里，一般对低年级学生着重讲授各种文字的基本文法，进行语言的基本训练，让高年级学生阅读希腊和罗马一些作家的原著，学习修辞学。胡格诺派的教育活动在亨利四世统治时期最为繁荣。到1610年，由胡格诺派举办的中等学校共有35所。[②] 1685年以后，这些学校都不复存在了。

1685年10月，路易十四撤销《南特敕令》，宣布废除其中有关胡格诺派信仰自由的规定，随后胡格诺教徒被迫逃亡他乡，这样在法国最终形成了天主教特别是耶稣会垄断教育的局面。法国大革命时期，国民议会确认宗教信仰自由，胡格诺派又重新组成宗教团体。胡格诺派在17世纪的教育活动，无疑推动了法国教育的发展。

---

① 滕大春：《外国近代教育史》，20页，北京，人民教育出版社，2002。
② 滕大春：《外国近代教育史》，21页，北京，人民教育出版社，2002。

二、圣乐会的教育活动

圣乐会（Oratory），又译为奥拉托利会，是 17 世纪初在笛卡儿理性主义影响下成立的专门训练牧师的教会团体。①这个组织随后开办了若干学校对年青贵族进行教育。圣乐会介于耶稣会和詹森派之间，与前者为敌，而与后者为友。圣乐会打破了过度机械的教育模式以及罗耀拉极力倡导的肤浅教育。通过一系列大胆创新，圣乐会逐渐接近更高雅、更深入的波特·诺亚尔学校教育。1614 年贝鲁尔（Bérulle）建立了辩论学校，之后大批中等学校如雨后春笋般涌现出来，其中包括 1638 年建立的著名的瑞依利学院（College of Juilly）。耶稣会中著名的教育家很少，但是在圣乐会中著名的教师却数不胜数，其中包括《科学对话》的作者托马森神父（Père Thomassin）。他被圣乐会称为"卓越的神学家"，于 1681—1690 年发表了一系列关于语言、哲学和文学教育方法的论著。此外，还有在圣乐会学校教授修辞学的马斯卡隆（Mascaron）和马西隆（Massillon），以及教授历史的莱科因特神父（Père Lecointe）和勒龙神父（Père Lelong）。这些人把对自由的热爱融入对宗教的热情中，希望能够为学校教育增添更多的光明和自由的氛围。他们重视历史事实和科学真理，努力尝试建立一种既有自由精神又有基督教精神，优雅而不矫饰，坚固而不死板，忠于宗教却不过分迷信的教育。这也是开辟现代教育学先河的教育实践之一。②

在教育目的方面，圣乐会教育的最显著特征就是对真理的挚爱。兰美神父（Père Lamy）曾说，我们热爱真理，追求真理其乐无穷，但短暂的生命对于追求真理来说是远远不够的。圣乐会学校是热爱文化的家园，在这里，知书

---

① 滕大春：《外国教育通史》第 3 卷，62 页，济南，山东教育出版社，2003。
② ［法］加布里埃尔·孔佩雷：《教育学史》，张瑜、王强译，114 页，济南，山东教育出版社，2013。

达理的人还不断追求修身养性。"如果我们中间出现一个聪慧的科学奇才，我们就免去他所有的社会职责，让他专攻学术。"①

在教学内容方面，没有任何教派比圣乐会更热爱古典文学了。然而，法语并没有完全被拉丁语取代。拉丁语直到四年级才成为必修课程，四年级之前的历史课程要用法语讲授。历史，特别是法国历史，即使在当时的许多大学中也是长期受到忽视的，但在圣乐会学校却得到高度重视。同样，地理也受到了重视，班级教室的墙壁上贴满了各种地图。不仅如此，自然科学受到同等重视。兰美神父曾说："我喜欢参观化学家的实验室；在我的学校里，我没有错过一节解剖课，观察人体各重要部分的解剖过程；我认为没有比几何和算术更有用的学科了。"②

在圣乐会学校，笛卡儿哲学十分盛行。其中一位教师写道："如果说笛卡儿主义是一场瘟疫，那么，我们有两百多人都被感染了。"③1673年赛维涅夫人(Madame de Sévigné)也说："奥拉托利会(圣乐会)的牧师被禁止教授笛卡儿的哲学，结果很多牧师为反对此项措施丢失了性命。"④

圣乐会在纪律方面也取得了进步。兰美神父说："除了教鞭，还有很多有效的方法引导孩子去学习，例如，一个安慰、一个威吓、一个奖励、一种羞耻，这些都比教鞭更有效。"⑤实际上，他们并没有废除体罚和教鞭，但是体罚并不经常使用，因为他们自认为友善宽厚、做事严谨，不想让孩子身心

---

① ［法］加布里埃尔·孔佩雷：《教育学史》，张瑜、王强译，115页，济南，山东教育出版社，2013。
② 转引自［法］加布里埃尔·孔佩雷：《教育学史》，张瑜、王强译，115页，济南，山东教育出版社，2013。
③ 转引自［法］加布里埃尔·孔佩雷：《教育学史》，张瑜、王强译，115页，济南，山东教育出版社，2013。
④ 转引自［法］加布里埃尔·孔佩雷：《教育学史》，张瑜、王强译，116页，济南，山东教育出版社，2013。
⑤ 转引自［法］加布里埃尔·孔佩雷：《教育学史》，张瑜、王强译，116页，济南，山东教育出版社，2013。

俱疲。

兰美神父强调,学校需要建立一个管理体系。这个体系要根据学生的习性来指导他们学习,要能够预测到各种奖励和惩罚的结果,并进行适当的奖惩。有时候,一个孩子会很执拗,打死也不肯屈服。事实上,圣乐会学校的教师不用残酷的体罚就能维护自身的权威,因为这些教师是伴随学生完成全部学习阶段的。例如,托马森神父曾依次担任过文法、修辞、哲学、数学、历史、拉丁语和西班牙语教师。他对教学工作投入了毕生的精力。但这样的教学计划并没有为教师和学生带来真正的利益,因为教育学的法则在于分工。

在17世纪法国教育的发展中,圣乐会兴办的中等教育仅次于这一时期的耶稣会学校。1629年,圣乐会拥有中学50所,1710年仍有30所。[①] 1762年耶稣会被逐出法国后,其学校有6所被圣乐会接管。到法国大革命时期,圣乐会的许多教师加入了资产阶级政党。

第六节 天主教的教育活动

17世纪,天主教会尚未失去对大众教育的兴趣,采取了各种方式使贫苦的人们信仰宗教,有时"甚至教他们阅读和书写"。尽管在这个时期,有些宗教机构在法国建立了免费学校——慈善学校,但效果并不好。天主教会真正在法国的教育作为,是从拉萨尔建立基督教学校开始的。

从16世纪末开始,法国便出现了以实施初等教育为宗旨的教会团体。在这些团体所办的学校中,教学内容除了宗教之外,还包括实际生活所需的阅读、书写、算术、缝纫和各种手工工艺。按照这些团体的办学章程,它们所

---

① [苏联]米定斯基:《世界教育史》上卷,叶文雄译,214页,北京,生活·读书·新知三联书店,1950。

办的学校已经初步具有班级教学的雏形。①

　　进入 17 世纪以后，法国出现了更多的初等教育团体，它们推行的初等教育卓有成效。据不完全统计，这些参与初等教育的办学团体主要有 9 个，具体名单见表 1-1。

表 1-1　17 世纪法国初等教育主要办学团体

建立时间	名称
1610 年	圣母访问节修女会
1627 年	荐举女会友社
1633 年	圣·万桑·保罗博爱修女会
1637 年	波特·诺亚尔社
1643 年	神意修女会
1650 年	圣·约瑟夫修女会
1652 年	圣·查理·波洛美澳的玛丽修女会
1684 年	神圣贞女荐举修女会
1684 年	基督教学校兄弟会

一、德米亚和里昂小学

　　在拉萨尔之前，必须提及的进步人士是里昂的一位神父德米亚（Demia）。1666 年，德米亚建立了圣查尔斯兄弟会，以教育贫困儿童为己任。拉萨尔的学校直到 18 年后的 1684 年才成立。1668 年，德米亚向里昂商会会长发出一份热情的请愿书，即《为贫困儿童建立基督教学校的建议书》，并因此得到每年 200 里弗的经费资助。② 1675 年，里昂大主教发布命令，由德米亚"负责管理和指导里昂市区和主教教区的学校"，并起草一份学校规章制度，以便每所

---

　　① 滕大春：《外国教育通史》第 3 卷，59 页，济南，山东教育出版社，2003。

　　② 转引自[法]加布里埃尔·孔佩雷：《教育学史》，张瑜、王强译，191 页，济南，山东教育出版社，2013。

学校都能效仿。德米亚针对"教阅读、学习教义问答、改正学生不当行为和其他类似事情"编撰了一本书，即《教区学校》。他还进一步阐释了如何考察应聘教师的宗教情感、教学能力和道德情操。但更重要的是，为了培养新教师，德米亚建立了专门的神学院。

从下面这段话中，我们可以看出德米亚对建立基督教学校的热情。他说："建立基督教学校非常重要，也非常有用。在我们的政治组织中，没有任何机构比基督教学校更需要各级官员的关注和支持，因为它决定着我们的和平和国家的安定。穷人们没有办法教育孩子，孩子对自己的义务和责任一无所知……因此，我们非常遗憾地看到，贫困儿童的教育被完全忽视，尽管这件事关乎国家利益，尽管贫困儿童教育与处境较好的儿童有同等必要的受教育权。"①

二、克劳德·乔利与初等教育

1676年，巴黎圣母院的领诵师、巴黎市区和郊区初等学校的管理者和指导者克劳德·乔利(Claude Joly)发表了《儿童教育的基督教道德建议书》。该书论述了中等教育和王子的教育，强调大力实施男女分校的教育。此外，克劳德·乔利还以领诵师的身份宣布自己在初等教育上的统治权："在慈善的名义和前提下，我们质疑巴黎牧师们控制学校的权利，这一权利只属于主领诵师。主领诵师还有权任命各个宗教学校和世俗学校的人员。我们还要禁止作家干涉语言教学，只有优秀的语言学者，也就是小学语言教师们才享有这种权利。"②我们在17世纪的法国教育史中看到了这种特权。

---

① 转引自[法]加布里埃尔·孔佩雷：《教育学史》，张瑜、王强译，191页，济南，山东教育出版社，2013。

② 转引自[法]加布里埃尔·孔佩雷：《教育学史》，张瑜、王强译，192页，济南，山东教育出版社，2013。

三、拉萨尔的办学活动

前文已经提到，基督教学校兄弟会参与了法国初等教育的发展。以当今的标准看，我们很容易对基督教学校兄弟会的教育提出批判，但与那个时代其他学校相比，拉萨尔的学校是值得教育界人士尊重和赏识的。它是天主教会第一次系统地开展大众教育的代表性组织。耶稣会致力于中等教育，他们不仅有大量的物资，而且学生要交纳学费。拉萨尔(La Salle，1651—1719)致力于初等教育，他克服了各种困难，而且学生上学是免费的。

（一）拉萨尔的生平

拉萨尔在早年就表现出不一般的个性与品格。他体弱多病，不得不与身体的各种疾病做斗争。为了能熬夜学习更长的时间，他有时跪在有棱角的石头上，有时在面前摆放一块布满铁钉的木板，这样他只要一打盹，头就会撞到木板上。1667年，拉萨尔担任兰斯(Reims)教堂的教士。1678年，他成为神父。1683年，拉萨尔辞去神父职务，开始投身于教育事业。1679年，他在兰斯建立了一所男子学校。1684年，基督教学校兄弟会成立。拉萨尔要求他的学生们宣誓保持安稳和服从命令，并且规定学生们的衣着标准。1688年，拉萨尔去巴黎建立新学校。尽管困难重重，但是他的学校还是发展起来了。1720年，在拉萨尔去世的时候，基督教学校兄弟会已经在法国各地建立了大量的初等小学。

（二）建立教师学院

在17世纪的法国，负责小学教学的师资匮乏，而且质量很低。当时克劳德·乔利为了管理学校，不得不招募各种人员：老裁缝、旅店老板、厨师、泥瓦匠、假发制造者、木偶戏演员等。可见，17世纪法国小学教师的普遍特点是知识和道德水平都不高，他们完全没有任何准备就成了教师。

拉萨尔十分担心低水平的教师会严重影响学校的良好发展。于是，1685

年他在兰斯建立了一所真正的师范学校，名为"教师学院"。① 这里专门为乡村地区培养教师。后来，他在巴黎建立了一所类似的学校。值得注意的是，拉萨尔为这所师范学校建立了一所附属小学，这样师范生就能在有经验的教师指导下在小学里任教。拉萨尔还在《基督教学校管理》一书中起草了培养新教师的相关规定。

(三)推行免费义务教育

基督教学校兄弟会致力于从事免费义务教育。拉萨尔十分关心手工匠和穷人的孩子。在他看来，这些人白天要辛苦工作，养家糊口，自己无力教育孩子，也无法让孩子接受尊贵的基督教教育。1694年，拉萨尔和他的12个追随者跪在圣坛前发誓："共同努力，团结一致，为免费慈善学校而奋斗，即便这意味着乞求施舍或靠吃面包生存。"②

在当时的法国，免费教育是通过慈善学校的方式得到普及的，但拉萨尔的贡献在于推行免费义务教育。拉萨尔相信，义务教育并不会侵犯父母的自由。他在《基督教学校管理》中提出了转变家长观念的方法："如果有的穷人不想让孩子接受免费教育的话，那么，我们要把这些人禀报给教区牧师。牧师或许能够治愈这些人漠不关心的态度，牧师可以威慑他们必须让孩子去上学，否则将不再发放任何资助。"③

(四)论课程与教学

阅读、书写、拼写、算术、教义问答，这就是拉萨尔的教学计划。在阅读方面，拉萨尔赞同波特·诺亚尔学校的做法，要求从学习法语开始。拉丁语课程的第一本书是《诗篇》，但这门课程只对已经学会法语阅读的学生开设。

---

① 转引自[法]加布里埃尔·孔佩雷：《教育学史》，张瑜、王强译，195页，济南，山东教育出版社，2013。

② 转引自[法]加布里埃尔·孔佩雷：《教育学史》，张瑜、王强译，196页，济南，山东教育出版社，2013。

③ 转引自[法]加布里埃尔·孔佩雷：《教育学史》，张瑜、王强译，196页，济南，山东教育出版社，2013。

拉萨尔要求学生在学会流畅的阅读之后再尝试书写。此外，他还非常重视书法。拉萨尔在书写方面提出了很多建议，包括对笔、削笔刀、墨水、纸张都很讲究，以及书写时注意正确的身体姿态和教授正确的握笔与写字方式。

拉萨尔要求学生学会写笔记、收据和支票等，也要求学生默写教义问答或者听过的讲课内容。至于算术，他只要求学习基本的四则运算。拉萨尔尝试用推理而不是一般的方法教授数学，这种做法值得称赞。他要求教师经常提问学生，以保证他们都能够听懂并掌握运算规则或者集中注意力。教师要让学生完全理解所教的内容。最后，拉萨尔要求教师自己去发现一些教学规律。

当然，在拉萨尔的学校，祷告和宗教练习也占有重要的地位。每天都安排了祈祷活动，学生每天至少听一次大弥撒，每天还有半小时用于教义问答。

（五）论学校的纪律

拉萨尔规定，在学校中安静统治一切，没有什么比让学生保持安静更好的了。不仅如此，拉萨尔也让教师保持安静。教师要小心翼翼地观察，不能随意讲话，即使讲话，也要小声。在拉萨尔的时代，个别教学法是初等教育中十分流行的方法，但他用同步教学法取而代之，即全体学生同时听教师讲课。为了实现这一目的，他把学生分为三部分：后进生班、中等生班、优等生班。为了帮助教师上课，拉萨尔分给每班一两个优等生做助手，这种学生被称为检查员。这样的做法已经是比较成形的班级教学形式了。

在拉萨尔的学校，体罚是允许的，但有严格的规定。拉萨尔区分了五种惩罚措施：斥责、忏悔、戒尺、教鞭、开除。[①] 在拉萨尔的惩罚准则中，受到惩罚的错误行为都有明确的规定。静默是拉萨尔学校的基本规则，在这种规则下教师很少采用斥责的方法。相对而言，采用忏悔的比较多。忏悔的措施

---

① 转引自［法］加布里埃尔·孔佩雷：《教育学史》，张瑜、王强译，202页，济南，山东教育出版社，2013。

包括：在学校里罚跪；背诵几段教义问答；手举课本，放在眼前坚持半小时；双手紧握且眼睛低垂着罚站；等等。使用戒尺惩罚的情形包括：逃课旷课，擅自玩耍；上学迟到；不遵守教师的要求。拉萨尔非常重视书写，因此他要求戒尺只能打在左手上，而不能打右手。此外，学生在被打的时候不能哭，如果哭，那他要被继续惩罚。

教鞭可以在学生犯下列错误时使用：不遵守命令；上课不专心听讲；不在纸上认真写字，而是涂污点；与同学打架；忘记去教堂祷告；在做弥撒和教义问答时表现不谦虚；逃课、不做弥撒、不做教义问答。[1] 当教师要用教鞭惩罚一个学生的时候，他要用手势让全体学生都注意，然后用手势说明学生违反了什么纪律，并让学生去那个经常接受惩罚的地方。学生自己马上站到惩罚地点，准备接受惩罚。这个规定一定要严格执行。

在拉萨尔的学校，除了学校规定的惩罚措施外，教师不能私自动用其他任何惩罚措施。因此，决不能对学生拳脚相加。换句话说，教师只能使用规定的工具，依据学校的惩罚规则去惩罚学生。[2] 拉萨尔提倡学生之间的相互监督。具体做法是：学校委任一个最严谨的学生监视在集会时制造噪声的学生，然后在别人都不知道的情况下把发生的事情告诉教师。拉萨尔在《基督教学校管理》中用了40页篇幅讲述他的惩罚措施，但论述奖励措施的仅仅2页。拉萨尔强调应该定期奖励学生。奖励包括三种：对虔诚的奖励、对能力的奖励、对勤奋的奖励。奖励的物品包括书本、图画、石膏模型、十字架、念珠、雕刻的经文等。

拉萨尔学校的严格纪律和静默制度，从侧面反映了当时其他学校存在的混乱无序状态。

---

[1] 转引自[法]加布里埃尔·孔佩雷：《教育学史》，张瑜、王强译，204页，济南，山东教育出版社，2013。
[2] 转引自[法]加布里埃尔·孔佩雷：《教育学史》，张瑜、王强译，205页，济南，山东教育出版社，2013。

总之，17 世纪法国教育的发展是缓慢的。在国家和社会生活中，宗教和教会仍然占据着统治地位。在教育领域，办学的主体依然是教会。不少宗教团体出于种种需要，投身于初等、中等或高等教育。这样，宗教学说、宗教道德、宗教仪式、宗教信仰就顺理成章地成为学校教育的主要内容。可以说，在 17 世纪的法国，宗教对教育的影响和作用无处不在。

在 17 世纪法国教育的发展中，我们也注意到了教育近代化的萌芽。这一点突出表现在国家加强了对教育的干预。在高等教育领域，法国开始对巴黎大学进行改革。在技术和职业教育领域，法国政府采取了不少新的举措。从中可以看到，国家扮演了教育改革的重要角色。在教育形式上，班级教学得到了巩固，慈善教育的推行也很有成效，这为后来的公共教育和教育普及奠定了基础。

在教育系统内部，学科探索出现了新的趋势。在文科教学中，继文艺复兴开始重视古典语言教学后，法语和历史的教学在各级学校逐步受到重视，并且出现了不少创新。在 17 世纪，尽管有零星的教育家提倡对自然的探索和观察，但物理等自然科学明显地被排除在学校教育之外。此时法国的教育体系必须进行一次彻底的转型，但这种转型直到 18 世纪末才出现。

第二章

法国理性主义教育思潮

17 世纪的法国正处于一个理性主义的时代。哲学家笛卡儿以理性主义哲学观为指导提出了新的科学观，强调理性的培养和思维的发展，主张理性至上的伦理原则，反对一切传统观念，要求获得具有确定性的知识，从而引发了理性主义教育思潮。也正是在笛卡儿思想的影响下，法国教育家芬乃龙在女子教育和早期教育问题上提出了新的见解。

第一节　经验主义与理性主义

人类理性精神在中世纪异化为宗教理性。以文艺复兴时期的人文主义为中介，人类主体的自我意识逐渐觉醒，并开始扬弃宗教理性而恢复到独立自主的主体性。理性在 17、18 世纪成为判断一切事物的标准和权威。思维与存在的对立取代了上帝与世界的对立，精神拓展到了真正理性的时代。这一时代精神通过理性经验主义、唯理主义、科学理性思想和法国的政治理性主义及资产阶级大革命达至高峰。这是人类理性精神的黄金时代，也是资本主义勃兴的时代。

17 世纪是西方哲学史上的一个重要时期，一些哲学史家将西方近代哲学史的真正源头界定在 17 世纪。他们或者认为弗朗西斯·培根（Francis Bacon，1561—1626）是近代西方哲学史上的第一位代表，或者认为笛卡儿是西方近代哲学的真正始祖。如果说 15、16 世纪哲学的特征是巨人们在思想，那么 17 世纪哲学的特征是哲学界有巨人。虽然文艺复兴运动已经历近 300 年的历史，但西方近代哲学则直到培根、笛卡儿才算露出庐山真面目。

近代哲学，作为人类近代精神的概念显然体现了时代精神的特质，这就是封建时代的终结和近代资本主义的开端。这是一个需要理性和科学的时代，也是面对自然、社会和人自身的革新时代。所以思维需要以自然、社会和人本身，即普遍规律为对象。这样，近代哲学就以清晰明白的思维，通过以培根为代表的英国经验论或理性经验主义，通过笛卡儿为代表的唯理论及科学理性思想，通过 18 世纪法国的政治理性主义，揭示思维与外部世界的关系以及与自身精神的关系。理性的复兴亦即思维追求科学知识的科学思维确定性的复兴。求得真正知识以及追求相应的科学方法或思维方式，即理性大复兴的重任。① 由此产生了经验主义和理性主义两种不同的学派。

一、经验主义

以培根为代表的唯物经验论哲学，体现了人类理性精神在资本主义勃兴时代面对自然，寻求自然科学及其新方法的哲学倾向。他的哲学将知识建立在观察、实验和经验的基础上，为近代科学振兴指明了方向。

经验主义学派的主要代表人物有培根、霍布斯（Thomas Hobbes，1588—1679）、洛克、贝克莱（George Berkeley，1685—1753）和休谟（David Hume，1711—1776）。他们的认识论学说在很多方面相异，甚至对立。其共同点在于他们都承认知识和观念起源于经验这一原理，尽管他们对经验的理解也很不

---

① 冯玉珍：《理性的悲哀与快乐》，144~145 页，北京，人民出版社，1993。

相同。同时，还应看到经验主义本身并非排斥理性。与其说它和理性主义的观点有某种渗透性和相融性，毋宁说只是在对知识来源的确定性上与理性主义不同罢了。近代理性精神是伴随着资本主义时代及其科学革命而出现的，它体现在哲学中则呈现出经验主义的认识倾向，强调知识、科学的经验、实验特性。这也反映出各自的民族文化特色。英国人的务实精神和自由主义风格，大体上就是 17 世纪经验主义哲学的主调。① 英国哲学务实明快，长于归纳，而英国又是资本主义发展最早的国家，因此哲学的经验主义倾向表现突出。培根的实验科学思想及其唯物主义经验论，开辟了人类认识的新时代。它将人类从经院哲学的思维方式和定式，扭转到一个面对自然、面对生产，以实验科学、经验为基础的新知识方法论上。这种新方法从经验、个别、特殊出发，概括出一般、普遍，然后再指导个别。这就是经验主义的归纳法。培根认为：新时代必须给人们新的认识方法，这样人们才能获得科学知识或真理，才能认识和改造自然，获取人类需要的功利。因此，他提出了"知识就是力量"的口号。要获得真知识，必须摒弃宗教神学的荒谬见识，批判经院哲学的认识论和方法论。在此基础上，他建立以经验为基础的新的科学方法，即归纳法。培根认为传统的演绎法不能使人获得新知识，因为它从抽象的"一般"推演出个别，于是"一般"就成了权威和教条，这无疑阻碍了人们获得新的知识。

培根将归纳法视为唯一的科学方法，否认演绎法在认识中应有的作用，这是片面的。但当中世纪宗教神学思想及思维方式仍在阻碍近代人类理性思维时，培根以叛逆旧思维方式的勇气，大胆地抨击上帝的一般存在以及推论出个别的演绎法，提倡反传统演绎的新思维和科学方法，主张从现存的特殊的具体事物中寻求一般、共相与规律。这不仅具有科学的价值和意义，而且具有反封建文化的社会意义。培根的哲学实际上是以经验为基础的理性和经

---

① 史仲文、胡晓琳：《世界全史》，141 页，北京，中国国际广播出版社，1996。

验统一的哲学。这是新时代的新哲学、新认识论和新方法论。从培根开始，霍布斯、洛克皆是经验主义的继承和发展者。

二、理性主义

近代理性精神由培根导向认识、科学的经验论方向，笛卡儿则使近代理性精神转向清新的纯思维方向。作为数学家的笛卡儿，从数学的明晰性和逻辑性出发，将数学的纯理智分析应用于哲学思维，使他的科学观和哲学观出现了与培根迥然不同的方向：培根重视事实而忽视数学，笛卡儿则以数学逻辑作为追求科学的手段；培根用经验的归纳法反对经验哲学的认识方法，笛卡儿则用理性演绎法否定经验哲学的认识方法；培根以批判"四种假象"作为扫除偏见、净化理性的思想武器，笛卡儿则以普遍怀疑的原则作为建立新世界观的出发点和基础。①

笛卡儿以清晰明白的观念作为他的哲学基础，认为理性是人的天赋，人之所以异于禽兽就在于人的理性天赋，心灵的本性是思维。虽然笛卡儿也谈到情感、欲望、意志，但他思考的重心是思维问题，所以他的理性观念天赋论是近代理性精神的纯理智思维形式的显现，它是与经验主义既相互对立又相互渗透的另一种理性思维形式。欧洲大陆国家的专制传统，促使其哲学形成了更抽象与更富于思辨性的理论风格。17 世纪的法国是一个理性的国度，从它的文学、艺术到人的礼仪、风俗均以理性著称。事实上，理性限制、压抑、歪曲了人的情感。理性时代需要理性哲学，理性哲学需要具备理智气质的哲学家。就气质、性格而言，笛卡儿是理性时代哲学家的理想人选。然而，笛卡儿一生的追求，除了学问，就是安宁。他为学问冥思苦想，为安宁东奔西走，个人的情感生活却十分贫乏。难怪他的哲学没有为情感、欲望留出应

---

① 冯玉珍：《理性的悲哀与快乐》，153 页，北京，人民出版社，1993。

有的地位。① 正如黑格尔所说：笛卡儿使哲学在奔波了 1 000 年之后，现在才回到这个思维的新基础，因为近代哲学是以思维为原则的。②

笛卡儿认为：人类几千年以来获得的知识之所以有许多错误，就在于思维的错误；而思维的错误则在于人的思维屈从于种种外在的权威、习惯和偏见，没有确立人自身的理性思维的权威，不能从心灵中的明晰观念出发来明白地理解事物。他认为，只有从人的理性观念出发，从清晰明白的概念出发，才能获得正确知识。从"人的本质是思维"这一前提出发，笛卡儿确立了普遍怀疑原则及"我思故我在"的主体性至上原则。他以鲜明的主体性代替经院哲学的神学性，以清新明晰的思维取代盲目追求的信仰，以人取代上帝，这无疑成为近代科学理性精神划时代的开端。"没有人像笛卡儿这样如此清晰、敏锐和引人注目地表达了作为认识论基础的方法论。没有人使我们意识到迫切需要去提出这样的问题：我真的认识了吗？我的信念真正建立在理性可接受的证据的基础上吗？"③

总之，17 世纪西方哲学既可分为两个区域：一是英伦三岛，二是西欧大陆。也可分为两个系统：一是英国经验主义，二是欧洲大陆的理性主义。这两个派别尽管有区别，但毫无例外都是新兴的资本主义时代的哲学。它们在反对和批判中世纪哲学、守护资本主义文明成果、启迪和总结资本主义思想文明等方面是完全一致的。因此，经验主义与理性主义的分歧，或许只是证明它们各自的认识局限性。若从积极方面考虑，则只是证明了双方认识论的特色。

经验主义和理性主义最大的区别在于：前者以感觉经验作为自己哲学体系的认识基础，后者则以经验的理念模式作为自己哲学体系的出发点和归宿。

---

① 阎国忠、曲戈：《西方著名美学家评传》，27 页，合肥，安徽教育出版社，1991。
② 转引自冯玉珍：《理性的悲哀与快乐》，153 页，北京，人民出版社，1993。
③ [英]H.P.里克曼：《理性的探险》，姚休等译，岳长龄校，58 页，北京，商务印书馆，1996。

因此，经验主义，尤其是产生于英国资产阶级革命前后的经验主义，其唯物主义倾向比较明显，而理性主义，出于其先验性质，即使并不完全否认经验的作用，也容易走向二元化的结局。经验主义作为一种思潮，有它发生、发展的必然过程；而理性主义内部也绝非铁板一块。"当发展到一定程度时，终于你中有我，我中有你，彼此借鉴，相互促进，直至走向新的历史天地。"①

第二节　笛卡儿的教育思想

一、生平及著作

　　勒内·笛卡儿是法国哲学家和数学家，近代西方理性主义哲学的创始人，法国启蒙运动的先驱之一。他和弗朗西斯·培根一样，对欧洲哲学摆脱经院主义的束缚做出了历史性的贡献。

　　笛卡儿出身贵族，其家庭是一个典型的绅士家庭。他的祖父和外祖父都是医生，母系一方亲属多以法官为业。尽管家庭富有且属于书香门第，然而他不幸襁褓丧母，父亲则较少关怀，从而在他心灵深处从小就埋下了孤独的种子。笛卡儿8岁时就开始在当时欧洲最著名的由耶稣会开办的拉·弗莱施公学接受正规的教育。他学习了古代语言、经院哲学和数学，学习成绩出色，数学才能更是出类拔萃。"在数学中他找到了他渴望的确定性和明晰性，其他科目不能使他满足。"②同时，他接触到一些宣传新思想的书籍，开阔了眼界，并开始用批判的眼光看待一切，认为传统的学问实在无用。

　　1612年，笛卡儿从拉·弗莱施公学毕业后去了巴黎。他和一群纨绔子弟混在一起，自由放荡，但他很快便厌倦了这种生活。1616年，笛卡儿到普瓦

---

① 史仲文、胡晓琳：《世界全史》，142页，北京，中国国际广播出版社，1996。
② ［美］梯利：《西方哲学史》下卷，葛力译，35页，北京，商务印书馆，1979。

蒂埃大学学习了两年，获法学学位。随后他在欧洲各地旅行，放弃过去的学习方法，"只追求'在他本身或在世界这部大书中可以发现的'那种科学"①。1618 年，笛卡儿在荷兰以志愿兵的身份参加了新教的军队，但并没有什么特别的意义，只是把服兵役作为当时绅士教育的一种补充。在那里，他无事可做，似乎享受了两年多不受干扰的沉思。由于身体原因，他在军队只担任了一些文职工作。军队的生活显然对笛卡儿有重要影响，他本人的心态也发生了重要变化。在此期间，他研究了数学、天文学、气象学等方面的问题，并有幸结识了一些科学家。

1621 年，笛卡儿离开军队，集中精力从事旅行和研究工作。1625—1628 年，他在巴黎与科学界的朋友聚在一起。但是，他需要一个幽静的环境，于是卖掉了贵族的世袭领地，隐居荷兰达 20 年之久。在此期间，他除了回过几次法国和去过一次英国外，一直潜心从事科学研究。这段时间是笛卡儿一生中最为安宁又最富于创造性的时期。笛卡儿重要的哲学著作《第一哲学沉思集》(*Meditationes des Prima Philosophi*，1641 年，后改名为《形而上学的沉思》)、《哲学原理》(*Principia Philosophiae*，1644 年)及《论心灵的情感》(*Traité des passions de l'âme*，1649 年)等都创作于此时期。1647—1648 年，笛卡儿在巴黎会见了一些同时代的名人，如法国哲学家、物理学家、天文学家伽桑狄(Pierre Gassendi，1592—1655)，英国哲学家霍布斯等。瑞典女王克里斯蒂娜对哲学极感兴趣，邀请笛卡儿到瑞典。虽经再三婉拒，无奈女王执意邀请，他只好于 1649 年 10 月赴瑞典。那里的天气不利于笛卡儿的健康，仅 3 个月后他便与世长辞，终年 54 岁。笛卡儿终生未婚，从未担任过公职，亦未曾参加过大的政治活动，他把大量的时间花在旅行、沉思和科学研究及著述上。笛卡儿的其他主要著作有:《指导心灵的规则》及《方法论》(*Discours do la Méthode*，1637 年)等。

---

① [美]梯利:《西方哲学史》下卷，葛力译，35 页，北京，商务印书馆，1979。

二、哲学思想

　　笛卡儿倾心于新科学，认为只有科学才能给人类带来幸福，因此他与培根被称为近代科学的两位伟大旗手。但笛卡儿并未囿于为生产技术而研究科学的原则，而是要求认识科学的底蕴。他并不限于追求经验和利用经验，还追问人是怎样研究科学的，这就需要提高到世界观的水平，建立新的科学的哲学。他认为只有这样，才能真正造福人类。作为科学家、数学家的笛卡儿，其哲学既富于科学精神，又具有强烈的思辨特色。换言之，他的哲学更近乎后来人们心目中的狭义哲学。笛卡儿的哲学是西方最先成熟的近代哲学。尽管如此，他对中世纪经院哲学并不采取完全否定的态度，他不屑于为之辩护，而是在他自己的体系中吸收和保留了经院哲学的有益因素。据此，笛卡儿哲学便形成了自己独特的体系与风格。

　　笛卡儿把哲学分成三部分——形而上学、物理学、其他各门具体科学，并以形而上学作为全部学说的基础。他将人类知识比喻为一棵大树，看到了各个学科之间存在着种种内在联系。这与培根不一样。培根重视分科，并以归纳法为依据，虽然排挤了神学，却失之粗疏，不能揭示各学科之间的内在关系。笛卡儿认为，人类的知识像一棵树，形而上学是这棵树的根，物理学是树干，树的枝端则是众多的分支学科。可见笛卡儿使用的是演绎法。他从树根——形而上学开始，经过演绎，到达树干和枝端，形成有序的系统的知识体系，进而提出天赋真理的存在。他一方面承认人类知识的先天存在，另一方面又主张人类只有通过思考和怀疑才能达到知识境界。这既不像传统的神学观念，又不像经验主义。笛卡儿的哲学知识树，竟是一棵倒着生长的树，其树根不是活生生的物质，而是一种超自然的精神。笛卡儿一方面相信上帝的存在，另一方面又进行独立的纯粹形而上学式的思考。于是他的哲学结构便形成了双重性质：一方面强调人的知识的先天性，另一方面又强调人的认识的后天性；一方面把形而上学的地位抬得很高，另一方面又承认物理学的主干作用。由此看来，笛卡儿常在上帝与科学之间奔忙，"一仆二主"，这使他大伤脑筋。恰如马克思评论的，"他把他的物理学和他的形而上学完全分开"①，其中一半是唯心主义，一半是唯物主义。

在宗教观方面，笛卡儿自称是一名虔诚的天主教徒。为了保证自己的恭顺与虔诚，他还给自己规定了行为守则："服从我国的法律和习惯"，而且"笃守上帝恩赐我从小就领受到的宗教信仰"。② 然而，天主教会对他却从来没有满意过，甚至在他死后将其著作列入罗马天主教的禁书目录。到1691年，天主教会还禁止在法国的任何学校教授有关笛卡儿的任何著作。实际上，笛卡儿是西方近代史上第一个试图以哲学方式解释宗教的人。换言之，就是用人的眼光去看待上帝的人。依中世纪的教会传统，哲学只能是神学的附庸，哲学家只能是教会的奴仆。笛卡儿却用哲学的眼光看待宗教，甚至来论证上帝，而且是虔诚地论证。他忘记了上帝无须证明，亦不准怀疑，怀疑就是异端。他偏要把上帝证明给人类看，而且试图讲出其中的道理。这实际上是对宗教的蔑视。他为了证明上帝，先要怀疑上帝，论证上帝是否真的存在。因此，笛卡儿是"以他特有的方式，对传统神学进行了一番刺心挖肝般的善意的怀疑，然后说，确实有上帝"③。

笛卡儿所倡导的哲学是一种别具风格的实践哲学，他认为"哲学是关于人所能认识的一切事物的完善的知识，既是为了指导生活，也是为了保持健康，发现各种技术"④。他认为数学是哲学的典范，并渴望运用数学方法研究逻辑，努力创造一种如同数学的确实性一样的思想体系。在西方近代哲学家中，笛卡儿是最擅长深思的一位。他的哲学并非神学家式的烦琐哲学，也不是一般形而上学式的冥思苦想。他是以科学为主干，以现实生活为思想背景的沉

---

① 《马克思恩格斯全集》第2卷，160页，北京，人民出版社，1957。
② 史仲文、胡晓琳：《世界全史》，205页，北京，中国国际广播出版社，1996。
③ 史仲文、胡晓琳：《世界全史》，207页，北京，中国国际广播出版社，1996。
④ [美]梯利：《西方哲学史》下卷，葛力译，35页，北京，商务印书馆，1979。

思者。笛卡儿反对一切传统观念，认为这些观念陈腐无用，习之不若不习，研究不若不研究，越学习研究越糊涂。他认为重要的是研究世界这部书。前贤已不能为师，宗教也不能做主，那么只有向现实学习。"天和地只不过是同样的物质造成的，不可能有好些个世界。"①神也罢，鬼也罢，怀疑也罢，沉思也罢，论及现实世界，只有一个，而且这个世界只能由物质构成。物质世界的运动又是有规律的。正如罗素所言，柏拉图之后、近代之前，西方重要的哲学家多为大学教授，但自近代之后，从笛卡儿直到康德，那些鼎鼎大名的哲学家，却极少有在大学任教的了。实际上，现实生活就是他们的课堂，科学技术就是他们的专业。

"我思故我在"是笛卡儿哲学的核心论点，也是他留给后人最有影响力和魅力的一句格言。"我思故我在"的拉丁原文是"Cogito，ergo sum"。这句话有3个词："Cogito"译成"我思"，"sum"译成"我在"，"ergo"是一个副词，译作"故"或"所以"，其主要成分是"我思"和"我在"。在笛卡儿那里，"我思"和"我在"都是确定无疑的，它们不是怀疑后的剩余物。因此，"我思故我在"这个命题，就是笛卡儿撬动地球的阿基米德支点，也是他全部知识大厦的基石。② 笛卡儿的基本思路在其代表作《第一哲学沉思集》中十分清晰地表现出来了：从怀疑的根据谈起，因为要怀疑，所以要沉思；而后讨论怀疑的方法，即怀疑是什么，如何怀疑，继而讨论上帝的存在、物质性内容的本质，并再论上帝的存在；最后讨论灵魂与肉体的关系问题。笛卡儿之所以选择这样一种方法，是因为他所处的时代正是个人主义开始兴盛的时代。他以个人主义先驱者、思想家的姿态，以"我"的崭新面貌出现，单枪匹马，智者神思，讨论和实践历史上已提出并且迫切需要解决的问题。"我思故我在"的目的在于：

---

① 北京大学哲学系外国哲学史教研室：《西方哲学原著选读》上卷，381 页，北京，商务印书馆，1981。

② 尚新建：《笛卡尔传》，94 页，石家庄，河北人民出版社，1997。

怀疑那些旧有的传统和思想方法、规矩和理论、理念和体系、神学和数学，乃至一切旧有的哲学、科学与文化。因此，"我思故我在"就是要以"我"的思维证明"我"的存在，以"我"的存在怀疑一切旧有的传统，进而证明那些经过怀疑而得以确定的真理。笛卡儿的哲学强调人的思维作用，继承和发展了人文主义哲学的道德与精神，强调"我"的思维作用，不仅代表和反映了个人主义价值体系所强调的"思"的理论价值，而且突出了理性主义哲学的风格与特征。

三、教育思想

(一)天赋观念说与获取确定性的知识

笛卡儿天赋观念的含义一共有四类。

第一类为公理和普遍原则。笛卡儿的形而上学方法是理性演绎的方法，这种方法需要一些逻辑的前提，即需要一些自明的公理和原则，它们不是来自经验或外部的，而是与生俱来的，内在于人的心中。包括："我思故我在"；每一现象必有原因；结果不能大于它的原因；空间、时间和运动的观念，以及几何学的一些命题，如"三角形内角之和等于两直角"等。根据这些天赋命题和原则演绎出的知识是真正的知识。在笛卡儿的思想中，能够称得上这种天赋的自明的命题或原则的观念，必须具备两个条件：一是必须明白清晰，人心在注意和思考时，一定不能怀疑它们的真理性，我们关于别的事物方面的知识必定完全依靠它们；二是不仅适用于形而上学，而且适用于物理学。在此意义上可以说，一切科学知识都是天赋的，或是来自天赋观念。

第二类为上帝的观念。在笛卡儿看来，"我"在怀疑，说明"我"是一个不完满的东西，但是"我"思想中明明有一个关于"完满性"的观念，这个观念不可能由"我"本身产生。因为既然是一个不完满的东西，当然不可能作为产生完满性的东西的原因。这个完满性的观念就是上帝。上帝的观念不是由感官得来的，也不是心灵的产物，它只能是天赋的。西方学者威尔逊（M. D. Wilson）指出："笛卡儿关于自然的科学是一种天赋的科学，因为这种科学所需要的确实性是依赖于上帝的。"①获得知识的确定性是笛卡儿哲学的主要目的，而一切科学知识的确定性和真理性，都只能依靠对真实的上帝的认识，所以人在认识上帝以前，是不能完备地知道任何东西的。诚然，笛卡儿关于天赋的上帝的观念充满神学色彩，但我们应当拉开遮住其世俗思想的帷幕，探讨那些与科学密切相关的思想和方法。洛克曾批驳笛卡儿的天赋观念说，指出上帝的观念不是天赋的，而是靠理性之光发现并印在心中的。笛卡儿在其后期著作中对关于上帝的观念的提法有所修正，认为上帝的观念固然是天赋的，但并不意味着在学习之前就具有现实的上帝的观念，如婴儿在出生前就不具有这种观念。这种天赋观念是潜在于心中的，人的理性、人的自然之光是获得这种观念的天赋能力。

第三类为认识能力。在笛卡儿看来，天赋观念等同于天赋的认识能力。他说："我既然有能力来存想一件事物，一种真理或一种思想，则我这种能力一定似乎是由我自己的本性中来的。"②他提出认识的能力、禀赋、倾向是天赋的，而且由这种能力产生的思想也是天赋的。笛卡儿把人的认识能力视为天赋的，崇尚人的理性与良知，强调自然之光可以揭示事物的真理。培根从打破假象入手，而笛卡儿则从反对权威入手；培根看到经验的重要性，而笛卡儿则看到理性的重要性。这种态度与17—18世纪资产阶级政治思想家在以天赋人权为中心的人性论基础上发展人文主义思想一致，亦与资产阶级反对封建主义的斗争一致。

第四类为简单性质的观念。简单性质的观念具有两个特点：第一，它们属于不可化简或不可分析的最简单的观念；第二，它们属于作为思维的最终

---

① 转引自姚鹏：《笛卡尔的天赋观念说》，20页，北京，求实出版社，1986。
② 转引自姚鹏：《笛卡尔的天赋观念说》，26页，北京，求实出版社，1986。

形式强加于心灵的最终观念。诸如,关于认识活动本身的性质,关于怀疑、自我、精神,关于形状、广延、运动,等等。笛卡儿认为,并不是所有观念都是天赋的,如来自感官的经验及复杂的观念就不是天赋的,只有构成复杂观念的简单性质的观念才是天赋的。

笛卡儿关于"天赋"的定义有几层意思:①先天经验的,即直接经验。②自然的,即把人的天赋的认识能力视为一种自然的禀赋或倾向。③天生的,如上帝的观念是神在人之初植入人的头脑中的。④内在的、永恒的,如公理和普遍原则之所以具有普遍性和必然性,是因为它们的根据在其自身之中,它们是永恒不变的绝对真理。笛卡儿认为,要获得具有确定性的知识,必须从不用证明的原则出发。这些原则不可能来自不可靠的感官经验,但他并不认为思想、观念是头脑中固有的,是天上掉下来的,它们是"原始"的。① 他的天赋观念说是一种逻辑型的天赋观念说,主要解决的是如何获得认识的确定性问题。笛卡儿的天赋观念说的理论依据是:只有通过像数学那样的演绎方法,即从公理或普遍概念出发进行合乎逻辑的推理,才能达到确定性知识。之所以把一切知识所依赖的公理和原则视为天赋,是因为这些公理和原则是获得确定性和真理性知识的逻辑前提。这些前提的逻辑展开,也就是进行理性演绎。一切具体的知识和命题不可能是确实可靠的,它们的确实性与这些天赋公理和原则的确定性有一种逻辑上的必然联系。

笛卡儿是近代理性主义的杰出代表。他的哲学的主要目的是发现一些确切而自明的真理,也就是说要获得知识的确定性。

第一,"怀疑"的目的是获得"确定性"。他认为经院哲学不能提供确定的知识,在这个领域中寻找确定性是徒劳的。其他一切以经院哲学的原则建立的科学不可能是坚实可靠的东西,因此我们从中得不到清晰明确的知识,而是许多错误的意见。笛卡儿曾经这样描述他在拉·弗莱施公学的学习生活:

① 姚鹏:《笛卡尔的天赋观念说》,33 页,北京,求实出版社,1986。

"我自幼就受到典籍的教育，因为我相信了人们的话，认为靠读书就可以对一切有益于人生的东西得到一种明白而且可靠的知识，所以我怀着一种极大的欲望去学习典籍。可是当我全部修毕这些课业，照例被认为成了学者的时候，我的意见就立刻完全改变了。因为我发现自己并没有得到别的好处，只不过是愈来愈发觉自己的无知。"①这促使他主张"怀疑一切"，在理性法庭上对一切既成的东西做出判决。

第二，贬低感官作用的目的是获得"确定性"。感觉是不可靠的，感官有时会欺骗人。笛卡儿称自己曾多次观察到，塔远看像是圆的，近看却是方的，竖在塔顶上的巨像从底下看却是一些小雕像。于是，他在形而上学中关心的是如何获得真正确定的真理。如果要认识事物的本质，就不能求助于感官，而必须请教理智，只有理智才能把握事物的本质。经验主义与理性主义之别在于如何获得知识的确定性。

那么，对于笛卡儿来说，应该用什么方法获得确定性的知识呢？他认为经验法和归纳法都不能达到此目的，只有遵循数学的原则，采用演绎法才可以达到。笛卡儿的理想是建立一个演绎的逻辑体系：直观方法—分析—演绎—归纳，即从理性所直觉或发现的天赋观念（诸如"我思故我在""三角形内角之和等于两直角"等公理）中通过理性的演绎推理，推论出一切"可靠的"知识。这就是笛卡儿认为能够获得真实可靠的知识的方法。因此，笛卡儿提出天赋观念说的主要目的不在于说明观念如何产生，而是探讨如何获得确定性的知识。

（二）方法论

笛卡儿首先把认识论作为科学知识的问题加以研究，从而使认识论成为其哲学的重要组成部分。这种认识论从怀疑出发，以清楚明确的观念为契机，

---

① 北京大学哲学系外国哲学史教研室：《十六—十八世纪西欧各国哲学》，139页，北京，商务印书馆，1975。

追求知识的确定性。

在笛卡儿哲学中，演绎法和归纳法是并列使用的。前者主要是解决认识的确定性问题，后者是解决获得新的知识材料的问题。他没有明确地从认识的来源上把观念视为天赋的，而是强调要说明事物的确定性必须具有天赋的能力，以建立知识的坚实基础。笛卡儿的方法论是一种"二元化"的方法论。他作为一名科学家，无疑要承认客观世界的存在。他明白要获得科学知识、科学发现，就不得不采取归纳法，依靠经验的枚举。经验的枚举和归纳推理可以形成我们的知识，虽然不如演绎知识那样确定，但毕竟是认识的方法。同时，他作为哲学家将把握事物的本质和确定性视为理想，这就需要对已有的知识加以说明。说明的方法是演绎法，即从不证自明的公理出发，合乎逻辑地推出结论，借以给科学发现某种必然性和确定性。这种不证自明的公理是天赋的、内在的、自然的、永恒的，不能由归纳逻辑获得，只有依靠理性直觉和自然之光才能获得。笛卡儿把自己的方法分为两种：一是发现的方法，二是说明的方法。他承认客观世界的存在，承认感官经验是认识的来源。要想获得知识，就必须对对象进行研究，即采用发现的方法，也就是认识事物的方法。

笛卡儿认为感性认识没有确定性，科学知识必须按照演绎法才具有必然的性质。可见他抛弃了经验哲学烦琐空洞的论证方式，为科学提供了一种清晰明快、通俗而正确的研究方法，即用理性对一切已知的东西进行审判，用自己的理性衡量一切。凡属理性清楚明白认识到的都是真的，这就是他的认识论核心。既然知识的本义应该是具体确定、明白无疑、无误和系统的认识，获得知识就只能通过理智，而方法使我们只遵从理智。显然，理性排除了偏见、情感和教育的影响，重要的是帮助理智最有效地运作，并弥补理智不够完善的方面，从而使我们所有的能力得到正确的利用，同时方法本身应简单易用和确实可靠。据此，笛卡儿确定了其理性主义方法论的原则：确定、明晰、有序、全面。

根据这一原则，笛卡儿规定普遍怀疑是其方法论的第一步，因为感觉、梦幻、经验都不具有确定性，甚至我们可以假定上帝不存在。第二步即"我的怀疑"本身是无可怀疑的。我怀疑，我思考，因而我存在（即"我思故我在"）成为首先的、最确定的知识。也就是说，凡是主体清晰明白认识的都是真的，从而使人在人—自然结构中成为认识的中心和出发点。在确定了"我思故我在"这一真理后，他又反思人是怎样得到这一真理的，那就是通过直观和演绎，因为它们是获得知识的最可靠的途径。有了确实可靠的知识作为依据，然后对难题进行分析，即尽可能地把难题分成细小的部分，以便认识到最简单明晰的观念，达到理解全部难题的目的。分析被笛卡儿看作最真实及最优良的教学方法，亦是构成其方法论的重要方面。但分析得到的结果不是"科学"本身，还需要将发现的原理结合成为系统的知识，即依赖使知识系统化、得到证明和解释的综合方法。第三步则是保证知识的确定性和完全性的归纳法。这就是笛卡儿的方法论，甚至可简称为"数学方法"。他使一般性的具体科学方法提升为整个科学的哲学方法，从而深刻地影响了哲学史，形成了近代特有的方法论模式。

笛卡儿为一切思想提供了一种令人振奋的刺激。他的理性主义带给人的激励唤醒了整个欧洲，促使 17 世纪成为一个"理智的时代"。[①] 笛卡儿不盲从教条权威，只遵从以理性认识事物，提出用怀疑的方法扫除障碍，具有彻底的批判性。他努力寻求知识体系，并为此而开始了对知识根基的探求。他使物质性质变成一种机器，而人（思维的心理）则能掌握其原则。

（三）论道德与知识

笛卡儿既重视伦理学，也重视对人的研究，但他的研究同样具有二元色彩。在他看来，人的肉体如同一切物质一样是具有广延性的实体，而且这个

---

① ［美］史壮伯格：《近代西方思想史》，蔡伸章译，345 页，台北，桂冠图书公司，1993。

实体也和其他实体一样，遵循物理学规律。然而，人的灵魂既非实体，也不具有广延性，所以不遵循物理学规律。遗憾的是灵魂毕竟不能完全离开肉体而存在，于是人的肉体就成为"灵魂的住所"。笛卡儿的伦理观念，集中地表现在他的"理性至上"伦理原则上。他论及知识、人品、学识、思想、道德时，毫无例外地都把理性观念置于主导位置。依据"我思故我在"的思想原则，笛卡儿对他所研究的一切均要先经过怀疑性思维，然后予以确认。于是他的伦理观念中派生出两个重要内容：一是理性支配感情，二是知识便是美德。他认为，人的基本感情包括惊恐、爱、恨、渴望、快乐和痛苦等。这些感情原本无所谓好坏，只要能够接受理性的支配，任何一种感情都可以成为美好的感情。反之，任何一种感情都会变成不好的内容。用一个通俗的比喻，感情好比一架钢琴，理性好比琴手，糟糕的钢琴手遇上再好的钢琴也弹不出好的曲调。同样，唯有合乎知识，才能合乎道德。道德是理性的肉体。没有知识与理性，道德便如行尸走肉——马上变成不道德的。

这两点集中体现了笛卡儿伦理思想的可贵之处。按照中世纪的旧传统，感情只能献给上帝，自我及独立思考均被取消，人只需一味盲从。笛卡儿主张理性统率感情、道德合乎知识，本身就是对旧的伦理观念的一种反叛。不过他所采取的方式不是站在教堂门口对上帝宣战，而是绕到教堂背后另开一扇通向理性的大门，让人类的情感、道德从这扇大门出来，向着理性归顺。他的道德观念既有循规蹈矩、面对教会权威服帖顺从、不敢越雷池一步的庸人色彩，又有推崇理性、认为唯有求知才能至善的学人风范，还有怀疑一切、不惜打破一切传统的志士风采。在这样复杂的基础上，笛卡儿建立了几条新的道德准则。这些准则鲜明地体现了他的理性风格，但也或多或少地散发出某种庸人气味。其伦理思想有如他的理性主义哲学的缩影。诸如准则第三条说："宁可永远尽量克服自己，而不去克服命运，宁可改变我的欲望，而不去改变世界的秩序，并且一般地要使我自己习惯于这样一个信念，就是，除了我们自己的思想以外，没有东西是受我们绝对控制的。"第四条又说："把我的一生贡献于我的理性的培养，并依照我为自己所立的方法原则，尽我力所能及，在真理的知识中求得最大进步。"①

四、地位、影响与评价

(一) 历史地位

笛卡儿是个幸运儿——历史的幸运儿。因为他出生时正是科学家、哲学家群星璀璨的时代。然而，生活在幸运时代的人多，能够把这种历史的幸运转化为历史机遇的人则未必多。笛卡儿不但把握住了历史提供给自己的机遇，而且表现得非常出色。他成年时已有培根为先导，又有霍布斯、伽桑狄与之同时。但西方哲学史家如黑格尔和罗素等还是将笛卡儿作为近代哲学的始祖，认为他是西方近代哲学的奠基人。②

首先，笛卡儿与同代人相比，是一位更具渊博学识和科学独创性的大思想家。他不仅是一位大思想家、大哲学家，而且是一位伟大的数学家，并且在物理学、光学、磁学、地质学、地球成因学、解剖学、胚胎学、医学、心理学、天文学、气象学等诸多学科领域都有卓越建树，以至无论翻阅任何一部西方近代特别是 16、17 世纪的思想史、科学史或文化史的书，我们都会在一两个甚至五六个专业和领域中发现笛卡儿的大名。他的地球成因学被视为近代早期最有意义的学说。他是解析几何的创立者，在心理学方面的成就也非常出色。美国心理学家杜·舒尔茨在其著作《现代心理学史》中指出：笛卡儿"对现代心理学史直接作出了贡献，他超越了任何一个人。他把研究从统治了几百年的僵化的神学和传统教条中解放出来"；"继承着从文艺复兴到现代

---

① 转引自史仲文、胡晓琳：《世界全史》，220 页，北京，中国国际广播出版社，1996。
② 转引自史仲文、胡晓琳：《世界全史》，193 页，北京，中国国际广播出版社，1996。

科学时期的转变，很多人感到，他代表了现代心理学的开始"。① 他博而能专——既多才多艺、学识渊博，又有扎实雄厚的专业知识；专而能精——不仅学识兼备，而且富于创造；精而能思——不仅在某些专业领域做出划时代的成就，而且长于思索，既能具体也能抽象。

其次，17 世纪是科学的世纪，牛顿即生长于斯。应该说，17 世纪之前，影响最大的是马丁·路德的宗教改革，17 世纪之后，影响最大的则是牛顿力学。西方在 17 世纪之后的相当长时间，也可称为牛顿时代。生在科学的世纪，非有相当的数学知识不能成功。恰恰在数学方面，笛卡儿比培根、霍布斯所代表的英国经验主义哲学具有更多的优越条件。因此，笛卡儿成为 17 世纪的举旗者是毋庸置疑的。

最后，17 世纪欧洲哲学，虽然有大陆唯理主义与英国经验主义之别，但就总体倾向而言却是理性主义的。最能代表这种理性主义的哲学，正是笛卡儿哲学，而非英国早期的经验主义哲学。黑格尔曾给予了高度评价："勒内·笛卡儿事实上是近代哲学的真正创始人，因为近代哲学是以思维为原则的。独立的思维在这里与进行哲学论证的神学分开了，把它放到另外的一边去了。"②正因如此，笛卡儿哲学才比培根、霍布斯哲学具有更大的影响力和更多的继承人。

(二)影响

笛卡儿在哲学上的影响主要表现在唯理论和机械论两个方面。唯理论推崇理性，排斥权威。机械论试图阐明统一的物质世界运动、变化和发展的规律，但认为物质只有一种运动形式——机械运动，只承认物质具有力学和数学方面的性质。这两种学说摒弃了以前的宗教偏见，哲学家不再需要对上帝的启示顶礼膜拜，把它看作真理之源，理性被视为一切真理的源泉；关于宇

---

① [美]杜·舒尔茨：《现代心理学史》，沈德灿等译，19 页，北京，人民教育出版社，1981。
② 史仲文、胡晓琳：《世界全史》，196 页，北京，中国国际广播出版社，1996。

宙的各种唯心的神秘主义观念像旧衣服那样被丢弃。这是一种积极向上，颇具能动精神的机械论。笛卡儿哲学被 17 世纪大多数哲学家所接受，理性主义成为发源于 17 世纪、兴盛于 18 世纪的启蒙运动的重要思想来源。

在教育方面，笛卡儿的理性主义对 17—18 世纪法国中等学校的改革与发展有很大影响。在法国，17 世纪就像中世纪的任何时候一样，教会完全控制着贵族和中产阶级的教育。当时几乎所有的学校都掌握在教会团体手中，入校学生均须献身上帝、服务教会，并恪守共同的教规。但笛卡儿哲学的出现导致了"对生活和教育更加广泛的认识"，成为"教育思想自由化的一个伟大力量"。它使人们认识到："凡是不能明晰地在人们头脑中证明其存在的，都不能认为是真实的；必须把每个问题分解为最基本的要素，一步一步地进行，从简单的可靠知识到复杂的可靠知识，并在全面的检查中概括所有的事实。"①有人指出："笛卡儿的理性主义及其对清晰和无可非议真理的强调，对一个想要改革的教会来说，是非常理想的。"②

在法国，有两个教育团体受到笛卡儿的影响，并对耶稣会的教育权威提出了挑战。一个是 1611 年建立的基督教新教团体圣乐会，其创始人贝鲁尔是笛卡儿的朋友。圣乐会信奉笛卡儿的理性主义哲学，致力于建立并改革中等学校，到 1626 年在法国创办了 50 余所中学。圣乐会所建学校将法语、现代外语、数学、力学、法国历史等作为教学的重要内容，在教学方法上重视发展智力和独立思考能力。圣乐会还开办了若干所学院和神学校，其中著名的瑞依利学院就是在 1638 年开办的。在其学校制度中，教学计划是由托马森制订的，这是一种将笛卡儿哲学和正统的天主教教义相结合的思想。在传授雄

---

① ［英］博伊德、金：《西方教育史》，任宝祥、吴元训译，253 页，北京，人民教育出版社，1985。

② ［美］S.E. 佛罗斯特：《西方教育的历史和哲学基础》，吴元训等译，275 页，北京，华夏出版社，1987。

辩术中，其"对笛卡儿清晰和准确知识的热诚是明显的"①。圣乐会为年青贵族提供教育，"虽然在名望和势力方面从未能与耶稣会相匹敌，但他的活动一直延续到法国。圣乐会始终坚持笛卡儿理性主义的信念"②。

另一个教师团体以荷兰神学家詹森的信徒圣西拉为首。虽然它存在的时间不如圣乐会那么长久，但更有声望、更有影响。1637 年，圣西拉的追随者在巴黎附近的波特·诺亚尔修道院建立了学校，成为法国初等教育的开端。随后同类的学校在巴黎和法国各地相继建立。尽管学校和教师深受圣西拉所信奉的奥古斯丁学说的影响，以最严格的形式坚持否定论，即人类本性永久地趋向于恶，在整个孩提时代教师要经常予以监督，但这所学校在正式开办之前圣西拉就去世了，学校工作转由一些较为年轻的人管理。这些人虽然坚持圣西拉的信仰，但已"受到国外思想感染，结果由于笛卡儿哲学的原则和爱国情感的灌输，就改变了学校制度中较为艰涩的部分"③。学校目标仍然是培养基督教的品格，"知识的学习在课程中占了更肯定的地位，数学、科学和历史可能不像在圣乐会学校那样重要，但无论如何比其他学校更受重视"④。在教学上"不断努力寻求新的教学方法，以排除学生有可能遇到一些可以避免的困难(这与他的门徒由于研究笛卡儿哲学，使他们思想的鲜明清晰是分不开的)"⑤。此外，还把教学的重点放在语言的表达上。总之，波特·诺亚尔学校及其所代表的生活特点，以一种新的精神渗入了法国教育，即使曾经故意

---

① ［美］S.E. 佛罗斯特：《西方教育的历史和哲学基础》，吴元训等译，276 页，北京，华夏出版社，1987。

② ［美］S.E. 佛罗斯特：《西方教育的历史和哲学基础》，吴元训等译，253 页，北京，华夏出版社，1987。

③ ［英］博伊德、金：《西方教育史》，任宝祥、吴元训译，256 页，北京，人民教育出版社，1985。

④ ［英］博伊德、金：《西方教育史》，任宝祥、吴元训译，256 页，北京，人民教育出版社，1985。

⑤ ［英］博伊德、金：《西方教育史》，任宝祥、吴元训译，257 页，北京，人民教育出版社，1985。

用禁止改革的办法排斥笛卡儿哲学的巴黎大学，当 17 世纪即将结束时，也开始恢复活力。法语和文学得到了一些人的承认；波特·诺亚尔学校根据笛卡儿的原理所提出的教学方法，开始取代中世纪以来各学院所采用的规范练习。①

（三）评价

笛卡儿是现代哲学的先驱者之一。17 世纪以来，随着科学的兴起，以及认识论成为哲学研究的中心问题，对于科学知识的考察和反省在哲学中占有越来越重要的地位。笛卡儿首先把认识论作为科学知识的问题加以研究，初步探索了科学知识如何成为可能的问题。他承认科学的发展对人类进步有着重要的作用，人们的实际经验是科学的基础。但是，他认识到科学不是感觉经验和事实材料的堆积，而是具有确定性、普遍性、必然性的知识，要达到这种理想的目标，经验的归纳法是不中用的，必须诉诸人的理智。从事科学研究固然重要，但是哲学家的任务，是确立正确的科学研究方法，回答如何研究科学、科学的知识具有什么样的性质、怎样才能具有这些性质等问题。现代的科学哲学讨论的大部分中心问题，都可以溯源到笛卡儿。②

笛卡儿奠定了近代哲学认识论的新观念和新基础，开辟了哲学主体性的新方向，确立了主体思维的权威地位。笛卡儿运用自己的科学解释，全盘否定了自亚里士多德以来的"精神的"或质的观念，同时委婉地否定了为神学或者其他目的服务的科学观。他还利用机械力学的思想解释一切物理现象和自然现象，将这些解释与几何学观念相联系，并利用假说进行概括，为使用近代方法研究科学理论开辟了道路。③

笛卡儿的天赋观念说提出之后，17—18 世纪的许多思想家围绕这一问题展开了旷日持久的争论。争论的焦点不是认识的来源问题，而是认识的确定

① ［英］博伊德、金：《西方教育史》，任宝祥、吴元训译，258 页，北京，人民教育出版社，1985。
② 姚鹏：《笛卡尔的天赋观念说》，12~13 页，北京，求实出版社，1986。
③ 尚新建：《笛卡尔传》，169 页，石家庄，河北人民出版社，1997。

性问题，即怎样才能把握知识的确定性。在此问题上，培根提出了归纳法，笛卡儿提出了演绎法，洛克提出了"白板说"。可以说"天赋观念之争"的实质就是经验主义和理性主义之争，是归纳法和演绎法的矛盾与对立。诚然，由笛卡儿提出的天赋观念说是带有浓厚的唯心主义色彩的学说，然而当我们把这一学说置于他的整个思想体系来研究时，就会发现其中还是有一些积极因素值得借鉴的。

尽管笛卡儿对于传播他的思想始终淡然处之，但是由于他那震撼人心的思想魅力和人格魅力，他拥有了众多的朋友和信徒。《方法论》问世后，在荷兰乌特勒支大学出现了"笛卡儿热"。当时大学里充斥着经院主义哲学的气息，当笛卡儿的思想在大学里传播时，很快激起了青年学生的热情，成为这块有识之地的一种力量、一种新的思想。《形而上学的沉思》的出版震动了欧洲学术界。笛卡儿的支持者们很快就形成了一个学派，即笛卡儿学派。笛卡儿的著作为他们的日常活动奠定了基础，他们以荷兰的大学，特别是乌特勒支大学为中心，传播笛卡儿的学说。①

因为笛卡儿的思想确实有着特别丰富的内涵，并且十分鲜明地反映了他那个时代的特性，也因为笛卡儿哲学的二元论性质和折中色彩，他的哲学思想往往充满一些难以调和的矛盾，所以在他生前和死后，对他的哲学一直存在着各种各样的争论。批评者众，包括从洛克到康德，又从康德到马克思，一直到现代的许多哲学大家。正如罗素所说："笛卡儿身上有着一种动摇不决的两面性：一面是他从当时的科学获得的东西，另一面是拉·弗莱施公学传授给他的经院哲学。这两面性让他陷入自相矛盾，但是也使他富于丰硕的思想，绝非任何完全逻辑的哲学家所能及。自圆其说也许让他仅仅成为一派经院哲学的创始者，然而自相矛盾倒把他造就成两个重要而背驰的哲学流派的源泉。"②

---

① 尚新建：《笛卡尔传》，134页，石家庄，河北人民出版社，1997。

② [英]罗素：《西方哲学史》，马元德译，92页，北京，商务印书馆，1976。

第三节 芬乃龙的教育思想

17 世纪是法国的理性主义时代，笛卡儿的思想观念逐渐深入人心。当时占统治地位的天主教会也受到了一定影响，不再盲目地服从上帝，而主张充分发展理性来理解上帝，皈依上帝，现实主义的趋向日益明显。芬乃龙的思想即体现了这一特点。他从天主教观点出发，结合当时的一个重要问题，即对女子教育的忽视，提出了现实主义的女子教育思想。芬乃龙的贡献还在于，他提出的早期教育思想顺应了教育发展的新趋势。其教育思想成为 17 世纪法国教育园地的一朵奇葩。

一、生平及教育活动

芬乃龙（François de Salignac de La Mothe-Fénelon，1651—1715）出生于佩里古德的芬乃龙城堡一个古老而显赫的贵族家庭。由于幼小时身体孱弱，芬乃龙一直在家里接受教育，而且从小就对希腊语及拉丁语表现出极高的天赋。他的两个叔叔都是当地的天主教主教，对他的影响很大。12 岁时，芬乃龙进入性质与高级文法中学类似的考尔大学学习古典文学和哲学，后又转到巴黎大学。1668 年，他叔叔又将其转到圣-苏皮士神学院，师从路易斯·特龙松（Louis Tronson）。这所学院旨在恢复法国教士式生活，强调传统的天主教教育，对芬乃龙产生了深刻而持久的影响。他的宗教观、人生观主要是在这所学院形成的。1674 年，芬乃龙被选为教士，次年又当选为波尔多神父集会的代表，并在那里担任教区职务，受命在礼拜日和宗教节日解释《圣经》。他早期的志向是当一名福音传道者和古典学者，参加到里昂的布道计划中，但未能成功。于是他听从了家庭和特龙松的安排，继续留在圣-苏皮士教区。芬乃龙的工作引起了巴黎大主教哈莱(François de Harlay)的注意,于 1678 年任命他担任巴黎新天主教徒学校的校长。这是一所旨在使教区内的异教徒女孩子改信天主教的学校。

当时法国占统治地位的是耶稣会,但天主教内部的多数派与胡格诺派从16 世纪就开始了较量。胡格诺派崇尚理性自由,具有新教的性质。1598 年,亨利四世发布了《南特敕令》,宣布给予胡格诺教徒以宗教自由及充分的公民权,允许他们开办学校,其子女既可进入当时的大学或其他学校学习,也可自由决定接受何种教育。天主教会和法国国会对此都表示不满,力图废除之。胡格诺派随着政治权力的不断增大,企图建立独立的共和国,这是法国统治者所不能容忍的。路易十四遂开始对他们进行压制,并于 1685 年废除了《南特敕令》。天主教会虽重新控制了局势,但对胡格诺派仍心有余悸,于是取缔了胡格诺派教会及其学校,强迫胡格诺教徒改信天主教,其子女要送到天主教学校就读,否则就会受到惩治。

为了吸收原为胡格诺教徒的女孩,法国当局于 1630 年建立了一所女子学校——巴黎新天主教徒学校,由国王直接领导,芬乃龙被任命为该校校长。其办校宗旨是,使新近入教的年青女子排除其父母及别的异教徒的影响而皈依天主教。这些女孩子被强行与家庭完全隔离,由一名女修道院长负责管理学校的日常事务;芬乃龙主要负责对她们进行观察和精神指导,从事解释、劝说、引导和教诲的工作。芬乃龙主张用温和、宽容的态度,而不是用强迫的手段,使这些所谓迷途的羔羊们"改邪归正"。他认为,人为的强迫是没有用的,"没有人力能穿透心灵的最后防线"[1]。他主张通过教育进行引导。芬乃龙的工作取得了显著成效。

在担任校长期间,芬乃龙认识了波维利尔公爵夫人,她对芬乃龙取得的

---

[1] H.C.Barnard, *Fenelon on Education*, Cambridge, Cambridge University Press, 1966, p.17.

成绩大加赞赏，并向他请教自己 8 个女儿的教育问题。应她的要求，芬乃龙于 1681 年写成了他的教育代表作《论女子教育》(*Traité de L'Education des Filles*)，并于 1687 年出版。此书在法国引起了极大的反响，并引起了王室的注意。路易十四委托他负责其孙子——王位继承人勃艮第公爵的教育，芬乃龙担任其导师直到 1689 年。这位王室子弟性情乖张暴戾，稍不如意便大发脾气。芬乃龙却对他充满信心，认为通过适当的教育他将来能成为一名良好的君主，进而使法兰西获益。当时负责其教育工作的还有修道院院长弗拉瑞(Claude Flenry)。他们精心安排，并运用《论女子教育》中的原则和方法，使这位王室子弟的不良性格完全改观。他变得谦虚、和蔼和坚定，成为一个虔诚的天主教徒，对宫廷生活却毫无兴趣。芬乃龙还专门为他写了 3 本寓言。这些著作的出版，更加丰富了芬乃龙的女子教育思想。为此，路易十四册封他为坎布雷大主教，并授予他"法国儿童的师表"等荣誉称号。

在后期，芬乃龙的政治思想变得较为激进，似有主张革命的倾向。这些在他的著作中都有所体现。路易十四对他的态度也因此而急剧变化，并取消了以前给予他的所有封号。芬乃龙在主教职位上度过了余生，直到 1715 年与世长辞。

二、论女子教育

芬乃龙是一名虔诚的天主教徒，他的教育观并未突破宗教和时代的局限，但涉及了当时一个突出的问题，即女子教育问题。他反对女子不受教育、盲目服从的陋习，提出了较为系统的女子教育观。

(一)法国女子教育的沿革

中世纪以来，女子教育问题一直受到忽视。当时虽然出现过争取给妇女更多的自由和受教育机会的反抗运动，但人们早已习惯了女子不受教育，认为女子无才便是德，强调女子须对丈夫无条件地服从，即便目不识丁。17 世纪后半期，随着社会的发展，尤其是早期工业革命的爆发，这种状况越来越不适应社会的需要。于是，女子逐渐走出家门，在社团和政治中发挥越来越重要的作用。当时一位天主教人士指出：法国几乎所有大的事件、计划都伴有女性的"作用"。生活中有很多实际问题，如寡妇处理遗产、妇女管理家务等都需要女子掌握一定的知识，具有一定处理问题的能力。在此情况下，女子教育问题遂开始引起人们的注意。

在芬乃龙之前，法国已出现了一些与女子教育有关的机构和学校，如各种妇女沙龙和女子学校等。除了给女子更多的教育外，有些人还提出要增加科学课程的学习。例如，巴瑞(Poulain de la Barre)在其著作《论两性的平等》中，强调女子生来就有与男子一样的受教育能力，要求两性教育平等，并为女子构建了包括数学、科学、历史、哲学在内的课程体系。此外，芬乃龙还倡议训练"女家庭教师"，使之能胜任这方面的工作。但当时有限的教育只限于上层社会的女孩，贫苦家庭的女孩受教育的机会很少。即使上层社会女孩的教育，也是在修道院或家里通过雇用家庭教师进行，并且对教师的要求不高，不重视智育，女孩一般通过社交活动接受教育。

几乎与芬乃龙同时，有两位热衷于教育改革的人士提出了类似的观点，一位是著名的圣·西尔女子学校的创立者蒙台纳。圣·西尔女子学校崇尚自由，强调理性，办学很有生气，被认为是"非教会所有的勇敢的、聪明的妇女教育"[1]的学校。虽然后来它被迫改成了修道院，但这种勇敢的尝试本身就给人以无穷的力量。另一位是弗拉瑞，他的《论学习的选择和方法》被称为"当时最有趣的、最有价值的教育论文"[2]，也给了芬乃龙极大的启发。

芬乃龙于 1688 年结识蒙台纳，后经常参观圣·西尔女子学校，并给该校

---

① [美]S.E. 佛罗斯特：《西方教育的历史和哲学基础》，吴元训等译，282 页，北京，华夏出版社，1987。

② H.C.Barnard, *Fenelon on Education*, Cambridge, Cambridge University Press, 1966, p.19.

以理论指导，而弗拉瑞的"论女子教育方法"一章即为芬乃龙的女子教育观点之总结。他们三人相互影响、互相切磋，而芬乃龙可谓三人思想之集大成者。他明确而系统地提出了女子教育问题，引起了法国社会的关注。女子教育从此被提上议事日程，并预示着其美好的前景。

(二)女子教育的必要性

在芬乃龙看来，倘若女子不受教育，目不识丁，会导致很多问题。在其《论女子教育》的开篇，芬乃龙就向世人呼吁："从来没有什么比女子教育问题更被人忽视了。"①他反对女子教育全由习俗和母亲所决定的观点，并从宗教、天性、社会职责的角度论证了女子教育的必要性。芬乃龙承认女子天性孱弱，正因为如此，就更说明教育和训练的重要性。"女人是人类的半边天，因基督的另一半血液而得救。"②女子目不识丁，人类将是不完整的。

更为重要的是，在以家庭为基本单位的社会里，女子的主要职责是操持家务、相夫教子，她们担任的工作是所有人类生活的基础，对人类实际习惯的养成影响最为直接。芬乃龙认为，女子是家庭的核心与灵魂，一位成功的男人后面一定站着一位好女人。妇女的重要影响还表现在子女教育上。自中世纪以来，教育子女(尤其是女儿)的任务一直被看成是母亲的职责。孩子性格的养成、习惯和理智能力的培养，都受到母亲本身素质、待人处世方式的潜移默化的影响。

在芬乃龙生活的时代，有一些优秀的妇女走出了家庭，在社会事务中发挥了重要作用。虽然这并不为芬乃龙所欣赏，但他的确注意到了这一事实，并未表示异议。

芬乃龙指出，如果不重视女子教育，她们一直处于无知状态，将不明白

---

① H.C.Barnard, *Fenelon on Education*, Cambridge, Cambridge University Press, 1966, p.34.

② H.C.Barnard, *Fenelon on Education*, Cambridge, Cambridge University Press, 1966, p.35.

自己的职责，并养成诸多坏习惯，如懒惰、麻木不仁、性情乖张、爱慕虚荣、行为轻浮等，这"对社会造成的危害将比不教育好男子大得多"①。

鉴于以上种种理由，芬乃龙认为女子教育必须受到重视。

(三)女子教育的目的

芬乃龙从论述女子的社会职责出发来确立女子教育的目的。在这一问题上，芬乃龙并没有多少超越时代的惊人论点。他认为女子的主要职责就是相夫教子、管理家庭，女子受教育的目的就是更好地完成自己的社会职责，并非女子自身发展的需要。因此，对于智育、学问，芬乃龙都不以为意，甚至认为"有学问的女人是好笑的"，"女子的理性能力比男子弱……没有必要让她们学习高深的学问"。② 他认为柏拉图等人强调女子与男子智育平等的观点是可笑的；他声称政治、军队、艺术、法律、哲学、神学知识都不适合她们，因此反对对女子进行智力训练。

(四)女子的职责及女子教育的内容

1. 女子的职责及应具备的素质

女子教育的内容应限制在与女子的社会职责直接有关的范围内，这是芬乃龙女子教育观的基础，因而他详细论证了女子的社会职责及其相应的素质。

女子的首要职责是当好母亲，教育好孩子。按照欧洲的传统，男孩要在母亲的膝下度过自己的童年，女孩则直到出嫁一直在母亲身边接受教育。因此，母亲必须了解孩子的天性、需要、潜能和倾向，从而找出正确的方法来教育、影响孩子。此外，为了做好贤妻良母，还必须培养女子具有良好的风度、气质及掌握待人处世的原则等，而这些主要是通过宗教道德训练以及简单的读、写、算训练完成的。

———————————

① H.C.Barnard, *Fenelon on Education*, Cambridge, Cambridge University Press, 1966, p.3.

② H.C.Barnard, *Fenelon on Education*, Cambridge, Cambridge University Press, 1966, p.35.

女子的另一项重要职责是管理财产。中世纪以来，上层社会妇女是不屑于此类工作的，视之为村野农夫、仆役管家的职责。芬乃龙强调，17世纪的主妇不能养尊处优，应该懂得如何管理家庭。加强了财产管理，就会减少受骗，也就相当于增加财富。此外，主妇有管理仆人的职责，并且要注意生意的收入和支出、收租及照顾地产。寡妇还有处理遗产的问题。

2. 女子教育的内容

根据女子的职责及应具备的素质，芬乃龙认为女子教育应包括阅读、书写、计算、历史、法律、记账、体育、音乐、外语（包括拉丁语）及刺绣等手工艺制作方面的内容。

芬乃龙要求对女孩进行简单的读、写、算的训练，改变上层社会妇女目不识丁、甚至不会正确读出一封信的状况，并认为这些是女子完成其职责的基础。他认为，女孩虽没必要学习高深的知识，但应能正确地读、写，表达自己的思想。为了准确地计算账目，女孩应学习算术，了解算术的4种规则。而且，女孩还要知道法律的主要原则。例如，了解遗嘱和捐赠的区别、共同继承人的合同，了解法律的主要规程，了解宗教习惯、自然财产和联合地产的意义、动产和不动产的关系等。此外，女孩还应阅读一些世俗的著作，了解希腊和罗马的历史、法国的历史，学习意大利语、法语、拉丁语及音乐和艺术等。当然，这些内容的学习主要不是为了培养女孩的理智能力，而是培养她们的贵妇人风度，增强主妇的修养和宗教意识，从而更好地完成其职责。芬乃龙反对女孩子学习那些消磨意志的靡靡之音，赞同柏拉图强调学习振奋人心的军乐和宗教音乐的观点；他也反对女孩看小说，以防她们感情泛滥。

在芬乃龙看来，女子教育最重要的内容仍然是宗教教育。他强调应从小培养女孩的宗教意识，形成对神的认识熟悉教条。《论女子教育》中将近一半的篇幅论述的是宗教教育，但芬乃龙反对过去沉思、空洞的学习方法，而主张在生活中了解宗教历史，通过人物的故事了解宗教、培养宗教精神。他提出根据儿童的天性来开展宗教教育的观点，表明了天主教教育对时代发展状况和教育发展趋势的一种顺应。

三、论早期教育

芬乃龙认为幼儿教育是整个教育的基础，并对早期教育的理论基础、内容和方式进行了阐述。

(一)早期教育的重要性与可能性

中世纪以来，幼儿教育问题一直受到忽视。儿童被看作赎罪的羔羊，天性顽梗，因而要尽量采取各种压制手段使之驯服。文艺复兴及宗教改革后，教育开始考虑儿童的天性，但早期教育实践仍未有太大的改观，对女孩进行早期教育就更不为人们所重视。芬乃龙用比照自然的方法论证早期教育的理论基础。他认为儿童的大脑是温暖、湿润而柔软的，很容易接受印象。随着年龄的增大，大脑变得干燥而脆弱，不容易改变。人们应抓紧时机，尽快在他们的头脑中留下痕迹。在这里，芬乃龙没有引用《圣经》，而是从自然出发来论证儿童心理的机制。虽然只是生硬的比喻，缺乏科学根据，但作为一位天主教徒，这样做实属难能可贵。芬乃龙还指出，儿童的特点是以感情和感性印象为主，周围人的行为无论好坏都会对儿童产生强烈的影响，早期经验一旦形成就会影响一生。同时，芬乃龙反对原罪论，认为儿童天性非善非恶，在理智充分发展之前没有明确的倾向。因此，如果在生命的早期不对其进行教诲，告诉他们哪些是善、哪些是恶，从而弃恶扬善，那么灵魂在未有倾向之前就已趋向邪恶了。他将这种早期教育的失败或缺失导致的顽梗称为"第二原罪"，认为它将会对儿童一生产生极大的消极影响。

(二)早期教育的内容及措施

芬乃龙认为，早期教育应包括身体训练、理智训练、道德及宗教训练等内容。

芬乃龙指出，"早期教育最重要的过程是照顾孩子的身体"①，因此他特别强调孩子的卫生保健和体育锻炼。自中世纪以来，对儿童身体健康的轻视一直是社会的主要问题之一，因而他的主张在当时具有重要的现实意义。芬乃龙还强调女孩的身体保健。他在著作中，并未将早期阶段男孩、女孩的教育分开阐述，他常用"婴孩（enfants）"而不用"女孩（filles）"一词。芬乃龙的这一主张无疑是有积极意义的。他强调儿童要从小养成过俭朴生活的习惯，以利于身体健康。在饮食方面，他主张儿童进餐时间不宜经常改变，应尽量按时，两餐之间不要吃东西，否则会因贪食而胃痛和消化不良。② 他还强调：儿童不宜吃味道太重的刺激性食物，因为这些食物不利于儿童的健康；一餐的食物种类不要太多，不必经常变换。在衣着方面，芬乃龙强调女孩子的衣着要朴素、大方。

芬乃龙重视儿童体育的动机，不是为儿童以后的教育打基础，而是出于宗教的考虑，即为恢复教士式生活做准备。但客观上说，对儿童身体健康的重视本身就是一种进步。

在理性的培养方面，芬乃龙强调在儿童学会正确说话前，就应开始对他们施以适当的教育，让其练习说话。他认为，儿童的思维结构倾向于形象与感觉，在学说话时"不仅会记住单个的单词，而且能理解这些词代表的意义"③，进而能理解词所代表的事物本身。成人通常运用身体运动（如触摸、手指运动）或重复一个单词加以强调，因此也可以利用适当的语言、表情、手势来教育他们。

芬乃龙认为，儿童的智育应以好奇心为基础。在幼年期，儿童头脑中一

① H.C.Barnard, *Fenelon on Education*, Cambridge, Cambridge University Press, 1966, p.8.

② H.C.Barnard, *Fenelon on Education*, Cambridge, Cambridge University Press, 1966, p.8.

③ H.C.Barnard, *Fenelon on Education*, Cambridge, Cambridge University Press, 1966, p.7.

无所知而充满新奇，好奇心很强，求知欲旺盛。他指出，"好奇心是儿童自然的倾向"①，应利用儿童的好奇心来进行教育，"不要对他们的问题表示厌烦"，因为"这是自然给你的教育的好机会"。② 要耐心地回答他们的问题，告诉他们事物的原因和过程，并注意结合生活实际教育他们。例如，"城里孩子看见面粉，就应告诉他食物是如何准备的；看到收割的农人，就应告诉他农民在干什么，麦子如何播种、如何生长；看到商店，就应告诉他是怎么回事"③。通过这种潜移默化的教育，不需要特殊的训练，儿童就能学会那些有用的了解事物的正确方法。

在道德教育方面，芬乃龙关心的是如何防止恶劣事物对儿童的影响，以保持他们心灵的纯洁。他认为儿童理性发展不充分，不能自己思考与行动。因此，他反对对儿童进行空洞的理论说教，而主张结合生活、结合具体的事物教育儿童，如通过宗教故事等进行。芬乃龙指出：爱模仿是儿童的天性，单纯粗暴地压制、禁止他们是不行的，而要充分利用这一天性；通过模仿，儿童可以很自然地学会要学的东西，印象也会很深刻，"只要给他一个榜样而不说一句话就可以达到目的"④。同时，他又指出要注意对模仿对象进行限制，应为儿童规定一些正确的原则，培养他们的理性，模仿好的东西，而不要模仿那些坏的东西。因此，他特别强调父母本身的素质，要求他们注意为儿童树立好的榜样。另外，芬乃龙还将儿童的道德教育与宗教教育结合在一起，将道德要求与宗教训诫合而为一进行论述。

---

① H.C.Barnard, *Fenelon on Education*, Cambridge, Cambridge University Press, 1966, p.7.

② H.C.Barnard, *Fenelon on Education*, Cambridge, Cambridge University Press, 1966, p.12.

③ H.C.Barnard, *Fenelon on Education*, Cambridge, Cambridge University Press, 1966, p.12.

④ H.C.Barnard, *Fenelon on Education*, Cambridge, Cambridge University Press, 1966, p.13.

芬乃龙的早期教育思想与法国当时早期教育的落后状况形成鲜明的对照，虽远不如夸美纽斯（Johann Amos Comenius，1592—1670）的贡献大，但总体来说也顺应了近代教育的发展趋势。

四、论教育原则与方法

芬乃龙的教育思想从目的论看是保守的，但在教育原则、方法上仍有可取之处。他受到文艺复兴以来人文主义以及自然科学发展引起的新的方法论的影响，受到笛卡儿理性主义的冲击，提出了"教育要适应自然""间接教育法""快乐教育法"等原则或方法。

（一）教育要适应自然

芬乃龙并未将此作为一个原则而明确地提出来，但他的整个教育思想都贯穿着这一原则。他强调教育的作用是促进儿童的天性发展，教育要顺应儿童的天性，反对人为的强迫性的灌输，尤其是宗教教条的灌输。他主张在生活中，通过故事、游戏等方式进行教育。在此基础上，他还演绎出许多具体的方法，如间接教育法、游戏法、快乐教育法、故事法等。

（二）间接教育法

这是反映芬乃龙教育思想特色的方法，也是他的主要贡献之一。他认为，儿童天性好奇、好动，注意力难以集中，好模仿，不温顺，如果采取直接的理论说教或粗暴的压制，而不顺从其天性，不经过巧妙的引导，是很难达到目的的。儿童的心灵相当柔弱，理性尚未发达，对他们的教育需用间接教育法。此时应尽量使儿童快乐，在快乐的童年生活中培养他们。"给他们学习一些有用的、具体的东西，而不要学习对他们来说抽象的、贫乏的、不吸引人的内容。"[1]因此，芬乃龙反对一开始就用拉丁语教儿童，而认为应在生活中

---

[1] H.C.Barnard, *Fenelon on Education*, Cambridge, Cambridge University Press, 1966, p.18.

学习本民族语(法语),由易到难,循序渐进地进行。为儿童提供的书籍应该装帧精美、字迹清晰、附有插图。这样既能吸引儿童,也能激发儿童的想象力,顺应儿童的天性。

(三)快乐教育法

在具体方法上,芬乃龙主张通过游戏和故事进行学习。他强调要注意把学习、娱乐中的严肃与快乐原则结合起来,而"不要只是把严肃、努力同学习联系在一起,而应把快乐同游戏联系起来"①。应该使学习变得快乐,寓教于乐,在游戏中进行教育,尽量减少正规的课程,而以娱乐为主。他指出:"古希腊人、古埃及人都是通过诗歌、音乐来讲解教条的。"②在游戏中学习比一本正经的教育要有效得多。"我曾看到孩子在玩耍时学习阅读,我们需要做的只是给他们讲手里那本书中妙趣横生的故事,并引导他们不知不觉地掌握那些单词,以后他们自己就会热心于寻求走向这种快乐的源泉的方法了。"③

芬乃龙认为,必须使娱乐具有教育性,而不能放任自流,要注重对娱乐的选择,防止不良游戏的影响。对于女孩的游戏,他强调"女孩千万不能与男孩一起做游戏,也不应和行为不端的大姑娘一起玩","女孩的游戏不要太剧烈、太野蛮,应有节制"。④ 这些论述并非完全正确,但芬乃龙的确触及游戏的性别差异问题。根据女孩的特点而设计特殊的游戏,这在客观上有一定的积极意义。

(四)故事法

芬乃龙用了一章的篇幅论述如何运用讲故事的方式教育儿童。虽然他主

---

① H.C.Barnard, *Fenelon on Education*, Cambridge, Cambridge University Press, 1966, p.18.

② H.C.Barnard, *Fenelon on Education*, Cambridge, Cambridge University Press, 1966, p.23.

③ H.C.Barnard, *Fenelon on Education*, Cambridge, Cambridge University Press, 1966, p.23.

④ H.C.Barnard, *Fenelon on Education*, Cambridge, Cambridge University Press, 1966, p.136.

要讲的是宗教故事，其目的是使儿童掌握宗教观念，但这种方法的运用远远超出了宗教的意义。事实上，芬乃龙正是运用这种方法教育他的王室学生的。他说："孩子们狂热地喜欢童话故事，当有人向他们讲述此类故事时，你可以看到他们一会儿嬉笑，一会儿哭叫，全神贯注地倾听，不时为故事的情节所感动，一定不要忽视对这种倾向的利用……你讲故事必须有血有肉，让故事中的人物讲话。"①

儿童之间也可以相互复述故事，相互影响，这是儿童教育(尤其是智育、德育)的重要方法。同时，芬乃龙强调不要把故事当作课业，强迫儿童复述，应让儿童自由地复述、讲解他喜欢的故事。

此外，芬乃龙强调要树立权威，使儿童服从权威。权威的树立要立足"爱"的基础，而不是强迫服从的基础；同时，又不能滥用权威，"权威只有在其他手段都无效的时候才能用"②。芬乃龙并不反对体罚，但强调体罚不能太严厉，还要注意时机与场合，要使儿童因此感到羞耻和懊悔，以达到教育的目的。

五、历史地位

芬乃龙是 17 世纪法国杰出的教育家，其女子教育思想、早期教育思想、适应自然的教育方法等"都标志着教育思想的新开端"③。虽然他的女子教育思想只是在教育方法和内容方面做了一些浅层次的探索，但却预示了女子教育的新前景，所以他的《论女子教育》问世后很快被法国的母亲们传诵，并被

---

① H.C.Barnard, *Fenelon on Education*, Cambridge, Cambridge University Press, 1966, pp.33-34.

② H.C.Barnard, *Fenelon on Education*, Cambridge, Cambridge University Press, 1966, p.20.

③ [英]博伊德、金:《西方教育史》，任宝祥、吴元训译，262 页，北京，人民教育出版社，1985。

译成多国文字,对各国女子教育产生了深远的影响。美国学者佛罗斯特称芬乃龙是"17 世纪法国的一位领袖人物,其《论女子教育》被证明是 17 世纪发表的所有论述女子教育的著述中最优秀的一篇"①。

在芬乃龙的影响下,一位侯爵于 1686 年创办了圣·西尔女子学校,这所学校招收贵族和阵亡军官的女儿。她们享有某些自由,可以读文学作品、看戏剧等,但世俗的影响仍占主导地位。虽然该校后来成了一所独特的修道院,但却鼓舞了人们在女子教育上探索的勇气。1784 年,贝茨基也创办了斯莫尔尼女子大学。这所大学比圣·西尔女子学校更为先进,表明女子教育问题终于被世人关注,从而为近代女子教育的更大发展做了很好的铺垫。

应该指出的是,芬乃龙的教育观大多是在论述女子教育的名义下发表的,但其意义却超出了女子教育的范畴,其中许多也适用于男子的教育。例如,教育要适应自然、间接教育法、快乐教育法、故事法等都是如此。在早期教育问题上,他也提出了许多宝贵意见。芬乃龙试图利用故事(宗教、神话故事)进行教育,并亲自编写神话书籍,这些做法也对后世产生了一定的影响。

---

① [美]S.E. 佛罗斯特:《西方教育的历史和哲学基础》,吴元训等译,281 页,北京,华夏出版社,1987。

第三章

德国教育的发展

16—17 世纪，德国教育的总体情况是既保持了传统，也呈现出新的发展趋势。古老的大学依然如故，而新教阵营为维护自己的信仰也在创办新大学。文科学校与骑士学园均是新鲜事物，它们在当时为推动德国教育的发展起到了重要作用。再加上印刷出版物的不断增多，德语逐渐成为写作和阅读的主要语言，以及新的职业教育理念被付诸实践，一系列新事物的出现预示着一个新时代的到来。

第一节　时代背景

一、宗教改革的影响

从 16 世纪初的宗教改革直至 17 世纪中期三十年战争（1618—1648 年）结束，是欧洲近代早期历史中的教派至上时代（Konfessionelles Zeitalter）。基督教分化为不同的派别，彼此之间相互对立。欧洲的政治版图也随之四分五裂，冲突与战乱不断。这种状况在德意志神圣罗马帝国境内表现得尤为明显。[①] 帝国之内邦国林立、各自为政。1555年9月帝国议会签订的《奥格斯堡宗教和约》(Augsburger Religionsfrieden)确立了"教随邦定"(cuius regio, eius religio)的原则,各地诸侯及其统领下的邦国皈依不同的教派,邦国之间形成更多的竞争与对抗。"既然找不到更好的解决办法,这项和约实际上也就成了开辟新时代的基石。不是特伦托宗教大会,也不是皇帝本人,而是帝国议会结束了争斗;议会所形成的决议既不是宗教的,也不是神学的,而是政治的。"[②]帝国的皇室哈布斯堡家族曾在新教与天主教之间摇摆,最后才重新坚定地站在天主教一方,这也加大了帝国内部在政治与宗教信仰方面的裂痕。奥格斯堡"教随邦定"的原则"把各邦政治上的独立扩展到了宗教领域。在三十年战争的前夕,德国分裂得就像一幅由诸邦组成的镶嵌画"[③]。

同时,因所信仰的教派不同而引起的政治迫害、冲突乃至战争在整个欧洲范围内司空见惯,其结果是民生凋敝、发展停滞。再加上三十年战争的主要战场在德意志境内,旷日持久的战争令帝国生灵涂炭、民不聊生。教育事业虽然从宗教改革当中汲取了些许新理念,在16世纪下半叶的战争间歇期有所发展,然而在社会动荡的时代背景之下,无法获得突破性的进展。

在15世纪末、16世纪初,帝国的城市学校处于萎靡不振的状态,刚刚产生的新教各教派尚未站稳脚跟,还无力办学。天主教对于教育的投入也并不乐观,既有的学校缺乏捐赠和资助,导致学费上涨。然而,这只是造成入学率降低的原因之一。随之而来的教派分裂和宗教战争,加剧了西欧社会教育

---

① 本章所指的部分地区在历史上曾经隶属于德意志神圣罗马帝国,但已不在今德国境内,例如,法国的斯特拉斯堡、波兰的弗罗茨瓦夫[德语为 Breslau(布雷斯劳)],以及格拉茨和萨尔斯堡等奥地利的多个城市。

② [英]埃尔顿:《新编剑桥世界近代史(第2卷):宗教改革(1520—1559年)》,中国社会科学院世界历史研究所组译,238页,北京,中国社会科学出版社,2003。

③ [英]沃纳姆:《新编剑桥世界近代史(第3卷):反宗教改革运动和价格革命(1559—1610年)》,中国社会科学院世界历史研究所组译,172页,北京,中国社会科学出版社,1999。

水平下降。宗教改革之后，教育在新教地区的发展颇为迅速，天主教的教育则由新成立的教团耶稣会主导。从教学理念、授课方式、学习方法等方面来看，新教的各个教派与天主教并无本质上的区别。

欧洲近代早期的教育仍旧与宗教紧密相连。新教的代表人物马丁·路德在 1524 年曾经向所有的德意志城市发出呼吁：设立以基督教信仰为基础的学校，目的是培养能够阅读和解释福音书的新式教士。与此同时，人文主义对教育所产生的影响同样显著，而且对不同的教派均起到了促进作用，这表现在教育观念、课程设置等方面。在教学内容上，从人文主义运动以来，传统的"三艺"科目文法、修辞、逻辑仍旧占据主导地位，诗学、道德哲学、以道德引导为指归的历史类著作被加入课业，亚里士多德的政治学著作成为哲学研读的一部分，其物理学著作也被大量阅读。正是从这一时期起，百科全书式的知识观念和教育思想开始萌芽，先是在传统的知识范围之内，后来慢慢渗透到尚未成形的有关自然科学的新领域，博学（erudition）的理念正在逐渐孕育。

在此背景之下，一方面，以地方教会为单位出现了很多教区学校，主要目的是培养教会的神职人员。随着时代的发展，社会也需要接受过教育的人掌握除宗教文献之外的知识，如拉丁语的读写、计算的能力等。为此，城镇一级的地方政府开设了城市学校，以满足城市的经济和文化需求。另一方面，民众对教育的渴望显著增强，甚至连只有千余人的小城镇也设立了学校。学校的增加为受过教育的人提供了更多的谋生机会，他们在成为教师之前，或者在教会学校接受过教育，或者上过大学——即便未曾毕业，又或者师从过私人教师。

二、诸侯办学的浪潮

1552 年德意志帝国的诸侯们签订了《帕绍条约》（Passauer Vertrag）。该条约允许新教地区的诸侯将获得的教会资产用作办学经费，极大地激发了各地诸侯兴办教育的热情。很多诸侯发布新的教会规章或教育章程，这种状况陆续发生在梅克伦堡(1552年)、普法尔茨(1558年)、符腾堡(1559年)、布伦瑞克(1568年)、萨克森(1580年)等地。诸侯们通常将废弃的修道院改为学校校舍，从而掀起了一股诸侯办学的浪潮。其中不少地方曾获得梅兰希顿(Philipp Melanchthon，1497—1560)的帮助和指导，抑或借鉴他于1528年发布的教会和学校规章。① 梅兰希顿在萨克森开创的学校分级制度更是从新教地区传播至天主教地区，后经耶稣会接受和传播而被广泛采用。

从16世纪中叶开始，帝国的教育图景中出现了重整和兴办文科学校(Gymnasium)②的热潮。在近代早期的欧洲，文科学校盛行一时，它曾经混同于大学。二者在办学规模、师生人数、教育内容及教学质量上并无明显的差别。如果要做明确区分的话，它们的不同在于，大学拥有从教皇和皇帝那里获得的多项特许权，大学里有四大学院之间的明确区分，大学拥有颁发学位也就是授予任教资质的权利。然而，从教育的普惠性来看，虽然文科学校与大学相比权利较少，但前者的蓬勃发展起到了更为实际和重要的作用。从教育的层次来看，文科学校教育与大学教育之间有较为明确的区别，但其同样将拉丁语设置为重要课程。即便在新教地区或者受到人文主义影响地区的学校，古希腊语、数学、历史也只是边缘科目。通常情况下，具有拉丁语的读写能力仍然不是进入大学的必要前提。在城市学校、教会学校、文科学校乃至大学，学生都可以从拉丁语的基本知识学起。只不过，已经在各类学校学习和掌握了拉丁语的学生，可以跳过大学里的部分学业，直接参加学士考试。

---

① [德]鲍尔生：《德国教育史》，滕大春、滕大生译，38~40页，北京，人民教育出版社，1986。

② 起初，这类学校大多是由各地的诸侯资助创办，由于资助人在当时社会地位高贵，所以该名称的直接含义为"荣誉学馆"。这种教育机构的类型被确定后，城市兴办的学校也沿用此名。为方便理解，本章通称为文科学校。

三、大学教育的衰微

对教会而言，只接受过普通的学校教育已经不能胜任神职工作。神职人员必须接受大学教育，最好是学习过神学，至少要在艺学院学习几年，即便没有毕业也要掌握拉丁语，并了解基本的神学文献。新教各教派和天主教的神职人员莫不是如此。

然而，近代早期大学的情况不容乐观，它与现实的需求相去甚远。以德意志帝国为例，虽然在 1500—1700 年新成立了 20 余所大学①，但 1600 年之后，欧洲的大学普遍进入衰落期。帝国境内只有为数不多的几所大学仍然保持着较为旺盛的生命力，而在欧洲范围内这几所大学也仅仅处于一般水平。德意志的学子们被鼓励到帝国之外去游学（peregrinatio academia），最好能获得他国大学的学位。新教徒的最佳去处是 1575 年尼德兰成立的莱顿大学，天主教徒则更愿意去南方，如意大利的博洛尼亚和帕多瓦、法国的奥尔良和蒙彼利埃等地的传统大学。无力游学的学子们则可以就近选择帝国境内的文科学校求学，部分文科学校的教育水平并不亚于大学。例如，斯特拉斯堡的文科学校就有"准大学"之称。

第二节　斯特拉斯堡学校模式

一、初建

斯特拉斯堡属于帝国的"自由市（Reichsstadt）"，它不受任何诸侯管辖，比一般的城市拥有更多的自主权，而且财力雄厚，更有意愿兴办教育。城市

---

① ［德］包尔生：《德国大学与大学学习》，张弛、郄海霞、耿益群译，34~36 页，北京，人民教育出版社，2009。

内的人口大约 2 万，由 15 人组成的市议会掌管城市事务，其中 1/3 出身贵族，2/3 来自较为富有的市民阶层，如商人和各大行会的首领等。斯特拉斯堡的地理位置赋予了它交通上的便利，它是莱茵河流域当时重要的口岸城市，是运输和贸易的中转站。该市商业繁荣，手工业也较发达，是德意志帝国西南地区经济实力最强的自由市，因而在地区内具有强大的影响力。然而，直至宗教改革时期，斯特拉斯堡的教育与文化发展还比较滞后，不但没有大学，甚至没有一所像样的学校。只有几所较小的修道院和教堂学校在招收学生教授拉丁语，而在距离斯特拉斯堡不远的地方已有四所大学，分别位于巴塞尔、弗莱堡、海德堡、图宾根。

改变斯特拉斯堡教育面貌的先驱人物是新教牧师马丁·布策尔（Martin Bucer，1491—1551），他年轻时曾与马丁·路德结识，后成为斯特拉斯堡市的宗教改革家。宗教改革之后，斯特拉斯堡接收当地的教会财产，获得充裕的资金兴办教育。趁此时机，布策尔于 1525 年撰写了一份学校规划呈递给市议会，建议利用教会的资产办学，培养新教神职人员阅读福音书的能力。斯特拉斯堡市议会颇为所动，专门设立了一个由三位学监（Schularchen）组成的委员会，负责筹备城市的学校与图书馆建设，设法筹集充裕的经费，以及监督课程设置与教学内容。不过，布策尔的身份是牧师，并不在学监之列。

时至 1534 年年初，布策尔与友人一起在斯特拉斯堡率先创办了一所牧师学院（collegium praedicatorum），招收了大约 30 名学员。他们主要来自斯特拉斯堡本地，还有附近的一些小城镇，最远的来自伯尔尼。学院的教学目标非常明确，就是为地方教会培养新教的牧师。在办学实践的基础之上，布策尔再次向市议会建议，逐步增加课程的内容和扩大学院的规模，朝着创建大学的方向努力。然而，在斯特拉斯堡市议会看来，办一所大学的开销太过昂贵，每年至少需要 3 000 古尔盾的财力支持，而办一所学校大约只需要 1 000 古尔盾，为此驳回了布策尔的建议。不过，城市的管理阶层支持布策尔的办学兴教之举。1535 年，斯特拉斯堡又新成立了一所教育学校（Paedagogium）。牧师学院与教育学校的规模都不大，教育水平一般，两者与其他修道院学校和教堂学校并无不同，都是以教授拉丁语为主。

直至 1538 年，三人学监委员会（conventus scholarcharum）与布策尔共同倡导，向斯特拉斯堡市议会提交了一份建议——成立一所城市中心学校。此时，人文主义者及教育改革家约翰·斯图谟（Johann Sturm，1507—1589）正在斯特拉斯堡任教，他在建议书后又附加了一份学校计划。他们最终说服了斯特拉斯堡市议会，彻底改变了原有的学校格局。1539 年的复活节，斯特拉斯堡利用一座于 13 世纪落成的修道院的旧院舍成立了文科学校，斯图谟成为首任校长，并聘请了 11 位任课教师。从此，斯特拉斯堡的学校模式焕然一新。校长斯图谟掌握着较大的办学自主权，这有利于他在此实践自己的教育理念，因而他也成为斯特拉斯堡学校模式的主导人物。

斯图谟在教育实践中主要贯彻两条原则。

其一，依照人文主义对古代文化的憧憬，强调修辞学的重要性，培养能言善辩的学子，令其具备足够的能力与经院学者争锋。辩论的技艺是要体现出哲学与神学的真理，从而戳穿经院哲学的诡辩。古罗马作家西塞罗既是修辞学家，也是哲学家，是后人学习辩论与修辞的楷模。所以，斯特拉斯堡文科学校着重学习西塞罗的著作与语言风格，学习的方式就是模仿。从总体上看，斯特拉斯堡文科学校的教育对于修辞技艺强调三个要点：知识牢靠、道德至上、形式优美。

其二，构建新型的学校组织架构，包括课程设置与教师组成，保障学校课程的连续性和完整性。学校设置了九级课业学习，并在第十级开设了一些具有大学水准的公开讲座课程（lectio publica），能够让学生掌握扎实的雄辩能力。每级的学习时间至少一年，每学年在期末安排考试，既考查教学效果，也注重成绩，从而激发学生们的学习热情。指导教师专门负责某一级，任课教师则根据课程的科目划分。在斯图谟的规划中，九级制的教育模式是围绕着拉丁语这个核心而展开的，学校的课业安排将其分成两个阶段：第一阶段用4~5年的时间学习语言表达的准确性；第二阶段进入较高的学习层次，再用4~5年的时间学习语言的优美性。所以，一个学生在没有任何学前教育基础的前提之下，从六七岁进入斯特拉斯堡文科学校开始，经过十余年的学习，再聆听2~3年最高等级即第十级的公开讲座课程，一直学到20岁才算完成相对完整的学校教育。

按照斯图谟设定的十级制教学体系，1545年秋季斯特拉斯堡文科学校的每个等级都招收了学生，共计644人。① 其规模已超过帝国境内的任何一所大学。学校还为相当于大学水平的最高级别课程，聘请了不少来自意大利和法兰西的名师，他们当中的大多数由于所信仰的教派在家乡遭受迫害而出逃至此。斯特拉斯堡文科学校已经能够制定出适用于十级教育的完整课业体系。至1621年改制为大学之前，斯特拉斯堡文科学校的课表大致如下：最初等课程级数为10，课业水平最高的级数为1(见表3-1)。②

表3-1 斯特拉斯堡文科学校课表

级数 (程度由低到高排列)	教学内容	课业练习
级10	基础拉丁语、德语的教义问答	阅读、写作、语法、单词、宗教歌曲
级9	西塞罗的书信、拉丁语、教义问答	阅读、写作、语法、单词、宗教歌曲

---

① Anton Schindling, *Humanistische Hochschule und Freie Reichsstadt. Gymnasium und Akademie in Strassburg 1538-1621*, Wiesbaden, Franz Steiner Verlag, 1977, p.32.

② Anton Schindling, *Humanistische Hochschule und Freie Reichsstadt. Gymnasium und Akademie in Strassburg 1538-1621*, Wiesbaden, Franz Steiner Verlag, 1977, pp.178-180.

续表

级数 （程度由低 到高排列）	教学内容	课业练习
级 8	西塞罗的书信、拉丁语、教义问答	语法、单词、德语译为拉丁语、宗教歌曲
级 7	西塞罗的书信、加图的著作、拉丁语和古希腊语的赞美诗、教义问答	语法、句法、单词、德语译为拉丁语、宗教歌曲
级 6	西塞罗的书信、诗学、古希腊语、伊索寓言、路德的著作、拉丁语和古希腊语的赞美诗	语法、句法、单词、德语译为拉丁语、论证、拉丁语书信、修辞
级 5	西塞罗的书信、诗学、古希腊语、路德的著作、拉丁语和古希腊语的赞美诗	语法、句法、单词、德语译为拉丁语、论证、拉丁语书信、修辞、古希腊语的语法
级 4	西塞罗的书信、维吉尔的诗、诗学、古希腊语、路德的著作	语法、句法、单词、德语译为拉丁语、论证、拉丁语书信、修辞
级 3	西塞罗的书信、古希腊的喜剧、卢西亚诺的对话集、伊索克拉底的演讲词、毕达哥拉斯的著作	语法、句法、单词、德语译为拉丁语、论证、拉丁语书信、修辞
级 2	斯图谟编写的修辞学摘要、西塞罗的演说词、德摩斯提尼的演讲词、第欧根尼的抒情诗、数学	修辞、逻辑、拉丁语或古希腊语诗歌、每周两封拉丁语书信、宗教歌曲
级 1	斯图谟编写的修辞学摘要、西塞罗的演说词、维吉尔的《埃涅阿斯纪》、诗学、荷马的《伊利亚特》、德摩斯提尼的演讲词、伊索克拉底的演讲词、数学、使徒保罗的书信	修辞、逻辑、论辩、拉丁语单词、每周两封拉丁语书信、宗教歌曲

从这份课表可以看出，级 10 到级 8 属于学习入门阶段，主要学习阅读和书写拉丁语字母、单词，掌握基础语法。从级 7 开始学习句法等复杂的语法，起初是用德语讲解，在学生们掌握拉丁语之后改为用拉丁语授课，再用德语将会受到惩罚。对于经院哲学而言，学习拉丁语是借助它领会语言的逻辑，而斯特拉斯堡文科学校所看重的则是语言本身。在教学过程中，学校教师力求向学生们展示拉丁语词汇的丰富性，他们还要学习一些拉丁语词汇的古希腊语渊源。另外，对西塞罗的学习从级 9 贯穿至级 1，它在整个课程体系中占据着核心位置。从级 6 开始，学生们会接触不同的文体，如书信、诗歌以及神话等，而诗歌的文本都是来源于古罗马著名作家的经典之作。当然，这里的学习依然离不开宗教教育。不过，在阅读神学著作的过程中，斯特拉斯堡文科学校要求学生们体会和把握教义要点(loci communes)。古希腊语从级 7 开始进入课程。当时也曾遇到来自任课教师一方的阻力，部分教师认为学习古希腊语会消磨学习拉丁语的精力。然而，斯图谟坚持认为，古希腊语是学习和训练演讲技艺的关键。他甚至认为学习古希腊语和拉丁语同等重要，要求学生们既要阅读拉丁语和古希腊语的经典，又要练习将古希腊语的文本按照其原有的文体与风格译为拉丁语。在斯图谟的坚持之下，古希腊语在斯特拉斯堡文科学校的课程体系中确立了牢固的地位。在当时的欧洲，除斯特拉斯堡文科学校之外，没有第二所学校或者大学能够在教学实践中做到两门语言的均衡并重。

在斯特拉斯堡文科学校的十级学制中，掌握古代语言是贯穿前八级的学习任务。学成之后的学生在 15 岁左右，就应该熟谙拉丁语和古希腊语。随后，学生进入之后的学习级别即级 2 以上，修辞学成为学业的核心内容，主要学习材料是西塞罗的演讲词。为此，斯图谟亲自编辑三册演讲词讲义，内容全部摘录自西塞罗和德摩斯提尼的传世演讲，辅之以他自己做的解释和批注。除修辞学之外的课程还有逻辑或者论证，学习材料是亚里士多德的《工具论》，但课本由斯图谟自己选编。至此，斯特拉斯堡文科学校为学生们提供了完备的"三艺"知识，其内容与水平不亚于任何一所大学。斯图谟的教学目的是让学生们做好准备，使他们有足够的能力与经院学者进行逻辑论辩并战而胜之。他并不反对三段论的辩证形式，而且认同辩证法是通向一切真知的通途，但掌握辩证法并不是学习的目的，而是获得知识的手段。斯图谟从未质疑过亚里士多德，而是继续以其为不可动摇的知识权威。他所做的努力是试图将辩证法与修辞学结合起来，以此纠正误入歧途的经院学术。

斯特拉斯堡文科学校每日的课时安排规则有序，对于所有学生而言大致相同。周一至周日都要上课，每天 5 小时。夏季早上的课程安排在 6:00—7:00 和 8:00—9:00，冬季早上 8:00—10:00 上课，午后的课程统一安排在 12:00—14:00 和 15:00—16:00。两课之间的时间是学生们的练习时段，每一级学生都有自己的指导教师，他们专门负责给学生们听写重要的文本，反复温习核心段落。周六和周日进行宗教教育，形式是讲授教义和咏唱宗教歌曲。学年的结束日期是每年复活节所在周的周一，所有级别统一设置一次口试，每级评出两位优等生。复活节过后则进入下一个学年。每年秋季安排中期考试，形式是由教师提问，学生背诵课上学过的内容，成绩特别优秀的学生可以跳级进入更高一级的课程学习。这样做的目的是在学生们中间展开成绩竞赛，奖励学习优异者，遴选有潜质的学生，鼓励学生尽量发挥自己的学习能力。

二、管理

在教会分裂、教派林立的时代，斯特拉斯堡市议会为避免发生更严重的社会危机而兴办教育。一方面，城市立足培养本地的市民子弟，让他们在家乡接受教育，既让学子们免受到异地求学的长途跋涉之苦，又使他们直接处于城市的监管之下，确保他们将来成为可以信赖和依托的城市官员与牧师。

另一方面，城市也有经济上的考量，将市民投入子弟教育方面的财力留在城内，有利于维持城市经济的繁荣。同时，作为城市的管理阶层，市议会也有维护城内社会稳定的职责，所以市议会拒绝了创办大学的动议，避免来自各地的大学生们可能给城市带来的烦扰与骚乱。不过，斯特拉斯堡市对文科学校报以很高的期望，对其教育水平的要求颇高，从学校的课程体系和学制设置来看，都在向大学的水平看齐。校长斯图谟将学生的毕业水平定性为能够与经院学者在逻辑辩论上分庭抗礼，这充分说明斯特拉斯堡文科学校对自身的定位同样是准大学的高度。实际上，斯特拉斯堡文科学校实现了办学的初衷。至 17 世纪，城市的管理者基本上在本地接受过较好的人文主义教育，受教育的程度逐渐成为除了社会出身、家庭财富之外，城市选拔官吏的关键因素之一。

不同于中世纪大学师生共同体的组织形式，斯特拉斯堡文科学校是隶属于城市的一个教育机构，城市的主政者即市议会是学校的主导者，它既是资助方也是管理者。主管学校事务的是三人学监委员会，其成员由市议会选拔，其身份是城市的官员。当时，类似的机构在由城市兴办教育的地区比较常见，如法兰克福、纽伦堡、沃尔姆斯、乌尔姆等地。学监大多是市议会的成员，他们参与城市的各项管理工作，了解城市的财务状况，通晓如何处理和协调对内与对外的各种社会关系，能够胜任为学校筹措充足的资金、聘请优良的师资的工作。有时候，一些与教育行业相关的行会的首领被选入委员会，如印刷业、造纸业的富商，偶尔也有教学名师凭己所长成为学监。一旦被任命为学监，一般而言任期终身。斯特拉斯堡的三人学监委员会不定期地在市政府组织会议商讨学校事务，三人拥有同等权利，都可以提出动议与意见，共同商榷。即使三人中有人是贵族出身，也只是在社会地位方面高于其他人。三人学监委员会可以根据学校的财务状况，要求市议会拨款资助。他们还有权决定教师的聘用，议定每位任课教师和指导教师的薪资，决定获得奖学金的学生人选，与市议会一起商议校长的人选。市议会可以通过任何一位学监提出对学校的要求和指示。避免学生与市民冲突、处理相应的案件、惩罚学生或者将犯错的学生投入学校"监狱"等权力，是在三人学监委员会手中，而不是在校长或者教师手中。这是斯特拉斯堡最为看重的与大学的不同之处，即由城市掌握着司法权和审判权。

教师并不在学校的管理者之列，校长是学校日常事务的直接负责人。学校的教学计划、课程安排、考试规则等都在校长的职权范围之内。斯图谟在斯特拉斯堡文科学校所实践的教育理念，对抗的正是中世纪大学经院式的教育模式。他亲力亲为，细致到设置每一级的课程内容，他推行掌握教义要点的学习方法，教导学生领会古人经典和神学著作。学校所设置的课程内容还是围绕着"三艺"知识，但是修辞学取代了逻辑学的地位，学习的最终目的是让学生们掌握演说的技艺。从根本上看，斯特拉斯堡文科学校受到人文主义思想的影响至深。当学生在 20 岁完成全部十级制的课程时，可以通晓拉丁语、古希腊语，了解重要的古代作家及其著作，掌握西塞罗式的演讲术，能够熟练运用修辞，出口成章地辩论，领会神学著作的要义。

三、升格

1566 年 3 月，马克西米利安二世（Maximilian Ⅱ，1527—1576）在奥格斯堡召开帝国会议，主要议题是筹集与土耳其人作战所需的款项，筹款的对象是富庶的自由市。为此，斯特拉斯堡市慷慨地提供了 21 600 古尔盾。① 作为回报，马克西米利安二世于 1566 年 6 月 1 日向斯特拉斯堡颁发特许状，将斯特拉斯堡文科学校由主要讲授"三艺"知识的学校（particular studium）升格为准大学（semiuniversitas）。为获得这张特许状，斯特拉斯堡市又专门支付了 510

---

① Anton Schindling, *Humanistische Hochschule und Freie Reichsstadt. Gymnasium und Akademie in Strassburg 1538-1621*, Wiesbaden, Franz Steiner Verlag, 1977, pp.54-55.

古尔盾。马克西米利安二世给予斯特拉斯堡文科学校的特许权包括：该校学生享有与大学生同等的自由与权利，学校在艺学科目上的考试与大学中的艺学考试对等，考试合格的学生可以获得学士或者硕士学位，这相当于斯特拉斯堡文科学校申请到了颁发艺学学位的权利。学生在此学习至级 4，其水平已足够进入大学的艺学院，学习至级 3 和级 2，基本上是大学学士的水准，若在最高的级 1 听两年公开讲座课程则可以获得硕士学位。在斯特拉斯堡文科学校获得学位的学生也就得到艺学的授课资格(ius docendi)，在帝国境内受到普遍的认可。斯特拉斯堡文科学校的教师不但可以讲授艺学，还可以开设神学、法学、医学等课程，在教学科目上亦如一所大学。不过，在斯特拉斯堡的要求之下，特许状没有给予斯特拉斯堡文科学校类似于大学的社团组织形式，学校的管理权和控制权仍旧在市议会的掌握之中。

随后的半个世纪，是斯特拉斯堡文科学校的稳定发展期。至 17 世纪，在校学生大约为 500 人，学校聘用任课教师 19 人，所讲授的科目与大学相同，有 4 位神学教师、4 位法学教师、2 位医学教师，其余 9 位讲授艺学。在最高级别的公开讲座课程中，不但讲授亚里士多德的哲学、伦理学、物理学等著作，还有诗学、历史(主要是古代作家的叙事性著作)、医学、法学、神学甚至希伯来语等。

然而，在 17 世纪上半叶，随着三十年战争的爆发，这所学校的命运再起波澜，其经历的巅峰与低谷均与自身的教派归属息息相关。1618 年战争伊始，斯特拉斯堡脱离新教回归天主教阵营，其雄厚的经济实力以及在帝国西南地区强大的政治影响力给予了皇帝和罗马天主教会极大支持，拉近了斯特拉斯堡市与皇帝和罗马教廷的关系。斯特拉斯堡顺势向皇帝斐迪南二世(Ferdinand Ⅱ，1578—1637)争取各项权益，其中包括正式承认文科学校为大学的特许状，还为此支付了 1 718 古尔盾。① 1621 年 2 月 5 日，皇帝签发用德文书写的特许状，正式将斯特拉斯堡文科学校升格为名副其实的大学。由于师资充足，斯特拉斯堡大学于同年正式成立。大学的四大学院很快组建成型，1621 年 5月选出了 4 位院长，校长从教师中遴选而出，每年换届，但可以重复当选。

第三节　新教地区的教育

这一时期，新教各教派以及耶稣会都在早先的修道院房舍之中设立学校，再辅以地方教会的财产作为资助。地方上的世俗权力对教育的关注度日渐增加，越来越紧密地将其纳入自己的政务范围之内。对于帝王、诸侯和城市而言，兴办教育培养人才，再令其为己所用，有利于在纷繁复杂的政治和宗教事务之中获得明智的见解与建议，还可以在与邻邦的竞争中稳固和加强自身地位。为此，掌权者将教育的主导权控制在手里就尤为重要：一是可以在信仰和道德方面把关，筛选未来的可塑之才；二是教育的兴盛还可以促进当地的经济，学校的盛名更可以为诸侯、邦国和城市增添荣耀。在这一时期的新教地区，文科学校得以发展，各邦国的学校体系基本形成。与此同时，一批新教大学应运而生。

一、文科学校

在 16 世纪的人文主义者心目中，文科学校的地位等同于大学。到了 16世纪中叶，文科学校已达到与大学相同程度的办学水平。有些规模大的文科学校师生众多，分设多个年级，其水平并不亚于大学。另外，当时有一些名

---

① Anton Schindling, *Humanistische Hochschule und Freie Reichsstadt. Gymnasium und Akademie in Strassburg 1538-1621*, Wiesbaden, Franz Steiner Verlag, 1977, p.74.

称如教育学校(Paedagogium)或城市学校(Partikularschule)等，经常与文科学校之名混用，在时人看来它们是同义词，并不一定指代层次不同的教育机构。与文科学校及教育学校有明显区别的是初等语法学校，后者以学习拉丁语的语法、修辞、逻辑为主，一般称作三艺学校(Trivialschule)。[1]

自宗教改革以来，在帝国各地的诸侯领地内，文科学校以及类似的学校逐渐成为地方教育的核心力量。很多文科学校获得了各地诸侯的支持与资助，如萨克森、普法尔茨、符腾堡等地。资助的来源主要是各诸侯国经过宗教改革之后所获得的教会资产，学校的校舍大多是废弃的修道院房舍。诸侯办学的目的是应对宗教改革的需要，培养为己所用的牧师。为此，各个诸侯国和地方教会纷纷制定新的教会规章(Kirchenordnung)，其内容大多涉及教育。有的地方则直接颁行学校章程(Schulordnung)，或者建立一套从下至上的学校体系，或者在既有学校基础之上进行改革。在拥有大学的诸侯国，大学仍是开展教育的核心组织，在其之下则是一些城镇学校。但不是每个诸侯国都有大学，兴办文科学校由此蔚然成风，及时填补了教育资源的缺口。同时，一些规模较大的文科学校提供层次较高的课程，在教学内容上已经超出拉丁语的范围，涉及哲学和神学的范畴，这是有意向大学的科目和水准靠拢。有的高等级班要求学习时间不少于3年，目的就是为大学的学业做好准备。完成高等级班学习的学子甚至可以跳过大学艺学院的课程，直接进入法学、神学等高等学院。

诸侯与城市兴办教育使得帝国境内学校的数量不断增加，也使得教育机构的分布更趋向于地区化。当时，帝国内设有文科学校的地方还包括汉堡、不来梅等自由市，以及一些较为富庶的商贸城镇，如多特蒙德、马格德堡、石勒苏益格的戈尔德堡(Goldberg)和利格尼茨(Liegnitz)、东部的布里格

---

① Notker Hammerstein, August Buck, *Handbuch der deutschen Bildungsgeschichte*, *Bd. I: 15. bis 17. Jahrhundert*, München, Verlag Beck, 1996, p.301.

(Brieg)和布雷斯劳等地。支撑教育的核心力量不再仅仅是大学，文科学校同样起到支柱的作用。其中，斯图谟在斯特拉斯堡文科学校的办学模式是帝国内部，特别是新教地区在教育机构上的新尝试。帝国的南部地区以及北部的汉萨城市在兴办教育的过程中，广泛地借鉴了斯特拉斯堡文科学校的办学模式，将课业分为不同的等级，逐级提高对学生们的教育程度。斯特拉斯堡文科学校将最高等级定名为级1，而其他地区如萨克森、符腾堡等则多采用升序排列，将最初的级别定为第1级。级别的划分不是简单地根据学生的年龄大小，而是根据课业的水平。[①] 每个级别也未必只学1年，有可能需要经过多年的学习，才能进入下一个级别。例如，在萨克森的学校每级需要2年的学习时间，雷根斯堡的学习时间要求甚至比2年更长。是否达到升级的水平则要经过学业考试，一般的学校每年安排2次升级考试。在很长一段时间之后，统一按照年龄划分的年级制才替代了按照课业难易程度划分的等级制。

各地的学校分别设置多少等级或者年级，则视各地的实际情况而定，并无统一标准。需要考虑的因素包括当地的财力、人口规模、学校以及大学的数量、各类教育机构之间的竞争等。例如，萨克森地区的学校只分为3个年级，原因是其境内已经有2所大学，即莱比锡大学和维滕堡大学，可以提供程度更高的教育，学校设置更多等级的课程全无必要。符腾堡地区采取的是萨克森与斯特拉斯堡的折中方案，即设置5个级别。一般而言，诸侯领地以内或者附近如果没有大学，其学校往往设置较多的等级，以延长学习时间。否则，学子们如果想接受内容更多、程度更高的教育就只能前往异地求学，耗费钱财与时间。等级少的学校通常只适合孩童，等级多的学校课程内容丰富，甚至包括古希腊语，可以为青少年提供时间更长的学校教育。小诸侯领地或者小城镇在财力上通常没有那么充足，难以设置年级较多的学校。

---

① Notker Hammerstein, August Buck, *Handbuch der deutschen Bildungsgeschichte, Bd. I: 15. bis 17. Jahrhundert*, München, Verlag Beck, 1996, p.302.

新教中的加尔文派在宗教改革期间对教育的诉求颇为激进，他们要求对政府和教会进行全面革新，因此需要接受过新式教育的人来完成革新的使命。加尔文派相信，只有"文化发达之地才会诞生真正的教会"。但是，盛行加尔文派的地域无法从皇帝或者教皇那里获得特许状，也无法创办具有普遍认可度的大学。这再次凸显出创办文科学校的现实意义。

二、各诸侯国的学校体系

(一)萨克森

宗教改革时期，在萨克森选侯的公国内有2所大学，即维滕堡大学和莱比锡大学。1543年，选侯莫里茨(Moritz，1541—1553年在位)下令在格里马(Grimma)、迈森(Meissen)、普福尔塔(Pforta)三地再各设1所学校，由选侯通过调拨教会财产给予资助。3所学校总共有约100个学位，每所学校设立3个等级，学制为6年，聘任4~5名教师授课。学生主要来自公国内的贵族和城市市民家庭。学校的毕业生若能达到艺学院的水准，则可以获得资助，进入大学攻读神学。为此，选侯莫里茨提供100份奖学金，鼓励学子们去莱比锡大学的神学院学习。后来，又将名额提高到莱比锡大学150人、维滕堡大学140人。[1]

(二)符腾堡

伴随着教会改革，符腾堡公国于1534年建立学校体系，并且形成了初等、中等、大学三个层次。初等层次是城镇学校，一般分为5个年级，主要学习拉丁语的语法和逻辑。斯图加特和图宾根两个城市则设立了教育学校，开设教授古希腊语的高年级课程，吸引公国内的学子。由此看来，斯图加特和图宾根的教育学校算是中间层次的教育机构。符腾堡公爵为了培养公国中

---

① Notker Hammerstein, August Buck, *Handbuch der deutschen Bildungsgeschichte*, *Bd. I: 15. bis 17. Jahrhundert*, München, Verlag Beck, 1996, p.308.

的牧师，将图宾根奥古斯丁修道院的院产用作资助，鼓励学子们学习神学，受资助的人数从 1559 年的 100 人上升至 1565 年的 150 人。[①] 受资助的多数学子在接受教育后直接成为牧师，服务于公国教会，只有少数人进入图宾根大学神学院继续深造。

图宾根的学校体系较为完备，有 1 所初等的三艺学校，再加上原来就有 1 所大学，所以 1557 年建立的教育学校只有 4 个年级。其中，第 3 年级的课业水平已经与大学中的艺学院相当，学生要完成的课程包括亚里士多德的哲学（含物理学、逻辑学、伦理学），以及数学和天文学。学有余力而且财力允许的学生，还可以继续学习法学、神学课程。教育学校的最高年级为此设立了公开讲座课程，聘请大学教师前来授课。从课程的内容和水平上看，可以与图宾根大学直接衔接。对于想要就读图宾根大学的新生而言，如果他们在来到图宾根之前没有教育基础或者没有学士学位，都要先被送到教育学校补习，待通过结课考试——也就是他们的学士考试之后，才能正式入读图宾根大学。因此，图宾根的教育学校起到了图宾根大学"预科"的作用，此乃图宾根市内学校体系的一大特色。

在世俗权力创办的学校体系之外，符腾堡公国的教会也在积极办学。想成为神职人员的青年学子在完成城市学校的学业之后，可以进入教会学校，也就是经过改革后的原修道院学校。根据 1556 年的改革规定，教会学校至少聘任 2 位教师讲授神学，所招收的学生在 15 岁左右，并且已经具备拉丁语的基础。在教会学校学习 3 年后，教会为学业优秀者提供奖学金，以帮助其进入大学。可见，教会学校的水准与斯图加特和图宾根两地的教育学校基本相当。符腾堡公国内共有 4 所此类教会学校，它们位于贝本豪森（Bebenhausen）、黑伦哈尔布（Herrenhalb）、希尔绍（Hirsau）、毛尔布龙（Maulbronn）四地

———————

① Notker Hammerstein, August Buck, *Handbuch der deutschen Bildungsgeschichte*, *Bd. I: 15. bis 17. Jahrhundert*, München, Verlag Beck, 1996, p.307.

的修道院内。

另外，符腾堡公国内还有9所规模较小的修道院学校，其教学内容仅限于拉丁语，相当于三艺学校的水平。小修道院学校毕业的学生原则上先要进入上述4所教会学校深造，学成之后或者继续去大学求学，或者通过类似于学士的考试后领受神职。在符腾堡公国之内，所有修道院学校的学生总数不超过200。对比教育学校和城市学校，每一所修道院学校的规模都很小，而且在逐渐关停。1583年，4所教会学校只剩下贝本豪森、希尔绍、毛尔布龙3所，而9所小修道院学校还剩2所，每所仅有2位教师。

(三)波美拉尼亚

格赖夫斯瓦尔德大学位于波美拉尼亚公国境内，但地处偏远，师资与生源都受此影响，在16世纪20年代濒临关闭。当公国于1534年开启宗教改革时，境内的教育状况已呈现出凋敝的情形。公国于1535年颁行新的教会规章，从此开始重振教育。为了让格赖夫斯瓦尔德大学起死回生，公国将尼古拉修道院的院产拨给大学当作资助。但直到16世纪50年代，大学的状况仍未见起色，其教学活动仅限于提供艺学院的拉丁语课程。公国在1563年对教会规章再做调整，采取措施振兴教育。从此，每个城镇都创办了一所初等的三艺学校。公国内8个较大的城市创办了城市学校，每所学校都设置4个年级，与此相应，必须聘任4位教师。被公爵看重的斯德丁(Stettin)城市学校获得了较多的资助，其地位仅次于格赖夫斯瓦尔德大学。

(四)梅克伦堡

梅克伦堡公爵领地内的罗斯托克大学在16世纪20年代一蹶不振。从1552年开始，公爵着手振兴教育。一方面建立起公国的学校体系，包括成立幼童学校(Kinderschule)、设置4个年级的拉丁语课程等，又于1553年在什末林(Schwerin)、维斯马(Wismar)等地建立了5所文科学校。此外，罗斯托克市于1560年利用城内圣米歇埃尔修道院的旧址创办了教育学校，课程设置以斯特拉斯堡文科学校为模板。另一方面，公爵着力重振大学，聘请梅兰希顿的弟子、神学家大卫·希特莱(David Chytraeus, 1530—1600)等名师，以充实大学的师资力量。时至 1600 年，罗斯托克大学渐有起色，学生数量在帝国境内的大学里位居中游。

(五)普法尔茨

普法尔茨伯爵是帝国的选侯，其统辖的境内有海德堡大学，但伯爵家族仍不遗余力地支持地方教育事业。1546 年在海德堡、1565 年在诺伊豪森(Neuhausen)、1566 年在安贝格(Amberg)，各成立了 1 所教育学校。加上1578 年选侯路德维希六世(Ludwig Ⅵ, 1539—1583)在诺伊施塔特(Neustadt)又成立了 1 所路德派文科中学，普法尔茨境内共有 4 所发展较好的学校。其中，海德堡教育学校有 8 个年级，其余 3 所学校都有 5 个年级。

(六)茨魏布吕肯

在茨魏布吕肯侯爵领地内，自 1558 年开始在每个城镇设立 1 所初等学校以提供拉丁语课程。虽然教师只有 1 位，但学校分为 3 个年级。另在境内 4 座较大的城市建立城市学校，聘请 2 位教师，设置 4~6 个年级，其课业与初等学校相衔接。教育学校设在霍恩巴赫(Hornbach)，这里的课业以斯特拉斯堡文科学校为模板，学生毕业之后或者去斯特拉斯堡文科学校深造，或者去大学就读。

(七)石勒苏益格-荷尔斯泰因

石勒苏益格-荷尔斯泰因公国在学校设置上效仿波美拉尼亚，在小城镇建立初等学校，设 3~4 个年级。石勒苏益格-荷尔斯泰因建立的城市学校规模稍大，有 5 个年级，1567 年升格为教育学校，不但提供相当于大学艺学院的课程，还开设了医学、法学、神学的讲座。当地的民众一向有求学的迫切愿望，但由于其地理位置在帝国的最北端，与帝国境内的大学都距离甚远，教育水平长期处于落后地位。为扭转局面，公爵克里斯蒂安·阿尔布莱希特于 1665

年创办了基尔大学。

(八)布伦瑞克

布伦瑞克公国 1568 年开始宗教改革,其间全盘接受了符腾堡公国 1559 年的学校章程,并于 1571 年在甘德斯海姆(Gandersheim)成立教育学校。学校规定只有具备拉丁语基础的学子才能入学,所以只设置了 3 个年级。这所学校的发展相对而言比较顺利,它于 1574 年搬迁到黑尔姆施泰特(Helmstedt), 1575 年升格为大学。1576 年,大学从马克西米利安二世那里获得特许状。 1810 年,黑尔姆施泰特大学与林特尔恩大学在拿破仑占领期间被迫同时关闭。

(九)勃兰登堡

勃兰登堡的伯爵也是帝国的选侯,其统辖境内有成立于 1506 年的奥得河畔法兰克福(Frankfurt an der Oder)①大学。然而除此之外,伯爵领地内的学校教育都较为薄弱。比较热心于教育的是柏林市,市议会于 1574 年在格劳恩修道院的旧址上创办了文科学校,分为 7 个年级,最高年级的课业水平堪与大学接轨。1607 年,勃兰登堡伯爵又在约阿希姆斯塔尔(Joachimstal)创办学校, 分 3 个年级,提供 120 个学位。不过,该学校在三十年战争期间于 1636 年被毁,一度中断办学,战争过后于 1650 年迁往柏林恢复办学。

(十)法兰克尼亚

法兰克尼亚伯爵领地之内一直没有像样的学校,学生求学只能去距离最近的维滕堡大学。1581 年,法兰克尼亚伯爵在海尔布隆(Heilbronn)修道院的旧址上创办学校。学校分 4 个年级,完成学业的学子可以直接进入教会领受神职,或者去大学深造。伯爵为此资助 100 个学位,其中 40 个是支持学子们去维滕堡大学研习神学。

(十一)其他地方学校

小领地的诸侯未必能负担得起一所大学,斯特拉斯堡文科学校为他们提

---

① 德国东部边境小城,位于柏林以东、德国与波兰的界河奥得河左岸,始建于中世纪。

供了仿效的榜样。在斯特拉斯堡的影响之下，16 世纪 50—90 年代，科堡（Coburg）、劳因根（Lauingen）、新堡（Neuburg）、施泰因福尔特（Steinfurt）、魏玛（Weimar）、采尔布斯特（Zerbst）等地的小贵族纷纷开办地方学校（Landesschule）。帝国的自由市也掀起了创办城市学校的热潮。乌尔姆（Ulm）在 1531 年创办的学校有 5 个年级。奥格斯堡（Augsburg）的城市学校，设置了 9 个年级。1584 年不来梅建立的学校设置了 7 个年级，聘任 7 位教师讲授哲学、法学、神学。到 1610 年，不来梅的学校能够提供类似于大学中 4 个科目的全部课程，每个科目的课程学习时间都在 2 年以上，而学校的生源直至 17 世纪中叶始终保持在 100 名以上。汉堡于 1612 年创办的学校有 8 个年级、6 位教师，提供艺学、神学、数学、古希腊语、希伯来语等课程。

三、大学的发展

以马丁·路德为代表的新教神学家认为，旧式的学校是教廷制造的魔鬼，大学的神学院应该传播福音书。在开始神学的学业之前，学生们应该先在学校学习拉丁语，包括修辞和逻辑等，以便将来布道。为此，要对旧式的修道院学校或者教会学校进行改造。路德的建议——同时也是宗教改革时期常见的方式——是不再为传统的修道院以及僧侣提供资助，修道院也不能再接收新的成员。由此，当修道院无以为继时就会自行解散，皇帝、诸侯或者城镇可以自然而然地接管修道院的房舍，进而将其直接用来办学，或者转赠给新教教会作为学校以培养牧师。

当时德国境内很多小诸侯领地并没有大学，这些小诸侯愿意资助学子去维滕堡大学学习新教的神学。梅兰希顿为维滕堡大学制定的新章程，也被其他改宗的大学仿效。除了宗教改革的发源地维滕堡大学外，还有 7 所大学改宗新教：巴塞尔大学、罗斯托克大学、格赖夫斯瓦尔德大学在 1532 年，图宾根大学在 1535 年，奥得河畔法兰克福大学和莱比锡大学在 1539 年，海德堡大学在 1556 年。梅兰希顿的影响力几乎覆盖了所有改宗新教的大学。经过改革的大学与教会渐行渐远，并不断向皇帝、诸侯以及城市靠拢，呈现出世俗化的趋势。其中，海德堡大学和奥得河畔法兰克福大学吸引了跨地区的师资和生源，在当时享有较高的声望，可以说经历了 16 世纪的辉煌时刻。然而，当 1618 年三十年战争开始时，大学的发展势头戛然而止。

新教地区的诸侯以及城市也热衷于创办新大学。1526 年，黑森伯爵菲利普建立马堡大学，这是新教诸侯自主创办的第一所大学。新大学不再也无法向罗马天主教会的教皇申请赋予大学各项权利的特许令，而皇帝的特许状则在 1541 年姗姗来迟。在此期间，虽然没有来自最高权威的认可，但并未影响马堡大学站稳脚跟。菲利普伯爵解散了 2 座修道院，将其资产和房舍转给马堡大学，以帮助其渡过初期的难关。伯爵非常看重马堡大学新成立的神学院，使神学逐渐成为强势科目。相对而言，新大学比较忽视艺学院以及人文主义所提倡的对古典语言的学习。

自 14 世纪中叶以来，德意志的皇帝、诸侯热衷于创办和资助大学，尤其是在宗教改革时期。其动机大致有两个：一是出于维护信仰的纯洁，为此需要神学家以及大学神学院培养的牧师；二是为领地内的子弟提供受教育的机会，培养未来的管理人才。另外，拥有一所大学，在宫廷中有一群受过良好教育的大学教师陪伴左右，也可以为诸侯增添荣耀，提升领地的社会声誉与地位。所以，继马堡大学之后，新教路德派诸侯又接连创建了一批大学。

1544 年，第一代普鲁士公爵阿尔布莱希特在哥尼斯堡(Königsberg)创办学校，当时就定位为大学，但无法获得代表最高权威的皇帝或者教皇的认可。学校在 1560 年只获得了波兰国王颁发的特许状。哥尼斯堡大学借鉴的是维滕堡大学的办学模式，再加上公爵给予教师和学生慷慨的资助，大学从此走上良好的发展道路。

1557 年，萨克森公爵约翰·弗里德里希向皇帝申请特许状创办耶拿大学。

由于耶拿自 1548 年以来拥有一所文科学校，师资和生源比较充足。耶拿大学于 1558 年开学后，吸引了一些著名的法学家和神学家担任教职。不过，耶拿市包括城中的大学在三十年战争期间都遭到严重破坏，战后的很长一段时间耶拿大学只有医学仍在维持教学。

1607 年，黑森-达姆施塔特伯爵路德维希五世创办了吉森大学。原因是黑森伯爵领地自 1567 年开始陆续被分割给不同的继承人，马堡大学最终被划给黑森-卡塞尔伯爵，并由此成为加尔文派的大学。路德维希五世遂向皇帝鲁道夫二世申领特许状，创办了路德派的吉森大学。在三十年战争期间，黑森-达姆施塔特伯爵曾经一度统领整个黑森伯爵领地，并暂时将吉森大学迁往马堡，与马堡大学合并。战争过后，两者又分离，吉森大学回到原址复校。吉森大学规模较小，教授职位被几个传统的学界世家把控，不过这并没有降低其聘任教师的要求。

1610 年，绍姆堡伯爵厄恩斯特在施塔特哈根(Stadthagen)创办了一所文科学校。三十年战争开始后，皇帝于 1619 年向厄恩斯特伯爵借款 10 万古尔盾，同时颁发了创办大学的特许状作为回报。伯爵随后将施塔特哈根文科学校迁到林特尔恩(Rinteln)，利用当地一座修道院的旧址将其升格为林特尔恩大学。这所大学一直持续到拿破仑战争时期，被划归拿破仑为其弟热罗姆成立的威斯特伐利亚王国。由于该王国已有哥廷根大学、马堡大学、哈勒大学等多所大学，林特尔恩大学于 1810 年与黑尔姆施泰特大学一道被迫关闭。

在办学历程上颇为曲折的是作为自由市的纽伦堡。1526 年，纽伦堡出资创办了一所文科学校，并邀请梅兰希顿制定课程方案。这所学校以艺学为主要授课内容，聘任了 4 位教师。城市当局认为学校讲授拉丁语的知识已经足够，想学习法学和神学等科目的学子可以去外地上大学。城市当局不但资助教师，还为学生免除学费，鼓励学子们到文科学校就读。但是效果并不理想，学生数量少得可怜。于是城市当局向学生们颁发奖学金，旨在激励他们上学的热情，却没能奏效。这所文科学校维持了大约 10 年，于 1535 年关闭。纽伦堡于 1575 年重新创办了一所学校，这次的建校地点选在小镇阿尔特多夫（Altdorf），学校最终站稳了脚跟。1622 年，在学校的督促之下，纽伦堡市议会向皇帝斐迪南二世申领特许状，将学校升格为大学。作为交换条件之一，纽伦堡市以及附近地区脱离新教阵营，不再对抗天主教阵营的皇帝，而且新的阿尔特多夫大学最初也不允许创办神学院，直到 1696 年。三十年战争结束后，阿尔特多夫大学很快获得恢复，其医学、神学等在 17 世纪下半叶发展为强势学科。1666 年，年仅 20 岁的莱布尼茨就是在这所大学获得了博士学位。

第四节　天主教地区的教育

自宗教改革之后，帝国之内信奉天主教的地区所面临的困境是缺乏称职的神父去捍卫自己的信仰，特别是大学中的神学院师资严重不足，无法为教学培养足够的神职人员。因此，天主教阵营各诸侯的当务之急是重振教育。皇帝查理五世也意识到，在自己的帝国内，神职人员和官员都必须接受良好的教育才能尽好自己的职责，也才能对帝国的稳定起到辅助作用。为此就要积极办学，因为学校是培养人才的摇篮。从此时开始，培养神职人员不仅仅是教会的任务，皇帝、诸侯也很关注此事，天主教会逐渐失去了对教育的垄断。

当时，新教地区充分利用教产办学，起到了立竿见影的效果。反观天主教地区，虽然也相机而动，但天主教会内部的等级制度抑制了地方教会的办学热情。地方教会无权支配教产，必须先上报罗马的教皇申请准许，行事速度十分缓慢，办学缺乏自主性与灵活度，其效率远不及新教地区。只有巴伐利亚公爵艾伯特五世（Albert V）于 16 世纪中叶，大胆地向新教诸侯学习，采取先斩后奏的方式灵活地支配地方教会财产用作办学，事成之后再向罗马教廷提交说明。

当然，为了应对新教各个教派的冲击，罗马天主教会也在不断地变革自身，于1545—1563年在意大利北部的小城特兰特（Trent，也译为"特兰托"）召开了长达18年的宗教会议，商定新的教会章程以规范教义与教会制度，维护教皇的权威，保障罗马教会的稳固。在1563年7月15日召开的第23次会议上发布教令，其中第18章做出了地方教会兴办学校教育的规定。① 主教座堂及以上级别的教区应该从宗教税收和神职人员的薪俸收入中抽取部分资金成立学院（collegium），为本教区的青少年提供接受教育的机会，借此培养未来的神职人员。财力雄厚的教区可以创办至少一所学院，较为贫穷的教区可以联合起来共办一所学院。凡是有能力从教的神职人员都有义务到学院授课，以减少办学的资金负担。学生们的主要学习内容是拉丁语文法、宗教诗歌、教会历法，以及神学著作的摘要。之所以要求学院设立在主教座堂及以上级别的教区，是因为学生们每天都要参加弥撒，见习和参与各种圣礼仪式。新的教规引发了帝国内部天主教地区主教的办学热潮，他们给新学校起的名字五花八门，除了学院之外，最常见的是讲习所（seminaria）。这些教会学院要求学子的入学年龄在12岁以上，入学之前必须掌握拉丁语的基础知识。天主教教会学院的水平大致与新教地区的文科学校相当。

对普通的神父而言，领受和履行神职，并不一定要完成大学神学院的学业。只要掌握拉丁语的阅读和书写，能够阅读《圣经》，具备相关的神学知识，就满足了作为神父的基本条件。在教派分裂之前，若能完成大学艺学院的学业就可以达到领受神职的标准。教派分裂之后，天主教会对神父的要求有所提高，他们必须牢固掌握自己教派的基本教义，能将其与对立教派的教义相区别，还能够辩驳对方。因此，学生进入大学神学院学习的需求和意愿都有

---

① 陈文海译注：《特兰特圣公会议教规教令集》，211~216页，北京，商务印书馆，2012。

所增长。天主教会一方面支持大学完善神学院的课程；另一方面资助学子获得各种机会去神学院深造，以备将来服务于教会。从16世纪中叶开始，越来越多的地方诸侯为了激发学子们学习神学的热情，愿意为他们提供资助，采取的方式大多是直接发放奖学金。而天主教会则通过为学子们提供神职薪俸，给予其更长期稳固的生活来源，相当于让他们"带薪上学"。

一、耶稣会学院

在帝国境内，天主教教会比较活跃的教育力量是耶稣会。耶稣会的创办本意是要广泛地传播宗教信仰，特别是向未皈依基督教的地区传教，兴学校、办教育并非其最初的主旨。因此，直到1599年耶稣会才发布自己的教育规章（Ratio studiorum）①，从此影响帝国内天主教地区的教育长达两百年。在帝国境内，耶稣会将创办学校、振兴教育视为要务。由耶稣会创办的学院不只对教会人士开放，也招收普通民众的子弟，而且不收学费。耶稣会学院一般设置5个年级，每个年级有1位专任教师。一至三年级为初等，学习和掌握拉丁语；四年级开始接触人文主义者的著作；五年级学习修辞以及古希腊语的基础知识。每个年级设置的学习时间一般是1年，每年课程结束都有结业考试。只有五年级的修辞学课程要求学习2年。耶稣会学院也比较重视哲学课程，认为它的重要性与修辞一样，所学习的内容主要围绕亚里士多德，包括逻辑学、自然哲学、伦理学、形而上学等著作。学生们在完成逻辑学的课业之后，应该能达到大学艺学院学士的水准。

耶稣会学院的每个年级都有固定的课本，在选择课本内容时，不仅注重宗教观念的正统与纯洁，还看重著者的品行和著作内容的道德水准。从课程设置来看，耶稣会学院与新教的文科学校没有多大的差别，都比较重视学习

---

① James Bowen, *A History of Western Education*, 3 vols. Vol. 3: *The Modern West Europe and the New World*, London, Methuen & Co Ltd., 1981, pp.424-425.

拉丁语和阅读人文主义者的著作。教师不只讲授语言技巧，还要求学生们领会文字的思想内涵。同时，耶稣会学院的主要目的是培养神职人员，神学内容的课程必不可少，主要学习《圣经》和经院式的神学，阿奎那的著作是阅读的重点。在至少学习 2 年的神学课程之后，学子们才有资格成为教会的神职人员，甚至可以直接担任神父。耶稣会的教育对医学和法学不感兴趣，然而有志于医学和法学的学生也不受阻碍，他们可以去大学继续深造，并在大学担任艺学院的教师，讲授语法和哲学。

各地耶稣会学院的规模大小不等。较大的学院有 70 名学生、15 位教师，较小规模的学院大约有 30 人，很多地方的讲习所就是这样的规模。有些学院还接受诸侯的资助，能聘任更多的教师开设数学、希伯来语等课程。例如，巴伐利亚的公爵在 1576 年出资 4 000 弗罗林支持当地的耶稣会学院。这样，除去学院的日常开销，每位教师的薪金高达 200 弗罗林。[①] 罗马教廷对耶稣会学院的资助形式，则是将空置的修道院赠予耶稣会学院作为教室与宿舍。另外，耶稣会于 1552 年在罗马教廷成立了日耳曼学院（Collegium Germanicum），由教廷负担全部费用，培养神父中的精英。这所学院的学子是德意志帝国内各地耶稣会挑选出的天资聪颖者。教廷对他们的期望是成为德意志天主教地区的精神贵族，承担帝国内的宗教事务，或者在地方教会担任要职。

耶稣会在帝国内面临的困境是初等学校并不普及，初级的拉丁语教育也不完善，只有莱茵河下游地区的教育情况相对较好，学子们能够基本满足耶稣会学院的入学要求。这一状况直接影响耶稣会学院的办学效果。所以，耶稣会如果想要实现将学院建设为中等层次学校的理念，在帝国内的很多地方就必须从基础教育开始抓起，从头建立一套完善的学校体系。幸而耶稣会的教育实践获得了地方教会以及诸侯的普遍支持。在办学过程中，耶稣会经常

---

① Notker Hammerstein, August Buck, *Handbuch der deutschen Bildungsgeschichte*, Bd. I: *15. bis 17. Jahrhundert*, München, Verlag Beck, 1996, p.319.

先从基础的拉丁语课程开始，逐步扩大生源，慢慢增加年级的数量，待开满 5 个年级的课程之后，才正式创建学院。

从地理分布上看，耶稣会的办学活动在帝国的南部地区最为活跃。1551 年，耶稣会在维也纳成立学院，吸引了很多学子。其凭借较高的教学水平，甚至取代了维也纳大学的艺学院，以至于当时的年青学子如果想学习拉丁语和哲学的课程只能去耶稣会学院，毕业之后再进入维也纳大学的高等学院。耶稣会学院虽然在科目上与大学能够衔接，相互补充，但是耶稣会学院的教师与大学教师不是一个共同体。耶稣会学院的教师不受大学社团的誓约限制，他们是耶稣会的会士，受到会规的制约，接受会首的领导。由于教师组织关系的独立，耶稣会学院提供的课程相当于把艺学科目从维也纳大学分离出去。不过，耶稣会学院由于教师大多是神学家，只开设了少量数学、伦理学、诗学、古希腊语的课程。耶稣会学院的课程自成体系，希望学子从头开始全盘接受耶稣会的教育理念与内容，不欢迎需要补习大学艺学课程的学生插班听课，更不希望学生中断课业。例如，逻辑课程对学习法学的大学生至关重要，由于艺学在维也纳大学缺位，法学院的很多学生想到维也纳的耶稣会学院补习逻辑课程，但是被耶稣会学院禁止。想进入耶稣会学院的学生被要求在之前就有较好的拉丁语基础，再到这里学习几年哲学课程，其水平相当于大学艺学院的硕士。

1555 年，另一所耶稣会学院在因戈尔施塔特(Ingolstadt)成立，1573 年搬迁至慕尼黑，1576 年又迁回因戈尔施塔特。与维也纳的耶稣会学院不同的是，耶稣会在因戈尔施塔特办学灵活，允许大学生来听哲学课程，甚至专门给有需要的大学生开设了逻辑学补习班。因戈尔施塔特所在的巴伐利亚公国与维也纳所在的奥地利大公国乃是邻邦，在维也纳不能获得补习机会的学子可以去因戈尔施塔特学习艺学课程，这暗示着不同地域的耶稣会学院之间可能存在生源方面的竞争。从 1678 年开始，巴伐利亚公国规定，凡在公国内的大学求学的学生，必须先在耶稣会学院学习 2 年哲学课程，才能进入大学继续完成学业。

特里尔与美因茨都是大主教座堂的所在城市，各有一所大学。然而，自 16 世纪以来，这两所大学的境况江河日下。1561 年，耶稣会在特里尔和美因茨都开设了学院，及时地弥补了艺学和神学课程的缺失，也避免了两所大学地位的持续滑落。

在 16 世纪下半叶，耶稣会开设学院的城市还包括 1553 年的迪林根（Dillingen）、1562 年的因斯布鲁克（Innsbruck）、1581 年的奥尔米茨（Olmütz）、1586 年的格拉茨（Graz）等地。到了 17 世纪，耶稣会兴办的学院在帝国境内可谓遍地开花，诸侯领地、帝国自由市、主教座堂的所在地纷纷建校。1614 年的帕德博恩（Paderborn）、1617 年的莫尔斯海姆（Molsheim）、1620 年的弗莱堡（Freiburg）、1625 年的埃尔福特（Erfurt）、1629 年的奥斯纳布吕克（Osnabrück）、1648 年的班贝格（Bamberg）、1659 年的布雷斯劳（Breslau）建立的学院规模较大。值得注意的是，其中相当数量的学院成立于三十年战争期间。当时，耶稣会跟随着天主教阵营的军队收复新教的领地，军队打到哪里，耶稣会就去那里接手新教的学校和大学。例如，普法尔茨被天主教军队占领之后，海德堡大学在耶稣会的引导之下重新皈依天主教。耶稣会还将新教的学校改制成耶稣会学院；若当地缺乏教育机构，耶稣会就从头开始办学，安排传教士或者专门的教师授课，待时机成熟后扩建成学院。三十年战争过后，帝国南部天主教领地的教育面貌已经焕然一新。例如，奥地利大公国不但有维也纳大学和格拉茨大学，还有多达 10 所耶稣会学院，而与其毗邻的巴伐利亚公国也有 1 所大学以及 6 所耶稣会学院。

在天主教的诸侯领地，耶稣会学院所提供的教育更适于普通民众。对大多数市民而言，它比大学更便宜，学院的数量也比大学多，便于学子们在家乡上学。将子弟送进耶稣会学院接受教育，对贫民家庭而言更为方便。不过，耶稣会学院一般要求学子具有初级教育的基础,已经较为熟练地掌握拉丁语。这一点又将很多缺乏先期教育的寒门子弟挡在门外。在很多既有耶稣会学院又有大学的城市,两者在科目分配上具有较好的互补性。耶稣会学院主要提供艺学与神学课程,医学院与法学院则为大学所独有。不少耶稣会学院的教学水平并不在大学之下。很多大学生要先在耶稣会学院完成艺学课程,才能进入大学的高等学院学习。耶稣会学院的稳定教学保障了大学的生源,帮助大学在动荡的年代存活下来。但耶稣会学院的教师仅受教团的会规管理,而不受大学约束,大学因此失去了对部分科目的办学自主权,特别是艺学院。总体而言,虽然耶稣会学院的出现及时弥补了大学凋敝导致的艺学与神学教育的缺失,但耶稣会学院过分强调宗教教育,没能与时俱进,导致在后来新知识、新学科风起云涌的时期未能跟上时代步伐而落伍。

二、大学的发展

(一)老大学

进入16世纪之后,中世纪大学的发展势头趋缓,一些大学由于缺乏师资与生源,又没有充足的经费来源而日益衰退。宗教改革之后,随着新教大学的崛起,天主教地区的6所大学再遭重创,境况不佳。其中,埃尔福特大学、特里尔大学、美因茨大学处于关闭的边缘。科隆大学虽然也位于大主教座堂所在的城市,但缺乏神学教授,只有艺学院保持正常的教学;而且由于在科隆就读大学的生活成本颇高,科隆大学逐渐失去了对学子的吸引力,在校大学生的数量甚至不及一般的教区学校。弗莱堡大学地处帝国的西南部,位于皇室哈布斯堡家族的领地之内。相对而言,弗莱堡大学较为平稳地度过了艰难时期,教学比较稳定并维持在较高的水准。但是,为维护自身独占教育资源的地位,弗莱堡大学在1577年坚决反对耶稣会在弗莱堡创办学院,为此与耶稣会的关系长期处于紧张状态,直到1620年才有所缓解,耶稣会于同年在弗莱堡设立学院。因戈尔施塔特大学在 1523 年向教皇恳求额外款项，教皇将地方教会的"什一税"提高到原来的 3 倍，用于资助大学，该大学才得以存活下来。

海德堡大学和维也纳大学由于教派分裂与战争原因，在新教与天主教阵营之间摇摆，最终重回天主教一方。1556 年普法尔茨地区改宗新教，海德堡大学由此进入新教阵营。三十年战争期间虽然重回天主教阵营，但海德堡大学遭受重创，其所依赖的宫廷图书馆于 1622 年被天主教阵营作为战利品，整体运往罗马赠送给教皇，成为梵蒂冈图书馆的一部分。① 另外，1693 年法国国王路易十四带兵将海德堡几乎夷为平地，海德堡大学也随之关闭，五年之后才重新开学。维也纳大学不但遭受来自帝国内部的教派分裂的创伤，在 16 世纪上半叶还受到来自外部的威胁，即土耳其人的进攻。当时，大学生的数量始终在 100 人以下，与最兴盛的时期相比减少了 80%。为了保住这所大学，皇帝斐迪南一世于 1548 年下令，禁止民众去外地上大学。即便如此，1551 年耶稣会来到维也纳设立学院时发现，大学的神学院只剩下一位教师，而且已经多年没有学生毕业。耶稣会创办的学院，及时挽救了维也纳的教育颓势。1623 年，耶稣会学院与维也纳大学合并，为大学的 4 所学院补充了师资与学生，使维也纳大学重获新生。

（二）新建大学

天主教地区的世俗君主与教会都意识到，为遏止大学的下滑趋势，改革势在必行。对教廷而言，更为紧要的是将各所大学稳定在天主教阵营，与教廷的正统信仰始终保持一致。特兰特宗教会议于 1563 年 12 月 3 日至 4 日召开的第 25 次会议发布决议，严令各所大学遵守教规与教义，教皇将派出巡视员进行考察。② 皇帝、诸侯则更为看重在自己的领地之内是否有足够的称职神

---

① 部分书籍于 19 世纪和 20 世纪被分批归还给海德堡大学。
② 陈文海译注：《特兰特圣公会议教规教令集》，276 页，北京，商务印书馆，2012。

父。1548 年,皇帝查理五世(Charles V,1500—1558)在奥格斯堡帝国会议上号召各地诸侯兴办学校或者大学,称此乃帝国之急需。然而,皇帝的号召并没有产生多大的效力。实际上,更多的是地方主教创办学校,其中多数被冠以"学园(academia)"的名称,仿效耶稣会学院开设艺学与神学两方面的课程。其中一些学校与耶稣会学院合作或合并,最终升格为大学。

1549 年,奥格斯堡的主教落实特兰特宗教会议的决议,在迪林根建立了一所专门培养神父的学院。所聘任的教师是来自尼德兰和西班牙两地的多明我会的会士,后来也招收了耶稣会的会士。1551 年和 1553 年,该学院先后获得教皇和皇帝的准许,升格为大学。1553 年,耶稣会在迪林根也开设了一所学院。1564 年,耶稣会学院与迪林根大学进行整合,学院的院长同时兼任大学校长,耶稣会专门负责大学当中哲学和神学的课程。

早在 15 世纪上半叶,维尔兹堡的主教就在当地创办过一所大学,后因经费无着,开学不久即关闭。1567 年,维尔兹堡的主教支持耶稣会在此成立学院。1575 年和 1576 年,新任主教先后从皇帝和教皇那里获得创建大学的特许状和特许令。在筹措到充裕的资金之后,维尔兹堡大学于 1582 年重新开学。不过,与迪林根大学不同,维尔兹堡的主教将大学的控制权紧紧握在自己手里。虽然耶稣会曾经强调,应该由他们负责大学的艺学和神学课程,但没有获得主教的准许,维尔兹堡大学与耶稣会始终保持着一定的距离。

格拉茨位于新教与天主教的交界地带,教会在这里兴建学校就是要稳固当地的天主教信仰。1573 年,耶稣会在这里成立学院,获得了奥地利公爵的支持。1586 年,皇帝将耶稣会学院升格为大学,并完全交给耶稣会管理,所以格拉茨大学只有艺学和神学课程。但格拉茨大学这种规模小、有侧重、目的明确的办学模式却影响了很多地区。例如,帕德博恩的主教于 1615 年将当地的耶稣会学院改造为只有艺学和神学课程的双科目学园(academia duarum facultatum)。

从 1617 年开始，萨尔茨堡的大主教委派当地的本笃会，延揽帝国南部地区各分会有任课能力的教士，筹划组建一所新的大学。1618 年，有 6 位教师开始在萨尔茨堡授课，内容包括拉丁语、修辞、逻辑、神学等。1620 年，皇帝授予萨尔茨堡大学特许状，大学于两年之后正式开学，并于 1625 年获得教皇的特许令。在师资方面，萨尔茨堡大学依赖本笃会提供的教师，课程以艺学与神学为主，类似于耶稣会学院。三十年战争过后，帝国恢复了平静，萨尔茨堡大学才补充了医学院和法学院。

总体而言，帝国皇室哈布斯堡家族比较重视兴办教育，在其领地内的大学数量最多，包括维也纳大学、弗莱堡大学、奥尔米茨大学、格拉茨大学等，还有后来的因斯布鲁克大学——当地的耶稣会学院于 1669 年被皇帝升格为大学。除大学之外，皇室贵族还在格拉茨、克拉根福尔特（Klagenfurt）、林茨（Linz）等地创办学校，开设哲学、法学、神学等课程；而且，帝国的贵族——包括天主教和新教两个阵营当中，还掀起了一股兴建骑士学园（academia equestris）的热潮，提供基本的人文教育和贵族风范的熏陶。

第五节　骑士学园

骑士学园先是出现在法兰西和意大利——这里的骑士泛指贵族。皇帝、诸侯创建骑士学园专门培养贵族子弟，为他们将来继承权力与财富做好准备。"学园"的词源可以上溯至古希腊柏拉图的学园，在很多文献当中也常被称为"骑士学校"或者"骑士学院"。① 受法兰西的影响，德意志帝国自 16 世纪末开

① 本章所指的"学院"都与西文名词"collegium/college/Kolleg"对应，凡冠以"academia/academy/Akademie"之名的教育机构则通译为"学园"。这仅是笔者在译名上做出的明确区分，并不意味着两者在办学初衷和机构定位上存在本质区别。当时的教育机构经常混用这两个名称。

始创建骑士学园。因此,或者由于诸侯国毗邻,或者由于诸侯之间有亲属关系,彼此的仿效起到了一定的推动作用。

1594 年图宾根率先出现了专门为诸侯和贵族子弟开设的荣誉学院(collegium illustre),其性质就是骑士学园。骑士学园在教学内容方面与其他类型的学校以及大学都有明显的不同。它最重要的课程还是拉丁语,这依然是阅读和书写的基础。其他课程有法学、历史、政治学等,还有作为骑士所需的击剑、骑马、防御、攻城等军事知识,以及用于社交的跳舞、现代外语等。另外,骑士学园还要求学生们到外地去游学。受到青睐的游学之地是意大利、法兰西、尼德兰、西班牙等。帝国皇室哈布斯堡家族的领地对创办骑士学园、陶冶子弟的贵族气质最为热衷,维也纳、林茨、格拉茨、克拉根福尔特、奥尔米茨、利格尼茨(Liegnitz)、克雷姆斯明斯特(Kremsmünster)等地相继开设了相关学校,旨在培养地方贵族子弟成为未来的官员。三十年战争曾经令帝国各地的骑士学园一度停办,战后又有所恢复。

总体而言,欧洲的权贵阶层具有明确的身份意识以及优越感。他们深知,要保持自己的特权地位,维护等级尊严,加强自身的荣誉感,要经过努力的学习。特别是当普通民众也有机会接受教育,甚至可能借此获得向上的社会流动机会时,贵族阶层也不能自甘落后,而是要更胜一筹。所以,贵族子弟进入学校接受教育是大势所趋,从贵族阶层涌现出来的欧洲近代杰出学者也不胜枚举。

一、法兰西的影响

(一)拉努其人

16 世纪 90 年代,德意志帝国继邻国法兰西之后开启了兴建骑士学园的风潮,而法兰西的影响力在很大程度上来自弗朗索瓦·德·拉努(François de La Noue,1531—1591)于 1587 年出版的《学园规划》。该书出版之后很快就被译成德文传入德意志地区，在与法兰西接壤的两个诸侯国普法尔茨与符腾堡率先被付诸实践。

拉努出身法兰西贵族，自幼接受了良好的教育，年轻时曾经去意大利游学。他是坚定的胡格诺教徒和该教派的领袖人物，在1570年的教派战争中左臂被砍断，接上了铁质的假肢，以便能够继续骑马作战。在1572年8月的"圣巴托罗缪之夜"，数千名胡格诺教徒惨遭屠杀之后，他仍坚持在堡垒中顽强抗争多年，先后为胡格诺派和加尔文派作战。1580年，拉努身陷囹圄，但自此开启了写作生涯，记述下当时法国的内政与战争。入狱5年之后，他被流放到瑞士的日内瓦，其作品《政治与军事述论》(*Discours politiques et militaires*)于1587年在瑞士的巴塞尔首次出版。在书中的第五部分，拉努强烈地批评当时法国贵族教育中存在的大量弊端。由于宗教的分裂、持续的战争，王国的文化和国力受到戕害，道德也被彻底破坏，为此他希望通过振兴教育促进王国的恢复。拉努在书中呼吁创办贵族学园，专门提供适合世家子弟的学校教育。在拉努死后不久，他的这本著作于1592年被译为德文在法兰克福出版。① 书中论及教育问题的第五部分，还被单独摘录出来译为拉丁文，于1600年在纽伦堡出版，其影响力到达了帝国东部地区。

在拉努看来，贵族子弟能从父母那里直接继承的只是财富，无法继承高贵美德与骑士风范，后者只有依靠子弟们自己接受教育才能养成。教育的重要性在古希腊人那里就已经被明确，如苏格拉底、柏拉图、亚里士多德、色诺芬、普鲁塔克等人，这些人的著作在16世纪的法国已经被译为法文，时人耳熟能详。拉努同意普鲁塔克的观点，认为好的教育需具备三个条件——天赋、理解力、训练，三者缺一不可。拉努尤为强调实践训练的重要性，这是

---

① 德文译本的摘录见 Norbert Conrads, *Ritterakademien der Frühen Neuzeit. Bildung als Standesprivileg im 16. und 17. Jahrhundert*, Göttingen, Vandenhoeck & Ruprecht, 1982, pp. 326-332.

每一位父亲都应该为其子嗣想到的,特别是对于贵族骑士来说尤为关键,因为实践直接影响到未来在沙场上的征战与生存。如果说耶稣会的会士练习的是头脑,那么骑士就要锻炼如何战斗。所以,在为贵族开办的学校里,要有实战训练。在拉努看来,当时很多年青贵族子弟未能接受合格的教育,其重要原因之一就是他们的父辈也没有接受过好的教育,所以根本没有意识和能力专心培养子孙后辈。正因为如此,才应该把子弟送进学校学习,或者去宫廷做侍从,在实践中锻炼,最好能去邻国如意大利和德意志游学,以此锻炼能力,培养贵族的美德和荣誉感。

在现实中,拉努目睹的却是另一番景象。贵族子弟们来到宫廷中,看到的是穷奢极侈,学到的是钩心斗角、阴谋诡计,一不留神就会从此堕落、随波逐流。在学校或者大学中,贵族子弟们沉瀣一气,对真正的战争知识与技能却一无所知,毫无羞耻感可言。即便有家庭将子弟送到外地学习外语、增长见识,也是漫无目的、缺乏规划。由于德意志与法兰西的风俗迥异,贵族子弟们难以适应,意大利虽好,却充满各种诱惑,家长唯恐子弟因年幼而误入歧途,所以拉努主张应该先去德意志,待性情已定再去意大利。拉努的批评还指向大学,认为大学中的学术对于贵族而言只是镀金,只要进入大学还不等学成毕业,家族就已经为子弟安排好职位,过早地把他们召回来就职。贵族子弟们所受的教育并不完备,根本无法胜任其职,所学的知识也派不上用场,还不如上战场一试身手,幸运的话,直接可以建功立业。

(二)拉努的《学园规划》

拉努一度认为,最好的方式是聘请家庭教师,4~5个同龄的贵族子弟一起在家中接受教育。不过,称职的教师自然佣金不菲,只有大贵族才有此财力;而且,这不能提供整个贵族阶层急需的子弟教育。为此,拉努首先呼吁法兰西的国王,在王国内各省的省府城市创办学校,培养贵族子弟,将其命名为学园。不过,拉努在他的著作当中并没有解释为何选取古希腊的名称命名新式的教育机构。如果不能马上实现每个省府创办一所学园，可以让每四个相邻的省相互协作合办一所，地点则选在交通最为便利的巴黎、里昂、波尔多、昂热等大的省府。国王在各地的行宫与其任由它们空置，不如利用起来办学，如枫丹白露、穆兰（Moulins）、柯纳克（Cognac）等地的王宫。这些王宫规模大、房间多，配得上王室学园的身份与地位。

拉努的《学园规划》的新意在于强调实践训练。贵族子弟们在 15～16 岁进入各地的学园，在此之前，理想的状况是他们已经接受过初级教育，或是在各类学校，或是在大学里面。贵族子弟们进入学园后要接受必要的身体训练，为将来继承贵族身份打下基础。当身体足够健壮之后，他们开始练习跑跳、游泳、击剑、骑术、马上作战等。他们还要练习跳舞，保持优雅的姿态。在身体训练之后，才是智力训练。在阅读书目中，他所看重的是先贤著作中的美德，还有历史、政治、军事等方面的知识。拉努的规划中没有拉丁语的位置，所有文献全都采用法语译本。再之后才是数学、地理、外语等课程。总体而言，在学园内学习需要 4～5 年的时间，如果贵族子弟能全面地掌握上述内容，则有利于以后成为高贵之人。锦上添花的是再到外国去游学一趟，归来之后会获得君王与诸侯的器重，被聘请到宫廷任职就指日可待了。

拉努为在巴黎、里昂、波尔多、昂热四座法兰西境内的大都市创办骑士学园做过细致的设想。按照他的规划，每所学园都由一位德高望重的贵族担任主管，每年的薪酬高达 2 000 里弗尔，任期 3～4 年，常驻在学园内负责日常管理。每所学园需要聘任 8～10 位教师，这对巴黎而言轻而易举，但对其他三地而言未必如此。这就要用高薪从意大利延聘高水平的教师，特别是训练格斗、骑术、马上作战的教师。经过几年的实践教学，这些意大利的教师可以在学园内训练出法兰西自己的年轻教师，各所学园此后就不再需要聘任外国教师了。拉努规划的学园为贵族子弟们免除学费，但是食宿费用需要自理，马匹、器械等也须自备。此外，为了感谢教师们的辛勤付出，学生们应给教师额外的"小费",特别是训练击剑和骑术的教师。学生们每天都要上课或者训练,只有周日和宗教节日除外。

按照拉努的规划,每所学园要耗资 3 000 埃斯库斯(15—16 世纪的一种金币),王国内四所核心学园共计需要 12 000 埃斯库斯,这将是一笔巨额开销。但是根据拉努的测算,法兰西国王有能力支付。他的依据是,为了让拉努从牢狱当中重获自由,解救他的人交付了 10 万埃斯库斯的赎身费。[①] 在拉努看来,这笔赎金足可以支付四所核心学园多年的开销。他认为如果法兰西国王能够从谏如流,吸引更多的青年入学,他们学成之后为王国效力,国王在不久的将来就会威名远扬。但拉努过于理想化了,他的赎金不可能被专门用来兴办教育。法国的王公贵胄未能采纳这位"阶下囚"的建议。然而,拉努的规划却在与法兰西当时一河之隔的德意志帝国开花结果。在欧洲大陆,拉努是提倡为贵族专设学校的第一人,这与他年轻时在意大利接受过教育,耳濡目染意大利新式学园的氛围不无关系。

二、首批骑士学园

(一)图宾根学院

符腾堡的新教徒受到法国胡格诺派思想的感召。在宗教、外交和军事方面,符腾堡的公爵支持法国胡格诺派,以对抗天主教派。在文化上,很多法国胡格诺教徒的著作被译为德文输入符腾堡公国,其中包括拉努的作品。1594 年,符腾堡公爵弗里德里希(Friedrich,1593—1608 年在位)在图宾根创办了一所荣誉学院,规定只有贵族出身的子弟才能入学。这所学校实际是一所贵族子弟学校,也是德意志帝国境内第一所骑士学园。

早在符腾堡公爵克里斯托弗(Christoph,1550—1568 年在位)时期,他就

---

① Norbert Conrads, *Ritterakademien der Frühen Neuzeit. Bildung als Standesprivileg im 16. und 17. Jahrhundert*, Göttingen, Vandenhoeck & Ruprecht, 1982, p.34.

有意在图宾根大学内部扩建一所新的学院，以增强大学的实力。克里斯托弗计划从教会财产中拿出 1 200 古尔盾，改造既有的修道院用作新学院的校舍。[①] 但是，图宾根大学给出的预算是 9 000 古尔盾，后期可能还要翻倍。当时由于债务较多，克里斯托弗未能实现自己的建校计划。其子路德维希(Ludwig，1568—1593 年在位)继承父亲的遗志，于 1583 年经过公国议会的同意，出资兴建学院的新校舍。新学院于 1594 年 4 月 23 日落成，但路德维希却在此前一年去世了。随后，公国爵位传给了他的堂兄弟弗里德里希。弗里德里希自幼受过良好的教育，曾经游历过意大利、法兰西、英格兰以及东欧等多个国家和地区，见多识广。1592 年，弗里德里希在游历英格兰期间，遍访牛津大学的 16 座学院以及剑桥大学的 15 座学院，颇受触动。在成为公爵之后，弗里德里希充分利用前人的积累，改变了学院的办学方针，将本来计划附属于大学的学院逐渐改制成骑士学园。值得注意的是，弗里德里希前往斯图加特的宫廷继承爵位的时候，带上了自己的机要秘书雅克布·拉特格布(Jakob Rahtgeb)，专门负责公爵的财政。而拉特格布正是前文提及的拉努著作的德文译者，其译作刚于 1592 年出版。弗里德里希应该是通过拉特格布的译介了解和接受了拉努的办学思想，并很快落实到办学实践中。

　　起初，新学院与图宾根大学是联系在一起的。学院有自己的院长，每天组织学生学习 2 小时的拉丁语和古代文献，还有部分神学的内容。新学院类似于宿舍，学生们的课余时间都在学院的房间里度过。学生来源于社会的各个阶层，并不限于贵族子弟。不过，就餐时的座位要根据社会身份区分等级，划分的标准是学生的家庭出身以及交付学费的多少。第一桌是富有的贵族学生，第二桌是小贵族和市民子弟，第三桌是较贫困家庭的学生。院长在第一桌就座，席间经常与学生们谈论政治和神学话题。

---

① Norbert Conrads, *Ritterakademien der Frühen Neuzeit. Bildung als Standesprivileg im 16. und 17. Jahrhundert*, Göttingen, Vandenhoeck & Ruprecht, 1982, p.106.

1596 年，弗里德里希着手对新学院进行改革，任命宫廷亲信为学院院长，将市民子弟逐出学院，学生只能是贵族出身，但地域范围不限于符腾堡公国，也接纳帝国内其他地方的贵族子弟，还接收来自斯堪的纳维亚和匈牙利的贵族子弟。入学的贵族子弟不再需要去大学注册，只需向学院的院长报到即可，实际上是将学院剥离出大学。然而，符腾堡公国的议会以及图宾根大学并不认可弗里德里希的改制。原因是符腾堡公国幅员较小，贵族的数量有限，而且以小贵族居多，改制后的学院无法惠及公国内更多的民众。弗里德里希大为不悦。于是，他在家族的世袭领地莫姆佩尔加德（Mömpelgarder）另建了一所学院，意在对图宾根大学施加竞争压力。1598 年 6 月，莫姆佩尔加德学院创建。1602 年 3 月一座四方的庭院式建筑落成，表明了公爵的决心。公国议会发现无法阻挠公爵，便不再干预他对学院的改制举措。弗里德里希发现自己的改制计划得以实行的时候，就失去了对莫姆佩尔加德学院的兴趣与支持力度。学院落成后空置了几十年，直到 1670 年才招到 5 位教师，最后办成了一所文科学校。

1601 年，改制后的图宾根学院颁布新的章程，确定与图宾根大学脱离关系。大学不再管辖学院，学院有自己独立的司法审判权，掌握在自己的院长手里。学院的院长都出身于贵族，社会地位甚至高于图宾根大学校长。图宾根学院当时聘任了 4 位教师，其中一位讲授国家制度，一位讲授封建法和刑法，一位讲授政治与历史，一位讲授现代外语。学院有自己的登记册，严格禁止学生同时在大学和学院注册，更禁止学院的学生去大学听课。

经过几年的改制，弗里德里希将新建的荣誉学院改制为骑士学园，只是没有更改学院的名称。学院只培养贵族子弟，除了政治、法学、历史、外语课程之外，还有骑术、击剑、音乐、打球、步伐训练等课程。从 1594 年至 1627 年，注册的学生中有 479 名出身于贵族之家，其中 26 人来自侯爵家庭、15 人来自伯爵家庭、56 人来自男爵家庭，另有 24 人的父辈是宫廷的高官，其余 358 人来自中小贵族家庭。① 三十年战争期间，图宾根学院于 1628 年关闭，图宾根市也被迫改宗天主教，当地的教育由耶稣会学院接管。战争过后，经过 5 年的修整，直到 1653 年才恢复办学。

（二）莫里茨学院

1592 年，符腾堡公爵弗里德里希游历英格兰之后归国，在返程途中顺路拜访了表兄弟——黑森-卡塞尔伯爵莫里茨（Moritz，1592—1627 年在位）。这次拜访对莫里茨成为伯爵之后兴办学校的举措起到了积极的推动作用。1596 年，莫里茨做好了物质准备，计划专门为贵族子弟创建学校，提供宗教、道德等方面的教育，为此他还任命了专职的宫廷教师。1598 年，莫里茨出资在卡塞尔修建校舍，创办了一所宫廷学校，后世称之为莫里茨学院。

莫里茨学院起初有 20~24 个学位，招收的学生来自社会各阶层，贵族与平民出身的学生大约各占一半，还不是纯粹意义上的贵族学校。学生的入学年龄为 13 岁，入学后被分成两组，其中一组专门为未来进入教会做准备。学院的学制预设为 7 年，学习内容是古代作家的著作和神学书籍，也包括骑士需要的身体训练以及音乐课程。学生们毕业后，莫里茨向成绩优异者发放游学奖学金。获得者不仅有贵族子弟，还有一些音乐天才，他们借此可以到意大利的威尼斯深造。

在学院改制方面，莫里茨再一次受到符腾堡公爵弗里德里希的影响。1602 年夏天，莫里茨亲自到符腾堡拜访弗里德里希。在符腾堡期间，莫里茨不仅拜访了位于斯图加特的公爵王宫，还赴图宾根游览市容，参观了大学、图书馆、教堂。莫里茨参观图宾根大学只是礼节上的顺访，没有过多停留，却花费了一整天的时间访问图宾根学院即骑士学园，细致考察了其中所有的办学细节。这才是莫里茨专程前往图宾根的根本目的。他在图宾根学院所遇

---

① Norbert Conrads, *Ritterakademien der Frühen Neuzeit. Bildung als Standesprivileg im 16. und 17. Jahrhundert*, Göttingen, Vandenhoeck & Ruprecht, 1982, p.187.

见和交谈的全都是贵族子弟,这给他留下了深刻印象。随后,莫里茨决心将自己的学院改制为贵族学校。

为此,莫里茨需要领地内的贵族支持他改制并为此出资,但当时他与领地内的贵族正因为教派之争而处于对立的状态。贵族们大多是路德派,莫里茨则宣布皈依加尔文派,所以改制非一日之功。历经多年的努力之后,莫里茨终于在1618年将学院改制为骑士学园。然而好景不长,莫里茨于1627年被迫退位,学院从此衰落。

(三)塞尔茨学校

诸侯创办骑士学园并不都一帆风顺。普法尔茨选侯弗里德里希三世(Friedrich Ⅲ,1559—1576年在位)于1575年在莱茵河畔的塞尔茨(Selz)——现位于法国阿尔萨斯北部,创办过一所贵族学校。该学校提供80个学位,选侯为其中20位学子提供奖学金。选侯办学的目的是培养贵族子弟,期望他们将来或成为领地官员,或为领地内的教会服务。不过,次年弗里德里希三世去世,其子路德维希六世于1577年关闭了塞尔茨学校。1593年,选侯弗里德里希四世(Friedrich Ⅳ,1583—1610年在位)再次提及在海德堡创办贵族学校,但遭到当地贵族阶层的反对,只好作罢。

骑士学园都是由皇帝、诸侯倡议兴建的,办学资金的主要来源是世俗化后的教会财产,如废弃修道院的院舍。骑士学园与一般学校的不同之处在于:它不仅讲授一般的知识,需要基本的学习用具如书本、笔墨、纸张等;还对学生们进行身体训练,需要更多的装备和服饰用于锻炼、骑术、剑术、球技、跳舞等。这些装备不在学费之列,贵族家长必须为子弟准备充足的相关费用,以及去外国游学的旅费。当然,办学者也会慷慨解囊设立奖学金。贵族家庭期待对子弟的教育投入能得到较高的回报,从骑士学园毕业的子弟们都可以获得要职。

骑士学园教师们的薪金原则上是由办学的诸侯支付。由于这种学校在教学方面的特殊性，教师们的教学质量要视学生给予的"小费"多寡而定。在图宾根学院，一个学生给每位教师每年 100 塔勒"小费"实属平常，否则连上马练习骑术的机会都没有。更不用说有的学生希望增加练习，精进骑术、剑术等，需要支付不菲的费用给额外陪练的教师。此外，上学期间的日常开销，如衣服、灯火、取暖、饮食等费用，也需要学生们自付。可见，家庭的经济实力直接影响学子们在学校的物质生活。例如，在图宾根学院和莫里茨学院，学生们的餐桌都分等级。第三桌交费最少，伙食相对差，每餐能上 4 道菜，每人每年需要交 80 古尔盾；第二桌 5~6 道菜，能喝到葡萄酒，每人每年需要 130 古尔盾；第一桌多至 10 道菜，提供好酒，每人每年需要 180 古尔盾。[1]大部分学生既想吃好又想维护出身的体面、免遭鄙视，都愿意挤在第二桌就餐。

三、骑士学园的衰落

三十年战争严重破坏了德意志帝国的教育状况，骑士学园也不例外。慷慨的资助、人身的安全、平静的校舍等，全都荡然无存。贵族子弟在战场上死伤无数，骑士学园缺乏生源。战火、饥馑、疾病、贫困肆虐整个德意志帝国，社会各个阶层都是受害者。即便贵胄家庭也损失惨重，人员伤亡、财产散失、土地荒芜、房舍被劫掠甚至焚毁。普通民众尤其是农民更是苦不堪言，很多诸侯国损失了一半的人口。对仍处于农业社会的欧洲而言，这意味着经济崩溃。

（一）伊钦

常年的战争需要不断补充具有军事才能的年轻后备力量，骑士学园的理念和办学实践在三十年战争期间并未彻底中断，而是在少数地方艰难地维持。

---

① Norbert Conrads, *Ritterakademien der Frühen Neuzeit. Bildung als Standesprivileg im 16. und 17. Jahrhundert*, Göttingen, Vandenhoeck & Ruprecht, 1982, p.171.

出生于波希米亚的公爵华伦斯坦(Wallenstein,1583—1634 年在位)在战争期间以天主教阵营军队统帅的身份,为德意志的皇帝冲锋陷阵。他曾经在其领地弗里德兰(Friedland)的伊钦(Gitschin,现位于捷克共和国境内)创办了一所学院,1625 年又将学院改为骑士学园。华伦斯坦出资设置了 20 个学位,在天主教贵族子弟中培养军事后备力量。贵族子弟上午学拉丁语,下午学德语、骑术、跳舞、算术。1629—1630 年,华伦斯坦在梅克伦堡公爵领地中的居斯特罗(Güstrow)又创办了一所骑士学园,课程包括拉丁语、法语、骑术、击剑、堡垒攻防、跳舞等。然而,1631 年瑞典国王古斯塔夫二世(Gusfaf Ⅱ Adolf,1594—1632)率领新教军队攻入梅克伦堡,华伦斯坦的所有心血付诸东流。居斯特罗学园的师生逃往伊钦学园避难。此外,萨克森、石勒苏益格、法兰克福等地都有过创办骑士学园为战争补充后备力量的想法或者规划,但皆因战事频繁而未能实现。

(二)锡根

拿骚的伯爵约翰七世(John Ⅶ,1607—1623 年在位)能征善战,1616 年他在位于锡根(Siegen)的宫廷创办了一所战争学校(Kriegsschule),培养骑士和善战的勇士。这可以说是世界上最早专注于军事教育的机构。学校招收的学生必须是德意志的贵族出身、信仰新教、发誓未来为国征战。伯爵起初的设想是招收 40~50 名学生,但到了 1617 年大约只有 20 名学生入学。他们来自帝国的各个诸侯国,甚至还有来自尼德兰的贵族子弟。

锡根距离卡塞尔不过 170 千米,两地的学校属于同一类型,难免会产生竞争。为了区别既有的学校和大学,锡根战争学校的教学没有拉丁语、法学、神学等内容,只开设法语、意大利语、武器常识、作战知识等课程。实践课程包括身体锻炼、骑术、击剑等。学生们还要从使用长矛、火枪等单兵作战的技能开始,逐步学习组织小规模战斗,再到指挥行军、两军对战、驻军防御、包围战术、攻打要塞等。学生们还可以学到军事术语、战争规则,甚至海战的知识。锡根战争学校开学不久，三十年战争就于 1618 年拉开了序幕，学校马上陷入生源困境。约翰七世死后，学校又失去了资助来源，遂于 1623 年关闭。

（三）沃尔芬比特尔

布伦瑞克公爵安东·乌尔里希（Anton Ulrich，1685—1714 年在位）自 1685 年起与其兄长鲁道夫·奥古斯特一起执政。安东·乌尔里希在大学学习过神学，也曾经游历意大利和尼德兰，深受两地兴盛的教育风貌影响。1686 年，安东·乌尔里希计划在沃尔芬比特尔（Wolfenbüttel）创办一所骑士学园，仿效图宾根与卡塞尔两地的贵族学校。翌年，安东·乌尔里希发布建校章程，决定将自己闲置的府邸改作校舍。他还主张其他贵族也应该为办学解囊。这项提议遭到贵族阶层的阻挠，建校计划讨论了将近一年，于 1688 年 6 月付诸实践。新建学园每年需要 7 000 塔勒的资助，安东·乌尔里希通过划拨教会财产支付 4 000 塔勒，由贵族阶层组成的公国议会出资 3 000 塔勒，从公国议会所掌握的啤酒税中抽取。[①]

三十年战争过后，创建沃尔芬比特尔骑士学园是德意志帝国内最重要的教育实践之一，对布伦瑞克公国而言更是头等大事。安东·乌尔里希任命自己的宫廷总管直接负责学园的日常运转，其地位相当于校长。总管要负责学园的经费、建筑、伙食、资产、装备等。在入不敷出的时候，总管要先自掏腰包垫付开销。另外，总管拥有对教师和学生的司法审判权。由于学生们都是贵族子弟，所以学校负责人必须位高权重才能树立威严，以惩戒犯错的学生。

沃尔芬比特尔骑士学园成立的最初五年所耗费的资金颇多，仅将公爵府

---

① Norbert Conrads, *Ritterakademien der Frühen Neuzeit. Bildung als Standesprivileg im 16. und 17. Jahrhundert*, Göttingen, Vandenhoeck & Ruprecht, 1982, p.284.

邸改建为校舍就耗资4 841塔勒，从此可以为40名学生提供住宿。① 之后兴建的公爵图书馆更是支出了四倍于此的费用②，这所图书馆至今都是德国历史文献的宝库与人文研究的重镇。学园设有4个教席，分别是神学、语言、数学、法学与历史。学园对生源持开放的态度，教派分野不是那么严格，学生中以路德派居多，但也有天主教教徒。从地域上看，学生们来自帝国各地，还有来自英格兰、丹麦、瑞典、俄国等地的贵族子弟。学生们的年纪在16~20岁，来此上学之前都有一定的教育基础，有大约一半的学生此前上过大学。对他们而言，骑士学园给予的是成为合格贵族的必要教育，这是大学无法提供的。也正因如此，沃尔芬比特尔骑士学园的学费昂贵，爵位等级越高的学生为了获得更好的待遇，交费越多，公爵子弟的报名费是150塔勒，伯爵子弟100塔勒，中小贵族子弟50塔勒。与此相对应，三个等级每年的食宿费用也各不相同，分别是600塔勒、500塔勒和300塔勒。一些低等贵族的子弟就算借钱也要来此上学，不惜为此支付8%的利息，累计的债务最高可达2 000塔勒。③

沃尔芬比特尔骑士学园于1712年关闭，共招收了342名学生。其关闭是多重因素叠加导致的结果。1710年，瘟疫在中欧流行，随后传到了沃尔芬比特尔，造成人口锐减。同年3月，安东·乌尔里希宣布自己皈依天主教，在宗教上和整个公国隔绝，从此离群索居，住在自己的宫廷里。次年，贵族阶层掌握的公国议会取消啤酒税给予学园的支持，要求由公爵自己支付学园的所有开销。学园自身的财务情况并不好，它于1711年7月3日录取了最后一名学生便停止注册。但安东·乌尔里希并没有放弃，1712年他向莱布尼茨请

---

① Norbert Conrads, *Ritterakademien der Frühen Neuzeit. Bildung als Standesprivileg im 16. und 17. Jahrhundert*, Göttingen, Vandenhoeck & Ruprecht, 1982, p.297.

② Norbert Conrads, *Ritterakademien der Frühen Neuzeit. Bildung als Standesprivileg im 16. und 17. Jahrhundert*, Göttingen, Vandenhoeck & Ruprecht, 1982, p.284.

③ Norbert Conrads, *Ritterakademien der Frühen Neuzeit. Bildung als Standesprivileg im 16. und 17. Jahrhundert*, Göttingen, Vandenhoeck & Ruprecht, 1982, p.312.

教学园未来的相关事宜。莱布尼茨经过一番考察后,参照了牛津大学与剑桥大学的学院,向安东·乌尔里希做出答复,认为学园应该继续办下去。他以意大利和法兰西的骑士学校为例,论证兴办学园的益处是为贵族子弟提供必要的教育。他认为骑术、剑术、跳舞都要学,军事知识必不可少,语言和演讲需要专门的训练,历史知识、建造技能、法律常识等也不可或缺。不过,莱布尼茨对学园的经费紧张、缺少生源等关键性问题避而不谈。最后,他让公爵自己下决心定夺学园的命运。1712 年 11 月 10 日,安东·乌尔里希将学园所在的府邸转赠给了他的侄子——未来的公爵斐迪南·阿尔布莱希特(Ferdinand Albrecht),沃尔芬比特尔骑士学园从此关闭。

第六节 职业教育初露端倪

每个行业都有自己的传统、习惯、行规、禁忌等,这些常识需要通过师徒关系代代相传。行会还建立了规章制度,新成员加入行会时必须学会并遵守,这些都需要专门的学习,一旦有失则会受到惩罚。学习的手段主要是学徒跟从和仿效师傅,学习既有的技艺与行规,学满出师后学徒可以成为匠人独立开业,之后再作为师傅收徒传艺,如此赓续。手工技艺的传承一般由手工作坊或者某门手艺的行会负责,学徒是否完全掌握了技能,全凭师傅的感觉和信任,难以标准化地评估每位学徒的学艺效果,而且,不同行业之间由于手艺的难易程度有别,技巧各异,也难以做出横向的比较。例如,面包师、纺织工、铁匠等行业的技术要求全然不同。

宗教改革前后,接受教育的理念在手工业者中间开始普及,有些工匠还创作出诗歌等文艺作品。工匠掌握文化知识在很大程度上是出于行业的要求。手工业、开矿、冶炼、商贾等行业要么学习专门技能,要么掌握基本的读写和计算能力。虽然直到 18 世纪上半叶，学习一种手艺并没有明确的入门条例，但普遍要求学徒在开始学习之前，应接受初等教育。其原因之一是，手工作坊都位于城镇当中，工匠们——包括师傅和学徒——大多数是市民出身，手工行会对市民子弟文化水平的期望值要高于农村或者一般体力劳动者的家庭。学艺的文化要求推动市民们送子弟上学接受教育，而学艺过程的逐渐规范化也是职业教育进入初级阶段的表现。

一、德语学校的作用

中世纪城镇里的教育一直被教会垄断，由各地的主教和神父主管，他们有时还亲任教师。中世纪晚期，城市开始设立学校，一般由市议会筹措资金、遴选教师。城市学校的教师是一份体面的职业，其社会地位颇高，收入稳定。城市学校主要面向本地的市民子弟，为他们今后学习一门技艺打下基础。很多手工业者积极送子弟上学，目的是将来能够学一门手艺，抑或子承父业，维护家族的职业传统。所以，对于手工业者而言，更务实的想法不是送子弟上大学，而是令其掌握实用技艺，传承家族产业。城市学校的教育层次不高，从基础的拉丁语教起，兼有算术、几何、历法的知识。小城镇的学校甚至对学生是否掌握拉丁语都不做严格的要求和考核，在现实中有学习和掌握拉丁语意愿的市民子弟也并不多。小城镇的学校看重让学生们掌握德语的读写，因为母语在应用方面更为广泛和实际，而计划送子弟学艺的市民家庭显然也满足于此。

随着城市生活越来越复杂，社会对计算和母语读写能力的需求不断提高，德意志帝国开始兴办城市学校，以满足市民阶层接受教育的迫切愿望。其中，许多城市学校以德语为教学语言，并将自己命名为德语学校（die Teutsche Schule）。6 岁以上的男女孩童均可入学，学习加减法、算盘的使用、重量和容积的计算、货币的换算，以及商贾需要的货物价格和运输的核算等。这类学校最适合为准备学习手艺的市民子弟提供基础教育。有些德语学校由城镇出资办学，教师也可以自己收取学费创办私立学校，同时接受城市的监管。例如，南部的纽伦堡是富庶的商业中转城市，人口稠密，自 16 世纪开始就盛行私立学校，形成了竞争激烈的局面，以至于城市必须出面调解学校之间的争端，将学校的数量从 75 所减少至 48 所。到 17 世纪初，纽伦堡还有 28 所私立学校，平均每所有 65 名学生，共有 1 800 余名在学学生，包括男生和女生。[①] 北部的吕贝克在 16 世纪末拥有 60 所德语学校，其生源主要是手工业者的子弟。

二、技艺的传习方式

长期以来，同行公会(Zunft，简称行会)掌握着某个行业的技能传授与成员准入，只有加入行会才能正式成为某个行业的工匠。行会不仅左右成员的生意，还会影响他的家庭，可以说是匠人的生存形式。从 15 世纪开始，各行业的行会开始强制规定，本行业的技艺必须通过正规的学习才能传授，以此控制技术与从业规模，保护本行同人的利益。年青人经过一个完整的学徒过程，之后在师傅的作坊里当伙计或者帮工。学徒和伙计不算行会的正式成员，但受行会保护，须遵守行会的各项规章制度；师傅和帮工是行业的正式从业者，但只有师傅是独立从业者，并享有完全的行会权利。行会对内实行监督，考查新成员是否学够年头。行会还要一致对外，防止外来人员越界从业。进入 16 世纪以后，有些行会曾想扩大规模，吸收农民子弟或者城市中的外来人员，但行会的积习已有五百多年，一时难以破除。例如，纽伦堡直到 1694 年还发布通告，规定只有出身于当地市民家庭的子弟，才有资格进入行会学习技艺。

---

① Notker Hammerstein, August Buck, *Handbuch der deutschen Bildungsgeschichte*, *Bd. I: 15. bis 17. Jahrhundert*, München, Verlag Beck, 1996, pp.377-378.

　　手工业技艺的传承,也受到宗教改革以及教派分裂的直接影响。学徒在拜师之前,必须声明自己所属的教派并非异端,当其教派信仰被认定与师傅以及相应的行会趋同时,才可以被接收为徒。例如:巴伐利亚公国属天主教阵营,只允许信仰天主教的年青人来此学艺;而信仰新教的纽伦堡则只接收路德派的学徒。另外,犹太人不能从事手工行业,也就不能学艺。在边境地区,学徒还要证明自己的德意志人身份,而非斯拉夫人等外族。

　　由于各行业的技艺有别,对学徒拜师的年龄要求也不同,一般在11~14岁从师学艺。一位师傅在同一时间段内原则上只能收1名学徒,待其学满出师之后才能招收下一名。师傅与学徒的家庭——通常是与学徒的父亲之间要签订合同,并需要证人在场。师傅要了解学徒的出身和品行才能决定是否收徒,并且要承诺善待学徒,否则学徒可以中断学艺。学徒则要承诺遵从师傅教诲,认真学艺。建立师徒关系后的两周到两个月不等是试用期,看双方相互之间是否满意。正式收徒后,师傅将学徒登记入册。从此,学徒是师傅手工作坊中的一员,可以住进师傅的家里。除衣服由学徒家提供外,其余的日常开销都由师傅支付。师傅向学徒收取学费,而学徒没有工钱。在学艺期间,学徒不允许结婚,还要为师傅干家务等各种零活。为了提高学艺效率,师傅可以体罚学徒。学徒犯错乃至犯法,师傅都有连带责任。师傅自己的孩子当学徒是免费的。

　　学徒的学习时间视手工业的复杂程度而定,以2~4年居多,个别难度大的手艺可长达8年。如果学徒无法交齐学费,就要延长学艺时间,为师傅无偿工作以抵偿学费。所以大多数师傅不愿意让学徒过早出师,一则可以减少用工成本,二则可以降低学徒成为独立工匠后的同行竞争程度。学习技艺的方式是观摩并模仿师傅和作坊中已经出师的帮工的工作。如果师傅未尽责任,没有认真传授,学徒有权利要回学费。学满之后没有结业考试,全凭师傅对学徒的了解和评估来决定他是否出师。当然也不乏有的师傅滥用权力,在某一天收自己儿子为徒，紧接着宣布师满出徒，其子可以马上自立门户，成为该行业的独立工匠。

学徒师满之后，要先在师傅的作坊里成为伙计或帮工，之后可以作为自力更生的匠人到处游走，实践自己的手艺，同时积累经验，寻找合适的地点落脚开业。从业之后，学徒如果想成为师傅，则要通过成师考试。考试通过后，职业培训的过程才算完满结束。学徒在成为独立的师傅后，才能成为行会的正式成员。举行成师考试需要一定的前提条件，包括学徒达到了学习规定的年限，作为作坊的帮工积累了足够的从业经验，要提供亲手制作的成品以证明完全掌握了手艺。在制作成品时，行会派人监督是否独立完成，学徒不能接受其他人的协助。最后，行会组织一群同行的师傅来检验成品，若合格则宣布其获得师傅的资格。为此，学徒还要积攒一定的财力，为上述流程支付不菲的费用。

若想成为前文提及的德语学校的教师，也需要经历与手工业师傅成师考试流程相类似的资格考核。可以说，德语学校的教师就是传授读写和计算的"师傅"。想成为读写和计算教师的人至少年满 16 岁，自身已经接受过扎实的学校教育。他首先要成为学校主管教师的"学徒"，观摩主管教师的日常教学。见习期大约是 6 年，如果他出身于教师家庭，可以缩短至 4 年。见习期间要交学费，如同手工业学徒一样。期满举行考试，由年长的教师出题，应试者先自行在家笔答考题。重点考查应试者是否会书写，是否掌握正确的语法，是否具备计算的能力。笔试过后是长达 6 小时的口试。若考试通过即可获得教师资格，在学校体系内并没有类似伙计或者帮工的过渡阶段。整个见习和考核过程要价不菲，即便获得教师资格也未必能马上就业，而是要等待机会，看哪里的德语学校有空缺位置就去申请任教。当然，财力充裕者可以自行开设私立学校。纽伦堡市议会在 17 世纪中叶明令规定，教读写和计算的教师要事先接受获得城市认可的培训，此后必须通过考试，由市议会专门的考查小组负责考核和鉴定。很多手工业师傅具备读写和计算的能力，他们可以通过城市的考核，名正言顺地成为教师，甚至身兼行业师傅和学校教师两职，从而获得双份收入。

三、职业教育的诞生

17世纪末至18世纪初，建议改革手工业学艺方式的呼声渐起，其中也出现了不同的改革理念。主要分歧在于，学习手工技艺是该纳入学校教育体系，还是继续留在作坊里交给师傅负责。不过，当时的共识依然是学徒事先必须接受初级教育，才能保障后续的职业教育顺利进行。职业教育应该具有较强的实用性，既有理论性的课程，又有师傅在实践中的引领和指导。由此，师徒之间既能传承手艺，又能促进新人有所思考和改进手艺，未来可以从手艺人蜕变成为"有想法的手工艺术家(denkender Künstler)"。当技术不断改进而且不断复杂化时，学徒仅仅从艺于一位师傅无法跟上行业的更新步伐，必须进入职业学校完成职业教育。以职业教育为基础，世代相传的行业模式被打破，学徒有权利选择适合自己的行业，促进职业之间的流动性。在当时，既有的学校体系——城市学校、德语学校、教会学校、文科学校、骑士学园乃至大学等，全都无法满足手工业的专门需求。职业教育的改革趋势是呼吁建立实科学校(Realschule)，专门为学生提供职业准备。在这样的学校里学生可以同时接触各种各样的行业，寻找自己的学艺方向，毕业之后再去师傅的作坊里深造或者作为帮工进入行业实践。由此，职业教育的新理念应运而生。

艾尔哈特·魏格尔(Erhard Weigel，1625—1699)是耶拿大学的数学教授，他强调实用在职业教育中的重要性，并建立了一套新的学校组织体系。他认为，所有孩童应先上初等学校或者三艺学校，然后可以选择未来的人生发展方向：一种是学术方向，上大学；另一种是手工业方向，接受职业教育。为此，魏格尔拟定的教学科目包括算术、几何、天文、行业的技术手册等。他提出，先让学生们学习一些职业预备课程，对某个行业有初步的了解，再抉择是否学艺从业。魏格尔只是提出了设想，而付诸实践的是他的学生克里斯托弗·席姆勒（Christoph Semler，1669—1740）。席姆勒是哈勒的牧师，他于1705 年撰文建议在哈勒建立一所以讲授数学和手工艺为主的学校，并率先使用了"实科学校"这个专有名称。三年之后，席姆勒在哈勒开设了德意志帝国境内第一所实科学校。

此外，在虔信主义（Pietismus）的教育理念中，职业教育占据着核心地位。虔信派的代表人物之一奥古斯特·赫尔曼·弗兰克（August Hermann Francke，1663—1727）特别强调，将对信仰的虔诚转化为行之有效的实用性。1695 年，弗兰克在哈勒地区的格劳查（Glaucha）创办了一所穷人学校，招收了 1 700 名学生，包括男生与女生。他制定的课程体系首次将实科知识和劳作纳入其中，是将劳作引入学校的先驱。弗兰克的目的是在培养学生们宗教观念的同时，教会他们服务社会的本领，对社会有益的职业即是上帝的律令。进入学校学习是人生的一个组成部分，不能与现实生活脱节。求学阶段不是从漫无目的到找到生计的简单过渡，而是掌握实用本领的重要时期，是为未来的工作进行准备的阶段。职业教育更要求动手能力，职业学校每天至少安排 4 小时的劳作，即便在三艺学校每天也应安排至少 2 小时的劳作。为了给将来的职业打下基础，学生们要到手工作坊去参观，向工匠师傅们求教，认识各种工具，体验行业的生活，了解材料和货品的买卖等。从学校毕业之后，学生们再去师傅那里深入学习技艺。

除此之外，从 15 世纪晚期开始，女性无论已婚还是未婚，均可以进入手工行业挣钱贴补家用。纽伦堡、法兰克福等城市的税收有 1/4 左右来自女性的贡献。[1] 女性参与的行业通常为纺织业、皮革业等，她们也被允许进入行会

---

[1]　Notker Hammerstein, August Buck, *Handbuch der deutschen Bildungsgeschichte*, *Bd. I: 15. bis 17. Jahrhundert*, München, Verlag Beck, 1996, p.398.

正式学习一门技艺，期满之后可以成为独立的工匠。女性同样可以由学徒成为师傅，加入行会，再作为师傅收徒传艺。但是三十年战争之后，这种情况出现了倒退，女性再次被手工业排除在外。她们不能掌握正规的技能，被完全驱逐出行会，只能在作坊中当帮手做些零活。这种情况一直持续到 1772 年，女性根据皇帝的命令才重新被允许进入行会。

第七节　学术与教育的新发展

一、经院学术的回归

人文主义兴起使得经院学术在西欧教育领域一度没落。然而，从宗教改革时期直至 17 世纪中叶三十年战争结束，经院学术在德意志帝国——包括天主教和新教阵营——大学中恢复了生气，在神学领域表现得尤为突出。出于信仰纯洁的要求，神学的课程更系统，更强调教义的正统性。然而，神学又以哲学课程为基础，所以经院学术的回归也影响到了哲学。亚里士多德的著作依然是知识的基础，但阅读它们并不是为了研习哲学，而是通过这些著作的拉丁文译本学习和掌握这门语言，打开通向神学著作的大门。从根本上说，神学仍在统领近代早期的教育理念与实践。教育于当时之所以重要，是因为社会需要有文化、有学识的神职人员，各个教派都依靠他们去传播教义和巩固民众的信仰。人文主义运动以及宗教改革都未能彻底地涤荡经院学术，科学革命与早期启蒙运动才最终打破了它对学术与教育的垄断。①

经院学术的回归代表着亚里士多德的学说与著作仍然在学校和大学中占据着绝对的主导地位，语言逻辑的重要性仍不可小觑。天主教的大学以及耶

---

① Notker Hammerstein, August Buck, *Handbuch der deutschen Bildungsgeschichte*, *Bd. I: 15. bis 17. Jahrhundert*, München, Verlag Beck, 1996, p.332.

稣会学院还看重形而上学，而新教的大学则认为它毫无用处。新教大学看重的是亚里士多德的政治学，很多大学将它融入伦理学课程一同讲授，维滕堡大学、图宾根大学、黑尔姆施泰特大学等还为之开设了独立的课程。然而在自然哲学方面，仍然没有什么新的物理学可以与亚里士多德的学说相抗衡，用实验去验证理论的时代还没有到来。

二、出版业的兴起

宗教改革使印刷品的数量大增，其中一些内容更加关注现实生活的需要。时至 1500 年，西欧出版了大约 3 万种书籍，其中有 7 000 种来自德意志帝国境内。整个 16 世纪德意志帝国至少刊印了 12 万种印刷品，包括书籍、小册子、传单等。① 其中多数图书通过帝国境内的两大图书展会而被读者熟知，一个是传统的法兰克福书展，另一个是 1594 年开设的倾向于新教的莱比锡书市。法兰克福书展从 1564 年开始刊印参展图书的目录。在三十年战争前夕（1618 年），法兰克福书展目录上记录的书籍有 1 757 种，数量达到近代早期的顶峰，其中拉丁语图书 1 118 种，德语图书 550 种，余者为其他西欧语种。由于三十年战争造成的萧条，1700 年的法兰克福书展目录里有 978 种图书，其中拉丁语图书 368 种，德语图书超过拉丁语图书，上升到 591 种，还有 19 种是其他语种。当然，这只是由法兰克福书展目录反映出来的情况，并不是当年全德出版的所有图书。然而这已经充分说明，德语出版物的数量在上升，其背后反映的是民众教育水平的提高，以及德语的普及率开始超过拉丁语。据估计，宗教改革时期的识字率即有能力阅读拉丁语书籍的人仅占人口数量的 5%。在 17 世纪识字率上升至 10%，这与教育开始和地方语言相结合、德语逐渐进入学校的正式课堂以及德语书籍越来越多都直接相关。

---

① Notker Hammerstein, August Buck, *Handbuch der deutschen Bildungsgeschichte*, *Bd. I: 15. bis 17. Jahrhundert*, München, Verlag Beck, 1996, pp.433-434.

与此相对应，德意志帝国内形成了几处出版中心。科隆是大主教座堂所在地，城内既有大学，又有不少修道院和教会学校，是天主教的出版中心。科隆以刊印拉丁语书籍而闻名，也刊印了很多德语著作和传单，向民众传播本教派的信仰。奥格斯堡则刊印了很多文学著作，其中有不少用中古高地德语和近代改良德语写成的著作。类似的出版中心还有北德的罗斯托克、哥尼斯堡、格赖夫斯瓦尔德等，低地地区有吕贝克、汉堡等，东部的马格德堡、布雷斯劳，以及南部的斯特拉斯堡、维滕堡、纽伦堡、巴塞尔等新教的出版阵地。总体而言，凡有大学的城市，出版业就相对发达。

然而，在当时一所大学拥有图书馆依然不是常态，教会和修道院仍旧是收藏图书的主要机构。一般而言，只有大学的各个学院、学生社团或者学生宿舍才收藏图书，如海德堡大学从 1386 年建校起就由各所学院藏书，但这还谈不上是大学图书馆。皇帝、诸侯的宫廷和富庶的贵族之家大多配有图书馆。16—17 世纪，德意志帝国境内最大的宫廷图书馆是维也纳的皇家图书馆。此外，藏书颇丰的还包括慕尼黑、柏林、沃尔芬比特尔等地的公爵图书馆。普法尔茨的伯爵图书馆也位列其中，而且向海德堡大学开放。帝国内富裕的大城市也开始兴建图书馆，如巴塞尔、法兰克福、纽伦堡、雷根斯堡等。私人藏书并不常见，除非是对文化教育抱有热忱的巨贾富商，如奥格斯堡的富格尔(Fugger)家族，藏书成为其家族财产的重要组成部分。

三、新学问的出现

在三十年战争爆发前夕的 17 世纪初，德意志帝国境内大学的数量仍呈上升趋势，大学生增至 5 000 人。[①] 虽然经院学术统治着哲学和神学，但是学子们仍有机会自主地选择其他科目，如数学以及与其紧密联系的天文学。然而，

---

① Notker Hammerstein, August Buck, *Handbuch der deutschen Bildungsgeschichte*, *Bd. I: 15. bis 17. Jahrhundert*, München, Verlag Beck, 1996, p.344.

艺学院的多数教师并未完全掌握新出现的专门知识。因为数学及天文学在传统的"自由七艺"中是比较边缘的科目，一般艺学教师的能力仅限于普通计算以及非数理性的天文常识，所以，大学教师未必是数学或者天文学的专家。真正博学的专家是一些自由学者，他们常被皇帝、诸侯延聘为宫廷顾问，如科学革命的先驱之一开普勒（Johannes Kepler，1571—1630）就是宫廷数学家。在 17 世纪的医学院，有些教师在搜集草药的同时产生了研究植物的兴趣，他们对植物的探究（historia plantarum）逐渐演变为研究自然界万物的博物学（historia naturalis / Naturkunde），而且发展突飞猛进。在 17 世纪，法学院加入了自然法的内容，奠定了法学的哲学基础。法学家开始关注与帝国制度（Reichsverfassung）有关的历史文献，耶拿大学、黑尔姆施泰特大学等开设了专门讲授公法（ius publicum）的课程。法学开始向百科全书式的法理学蜕变，并觊觎着神学的高贵地位。

这一时期，人文主义对教育产生的显著影响是古希腊语逐渐成为学校里的常见科目，许多大学的艺学院聘请了古希腊语教师，少数大学的神学院开设了希伯来语课程，个别地方还开设了拉丁语、古希腊语、希伯来语三语学校（Trilinguitas）。在人文主义精神的引领下，拉丁语课程开始关注历史著作，尤其是有益于道德说教的古代作品经常与伦理学一同被阅读。有的大学艺学院还开设历史课程（lectio historiae），古代史家著作的德语译本开始出现。

当时作为学界代表性人物的莱布尼茨，出身贵族、博学多才、著作丰硕，却不曾在大学任教。他积极倡导新式的学术理念，最终促成 1700 年柏林科学院（Berliner Akademie）的成立，从此开启了 18 世纪欧洲教育与学术的新局面：宫廷学者、自由学者、教会学校、城市学校、大学、科学院等共存的多元化格局。

第四章

意大利教育的发展

 14 世纪萌发于意大利的文艺复兴，到 16 世纪达到鼎盛时期，并且以其璀璨夺目的成就对西方世界乃至整个人类历史都产生了重大影响。"十六世纪，意大利的文艺复兴仍占主导地位，其对外传播的范围远比十五世纪开始传播时广泛得多。这一时期内，意大利朝气蓬勃的生命力尚未被外国和本国的奴役所窒息。它的确是全欧洲文明的导师和传播人。意大利的文人、艺术家把他们的一些杰作带到国外和外国宫廷。在意大利文化的推动下，又由于有意识的模仿，许多国家的文化走出中世纪，开始向现代世界迈进。"①然而，到了 16 世纪初，意大利社会发生了巨大的变化。政治上的四分五裂使得意大利在面临外敌入侵时束手无策、任人宰割，这种状况也导致了意大利文化教育事业的普遍衰落。西班牙人对意大利的统治有 150 余年，这一时期意大利的政治、社会和文化教育基本上处于停滞状态。"这 150 多年的西班牙统治（1559—1713 年），也许是意大利历史中最阴暗的时期。全意大利受到战争的破坏和蹂躏，忍受着重税的负担……教皇的势力也是同样暴虐。这是宗教裁判、禁书目录和耶稣会势力的时代，当时各阶层的意大利人由于持有不同信

---

 ① ［意］路易吉·萨尔瓦托雷利：《意大利简史：从史前到当代》，沈珩、祝本雄译，342 页，北京，商务印书馆，1998。

念而被迫出外流亡，学者们的研究受到当局的限制，出版书籍受到严格的检查。"①

第一节 意大利的社会变迁与文化发展

一、外族入侵和外邦统治

15 世纪末，意大利地区有许许多多微不足道的小诸侯国，以及 5 个堪称大国的邦国，即北方的威尼斯、米兰和佛罗伦萨，南方的那不勒斯和中部的教皇国。由于没有建立统一的民族国家，意大利地区开始沦为周边国家争夺的目标。正如有的学者写的："在 1494 年到 1558 年这 64 年间，一场入侵与征服的海啸席卷了意大利半岛，打破了来之不易的权力平衡。"②1494 年 8 月，法国国王查理八世（Charles Ⅷ，1470—1498）率领法军越过阿尔卑斯山入侵那不勒斯，并加冕为那不勒斯王国的国王。法军的行动引起了威尼斯共和国、米兰公国和教皇国的反对，它们担心法国在意大利地区的势力进一步加强会威胁到自己的统治，因此建立了威尼斯同盟。随后，神圣罗马帝国和西班牙也加入这一同盟，最终迫使查理八世从意大利撤兵。1499 年查理八世的继承人路易十二（Louis Ⅻ，1462—1515）发起了第二次侵略活动，继而在意大利境内引发了一场长达 30 年（1499—1529 年）的战争。长期的战乱使意大利进入了一个新的黑暗时期，这个时期在意大利历史上延续了大约 300 年。

1519 年 6 月，查理五世（Charles Ⅴ，1500—1558）当选为神圣罗马帝国皇

---

① ［英］赫·赫德、德·普·韦利：《意大利简史》，罗念生、朱海观译，193~194 页，北京，商务印书馆，1975。

② ［美］玛格丽特·L. 金：《欧洲文艺复兴》，李平译，246 页，上海，上海人民出版社，2015。

帝,当时他已经是西班牙的国王(1516—1556年在位)。查理五世认为,若想合法地统治整个欧洲,首先必须控制意大利,并与罗马教皇建立融洽的关系。但实现这一目标的障碍是法国,因为当时法国已经占据米兰,成为查理五世统治欧洲的主要威胁。1525年法军在帕维亚(Pavia)遭到西班牙军队的毁灭性打击,法国国王法兰西斯一世(Français Ⅰ,1494—1547)被俘,并于1526年被迫签署了《马德里条约》,其中法国承诺放弃对意大利北部的统治。法兰西斯一世被释放后,与意大利主要邦国佛罗伦萨、威尼斯、米兰等组成了科尼亚克同盟,教皇克雷芒七世(Clement Ⅶ,1478—1534)也加入了同盟。

科尼亚克同盟对于查理五世的统治权提出了挑战,1527年5月查理五世再次率军攻入意大利并洗劫了罗马城,克雷芒七世和枢机主教们不得不逃往圣安吉洛城堡避难,这就是历时6个月的"罗马浩劫"。当时西班牙国王的一位家臣报告说:"整个罗马都被破坏了。圣彼得大教堂、教皇宫殿如今都已变为马厩。我们的队长奥朗日公爵努力让士兵们保持秩序,但大兵们已经成为一群强盗,无法指挥。德意志雇佣军更是行径野蛮暴虐。他们的所作所为告诉人们,那是一帮对罗马教会毫无敬意的路德派教徒。所有的贵重物品和艺术品不是遭到破坏,就是被盗窃一空。"①除了艺术珍品遭到劫掠外,罗马街道上到处可以看到拷问、杀戮和抢夺的景象。在这6个月中,罗马人口从9万减至3万,其中2万人被杀,2万人逃亡,2万人死于鼠疫。②"罗马遭受洗劫一事曾被称为文艺复兴告终的标志。除了艺术作品所遭受的无法挽救的毁灭而外,这个事件还象征着罗马昔日的生活——自由、欢乐以及古希腊罗马信仰的色彩,在西班牙的镇压势力和反改革的压力之下消失了。"③此后,意

① [日]盐野七生:《我的朋友马基雅维利:佛罗伦萨的兴亡》,田建华、田建国译,433页,北京,中信出版社,2016。

② [日]盐野七生:《我的朋友马基雅维利:佛罗伦萨的兴亡》,田建华、田建国译,434页,北京,中信出版社,2016。

③ [英]赫·赫德、德·普·韦利:《意大利简史》,罗念生、朱海观译,187页,北京,商务印书馆,1975。

大利的文化氛围发生了根本变化，文艺复兴运动无可挽回地衰落了。

1529 年 6 月，克雷芒七世与查理五世签订《巴塞罗那和约》，承认查理五世为神圣罗马帝国皇帝，并册封他那不勒斯王位；同年 8 月，法兰西斯一世也与查理五世签订《康布雷齐和约》，除了保留勃艮第外，法国重申放弃对意大利地区的争夺。1529 年 12 月，匈牙利国王斐迪南一世（Ferdinand Ⅰ，1503—1564），以及威尼斯、米兰和意大利其他诸侯国君主缔结"永久同盟"。1530 年 2 月，查理五世在博洛尼亚由克雷芒七世加冕为意大利国王。至此，除了佛罗伦萨享有少许自由外，意大利的统治权已完全落入西班牙手中。后来，尽管法国与西班牙之间爆发了一系列战争，但并未改变这种状况，直到 1559 年 4 月《卡托—康布雷齐和约》的签订。该和约结束了法国在意大利的扩张，巩固了西班牙在米兰、那不勒斯、西西里岛和撒丁岛的统治地位，将意大利的现状固定下来，直到 1713 年前基本上维持不变。"经过文艺复兴与宗教改革双重风暴之后，意大利在贫穷的袭击、宗教的慰藉与和平的粉饰之下，就日渐臣服于西班牙。"①

随着西班牙政治统治和教皇精神统治的最终确立，意大利出现了在外国统治下的独裁政府和反宗教改革的教会政权。"《卡托—康布雷齐和约》以欧洲近代史上伟大的和约之一著称于世。和约的许多决定后来维持了一个多世纪……因为它是一个新的欧洲的宪章，这个新欧洲的重心转移到了西部，那儿大西洋带来了珍贵的新的生命……欧洲中部瘫痪了，很快意大利，有着繁荣兴盛的城市的意大利，衰落了。"②意大利的衰落表明，一个只拥有几千名军人的城市国家或城市国家的联盟，是不可能抵挡住一个拥有数万名军人的民族国家的。随着西班牙、葡萄牙、法国、荷兰和英格兰等民族国家的兴起，

① ［美］威尔·杜兰：《世界文明史（第七卷）》，幼狮文化公司译，175 页，北京，东方出版社，1998。
② ［英］G.R.埃尔顿：《新编剑桥世界近代史（第 2 卷）：宗教改革（1520—1559 年）》，中国社会科学院世界历史研究所组译，467~468 页，北京，中国社会科学出版社，2003。

意大利在 16 世纪和 17 世纪逐渐丧失了其在文化上的卓越地位。

二、宗教改革运动的失败

始于 1517 年的宗教改革受到许多有识之士的支持，并迅速在西欧各国广泛传播。随着各国宗教改革浪潮的掀起，独立于罗马教廷的新教派纷纷成立，罗马教皇的权威逐渐衰微。16 世纪上半叶，大部分欧洲国家摆脱了罗马教廷的控制，并且建立了自己的教会。它们一方面承认教皇是最高首脑，另一方面又牢固地扎根于本民族国家，如法国和西班牙。同样，宗教改革运动使意大利地区教皇国的宗教势力受到严重削弱，罗马教廷在欧洲的地位一落千丈。

在意大利，宗教改革的思想早已存在，不仅社会和文化界人士能接受，而且普通百姓也能理解。"贯穿社会各个阶层，从农民到君主，从工匠到法律教授，对于阿尔卑斯山那边已经确立的观念和宗教改革实践模式，莫不寄以同情和关怀。"[1]当时，包括教皇和罗马教廷在内的神职人员，在道德上颓废、宗教信仰上衰落的严重状况，为宗教改良思想的传播提供了适宜的土壤。"路德的活动和教导的消息，接着茨温利的活动和教导的消息，以及后来再洗礼派、反三位一体论者和加尔文等活动和教导的消息，在意大利半岛各国，像在中欧和西欧其余诸国一样，有如种子落在肥沃土壤里，深受人们的欢迎。"[2]人们对教会和教士的道德堕落忧心忡忡，他们渴望看到宗教的某些改革。在他们看来，"教会是一种必然的邪恶，它在政治斗争中扮演了重要角色，但对宗教生活毫无作用。这种感觉几乎是普遍存在的，既存在于那些与既存教会仅仅维持表面关系的人当中，也存在于那些确实信仰基督教并将他们的身心都交给基督教的人当中。教廷压迫这些人；这些人对教会的改革不

---

① [英]G.R. 埃尔顿:《新编剑桥世界近代史(第 2 卷):宗教改革(1520—1559 年)》,中国社会科学院世界历史研究所组译, 331 页, 北京, 中国社会科学出版社, 2003。

② [英]G.R. 埃尔顿:《新编剑桥世界近代史(第 2 卷):宗教改革(1520—1559 年)》,中国社会科学院世界历史研究所组译, 325 页, 北京, 中国社会科学出版社, 2003。

抱任何希望，但是不进行改革，则宗教及其社会崇拜和仪礼的复兴的希望都很渺茫"①。

意大利宗教改革运动大约始于 1520 年，它表现为极端的虔诚。对于虔诚的意大利人而言，宗教改革意味着天主教会及其教阶制的改革。如果不改革这些制度，他们可以在自己的心里进行祈祷，还可以与和自己想法一样的朋友讨论。因此，虔诚的意大利人中间出现了一些小圈子，他们相互鼓励并谋求在教会内部进行改革。他们受到人文主义的影响，依据文艺复兴时期柏拉图学会的旧例组织起来，形成各种各样的学会或修会。这些学会或修会由虔诚的世俗人士和高级教士组成，他们都热爱新学，经常在小教堂聚会，过着非常纯洁的生活，并且钟爱圣奥古斯丁的神学。1527 年罗马遭到劫掠后，他们流散至各地并建立了类似的组织。其中，对意大利人民的宗教生活影响最大的修会是卡普勤修会。该修会使圣方济各的传统得以复兴，他们像前辈那样到乡村传教。他们在布道中不知不觉地渗透了路德派的许多教义，但他们总是用圣方济各的话语做辩护。"这种原来的方济各会士的传道方法被卡普勤修会恢复了，卡普勤修会在将意大利人民拉回名誉扫地的教会这一点上比其他任何人所做的贡献都大。"②

意大利宗教改革的中心是威尼斯，因为威尼斯建立了广泛的贸易关系，它与天主教、新教和伊斯兰教国家都有贸易往来，政府在宗教上持宽容态度。"凭借其贸易地位的优势，威尼斯成了犹太人、希腊人、天主教徒、新教徒、穆斯林、路德派教徒、再洗礼教徒以及胡格诺派教徒的大熔炉。"③威尼斯社会的多元化和文化上的自由，使其成为独一无二的抵制反宗教改革的邦国，

---

① [英]托马斯·马丁·林赛：《宗教改革史》下卷，刘林海、徐洋等译，504 页，北京，商务印书馆，2016。

② [英]托马斯·马丁·林赛：《宗教改革史》下卷，刘林海、徐洋等译，510 页，北京，商务印书馆，2016。

③ [英]爱德华·伯曼：《宗教裁判所：异端之锤》，何开松译，171 页，沈阳，辽宁教育出版社，2001。

并孕育了一大批文化名人和艺术名家。教皇国内部,以博洛尼亚为中心也开始了宗教改革,宣扬福音主义理论。这种理论旨在通过强调伦理和宗教、福音书和使徒书信,达到革新天主教的传统宗教生活的目的。它并不摈弃教条仪式和等级制度,更没有抛弃教会的统一性,而只是使所有这一切纯洁,恢复其原始福音性质的一种手段。推动这一改革的是人文主义学者伊拉斯谟(Desiderius Erasmus,1466—1536),但他并不赞同马丁·路德的一些观点,而是主张对教义进行改良,这与欧洲各国反对罗马教廷的运动有着本质区别。

马泰奥·贝吉蒂被认为是当时福音主义的模范主教和教会改革家,他早年担任过克雷芒七世的秘书和政治顾问,曾鼓励和引导克雷芒七世反对神圣罗马帝国皇帝和西班牙推行的政策。贝吉蒂致力于祈祷和慈善事业,决心革新天主教会,在其同时代人中享有盛誉。他创办了一家印刷厂,印制宗教书籍,特别是教父们的著作。同时,他把宗教界、文学界和政治界的一些重要人物吸引到身边,并亲自对一些低级教士和普通民众进行信仰与道德方面的教诲。贝吉蒂还以各种方式参与教会管理,并充当一些主教的保护人。这些主教在其教区内试图促进信徒道德水准的提高,使教士们重新过上纪律严格和有教养的生活。

16 世纪前期,天主教失去了阿尔卑斯山以北的大量地盘,即使是在天主教势力强大的意大利,新教的影响也非常显著。当时意大利的许多知名人士很同情新教,到 1535 年罗马本土已有 3 万名新教徒。1534 年教皇保罗三世(Paul Ⅲ,1534—1549 年在位)上台后锐意整顿教会,为那些身居罗马天主教中心的宗教改革者开启了新的篇章。这位新教皇将宗教改革派领袖孔塔里尼、卡拉法、萨多莱托和英国人波尔提升为红衣主教。1536 年保罗三世在罗马教廷宣读了《关于纠正教会弊端的建议书》,大致描绘了改革罗马教廷的可能性。教皇还任命了一个由 9 人组成的委员会,让他们就改革的必要性做出汇报。1537 年该委员会提交了一份报告给教皇,名为《红衣主教代表及其他高级教士关于改进教会的建议》。这份报告对罗马天主教的现状进行了猛烈抨击和控诉，阐述了彻底改革天主教会的必要性。该报告揭露了许多与教皇统治相关的丑行，当事人决定不将它公之于众。但它作为一份秘密文件已被印刷出来，其中一份流传到德国且公开发表了，发表时还附有评论，以阐明德国改革教会的要求是正当的。孔塔里尼、卡拉法等人被委派去调查罗马教廷中与丑行密切相关的部门，并于1537年秋提交了一份报告，名为《保罗三世选定的四位代表关于改革神圣的罗马教会的建议》。但是他们的改革计划没有实现，孔塔里尼与德国路德派达成协议的企图也宣告失败。

孔塔里尼和卡拉法都热切地希望教会得到改革，以重振道德生活和精神生活。他们渴望修补已经非常明显的裂缝，看到教会的重新统一。但在采取什么措施上，他们的意见根本不同。孔塔里尼曾经在帕多瓦大学学习，他对新学有很深的造诣。他坚信罗马教皇是教会的首脑，因此不能将教皇从基督教世界中去掉，否则就会严重危及既存的社会结构。但他将教皇视为立宪制君主，教皇本人必须遵守教会法律。他相信路德在其著作中早已认可了这一点，因而进行重新调解并将基督教世界统一起来是可行的。孔塔里尼认为，加尔文的《基督教要义》是新教运动中产生的最优秀著作，但他又认为这部著作浸透着基督教民主的思想，如果被人们接受的话，将危及人类的政治统治。1540年孔塔里尼受保罗三世派遣并应神圣罗马帝国皇帝之邀去德国访问，并与路德派显要人物共同探讨，看能否达成共识以结束教会的分裂。卡拉法是孔塔里尼的密友，也是一位学识渊博的神学家。他是教皇皇权至上的坚定信奉者，不能接受世俗力量干预教会事务的想法。卡拉法以怀疑的眼光看待为安抚德国而做出的努力，并怀着警惕之心看待孔塔里尼与新教徒打交道的结果。孔塔里尼与卡拉法截然不同的观点，导致了两种不同的应对宗教改革运动的方式。

1541年2月，神圣罗马帝国议会在雷根斯堡召开，查理五世阐明了他的立场和意图，即弥合已经将德国分裂为两派的宗教对立。然而，这次会议的结局使意大利天主教人士大失所望，他们希望以妥协方式结束宗教纷争的计划落空了。宗教改革派宣称，与教皇讨论宗教改革如同和强盗讨论保障旅行安全、与海盗讨论保障航行安全一样。雷根斯堡会议可以说是两派分道扬镳的转折点，至此意大利天主教宗教改革的观念消失了，取而代之的是反宗教改革运动。自 16 世纪 40 年代起，意大利天主教改革派中的大部分人逃往德国、英国、法国和瑞士，随后一些新教地区的人也纷纷出走，以避免被斥为异端分子而受到迫害。

三、宗教裁判所和禁书目录

正是对宗教改革的恐惧，激发了罗马的反宗教改革运动。"意大利在反宗教改革中的重要性仅次于西班牙。"①1542 年 5 月，教皇保罗三世邀请所有基督教国家参加特兰托宗教会议的通谕反映了他的焦虑和失望情绪。他说："匈牙利遭到土耳其人的压迫，德国在危险之中，世界充满恐惧和悲伤。"②同年 7 月，保罗三世发布改组罗马宗教裁判所(中世纪的宗教裁判所建于 1227—1233 年)的通谕，授权它在整个基督教世界活动并受罗马教廷的管辖。通谕规定："主教设置的法庭和地区性宗教法庭都应服从最高法庭；它们都应遵守最高法庭所制定的统一程序，把审判记录抄本送到罗马，听候罗马对每一起案件应如何判决的指示；他们甚至把罪犯送到罗马最高法庭受审或由罗马最高法庭派专员至地区会审。就这样，在意大利的宗教改革还未取得大势所趋的统一性质和还未在民众中扎根以前，最高法庭就作为镇压和管制的单一工具而存

---

① [英]托马斯·马丁·林赛:《宗教改革史》下卷，刘林海、徐洋等译，502 页，北京，商务印书馆，2016。

② [奥地利]弗里德里希·希尔:《欧洲思想史》，赵复三译，308 页，桂林，广西师范大学出版社，2007。

在了。"①

保罗三世亲自领导罗马宗教裁判所这个"神圣法庭(Holy Office)",并任命红衣主教卡拉法为副职,授予他最高宗教裁判员的头衔;保罗三世还任命了5名红衣主教为宗教裁判员以协助卡拉法。这6名宗教裁判员与教皇一起,组成了天主教会最高法庭的7人审判团(后来增加为12人)。卡拉法为宗教裁判所制定的准则如下:凡发现异端嫌疑者,就应像闪电般猛烈攻击之;宗教裁判所必须追究一切异端者,而不管其职位有多高;必须坚决追究那些得到世俗君主庇护的异端者,只有表示悔改者才能得到宽恕;新教徒尤其是加尔文教徒,不应指望得到任何宽恕。② 这个宗教裁判所是天主教的最高法庭,整个天主教会都必须严格遵守它对信仰问题的意见,而不得越雷池一步。它有权惩罚教士和信徒;也有权对整个天主教世界的出版物进行审查,并公布禁书目录。随着宗教裁判所的成立,恐怖立即笼罩了整个教皇领地。"由宗教裁判所树起的火刑柱遍布许多国家,难以数计的新教信仰者被罪恶的火焰吞噬。"③宗教裁判所尤其不信任人文主义学者,把他们看作异端思想的危险策源地。因此,自文艺复兴以来就享有思想自由的意大利,再度笼罩在异端审判的恐怖气氛之中。

1555年3月,最高宗教裁判员卡拉法当选为教皇,即保罗四世(Paul Ⅳ,1555—1559年在位)。保罗四世是一个强硬的极端保守主义者,他虽然年近八十,但迫害异端者的狂热和残忍程度令人咋舌。1559年保罗四世颁布了第一份臭名昭著的禁书目录,将宣扬福音主义的著作全部列为禁书。"也许保罗四世感到检查文学作品和扑灭异端是教会不可避免的责任——对新教和天主教一样——是由上帝之子所订下的。因为如果教会是神圣的,她的敌对者一定

---

① [英]G.R.埃尔顿:《新编剑桥世界近代史(第2卷):宗教改革(1520—1559年)》,中国社会科学院世界历史研究所组译,351页,北京,中国社会科学出版社,2003。

② 董进泉:《西方文化与宗教裁判所》,235页,上海,上海社会科学院出版社,2004。

③ 安长春:《基督教笼罩下的西欧》,340页,北京,中央编译出版社,1995。

是魔鬼的代言人,而反抗这些魔鬼的持续的战争是对一个受侮辱的上帝的宗教责任。"① 根据这一禁书目录,薄伽丘、马基雅维利、但丁、伊拉斯谟等人的著作都被列入禁书,许多意大利著名作家作品中的段落被删除或修改。在罗马、博洛尼亚、那不勒斯、米兰、佛罗伦萨和威尼斯,成千上万的书被焚毁。同时,保罗四世还提出了《圣经》的 48 种异教版本,并把 61 家出版商的书籍列入禁令。从此以后,教皇领地内未经宗教裁判所事先检查批准,不得印刷任何书刊。书商必须把一切新书上报宗教裁判所;书店要受到宗教裁判员的定期检查,私人图书馆也不例外。凡被没收的书籍都要焚毁。

保罗四世死后,继任教皇庇护四世(Pope Pius Ⅳ,1559—1565 年在位)在 1560—1563 年召开了第三次特兰托宗教会议,宣布所有的新教为异端,而罗马教会的教条和仪式必须严格遵守,强调教皇是教会的最高权威,规定教士必须独身,等等。庇护四世为加紧迫害异端,还强化宗教裁判所的活动,并建立了出版物审查制度。1562 年特兰托会议成立了由 18 名主教组成的专门委员会,授权它修订并补充 1559 年的禁书目录。1564 年特兰托会议结束后,又颁布了一个禁书目录(也称《特兰托目录》),巩固并扩大了最初的禁书计划。当时除了西班牙有自己独立的禁书目录之外,《特兰托目录》被比利时、巴伐利亚、葡萄牙和意大利完全采纳。以下是所有禁书目录的基本准则:1515 年前已被定罪的所有书籍,本目录不再重新定罪;异教创始人的书籍予以彻底禁止;如不包含与正确教条相违背的内容,允许教会作者的翻译文本发行;阅读《圣经》的翻译文本,须得到宗教裁判所审判官或主教的许可;由异端分子编辑的书籍经过修改后可以阅读;淫秽书籍予以禁止;含有部分异端思想的书籍经天主教神学家修改后予以发行;涉及巫术的书籍彻底禁止。② 根据以

---

① [美]威尔·杜兰:《世界文明史(第六卷):宗教改革》,幼狮文化公司译,1158~1159 页,北京,东方出版社,1998。

② [英]爱德华·伯曼:《宗教裁判所:异端之锤》,何开松译,164~165 页,沈阳,辽宁教育出版社,2001。

上准则，不仅路德、加尔文、茨温利等所有新教徒的著作被禁止，而且那些非官方的通俗拉丁文《圣经》译本也被列为禁书。

1571 年教皇庇护五世(Pope Pius V, 1566—1572 年在位)成立了一个专门的禁书目录委员会，它拥有司法职能，有权对作者进行处罚，直到开除教籍。从 17 世纪起，禁书目录委员会受耶稣会控制。从 1559 年第一版至 1948 年最后一版，近 400 年间罗马教廷总共公布了 22 版禁书目录，其中 16 世纪 4 版(1559 年、1590 年、1593 年、1596 年)，17 世纪 3 版(1632 年、1665 年、1681 年)。[①] 1616 年禁书目录委员会禁止了哥白尼的《天体运行论》，1619 年又禁止了开普勒的《哥白尼天文学概要》。"教会在所有它所能控制的学术和教育机构里，禁止把哥白尼体系当作正确的东西来讲授。直到 1835 年为止，宣讲地球运动的著作一直被列为禁书。"[②]此外，为了巩固宗教信仰和宗教纪律，并使之统一于罗马教廷，教皇还出版了《教理问答手册》(1566 年)、修改后的《日课经》(1568 年)和祈祷书(1570 年)、人人必读的《教会法典大全》(1582 年)和拉丁语《圣经》的修订本(1592 年)。

总之，自宗教改革时期起，意大利的科学与文化事业全面衰退，这是宗教裁判所和禁书目录所引发的灾难性后果。"文艺复兴的结束和反宗教改革运动的成熟，使意大利文化失去了在欧洲长达两个世纪的统治地位。"[③]文艺复兴时期意大利科学家、文学家和哲学家所取得的辉煌成就因此而夭折，而且再也不能恢复。1596 年罗马宗教裁判所对布鲁诺进行审讯，就是从追究其著作中的某些观点开始的，1600 年 2 月在罗马鲜花广场这位伟大的科学家被活活烧死。同样，1616 年 2 月"神圣法庭"宣布伽利略的宇宙观"在哲学上是愚蠢而荒诞的，形式上是异端邪说，因为无论从《圣经》文字的含义看，还是从

---

① 董进泉：《西方文化与宗教裁判所》，268 页，上海，上海社会科学院出版社，2004。

② [英]罗素：《宗教与科学》，徐奕春、林国夫译，22 页，北京，商务印书馆，2005。

③ [意]路易吉·萨尔瓦托雷利：《意大利简史：从史前到当代》，沈珩、祝本雄译，394 页，北京，商务印书馆，1998。

神父们和有学问的神学家对《圣经》的共同解释看，这一学说有许多地方同《圣经》的说法显然是矛盾的"①。伽利略深信《圣经》不会错，而是那些注释《圣经》的人咬文嚼字造成的错误，于是把神也拟人化。他辩解说，对《圣经》要理解其精义。1633年伽利略因"反对教皇，宣传异端邪说"而被判终身软禁。他被禁止在没有宗教裁判员在场时会见任何人，并被禁止在没有宗教裁判员监视的情况下发表任何言论。"对伽利略的审讯判罪被罗马教廷看成像是对土耳其人作战取得了胜利那样，通过教皇使节、各种文告，向所有天主教国家、所有天主教大学、修道院和私人学者郑重宣布，宣布时教堂还要鸣钟。它不仅是宣布一个消息，也是一种警告。继此之后，在天主教的学术界、思想界，所造成的是一片死寂。"②1642年1月，伽利略与世长辞。

伽利略案件的审判产生了严重的后果。英国哲学家罗素指出："异端审判所如愿以偿结束了意大利的科学，科学在意大利经几个世纪未复活。"③但也有学者调侃说："伽利略审判更为吸引人之处在于它提供了深入了解宗教裁判所工作方式的视角，这丝毫不减低其科学成就。它再次证明宗教裁判所是高效率、无情的、强有力的信仰法庭……"④

应当指出的是，布鲁诺和伽利略并不是"神圣法庭"仅有的牺牲品。1560年的奥尼奥·帕莱亚里奥等受害者都被送上绞刑架或火刑柱，1566年的庞培·德·蒙蒂，1568年的马里奥·盖莱奥塔、彼德罗·卡恩塞齐。1619年意大利杰出的无神论者居里奥·瓦尼尼被指控犯下无神论、亵渎行为、背叛神灵等罪行，也被宗教裁判所处以火刑。空想社会主义者康帕内拉(Tommaso Campanella，1568—1639)在1591—1628年因发表反宗教论著，多次被宗教裁

---

① 董进泉：《西方文化与宗教裁判所》，255页，上海，上海社会科学院出版社，2004。

② [奥地利]弗里德里希·希尔：《欧洲思想史》，赵复三译，327页，桂林，广西师范大学出版社，2007。

③ [英]罗素：《西方哲学史》下卷，马元德译，54页，北京，商务印书馆，1976。

④ [英]爱德华·伯曼：《宗教裁判所：异端之锤》，何开松译，182页，沈阳，辽宁教育出版社，2001。

判所逮捕，关押近 30 年并受到开除教籍的处分。1601 年康帕内拉在狱中写成
了具有深远影响的空想社会主义著作《太阳城》；1616 年他又写成了《捍卫伽
利略》一书，巧妙地利用《圣经》引文证明伽利略的观点与《圣经》并无矛盾。
这样的例子还有很多，他们都是为了科学和真理、为了自由思想而被宗教裁
判所判罪并蒙难，他们的不幸遭遇标志着意大利独立思想之火的熄灭。迫于
这种宗教和政治局势，自然科学家对一切有关哲学和宗教的题目都漠不关心，
他们不再把科学研究及其对人们的思想影响联系起来，这种科学与社会的脱
节给意大利文化发展造成灾难性的后果。正如意大利史学家萨尔瓦托雷利指
出的：“我们国家不仅失去了智慧的优势，而且走出创造欧洲文化的圈子，禁
锢于纯学识或经院式论战之中。”①直至 17 世纪末，意大利文化生活才重新活
跃起来。

　　然而，具有讽刺意味的是，尽管 16 世纪上半叶意大利在政治和经济上蒙
受耻辱，但也正是在这一时期意大利出现了自己的民族文化。文艺复兴时期
人文主义作家刻意强调的“意大利”这一概念，由于外族入侵又有了新的发展
和象征意义。马基雅维利在《君主论》(1513 年)中渴望出现一位能从“傲慢无
礼的野蛮人”手中解救“意大利”的救世主，1528 年卡斯底格朗的《廷臣论》是
用意大利文写成的。

第二节　宗教改革时期和 17 世纪意大利的教育

　　在反宗教改革运动中，对复兴天主教贡献最大的是那些新建的修会，这
些修会的性质与古老的修道生活完全不同。中世纪末，托钵修会已在教育、

---

①　[意]路易吉·萨尔瓦托雷利：《意大利简史：从史前到当代》，沈珩、祝本雄译，400 页，北
京，商务印书馆，1998。

文化、慈善、传教等方面开展了不少有益的活动。新建的修会进一步加强了这些活动，并使之适应新的时代需要。这些修会名称很多，目的不一，其中对意大利教育影响最大的是耶稣会。它成立后，就在教育领域逐渐占据统治地位，成为宗教改革时期和17世纪意大利的正统教育机构。

一、耶稣会的建立

耶稣会由西班牙贵族和军人罗耀拉创建于1534年，1540年获得了教皇保罗三世的批准。罗耀拉年轻时在斐迪南宫廷做侍从，受过良好的教育，会谱写歌曲和绘画，喜欢阅读当时流行的骑士文学。他后来成为一名军官，在1521年抗击法国人的战争中腿部受伤。在身体恢复期间，罗耀拉阅读了圣徒故事和基督生平，之后他的宗教信仰发生了转变。他决定放弃军人职业，成为基督教的一名神圣战士。随后，他在曼雷萨修道院隐居了10个月，希望自己在精神和灵魂上适合圣徒生活。罗耀拉经历了欣喜若狂的冥想和内省后，于1535年写成被誉为"反宗教改革的灵魂"的小册子《精神的操练》。这本小册子很快成为所有耶稣会会士的手册，在16世纪所有的宗教著作中，其影响仅次于加尔文的《基督教要义》。"无论在写作计划上、内容上还是在目的性上，这本书都是独树一帜的。这本书是罗耀拉长期精神斗争的产物，是他在怀疑和痛苦的日子里对自己的灵魂进行冷酷内省的产物。其最终目的是……引导灵魂到达他所找到的宁静。"①

罗耀拉最大的成就是建立耶稣会。由于威尼斯共和国和土耳其之间的战争，1537年罗耀拉等人放弃前往巴勒斯坦的计划，汇聚到威尼斯和罗马布道，受到红衣主教孔塔里尼的欢迎和教皇保罗三世的召见。他们依靠行乞生活，到公共医院住宿，目的是随时准备照顾病人。他们发誓要向那些不去教堂的

① [英]托马斯·马丁·林赛：《宗教改革史》下卷，刘林海、徐洋等译，540~541页，北京，商务印书馆，2016。

人布道并教育年青人，很快意大利城镇出现了一群新型的布道者。他们在街道上挥舞着帽子，向过往的行人高声叫喊。"他们并不宣讲神学。他们宣讲十诫中规定的上帝简单明了的命令，宣称一切罪恶都将在此世或来世遭到惩罚。他们阐明教会的规定。他们描绘地狱的痛苦和天堂的欢乐。"①他们的传道在意大利民众中开创了一种类似宗教狂热的新局面，于是他们决定成立一个新修会并迅速拟定了章程草案。罗耀拉把章程草案呈给教皇保罗三世，并立下誓言——永远与教皇制度的一切敌人做斗争。他说："修会成员将把他们的生命献给持续的对基督的效劳及对教皇的效劳上……"②

在宗教改革运动中，反教皇的呼声很高，而且与罗马教廷断绝关系的国家越来越多。四面楚歌的教皇保罗三世深切地感到，这个新修会将为他带来强有力的支持，于是在 1538 年接见了罗耀拉，并与之交谈了一个多小时。罗耀拉曾多次被西班牙宗教裁判所指控为异端，他向教皇阐述了自己的观点和意图，并证明自己是清白的，恳请教皇对他进行仔细检查和考验。1540 年 9 月 27 日，教皇颁布了耶稣会成立的训令。耶稣会总部设在罗马。1541 年，罗耀拉当选为首任耶稣会会长。

耶稣会成立后声名远扬，吸引了大批成员加入。"修会最高宗旨是建立天主教教会的统治权，促进异教徒和邪教徒顺服和皈依。"③随着修会的人数越来越多、活动的范围越来越广，罗耀拉迫切需要建立一个严格的管理体制。因此，耶稣会从一开始就制定了严格的军事化纪律。因为它要成为一个战斗修会，成为一个神圣的战斗组织，它要为宣传信仰而开展工作，尤其是要通过教育向年青人宣传信仰。"它不仅是一个僧侣集团，而且是聚在一起为捍卫

---

① ［英］托马斯·马丁·林赛：《宗教改革史》下卷，刘林海、徐洋等译，548 页，北京，商务印书馆，2016。

② 转引自［英］托马斯·马丁·林赛：《宗教改革史》下卷，刘林海、徐洋等译，549 页，北京，商务印书馆，2016。

③ ［意］路易吉·萨尔瓦托雷利：《意大利简史：从史前到当代》，沈珩、祝本雄译，366 页，北京，商务印书馆，1998。

信仰而战的一群士兵。他们的武器不是长矛和子弹，而是用正确的教义进行辩论、说服和教育，而且在需要时，可以用更为世俗的方法施加影响。"①

像马丁·路德一样，罗耀拉强调道德改良应从个人生活开始，而不是依靠严厉的立法。"应当始于个人，延及家庭，然后渗及整个城市。"②他要求采取一些措施以消除社会弊病，于是将注意力集中在教育、乞讨及其他社会丑恶现象上。罗耀拉进行社会改良的首要措施是将罗马城的孤儿或被父母遗弃的孩子集中起来，为他们提供无偿的食宿和简单的教育，并教给他们谋生的一技之长。对于意大利城市中那些堕落的妇女，罗耀拉尽可能为她们提供栖身之地和一个光明的家。他还为那些身陷穆斯林手中的基督徒俘虏提供赎金，并努力劝诫人们不要决斗，甚至为穷人提供贷款。

耶稣会成立后，首先在意大利开展活动，因此它在意大利得到了迅速发展。它的成员被派到威尼斯、费拉拉、那不勒斯和西西里岛等地与新教徒做斗争。"意大利各主要城市都欢迎这个新修会的各位成员的到来。高贵而虔诚的夫人向他们提供帮助。大学建立起来了；所开设学校的教育不仅自由，而且优于其他通常的学校，因此很快便挤满了学生。罗马是耶稣会的中心和根据地。"③

二、耶稣会的教育

早在耶稣会成立之前，意大利的大主教和修道院就创办了一些教会学校。他们支付薪水聘请教师，以培养有志于成为牧师的学生。1536年，卡斯特利

---

① [美]罗伯特·E. 勒纳、斯坦迪什·米查姆等：《西方文明史（Ⅰ）》，王觉非等译，483页，北京，中国青年出版社，2009。
② [英]托马斯·马丁·林赛：《宗教改革史》下卷，刘林海、徐洋等译，562页，北京，商务印书馆，2016。
③ [英]托马斯·马丁·林赛：《宗教改革史》下卷，刘林海、徐洋等译，558页，北京，商务印书馆，2016。

诺在米兰建立了第一所基督教教义学校,面向贫穷家庭的子弟教授宗教知识。随后这类学校在意大利各地得到迅速发展,到1566年卡斯特利诺去世时,基督教教义学校已遍及意大利乡村。但遗憾的是,这类学校仅限于礼拜日和宗教节日开放,上课时间也只有四五个小时(午饭后至日落前),内容以读写和宗教教育为主,难以满足贫穷家庭子弟的教育需要。

耶稣会成立后致力于教育事业,它宣称"特别关心孩子们的教育",并且提供免费的教育,因而对贫穷家庭的子弟具有很大的吸引力。另外,鉴于神职人员无知带来的耻辱和灾难,它要求其成员具有与神职相称的文化教育水平。因此只要有地方可以办学,耶稣会会士便建立学校和学院,他们坚信强有力的天主教只能依靠广为传播的文化和教育。

耶稣会学校由世俗的权威人士、教会领袖或慈善人士建立,但耶稣会有完全的控制权。1547—1550年,罗耀拉起草了《耶稣会章程》,之后经过反复修改于1559年正式发表。《耶稣会章程》的第四部分专门论述教育问题,它后来成为耶稣会教育发展的纲领性文件。1599年耶稣会颁布的《教学大全》就是在这一章程的基础上形成的,它是耶稣会教育信条的主要源泉。《教学大全》体现了那个时代的最佳教学实践,并使之系统化。它被认为是当时所能"看到的最详尽和最彻底的学校教学方案"①。

1542年耶稣会在帕多瓦建立了第一所学院,之后其他学院相继创办。1547年西西里岛的神父为了改变当地神职人员无知的状况,写信给罗耀拉请求建立一所学院。1548年罗耀拉派遣10名耶稣会会士赴西西里岛,其中5人教授神学、道德论、人文学科、修辞学和语法,5人从事宗教活动。在出发前,这批会士受到了教皇保罗三世的接见和鼓励。1548年10月墨西拿(Messina)学院(今墨西拿大学的前身)正式成立,由曾经参与耶稣会创建的杰罗

---

① [英]罗伯特·R.拉斯克、詹姆斯·斯科特兰:《伟大教育家的学说》,朱镜人、单中惠译,64页,济南,山东教育出版社,2013。

姆·纳德尔担任院长。纳德尔热心于办学，在其领导下墨西拿学院很快超越了之前创办的耶稣会学校。墨西拿学院是第一所为大众提供教育的耶稣会学校，它面向10—16岁的男孩教授一些核心课程，如拉丁语法、人文学科、修辞学和希腊语。墨西拿学院是所有其他耶稣会学校的原型，它的建立标志着耶稣会教育的肇始，它的成功也坚定了罗耀拉的教育信念。

不久，西西里岛的巴勒莫（Palermo）总督也写信给罗耀拉和保罗三世，请求耶稣会在该地区办学，并承诺将其妻子的一大笔遗产捐赠给学校。1549年罗耀拉选拔11位耶稣会会士前往巴勒莫，并于同年11月建立了学校。1551年2月罗马学院成立。它拥有一批最优秀的师资，在创办后的几个世纪培养了许多高级教士和12位教皇，被称为"教皇的学校"。罗耀拉希望罗马学院成为其他耶稣会教育机构的典范。1565—1586年，大量的波兰贵族子弟来到罗马学院学习，其中有44人回国后担任了教会和世俗职务。到16世纪末，罗马学院已有来自各个国家的2 000名学子。[①]

16世纪50—60年代，耶稣会在意大利和邻近岛屿陆续建立了许多学校。例如，蒂沃利（1550年），博洛尼亚、费拉拉和威尼斯（1551年），佛罗伦萨、古比奥、摩德纳、那不勒斯、帕多瓦和佩鲁贾（1552年），蒙雷阿莱（1553年），阿根塔、热那亚和锡拉库萨（1554年），洛雷托（1555年），卡塔尼亚和锡耶纳（1556年），温布利亚区的艾米利亚和托斯卡纳区的蒙帕塞诺（1557年），佛利和诺拉（1558年），卡尔塔贝洛塔、弗拉斯卡蒂和萨萨里（1559年），科摩、马切拉塔和蒙多维（1561年），卡利亚里、卡坦扎罗、米兰和帕尔马（1564年）。[②] 在意大利，到1680年耶稣会创办的院校达128所。[③]

此外，耶稣会还管理着罗马的日耳曼学院。该学院是1552年在莫罗内红

① ［比］希尔德·德·里德-西蒙斯：《欧洲大学史》第2卷，贺国庆、王保星等译，308页，保定，河北大学出版社，2008。

② 马晓梅：《早期耶稣会教育研究》，硕士学位论文，华东师范大学，2013。

③ 安长春：《基督教笼罩下的西欧》，339页，北京，中央编译出版社，1995。

衣主教鼓动下建立的，是耶稣会创办的第一所寄宿制学院，以培养有志于从事天主教事业的日耳曼青少年。日耳曼学院的目的就是为德国和被异教影响的其他地区如波希米亚、波兰、匈牙利的青年提供教育。日耳曼学院的很多毕业生后来成为主教或担任教会其他职务，因此它又被称为"主教的工厂"。到1615年，耶稣会共有372所学院；1700年增至769所，还有24所大学，分布在世界多个国家。① 在天主教国家，中等教育几乎全部掌握在耶稣会手中，因而耶稣会在塑造人们的心智方面具有极大的影响力。

耶稣会还特别重视开办面向贵族子弟的寄宿制学校。在意大利，这种寄宿制学校大约成立于16世纪70年代中期的米兰。1595年，教皇克雷芒八世（Clement Ⅷ，1536—1605）在罗马建立了一所只招收贵族子弟的寄宿制学校。这种寄宿制学校属于私立学校，家长需要支付学费、书本费和服装费等，贫穷家庭的子弟几乎无法进入。寄宿制学校除了教授拉丁语之外，也教授唱歌、跳舞、骑马、击剑等贵族社交活动。由于耶稣会在贵族教育中的突出地位，许多贵族子弟纷纷进入耶稣会创办的寄宿制学校，可以说耶稣会基本上主导了当时的贵族教育。到17世纪上半叶，耶稣会在维罗纳、布雷西亚、米兰、都灵、热那亚、帕尔马、博洛尼亚、费拉拉、拉文纳、普拉托、锡耶纳、罗马、那不勒斯、巴勒莫和卡利亚里等地都创办了贵族寄宿制学校。这些寄宿制学校学费昂贵，它们在与大学招收一流学生的竞争中获得了成功。它们吸引了众多的贵族子弟，年龄为11—20岁。例如，位于帕尔马的耶稣会寄宿学校在1605年有男生550人，1646年有644人，1660年有903人。②

作为宗教改革时期著名的天主教团体，耶稣会学校为了确立自己的形象，十分注重教学质量和教学方法。《教学大全》的序言中写道："除非方法成熟和

① ［美］威尔·杜兰：《世界文明史（第7卷）：理性开始时代》，幼狮文化公司译，331页，北京，东方出版社，1998。

② Paul F. Grendler, "The Universities of the Renaissance and Reformation," *Renaissance Quarterly*, 2004(57), pp. 1-42.

正确，否则事倍功半，投入大而收效微……我们很难想象，如果我们不像保姆一样，将食物用最佳的方法包装起来，用同样的方法去喂养大批学生，我们怎么能实现公平和实现我们的理想。"①耶稣会创办的学校因管理严、教学质量优而赢得了社会的赞誉。一些新教徒也把子弟送往耶稣会学校，希望他们不仅在古典学科方面受到良好的教育，而且在道德、礼仪和性格上受到高超的训练。16、17 世纪由耶稣会学校训练出来的许多知识分子散布于意大利各地，他们对阻止新教思想的传播、使信徒固守天主教信仰发挥了不可低估的作用。

耶稣会体制具有贵族倾向性，这也是其教育制度的特征。罗耀拉意识到耶稣会需要招募出身高贵且天资聪颖的青年，因此特别重视中等教育和高等教育，而有意忽视并贬低初等教育。在他看来，智力教育只是某些阶级所享有的特权，民众的愚昧无知是维护宗教信仰的最好保障。耶稣会教育的基础是拉丁语和希腊语，其目的是控制古典教育，并利用古典教育宣传天主教。它过分关注古典语言的形式，而忽视文章蕴含的思想；它致力于精美语言的运用和练习，而忽视其他学科如历史、科学和哲学等。

一般来说，耶稣会的教育是免费的，包括大学阶段的教育。"对青年免费实施高等教育无疑是耶稣会的首创。"②其教师通常由耶稣会会士担任，他们不收取任何报酬，也不用体罚维持纪律。耶稣会教育取得了辉煌的成绩，它所培养的青年遍及全世界，很多优秀的学者、科学家和天主教领袖毕业于耶稣会学校，他们是站在时代发展和学术前沿的人。"的确，他们办的学校是这么有效，以致宗教仇恨的火焰开始平息之后，上层的新教徒有时宁愿送他们

① 转引自［英］罗伯特·R. 拉斯克、詹姆斯·斯科特兰：《伟大教育家的学说》，朱镜人、单中惠译，68 页，济南，山东教育出版社，2013。
② ［英］罗伯特·R. 拉斯克、詹姆斯·斯科特兰：《伟大教育家的学说》，朱镜人、单中惠译，59 页，济南，山东教育出版社，2013。

的孩子去接受耶稣会的教育。"①也有学者指出："在 17 世纪中叶的欧洲，学校和学生比 19 世纪中叶时都多，甚至出现了学校过剩的抱怨。所有适龄青少年，不论贫富，都可以入学。"②耶稣会的教育活动无疑提高了天主教国家的识字率，同时促进了教义问答和信仰知识的普及。

耶稣会之所以能与代表历史潮流的新教抗衡，并在宗教改革中做出突出贡献，成功地开办教育无疑是主要因素。后来的历史证明，耶稣会教育在促进天主教复兴、遏制新教在欧洲的传播方面发挥了不可估量的作用，它在一定程度上促成了近代欧洲新教与旧教并存的宗教格局。耶稣会教育的成功与其较为科学的管理方式密不可分，耶稣会在组织上始终坚持把"才华出众"和"遵守纪律"作为选择会员的首要准则。另外，耶稣会教育成功的秘密部分地在于，耶稣会会士在履行自己的职责时把学术和信仰结合起来的热情与忠诚。"耶稣会精心设计的培训自己的会士的教育制度取得极大的成功，不久其他修会便开始热情仿效。"③

耶稣会热心于教育事业的行为，为其他慈善人士和宗教团体树立了榜样，他们也意识到教育的重要性而纷纷办学。1565 年慈善家托雷丽在米兰建立了第一所世俗的寄宿制女校，招收 25 名 10 岁左右的女生，学习读写和家政，至 21 岁毕业。1597 年虔信派领导人约瑟·卡拉森在意大利创办了一所虔敬学校，致力于为中下层阶级的子弟提供免费教育，其宗旨是帮助贫困家庭的子弟，使他们能够自食其力并上升到较高的社会阶层。1608 年罗马天主教会士安东尼奥·扎卡里亚在米兰创办了阿尔兹伯迪（Arcimboldi）学校，并在其他城

① [美]罗伯特·E. 勒纳、斯坦迪什·米查姆等：《西方文明史（Ⅰ）》，王觉非等译，484 页，北京，中国青年出版社，2009。

② [美]雅克·巴尔赞：《从黎明到衰落：西方文化生活五百年，1500 年至今（上）》，林华译，47 页，北京，中信出版社，2013。

③ [英]G.R. 埃尔顿：《新编剑桥世界近代史（第 2 卷）：宗教改革（1520—1559 年）》，中国社会科学院世界历史研究所组译，386 页，北京，中国社会科学出版社，2003。

市建立了类似学校。以上学校基本上实行免费教育，为贫困家庭的子弟提供了教育机会，它们与耶稣会学校一起共同促进了意大利教育的发展。

三、大学教育的变化

在意大利，中世纪大学主要有博洛尼亚大学（12 世纪末）、帕多瓦大学（1222 年）、那不勒斯大学（1224 年）、萨莱诺大学（1231 年）、罗马教廷大学（1245 年）、锡耶纳大学（1246 年）、佩鲁贾大学（1308 年）、维罗纳大学（1339年）、比萨大学（1343 年）、佛罗伦萨大学（1349 年）、帕维亚大学（1361 年）、卢卡大学（1369 年）、费拉拉大学（1391 年）、都灵大学（1404 年）、帕尔马大学（1412 年）、威尼斯大学（1470 年）、热那亚大学（1471 年）。中世纪后期，这些大学由于固守传统的经院哲学和排斥一切新知识，已严重滞后于时代与社会发展的需要。这种状况直到文艺复兴运动兴起才发生根本性的变化。文艺复兴时期，大学产生了大量创新性的研究，改变了诸多学习领域，其影响远远超过了文艺复兴。大学教授所从事的研究极大地改变了医学、数学、自然哲学、人文学科，而且法学也在一定程度上发生了改变。在这些领域，意大利的大学走在了前列。[1] 大多数历史学家把 1500 年左右视为这一变革的分水岭。

到 16 世纪初，意大利的大学机构依然是中世纪的体系。在博洛尼亚大学和帕多瓦大学，亚里士多德的地位至高无上，医学专业的学生对于古希腊和阿拉伯自然哲学家的著作怀有浓厚兴趣。这些古老的大学对于新学术并没有采取敌对态度，而是给予极大的鼓励。在大量传统学术存在的同时，在大学中也可以发现人文主义的新价值观。佛罗伦萨大学的波利蒂安，博洛尼亚大学的贝罗阿尔多、科德罗·乌尔切奥和邦巴西奥，帕多瓦大学的莱奥尼科·

---

① Paul F. Grendler, "The Universities of the Renaissance and Reformation," *Renaissance Quarterly*, 2004(57), pp. 1-42.

托梅奥和罗莫洛·阿马西奥等，都与那些神学家和教会法学者们并肩教学。在意大利的大学，新旧传统能够长期和谐共处，而没有出现太严重的敌对状态。大学的组织方式使人文主义思想很容易通过文学院渗透到法学院、医学院和神学院。"为了与意大利政治的世俗倾向一致，也为了满足城市生活的那些紧迫需要，世俗权力机构将教育重心放在与 15 世纪和 16 世纪初的社会生活相联系的一些实际科目上……在法国人到来之前……米兰、佛罗伦萨、威尼斯的新统治者以及教皇治下的各国新统治者都坚持倾向于实际的学科。"①

　　反宗教改革运动之后，意大利大学这种相对开放的情况开始发生变化。耶稣会把大学视为战胜异教徒的主要阵地，它复兴旧大学和建立新大学，在当时的欧洲十分活跃。"在耶稣会的帮助下，世俗和教会当局非常积极地重组现存的大学，并在受异教威胁的地区和国家建立新的教育机构，将哲学和神学的教学放在首位。"②16 世纪末至 17 世纪初，由耶稣会创办的意大利大学有米兰大学(1556 年)、罗马大学(1556 年)、巴勒莫大学(1578 年)、卡利亚里大学(1606 年)、曼图亚大学(1625 年)等。这些大学成为耶稣会反对新教徒的急先锋，它们劝诱他人改信天主教，专注于培养精干的神职人员。为了提供完整的基督教教育，1565 年第一所神学院在罗马建立。随后，在米兰的大主教辖区又建立了 3 所神学院。1564 年教皇庇护四世颁布诏书，要求大学师生进行效忠宣誓，明令禁止学生进入新教的大学学习，并防止意大利的大学让外国新教徒不负责任地毕业。这一做法无疑阻碍了新教学生在意大利求学和获得学位，也造成了博洛尼亚大学、罗马大学、费拉拉大学和佩鲁贾大学等意大利大学留学生的流失。1566 年托斯卡纳大主教要求锡耶纳大学和比萨大学的学生宣誓忠诚于正统信仰，导致来自新教国家的学生数量急剧下降。

---

① [比]希尔德·德·里德-西蒙斯：《欧洲大学史》第 2 卷，贺国庆、王保星等译，160～161 页，保定，河北大学出版社，2008。

② [比]希尔德·德·里德-西蒙斯：《欧洲大学史》第 2 卷，贺国庆、王保星等译，442 页，保定，河北大学出版社，2008。

　　实际上，这一政策并未完全得到实施。1587年威尼斯总督将对学生的宗教裁判权掌握在自己手中，这样就使学生免受宗教法庭的迫害。在威尼斯共和国，新教徒获得学位时不必向天主教宣誓，其学位也不是由主教批准，而是由君主授予。学生可以通过官方权威机构获准毕业，或由参议院决定。1616年威尼斯议会还违背教皇的诏书，建立了自己的考试委员会。同样，帕多瓦大学常常被看作宽容和自由的天堂，它的师生长期免于向罗马教会宣誓，甚至犹太学生都可以在帕多瓦大学学习。它是欧洲人和犹太人学术训练的重要中心，也是希腊学生经常出入的避难所。由于对非天主教学生持宽容态度，1600年前后帕多瓦大学的学生数量超过博洛尼亚大学。1550—1559年，帕多瓦大学共有6 000名德国学生，1517—1619年共有不同国籍的80名犹太人先后毕业。① 许多犹太人在罗马教皇的特许下获得了学位，他们在锡耶纳大学、佩鲁贾大学、帕维亚大学和帕多瓦大学很受欢迎。

　　在博洛尼亚大学，日耳曼民族也获得了新的特权。这使得在16世纪下半叶来自新教地区，特别是德国的学生数量明显增多。托斯卡纳大学和锡耶纳大学的情况类似，在16世纪末和17世纪初有许多非天主教学生入学。为了吸引阿尔卑斯山以北的学生，1596年，锡耶纳大学为德国人、荷兰人、波兰人和波希米亚人开设了一个会所，为他们提供本国口味的烹饪食物。"毫无疑问，在16世纪70、80年代对异教学生的迫害并导致大量学生离开锡耶纳之后，锡耶纳大学及城邦一直努力地在外国人中追求好名声。"②1573—1600年，锡耶纳大学的德国籍学生超过了3 000人。③ 1598年，随着《南特敕令》的颁布与宗教和解的到来，新教和天主教学生都得到了锡耶纳大学的认可，锡耶纳

---

　　① [比]希尔德·德·里德-西蒙斯：《欧洲大学史》第2卷，贺国庆、王保星等译，310~311页，保定，河北大学出版社，2008。

　　② [比]希尔德·德·里德-西蒙斯：《欧洲大学史》第2卷，贺国庆、王保星等译，445页，保定，河北大学出版社，2008。

　　③ [比]希尔德·德·里德-西蒙斯：《欧洲大学史》第2卷，贺国庆、王保星等译，310页，保定，河北大学出版社，2008。

成为意大利第三大外国留学生中心。

此外，随着民族国家的兴起，各国政府也想方设法控制大学为其服务，使得意大利的大学出现了明显的地方化倾向。1555 年神圣罗马帝国皇帝查理五世颁布法令，要求法律陪审员至少要在帝国认可的一所大学学习 5 年法律。1559 年西班牙国王菲利普二世(Philip Ⅱ，1556—1598 年在位)规定，除了博洛尼亚大学、那不勒斯大学、罗马大学和葡萄牙的科英布拉大学之外，禁止西班牙人到国外学习。1570 年法国政府明令禁止居民到罗马城和罗马大学之外的地方学习。其他国家也颁布了类似的限制性法令，以保护当地的大学，如波兰(1534 年)、葡萄牙(1538 年)、勃兰登堡(1564 年)等。各国统治者通过立法禁止学生到国外学习，认为外国大学是宗教和政治污染的源泉，而且学生出境学习会造成经济损失。在这种干预下，欧洲当时有很多大学从国际性大学变成了地区性大学，这无疑对意大利的大学冲击很大。"这样，就很容易理解这些法令导致 17 世纪出现了明显的大学地方化，以及随之产生的非意大利学生减少的情况了。"[①]

这一时期意大利的大学生数量有所下降。16 世纪末博洛尼亚大学和比萨大学的学生为 600~700 人，费拉拉大学在 1543—1555 年每年约有新生 510 人，帕维亚大学的注册学生约有 500 人，而佩鲁贾大学和锡耶纳大学的入学人数日益减少(15 世纪时学生数量显著增加)。到 17 世纪，帕多瓦大学的学生不足 1 000 人，博洛尼亚大学的学生减少到平均每年仅为 400 人，费拉拉大学注册学生不足 100 人，锡耶纳大学人数更少。[②]

在课程设置方面，16 世纪上半期帕多瓦大学和博洛尼亚大学已经开设了规范的解剖学课程，其他的意大利大学也纷纷效仿。"现代解剖学就是在帕多

① ［比］希尔德·德·里德-西蒙斯：《欧洲大学史》第 2 卷，贺国庆、王保星等译，161~162 页，保定，河北大学出版社，2008。
② ［比］希尔德·德·里德-西蒙斯：《欧洲大学史》第 2 卷，贺国庆、王保星等译，323~324 页，保定，河北大学出版社，2008。

瓦大学的解剖室诞生的,这里设立了第一个解剖学教授职位(1609),从而使解剖学与外科终于分离开来。"①到16世纪中期,意大利许多大学已建立严格的实践训练制度,并且提供解剖学、外科学、植物学和药剂学课程的教学。为了确保教学的持久性,意大利一些大学还设立了教授席位,如帕多瓦大学、博洛尼亚大学、费拉拉大学、比萨大学分别在1533年、1534年、1541年、1544年设立了植物学教授席位。1545年比萨大学建立了第一座植物园,后来帕多瓦大学和博洛尼亚大学也分别在1546年和1561年建立了植物园。意大利大学的这些改革很快影响到阿尔卑斯山以北地区。到16世纪结束时,解剖学和植物学已成为许多医学院的常规活动。另外,在16世纪末期和17世纪早期,比萨大学、费拉拉大学、罗马大学和帕维亚大学还设立了柏拉图哲学教授席位。

在16世纪,几乎每一个意大利城市均有一所或多所致力于哲学或科学探索的学园。这些学园受到政府资助或者由私人建立,旨在打破中世纪大学作为高级教学和科研场所的垄断地位,它们是大学之外的文化活动中心。1560年内科医生波尔塔在那不勒斯创办纳特里学园,他规定任何人只要有一项新发现或观察一种自然现象均可加入这一团体。波尔塔曾经周游法国、西班牙和意大利,参观了当地的图书馆,并与那些有新发现的学者和艺术家们交流。1589年他出版了长达20卷的《自然界奥秘》这一自然科学百科全书。1582年佛罗伦萨的两位地方官员设立了黛拉·克鲁斯卡学园,其目的在于研究和推广托斯卡纳方言。1606年该学园的成员伽利略决定用托斯卡纳方言发表自己的论文,这极大地促进了托斯卡纳方言成为意大利所有地方的官方语言。1603年费德里戈·希西在罗马创立了林西学园。费德里戈是一个天才的博物学家,他不仅参与了植物分类研究,而且是第一位运用显微镜研究昆虫的人。

---

① [比]希尔德·德·里德-西蒙斯:《欧洲大学史》第2卷,贺国庆、王保星等译,474页,保定,河北大学出版社,2008。

1611 年伽利略成为林西学园的教师，他的一些重要著作就是由该学园资助出版的。林西学园还出版了一部《西班牙新百科全书》，记录了大量关于美洲的自然历史。1657 年托斯卡纳公爵美第奇二世（Medici Ⅱ）创办西门托佛罗伦提学园，目的在于促进实验科学的发展，伽利略的弟子维维亚尼就是该学园的著名学者。17 世纪，这种学园在阿尔卑斯山以北地区，尤其是法国和英国得到了迅速发展。

到了 17 世纪，意大利政府机构和公众对大学的兴趣普遍减弱，教授的薪金微薄进一步加剧了这一状况。为了生存和赚钱，教授们常常开设私人讲座或从事第二职业，致使许多古老的意大利大学变成了职业学校。上层阶级的子弟一般进入那些新建立的贵族学园，如佛罗伦萨、博洛尼亚、那不勒斯和帕尔马的学园等。这些贵族学园大部分由耶稣会会士控制，它们吸引了许多外国贵族，特别是德国贵族子弟。例如，帕尔马贵族学园建于 1601 年，其课程包含许多骑士教育的内容，招收的学生 40% 为欧洲贵族子弟。同时，一些专业人士也进入新建立的专业学院，如维罗纳自然科学研究院等。"大学科学家的大量流失贯穿了整个 17 世纪。"①科学家们离开大学的主要原因，在于寻求足够的时间和经费，以便开展科学研究工作。例如，伽利略离开帕多瓦大学的原因就是薪水不够养家糊口，于是被迫自己招收学生和提供食宿，同时经营一家仪器加工厂以获得额外收入。这在很大程度上影响了他的科学研究，尤其是不能撰写反映自己研究成果的著作。毫无疑问，他的许多同事也深有同感。

综上可知，在宗教改革时期和 17 世纪，由于意大利长期处于战乱和西班牙统治之下，其文化和教育事业也随之出现了长时间的衰退。耶稣会成立后，在意大利积极创办各级各类学校，旨在培养反宗教改革的神职人员，这在很

---

① ［比］希尔德·德·里德-西蒙斯：《欧洲大学史》第 2 卷，贺国庆、王保星等译，493 页，保定，河北大学出版社，2008。

大程度上促进了意大利教育的发展。与此同时，中世纪建立起来的意大利古老大学和耶稣会创办的新大学也发生了一些变化，它们在课程设置、招生制度和科学研究等方面进行了改革。

第五章

早期空想社会主义教育思想

　　资本主义在西欧发展之初，就暴露了其自身无法克服的矛盾。它只是把封建主义的等级特权演化为金钱特权，这使得同情下层贫民的有识之士极为苦闷和彷徨。他们看到资本主义与封建主义共有的以私有制为基础的丑恶本质，但没有找到通往"大同"的道路，于是只能借用古代奴隶制共和国的理想和基督教精神重塑海市蜃楼般的家园。16世纪的《乌托邦》以及17世纪的《太阳城》《基督城》就是企图从这一时期的社会矛盾中得到解脱的空想社会主义代表作。16世纪末至17世纪，西方两位重要的空想社会主义者康帕内拉（Tommaso Campanella，1568—1639）和安德里亚（Johann Valentin Andreae，1586—1654）分别在《太阳城》和《基督城》中绘制了教育的美好蓝图：人人平等，男女共享劳动成果；学校教育、社会教育、家庭教育并举；通过劳教结合使人的个性全面发展；采用先进教育手段优化教学，崇尚实学；等等。显然，这些教育思想是当时社会背景与设计者追求未来美好生活的灵感相互激荡迸发出的火花，既有对世外桃源的向往，也烙上了时代的印痕。他们的设想在当时的社会制度下不可能变为现实，却为后来教育的"科学"发展提供了启迪和动力。

第一节　时代背景

空想社会主义作为社会主义思想发展史的一个重要时期，是不成熟的资本主义生产状况和阶级状况的产物。[①] 早期空想社会主义产生于16—17世纪初期，它是随着资本主义的萌芽和发展、早期无产者的出现而产生的思想体系，是早期无产者反对资产者的斗争的理论表现。早期空想社会主义教育思想是早期空想社会主义理论的重要组成部分。它反映了早期无产阶级迫切要求改造现有教育、建立美好社会的理想，表达了早期空想社会主义者的教育要求和对理想社会人的素质与规格的畅想，为未来社会的教育提供了启示。

一、资本主义生产的出现

15世纪末至16世纪初，西欧各国尤其是英国、法国、德国、西班牙等国，由于农业和手工业的发展，商品生产规模扩大，推动了劳动工具和生产技术的革新，社会生产力有了显著提高，加速了封建生产方式的解体和资本主义的产生与发展，资本的原始积累迅速地开展起来了。

资本主义代替封建主义是一个历史进步，但最初的资本原始积累是残酷而血淋淋的。资本原始积累由新兴资产阶级通过暴力剥夺而来，一是对国内农民土地的剥夺，二是对殖民地人民的掠夺。对此，马克思指出，这种剥夺的历史是"用不可磨灭的血和火的文字载入人类编年史的"[②]。资本的原始积累迫使生产者和生产资料分离，使社会的生产资料和生活资料转化为资本，并归少数人占有。这样就使众多的直接生产者脱离生产资料转化为出卖劳动力的雇佣工人。

新兴资产阶级用暴力剥夺农民的土地，在封建社会解体时期的西欧以英

[①] 山东大学等：《空想社会主义学说史》，1页，杭州，浙江人民出版社，1981。

[②] 《马克思恩格斯全集》第43卷，770页，北京，人民出版社，2016。

国圈地运动最为典型。在圈地运动中，新贵族和新兴资产阶级为了把耕地变为牧场，暴力圈占农民世世代代用来养家糊口的土地，致使成千上万的农民从土地上被赶走，颠沛流离，变成无产者。圈地运动造成两方面的结果：一方面是封建土地所有制转变为资本主义土地所有制，为资本主义的发展开辟了道路；另一方面则是采用资本主义方式经营土地，大批农民被剥夺了土地，沦为无产者和半无产者，为资本主义工业发展提供了大量廉价的雇佣劳动力。随着资本主义的产生和发展，两个新的阶级诞生了，即早期的资产者和无产者。

意大利早在 14 世纪就出现了资本主义的萌芽。15 世纪，意大利的资本主义工场手工业和商业有了较快的发展，形成了比欧洲其他国家更早的资产阶级和雇佣工人。但是，15 世纪末至 16 世纪初，由于通往亚洲新航路的开辟以及随之而来的商业转移，意大利失去了原来掌握东方和西方中介贸易的优越地位。到了 17 世纪，意大利的工商业已经衰落，城乡无产者更是生活贫困。同样，在 15 世纪末至 16 世纪初，德国的工商业虽然已有了显著的发展，并出现了资本主义萌芽，但发展速度相当缓慢。

进行殖民掠夺是资本原始积累的另一种重要方式。15 世纪末，由于美洲大陆和通往东方新航路的发现，新兴的资产阶级和封建地主一起，迅速展开了海外贸易和殖民活动，以掠夺更多的财富。他们把从海外经营和掠夺中获得的大量财富转化为资本，从而促进了资本主义的发展。

总之，这一时期西欧的英、意、德等国的资本主义已产生和发展，早期无产阶级业已形成，这就为早期空想社会主义教育思想的出现提供了社会经济条件和阶级基础。

二、广大平民的悲惨境遇

西欧社会资本主义因素的不断增长，必然会引发与封建主义制度的尖锐矛盾。德国、意大利和英国的社会阶级矛盾和阶级斗争空前激烈复杂，广大农民反对封建剥削压迫的斗争、新兴资产阶级反对封建主义的斗争互相交错，涉及经济、政治、文化各个领域。作为反封建斗争主力军的农民和早期无产者，掀起政治运动，开展武装斗争，对封建主义进行了猛烈的冲击。

英国在15世纪后半期建立了中央集权的都铎王朝，随着资本主义生产和圈地运动的发展，英国社会两极急剧分化，阶级矛盾日益尖锐，被剥夺土地和失去家园的广大贫苦农民走投无路。英国封建王朝为了所说的社会稳定，制定了一系列残酷的法案，残暴地迫害和镇压流浪者，强迫他们到资本主义牧场、农场和手工工场去充当廉价的劳动力，接受无情剥削和奴役。圈地运动和血腥立法把英国广大农民置于极端悲惨的深渊，他们被迫进行了反圈地斗争，到处拆毁篱栅、填平沟渠、毁坏牧场，并终于形成反圈地的武装起义。

这一时期的意大利人民则同时遭受本国统治阶级、罗马教廷和外国侵略者的盘剥与压迫，生活极端艰难。随着阶级矛盾和民族矛盾日益激化，意大利人民反剥削压迫、反侵略的斗争如火如荼。与此同时，意大利的早期无产者和平民也不断掀起反对资本主义剥削的斗争。在15世纪末至16世纪初的德国，占全国人口80%以上的农民遭受教会、封建主的残酷剥削和压迫，他们生活在水深火热之中，同封建地主阶级的矛盾成为社会的主要矛盾。城市平民虽有人身自由，但一无所有，备受双重剥削和压迫。他们变革社会现状的要求更加强烈，因而成为反封建剥削和压迫的主力。随着社会阶级矛盾的不断激化，德国农民在15世纪后期就不断地爆发反抗僧俗封建贵族的地方起义，并汇合成声势浩大的宗教改革运动和农民战争。

早期无产者提出激进的政治要求，主张消灭一切剥削和压迫，力图实现社会平等。这些要求反映在早期空想社会主义教育理想的设计之中。

三、民众的伟大力量

宗教改革要求取消教阶制度和教会的繁文缛节，建立所谓"廉价教会"，这对社会民主意识和民主运动产生了不可低估的影响。德国宗教改革的领袖是维滕堡大学教授马丁·路德，1517 年他公布了旨在反对教会出售赎罪券的《九十五条论纲》，该文件成为揭露和声讨天主教会的檄文。在马丁·路德的影响下，市民阶级、广大农民和城市平民均积极投入宗教改革运动。1524—1525 年德国早期无产者闵采尔（Thomas Müntzer，约 1490—1525）领导的农民战争捣毁城堡和教堂、没收封建主和寺院的财产、惩治罪大恶极的封建主和僧侣贵族、同封建诸侯的雇佣军进行英勇的搏斗等，从根本上动摇了天主教会及封建贵族的统治，显示了人民群众的伟大力量。

这一时期，西欧的英、意、德等国正处于社会运动兴起的时代。为了适应早期无产者反对剥削压迫斗争的需要，早期空想社会主义学说应运而生。英国莫尔的《乌托邦》、意大利康帕内拉的《太阳城》和德国闵采尔的"千年天国"学说就是早期无产者对资本主义剥削方式的抗议，以及对未来理想社会憧憬的理论表达。其中崭新的空想社会主义教育思想是这一理想社会蓝图的主要组成部分。

四、对已有思想养料的汲取

早期空想社会主义教育思想也是"从已有的思想材料出发"[1]而发展起来的。莫尔、康帕内拉和安德里亚的空想社会主义教育理论，都不同程度地接受了古希腊柏拉图等思想家和原始基督教的思想，从中汲取了一定的思想养料。这一时期的人文主义思想也是早期空想社会主义教育思想的重要来源。

人文主义是和封建神学根本对立的资产阶级思想体系，它反对以神为中心，主张以人为中心。其基本主张是强调尊重"人"的意义和人的价值，即认定现实生活的确切性、个人需要的正当性。在此基础上，它要求以人性取代神性，以人的理性、经验取代神启和宗教蒙昧主义，以人的个性解放、人生

---

① 《马克思恩格斯全集》第 26 卷，437 页，北京，人民出版社，2014。

欢乐取代教会的禁欲主义，以个人奋斗取代宗教的宿命论，以人权取代神权，等等。人文主义者抨击天主教神学、经院哲学和僧侣主义，强调追求科学知识，提倡资产阶级文化，赞扬人在现实世界中的作用。这些思想为早期空想社会主义者所吸纳和发展，并在早期空想社会主义教育思想中均有反映。不仅如此，早期空想社会主义者的思想还超出了人文主义者的眼界，他们所强调的理性是以维护早期无产者和其他劳动人民的利益为出发点的。他们借用理性主义这个武器，为劳动人民摆脱剥削和压迫、废除私有制建立公有制理想社会的合理性进行论证，表达了早期无产者和其他劳动人民的愿望与要求。早期空想社会主义教育思想正是建立在此基础之上。

早期空想社会主义思想家在历史上第一次系统阐述空想社会主义基本思想的基础上，提出了未来理想社会的教育蓝图。其中早期空想社会主义教育思想的内容反映了早期无产者对未来社会关于人的发展目标、人才规格、教育内容和方法的向往。虽然这些设想也许还是原始、粗糙的，甚至可能是单纯的幻想，但它们指出了未来教育发展的方向。

第二节 康帕内拉的教育思想

托马斯·康帕内拉是意大利 16 世纪末至 17 世纪初著名的思想家和爱国者，也是早期空想社会主义者的主要代表。康帕内拉的名著《太阳城》在社会主义思想史上占有重要地位，并在 17—18 世纪产生过重大的影响，可以和莫尔的《乌托邦》相提并论。康帕内拉的教育思想是其空想社会主义思想的重要组成部分，主要反映在其著作《太阳城》中。

一、生平活动和著作

1568 年 9 月 5 日，康帕内拉出生于意大利卡拉布里亚区斯提罗城附近斯坚亚诺村的一个贫苦农民家庭，他的父亲是一名鞋匠。康帕内拉小时候，他的家乡正处于西班牙入侵者的残暴统治下，劳动人民的生活十分困苦和悲惨。康帕内拉从小就憎恨侵略者，并燃起了爱国主义的火焰。

康帕内拉自小就显示出惊人的记忆力和不平凡的才能。他 5 岁进入修道院当了僧侣。在修道院的七八年时间里，他广泛地阅读了古希腊的各种名著、中世纪经院主义哲学以及当时流行的著作，从而在青年时代就已经成为一个学识渊博、才华出众的人。为了接受完整的教育，康帕内拉去了圣·吉奥吉阿。在那里，发生了一件成为他人生转折点的事情。科森察的圣方济派僧侣挑起了一场教义辩论，年青的康帕内拉被临时派去参加，他出色地反驳了他的敌手。辩论成功使康帕内拉的思想发生了很大的变化，他开始对那些统治修道院的中世纪权威表示不满，并对中世纪注释家间接介绍的亚里士多德及其学说产生了怀疑。1591 年，他出版了《感官哲学》(*Philosophia Sensibus Demonstrata*)一书，以批判经院哲学。1591—1597 年，康帕内拉因批判经院哲学、提倡经验认识、号召研究自然、发表反对教会束缚和压迫的言论而多次遭到宗教裁判所逮捕，被判为严重的异教嫌疑分子，并承受了好几次牢狱之苦。1597 年，康帕内拉回到故乡斯提罗城。他目睹祖国被西班牙人蹂躏、人民遭受灾难，于是进一步萌发了打击侵略者、解放祖国的思想。他广泛宣传反对西班牙统治、统一意大利的思想，并组织和发动群众准备武装起义。但因叛徒告密，在起义前几天，即 1599 年 9 月 6 日，康帕内拉被西班牙统治者逮捕，囚禁在那不勒斯的努奥沃城堡监狱。

由于康帕内拉拒绝向西班牙统治者和反动的宗教势力屈服，他被西班牙统治者关押到 1626 年才被释放。在狱中，康帕内拉遭受了常人难以承受的刑讯逼供。康帕内拉曾在他的诗篇和《太阳城》里谈过有关情况。他说："有一位他们最敬仰的哲学家，尽管受敌人最残酷的刑讯达四十小时之久，但由于始终坚持沉默而没有说出敌人要他承认的半个字，所以，那些从远方慢慢地起作用的星辰，并不能迫使我们违反我们的决定。"①康帕内拉终于以他坚强的意志顶住了西班牙当局的残酷刑罚，并巧妙地运用斗争策略和智慧阻挠法庭对他作出死刑判决。同时，他以惊人的毅力在牢狱中坚持著述。

康帕内拉在写《太阳城》时，因受"维里亚"(意指不准睡觉)的刑讯导致他的胳膊持续青紫肿胀直至僵直，甚至连手指都不能握笔。可他还是忍着疼痛，叫他的弟弟帮忙搓揉胳膊和手指。最终他强使自己拿住笔杆，但每写一个字都要付出超常的努力。就这样，为了设计理想的社会方案，以解放劳苦大众，他顽强地写着《太阳城》。大约经过半年的艰苦努力，到 1602 年年初(一说1601 年)，康帕内拉终于用意大利文完成了《太阳城》一书。这是一部用对话体写成的重要的空想社会主义著作，也是空想社会主义教育思想的重要著作。康帕内拉用那双遭到迫害而致残的手，在狱吏严密监视的情况下，想方设法偷偷写成的《太阳城》，为空想社会主义思想做出了巨大的贡献，强烈地激励着后人为之继续探索和奋斗。《太阳城》脱稿后很快就有手抄本流传。为了使《太阳城》能在国外出版，1613 年康帕内拉又亲自把它译成拉丁文，于 1623 年在法兰克福出版，后来此书被译成多种文字。

康帕内拉一生在多处监狱中待过，受过 7 次严刑拷打，在世俗监狱和宗教裁判所一共坐了 33 年牢，但他始终坚贞不屈。他用无比坚强的意志和丰富的知识、巧妙的方法与敌人进行斗争。康帕内拉本坚持唯物主义观点，敌视宗教，但为了迷惑敌人，他有时也在著作中赞扬天主教和教廷。他虽然仇视西班牙统治者，也完全知道西班牙君主才是最反动的势力，但他好像又是君主制度的热心拥护者。然而，这一切只不过是跟凶恶的敌人斗争的一种机智，借以迷惑敌人，使敌人丧失警惕性，得以把真理告诉人们。正因为这样，他的著作中存在着不少矛盾的语言，一些不了解其处境的人还认为他是"伪善者"。显然，这是不公正的。正因为康帕内拉采取了巧妙机智的斗争手法，他

---

① [意]康帕内拉:《太阳城》，陈大维等译，111 页，北京，商务印书馆，1980。

才可能在非人的环境里刻苦钻研，并秘密写出大量著作。他的著作除《太阳城》外，还有《感官哲学》《论物的意义》《伟大的结论》《形而上学》《辩证法》《唯理论哲学》《哲学复兴的先驱》《实在哲学》《论最好的国家》等。此外，他还写过不少诗，后来汇编为诗集。

1634 年，由于有人向西班牙当局控告他又在密谋反对西班牙，康帕内拉被迫逃往巴黎。在巴黎，他着手收集、整理自己的著作，准备出版全集。但全集只出版了前几卷，他便于 1639 年 5 月 21 日逝世了。

二、哲学观

康帕内拉坚持唯物主义哲学观，但其唯物主义哲学观并不彻底。16 世纪，意大利唯物主义哲学家特勒肖（B. Telesio，又译"特列佐"，1508—1588）对康帕内拉哲学观的形成有着极其重要的影响。在读了特勒肖的《依照物体自身的原则论物体的本性》之后，康帕内拉接受了这一唯物主义观点，即直接研究自然界的"活法典"是认识外在世界的源泉。他肯定地说，要靠感觉经验和感觉来认识世界。康帕内拉的《感官哲学》的问世就是为了维护特勒肖的思想，他说谁"再站出来反对特列佐，他就立刻再写一本书加以驳斥"[1]。同时，他又发展了特勒肖的原理，即"宇宙是把无穷的智慧纳入自己固有的思维哲学的一本书"，并以此批判亚里士多德主义和经院哲学。他认为对自然的解释应以经验的揭示为依据，而不应当以过去权威人士的先验为推断的依据。康帕内拉的唯物主义哲学是不彻底的，他的哲学实则是对经院哲学持否定态度，但又是感性认识论的基本原理同基督教神秘主义、占星术和中世纪犹太神秘哲学传统的统合。因此，他还具有主观唯心主义哲学思想和泛神论思想。康帕内拉认为，精神的自我认识、人们对包括"微观世界"（小宇宙）的自己的实质的研究，是洞察宇宙奥秘的途径。他甚至说："一切世界知识的根源都在于人的

---

[1] ［意］康帕内拉：《太阳城》，陈大维等译，107 页，北京，商务印书馆，1980。

自我认识。"①康帕内拉在笛卡儿之前就提出"我思故我在"的认识论原理，认为感情在传达事物的形式时令人易受迷惑，故为了不做感情的俘虏，人们获得了使自己超越尘世的理智。

康帕内拉认为，宇宙和它的各个部分都是有灵性的。一切都生存着，一切组成了生命的统一体，宇宙是具有一切存在特性(威力、智慧和爱)的有生命的东西，存在的本原是神。但康帕内拉所理解的神和基督教中的上帝不同，他的这种泛神论实则是自然神论的倾向。他认为，神就是一切，自然界是神"雕塑的形象"或神的流出体。有时，康帕内拉干脆把神和自然界等量齐观。神领导着世界，太阳对地上的生物实现了神的意志。他说："宗教是与贯穿着认识、意志和爱的神结合起来的统一体。宗教不是捏造出来的，它是自然的规律。"②可见，康帕内拉的宗教思想也接近"自然宗教"的思想，他所承认和理解的"神的启示"既指教会教义，也包括"自然"本源。

康帕内拉的哲学是先进和落后思想结合起来的哲学。就他所处的时代来说，他的某些思想是先进的，因为这些思想符合在封建制度内逐渐成熟的新社会制度和非宗教的、合理的新的世界观。另外，他的思想并没有根除陈腐的、宗教的和神秘主义的世界观，在其著作中我们可以看到由教会统治国家的思想，即由作为教会首脑的教皇统治世俗君主的思想，这是他思想的保守之处。然而，不管怎样，《太阳城》能长时期地保持它的意义，是因为它设计了人类社会的美好未来，表达了对人类正义的向往，这也正是千百年以来人类苦苦追寻的彼岸。

三、对封建制度和私有制罪恶的批判

康帕内拉在《太阳城》一书中对当时的封建制度和私有制进行了猛烈抨击。

---

① 转引自[德]文德尔班：《哲学史教程》，罗达仁译，503 页，北京，商务印书馆，1996。
② [意]康帕内拉：《太阳城》，陈大维等译，91 页，北京，商务印书馆，1980。

他指出，当时的社会是一个罪恶的世界，抢劫、杀人、暴行、奸淫随处可见，懒惰、狂暴、撒谎充斥于世，贫富严重对立。贫穷的人民由于过度劳动而损坏了身体，缩短了寿命；而那些富人显贵，却因终日无所事事、游手好闲、骄奢淫逸败坏了社会。他说："这些人由于逐日从事力所不及的不间断的工作而精疲力竭，或濒于死亡。至于其余那些游手好闲的人，却因无所事事、悭吝、疾病、淫佚放荡、高利盘剥等等而在危害着自己。那些在贫困的压迫下不幸沦为奴仆的多数人也被他们所败坏，沾染了他们主人的各种恶习。"①

因此，康帕内拉认为，贫富对立是当时社会制度的主要缺陷和巨大灾难。他在《太阳城》中写道："极端的贫困使人们卑贱、狡猾、圆滑、盗窃、阴险、无权、虚伪和作假等等；财富则使人们傲慢、自负、无知、背信。"②"贫与富是国家制度的主要缺点。"③

在对待自私和利己主义的看法上，康帕内拉用唯物主义哲学观揭露了利己主义的本质，批驳"自私是人的本性"的思想观念，指出私有制才是利己主义和万恶之源。这是因为在私有制社会，一切都受着自私自利的思想支配，从而产生诡辩、伪善和残暴行为。他说："由于每个人都有自己单独的住房，自己的妻子和儿女。自利自私就是由此产生的；因为人们都想使自己的儿子得到很多财富和光荣地位，都想把大批的遗产留给自己的后代；我们当中的每个人为了想成为富人或显贵，总是不顾一切地掠夺国家的财产；而在他还没有势力和财产的时候，还没有成为显贵的时候，都是吝啬鬼、叛徒和伪君子。"④

可见，康帕内拉认为一切人类之恶皆由私有制而生。人们由于在私有制基础上萌生的私有观念，总是渴望拥有财富，并以此侵犯别人的权利，从而

---

① ［意］康帕内拉：《太阳城》，陈大维等译，23~24 页，北京，商务印书馆，1980。
② ［意］康帕内拉：《太阳城》，陈大维等译，24 页，北京，商务印书馆，1980。
③ ［意］康帕内拉：《太阳城》，陈大维等译，66 页，北京，商务印书馆，1980。
④ ［意］康帕内拉：《太阳城》，陈大维等译，10 页，北京，商务印书馆，1980。

使社会出现不平等、物欲横流、道义沦丧等种种罪恶。在社会主义思想发展史上,康帕内拉第一次把利己主义和私有制联系起来。他看到了人类思想观念和社会制度的关系,把私有制看作利己主义泛滥的根源,从而有力地抨击了私有制和利己主义,把握了私有观念存在的实质和来源,对后来社会主义思想发展产生了巨大影响。

康帕内拉对当时封建社会的统治深恶痛绝,并入木三分地加以剖析和批判。他指出了意大利统治阶级的肮脏和虚伪本质,认为掌握国家统治权的国王、贤者、功臣、显贵、圣者其实都不学无术、名不副实,是一群恶人。他们之所以能窃取国家高位,只是因为出身于统治阶级,或者由统治集团选出来而已。这些人本性专横残忍,仗势愚弄劳动者,欺压老百姓。他们是伪君子,为了维护自己的统治地位而过着一种毫无意义的、装饰门面的生活,因为实际上既不存在国王、贤者,也不存在苦行者和圣者。因此,这个世界不是最好的世界,现存制度是不好的制度,而恰恰是一种倒错的社会。因为它并没有根据真正的最高目的来行动;应受尊敬的人受着痛苦,得不到人们的重视,而且受恶人的统治。那些不劳而获、四体不勤、五谷不分的人却高高在上。这个社会鄙视工匠,反而尊崇那些不懂任何手艺、游手好闲、役使大批奴仆、过寄生和腐化生活的人。这样上下颠倒、黑白不分的罪恶社会,实质就是"一所培养罪恶的学校,培养出那样多的懒汉和恶棍,以致使国家濒于灭亡"①。

康帕内拉还把斗争的矛头指向整个封建制度,他说:"极端的腐败现象笼罩着全世界。"②他指出封建制度是罪恶的制度,是人吃人的社会制度。他告诉人们,"现代世界各国都陷于灾难中"③,世界大转变时期已经来临,"黄金

---

① [意]康帕内拉:《太阳城》,陈大维等译,12 页,北京,商务印书馆,1980。
② [意]康帕内拉:《太阳城》,陈大维等译,52~53 页,北京,商务印书馆,1980。
③ [意]康帕内拉:《太阳城》,陈大维等译,54 页,北京,商务印书馆,1980。

时代"快要到来了。只有在全世界消灭了私有制，消灭了贫与富的差别和对立，一切恶习才会消亡，一切美德才会蔚然成风。

四、《太阳城》的经济和政治制度

在猛烈地抨击现存社会制度以后，康帕内拉在他的《太阳城》中设计了一个理想的共产主义社会方案。16—18 世纪的一切乌托邦主义者几乎都受古希腊、古罗马和早期基督教传统的影响，前者是柏拉图的"共产主义"和关于黄金时代的传说，后者则是基督教公社的"共产主义"。康帕内拉在构想他的共产主义社会体系时，也无疑受到上述两方面传统的影响。在《太阳城》中，康帕内拉常常把柏拉图看成自己的先驱，有人甚至认为《太阳城》乃"立足柏拉图的《理想国》的基础之上"①。他肯定地说，柏拉图所描述的国家，如果人们都无罪过，是可以很好地存在的，只是人们造孽的本性阻碍了它的存在。从康帕内拉谈论婚姻关系的那一部分，可以看出他受柏拉图的影响很深。他说："柏拉图认为配偶的结合应该用抽签的办法来决定，以便使那些得不到漂亮妻子的人，不会因嫉妒和愤怒而反抗政府。"②我们还可以看到，早期基督教作家，即所谓"教会之父"对康帕内拉的影响。《太阳城》引用了克里门特、德尔图良、奥古斯丁等人所说的话。同时，他还把稍后的中世纪神学家（直至托马斯·阿奎那）与"教会之父"一样均奉为公社原则的捍卫者。他深信早期基督教的"共产主义"，也深信公有制不仅符合理智，而且符合神的启示和耶稣的教训。另外，还可以看出，康帕内拉的《太阳城》深受莫尔的《乌托邦》和杜里（J. Dury）著作的影响。当然，康帕内拉绝没有照抄前人和他人的观点，而是有独创性地提出了一些难能可贵的观点。

---

①　James Bowen, *A History of Western Education*, Vol. 3, London, Methuen & Co Ltd, 1981, p.82.

②　[意]康帕内拉：《太阳城》，陈大维等译，22 页，北京，商务印书馆，1980。

在《太阳城》中,康帕内拉规定了十分明确的共产主义原则,即取消私有财产,大家从事义务劳动,由社会组织生产和分配,对公民进行劳动教育——这就是康帕内拉社会思想的总体特征。正是这些思想使《太阳城》超凡脱俗,使它能拥有很多的读者和景仰者。总体来说,太阳城的经济与政治制度具有以下特点。

(一)取消私有财产,实行公有制

在太阳城,一切财富和产品,从土地、房屋到日常生活用品皆为公有。康帕内拉说:"太阳城的居民却在一切公有的基础上采用这种制度。一切产品和财富都由公职人员来进行分配……谁也不会把任何东西攫为己有。"[1]太阳城的人甚至反对有"自己的房屋、自己的妻子和孩子"的观念,主张"生育后代是一个关系到国家利益的问题"。[2] 他们藐视私有财产,也根除了贫富的根本对立。于是,公社制度使大家都成为富人,同时又都是穷人。他们是富人,因为大家共同占有一切;他们都是穷人,因为每个人都没有任何私有财产。因此,不是他们为一切东西服务,而是一切东西为他们服务。太阳城的全体公民也就都是热情的爱国主义者,他们对祖国是那样难以想象地热爱。这种热爱深切地表达了对公有制的向往和对私有制的厌恶。

基于对公有制的设想,继莫尔之后,康帕内拉在《太阳城》中还进一步论述了由国家、社会组织管理整个社会经济的思想,即从生产、分配、消费到外贸,都是有计划地进行的。由此可以看出,康帕内拉已经预见到未来理想社会国家职能的变化,即从阶级专制的工具、镇压的机器转变为管理经济、管理社会的机构。

(二)实行普遍的义务劳动制度

在太阳城,每个居民都必须从事生产劳动。因为人人参加劳动,没有游

---

[1] [意]康帕内拉:《太阳城》,陈大维等译,10页,北京,商务印书馆,1980。
[2] [意]康帕内拉:《太阳城》,陈大维等译,21页,北京,商务印书馆,1980。

手好闲的人，而且每个人都能出色地完成自己所从事的工作，所以，每人每天只需劳动 4 小时，就可生产出丰富的产品，满足社会全体成员的需要，其余时间则可用来进行科学研究、文娱和体育活动。既然太阳城居民人人都要参加劳动，对他们来说，劳动既是一种必要，也是一种需要。太阳城对待身体有缺陷的人不会放任不管，而是扬其所长并努力做到各有所用。例如，跛子可以充当看守员，盲人可以梳羊毛、装褥垫和枕头，失去手臂和眼睛的人可利用声音和听觉来为国家服务，老年人可以参加一些会议等。可见，太阳城的劳动制度中蕴含了"体脑结合""壮有所用"的思想。

在太阳城里，各种劳动都受到同样的重视。学会技能和手艺的人，善于熟练地应用技能和手艺的人，以及从事繁重工作的人都备受尊敬。他们不仅认为物质生产劳动是光荣的，而且认为服务性劳动也是光荣的。在这里，"每个人无论分配他做什么工作，都能把它看作是最光荣的任务去完成。""他们谁也不会认为在食堂和厨房工作或照顾病人等等是一些不体面的工作。"①因此，太阳城的公民尖刻地讥笑我们"把工匠称为下贱人，反而把那些没有技能、过着游手好闲的生活、为自己无所事事和淫佚放荡的生活而雇用许多仆役的人称为高尚的人"②。由此可见，康帕内拉不仅具有"人人必须劳动"的思想，而且萌生了"劳动是光荣事业"的思想。

在社会主义思想发展史上，在体力劳动普遍受到鄙视的 400 多年前，康帕内拉就明确地提出了劳动光荣的思想，这的确是一个卓越的创见。

太阳城与乌托邦的不同之处是：太阳城中没有奴隶和仆人。康帕内拉说，太阳城的居民以为"使用仆人的结果使人养成腐化的习惯。他们那里是没有仆人的，因为他们完全可以自己为自己服务，甚至服务的人还绰绰有余"③。可

---

① ［意］康帕内拉：《太阳城》，陈大维等译，23 页，北京，商务印书馆，1980。
② ［意］康帕内拉：《太阳城》，陈大维等译，94 页，北京，商务印书馆，1980。
③ ［意］康帕内拉：《太阳城》，陈大维等译，23 页，北京，商务印书馆，1980。

见，在民主意识上，康帕内拉的思想要比莫尔先进。

(三)从事手工业、农业和畜牧业生产

在太阳城，妇女和男子一样要参加社会劳动。在劳动中照顾妇女的身体特点，只给她们分配比较轻松和不损害健康的工作，这样既体现了男女平等，又体现了保护妇女的先进思想。在生产上，康帕内拉提出了利用技术发明减轻劳动强度、缩短劳动时间和提高劳动效率的思想。太阳城居民的工作时间虽少，但很有成效。他们不仅在生产上使用巧妙的机械，而且发明的海运船舶也完全依靠一种非常精巧的机器行驶。这种思想反映了莫尔之后的100年以来科学进步对社会的影响，也表明康帕内拉具有当时许多先进思想家(如培根)所具有的思想，即利用技术来减轻人类的劳动强度。

(四)实行限额式按需分配原则

在太阳城，每个公民都能从社会那里获得他所必需的一切东西。但康帕内拉认为，公民可能会对某种产品提出过多的要求，因此当局应进行监督，不让任何人取得超过他所需要的东西，所以一切产品都由公职人员分配。在这样的分配制度下，太阳城内自然不会有什么交易了。全体公民都住在公有的建筑物中，他们每6个月更换一次房屋。公民在公共食堂用膳，食谱由医生负责安排。太阳城中没有家庭，没有你我之分，因此，所有的儿童(男孩和女孩)都能受同样的教育。他们的服装样式和颜色都一样，甚至男、女服装也几乎相同。由于物质产品并非极其丰富，还不能尽人所需，这里的按需分配实则是平均分配。另外，在性生活方面，也反对泛滥，要求节制，并实行监督。从这里可以看出太阳城还存在着一定程度的平均主义和禁欲主义。

(五)按照民主和"贤人政治"的原则建立政治制度

按康帕内拉的构想，太阳城是一个共和国，最高权力掌握在祭司手中。祭司被称作"太阳"，是世俗和宗教界的首脑，终身任职，但若发现另一个比自己更贤明、更有能力治理国家的人，可以让贤。人们对"太阳"要求很高：

"要懂得形而上学、神学、各种艺术和科学的起源、原理和论证，万物的同异关系、世界的必然性、命运和和谐、万物和神的威力、智慧和爱、存在物的等级……也能懂得占星术和了解各个先知的情况"，而且"未满三十五岁的人是不能获得这个称号的"。① "太阳"下面设有三个领导人："威力""智慧"和"爱"。"威力"掌管军事，"智慧"掌管艺术、手工业和各种科学部门，"爱"掌管农业、畜牧业、物质分配、生育和教育。"太阳"以及"威力""智慧"和"爱"，合称太阳城四大领导。共和国的政权集中在这四位领导人手中，特别是"太阳"，拥有最高权力。"一切问题和争端要由他作出最后决定"②，"一切工作非经他的批准不能进行"③。关于四大领导人的更换，人民不能决定，而是由领导人自己决定把职务移交给最合适的人。除此四大领导人外，政府其他负责人则由公民选举产生，并由人民决定更换。

从太阳城的上述政治制度可以看出，康帕内拉公然提出人民不能决定四大领导人的更换，实则是柏拉图政治制度的翻版，远不及乌托邦的民主制度那样彻底，甚至较之倒退了一大步。也许，他认为那种抽签式的民主政治并不很好；也许，他还在探索具体的较好的民主运行机制。另外，政府其他负责人也都是高级祭司，祭司的权力又高于行政人员的权力。所以，在康帕内拉的理想国家中，实际上是由僧侣掌握国家政权。这种教会政治的思想，反映了康帕内拉并没有完全摆脱旧的封建教会传统的影响。

（六）注意医疗保健

太阳城的人非常注意饮食卫生和医疗保健。在食物上，他们注意荤素搭配，注意食物中的各种营养元素。他们吃的是牛肉、牛油、蜂蜜、鱼、干酪、枣类和各种蔬菜等，而且食物经常变更：第一天吃肉，第二天吃鱼，第三天

---

① ［意］康帕内拉：《太阳城》，陈大维等译，13页，北京，商务印书馆，1980。
② ［意］康帕内拉：《太阳城》，陈大维等译，6页，北京，商务印书馆，1980。
③ ［意］康帕内拉：《太阳城》，陈大维等译，9页，北京，商务印书馆，1980。

吃蔬菜……容易消化的食物留给老人吃，老人每天三餐，但数量不多；中青年人每天两餐；儿童则按"物理学家"（即卫生学家）的规定每天四餐。他们在各个季节里都会选择最有益于健康的食物。总之，食物是根据医学卫生的要求决定的。

太阳城的人特别注意保健。饮酒是有节制的，未满19岁的青年一律不得饮酒，年逾50岁的老人通常喝醇酒。他们大量使用香料，早晨用冷水洗脸、洗手，并注意梳匀头发。他们通过经常性身体锻炼来治疗风湿病；通过惬意的沐浴和多吃乳制品、到乡村愉快消遣等预防热病；使用药剂治疗顽症，诸如肺病等。由于控制性生活，以及人们常常用酒擦身和注意体育锻炼，性病在那里不会流行。总之，太阳城的人注意饮食、医疗和保健相结合，因此他们的身体都非常好。"他们多半能活到一百岁，有的甚至活到二百岁。"①

然而，太阳城的居民相信带有迷信色彩的占星术，他们从社会生产到两性生活都要先观测星象。这反映了康帕内拉学说中的落后因素。

康帕内拉的《太阳城》是继莫尔的《乌托邦》之后又一部具有重大历史意义的空想社会主义著作。尽管康帕内拉的共产主义"是一种还没有很好加工的""颇为粗糙的"共产主义②，但这种粗糙的体系无疑成为后来空想社会主义发展的原型。

五、教育思想

康帕内拉在《太阳城》中对教育问题进行了比较全面系统的阐述。正如他的经济和政治思想一样，其教育思想在很大程度上也受到莫尔以及柏拉图的影响。同时，康帕内拉在许多方面提出了自己独特的见解。

---

① ［意］康帕内拉：《太阳城》，陈大维等译，37页，北京，商务印书馆，1980。
② 马克思、恩格斯：《共产党宣言》，15页，北京，人民出版社，1967。

（一）对经院主义教育弊端的批判

在《太阳城》中，康帕内拉首先对经院主义教育培养的那种只知古不知今、食古不化而不通世务的人进行了淋漓尽致的剖析。他认为，经院主义教育是把"那些精通文法或亚里士多德和其他某个作者的逻辑的人看作是最有学识的"，但这种人才事实上并不适应社会发展的需要，因为"只能从书本上研究某种科学的人，是一些外行和学究"。"所以你的论据只对你们自己有效。"①经院主义学校只是让学生呆读死记，不研究自然界和社会的事物，只教学生死的文字，脱离生活实际，脱离世俗需要。这种教学使学生无法了解世界的发展变化，并使学生形成一种僵死的思维惰性。康帕内拉说，这些人所受到的教育导致"呆板的记忆力和使人们养成一种保守习惯的劳动，因为他们不去研究事物的本身，只是去读死书和研究事物的死的标志……也不了解各个民族的风俗习惯和自然界中存在着一些什么东西"②。

在此基础上，康帕内拉进一步指出，只有联系实际的教学，根据大自然去了解事物，才能使学生很好地接受知识，才能培养出随机应变的有用人才。他还以太阳城中因采用新的非经院式教学方法而取得的优良教学效果做对比，说明经院主义教育非改革不可。他这样描述太阳城的居民：他们"还尽量利用其他休息时间去求取更多的知识，为此，他们被送到野外去练习赛跑、射击、掷标枪、用前膛火枪打靶、猎捕野兽、辨识草木和各种石头，等等。也分别参加农业队或畜牧队学习农业和畜牧业"③。正因为他们能根据大自然去了解事物，所以太阳城的人很容易掌握知识。"我们的学生在一年内所取得的成就，比你们的（用经院主义方法教育）学生在十年或十五年内所取得的还要多。"④

---

① ［意］康帕内拉：《太阳城》，陈大维等译，14 页，北京，商务印书馆，1980。
② ［意］康帕内拉：《太阳城》，陈大维等译，14 页，北京，商务印书馆，1980。
③ ［意］康帕内拉：《太阳城》，陈大维等译，15 页，北京，商务印书馆，1980。
④ ［意］康帕内拉：《太阳城》，陈大维等译，14 页，北京，商务印书馆，1980。

(二)主张公共教育与教育机会均等

康帕内拉认为，由于太阳城实行公有制，生育后代和教育后代都不应是个人的事，而是关系国家利益的事情，是国家繁荣必备的条件。他写道："关于生育，他们(指太阳城的居民——引者)把它看作是为国家谋利益的宗教方面的事情，而不是个人的事情，而且必须服从政权的调配……生儿育女的目的……乃是为了保存种族而不是为了保存个人。因此，生育后代是一个关系到国家利益的问题，而不是个人利益的问题……负责人员的神圣职责是把这一点当作国家福利的重要基础来进行监督；而只有公社才能做到这一点，个人是无法做到的。"①

可见，在太阳城，儿童的出生和青少年的教养关系国家的事业，管理后代的教育是国家负责人的神圣职责。由于儿童为国家所有，而非个人的私有财产，儿童受教育机会应是均等的。康帕内拉提出，断乳后小孩便按性别交给男首长和女首长抚育，并让儿童共同游戏和学习。在太阳城，教育事业是由国家办理的，而且普及教育从学龄前开始直到初等教育。他的这种思想同柏拉图、莫尔的思想相一致。然而，柏拉图主张初等教育以后进行筛选，而康帕内拉则主张普及初等后教育，即职业教育和军事教育。

值得注意的是，在太阳城，男女有平等受教育的权利，男女幼童一起在幼儿教育机构学习。孩子们两三岁时就在房屋的周围游戏，并学习和读写字母。七八岁后，男女儿童都学习初等数学和其他自然科学。等他们长大一些后，开始研究比较抽象的科学，如数学、医学和其他学术。康帕内拉写道："他们不分性别都从事抽象的研究工作和某种职业。"他同意柏拉图关于男女在智力上具有同样天赋的观点，而反对亚里士多德的"女子在智力上要比男子差"的观点。他指出，太阳城的"妇女们既能懂得军事，也能负担其他的一些任务。因此……我是同意柏拉图的论点的；而凯耶塔的论据，特别是亚里士

---

① [意]康帕内拉:《太阳城》，陈大维等译，21~22 页，北京，商务印书馆，1980。

多德的论据，却不能使我信服"①。康帕内拉甚至认为在军事训练上女子应与男子同等。他说，领导者"负责领导十二岁以上并在低级指导员的指导下受过角力、赛跑、掷石等训练的男孩使用武器……妇女也在她们的男女指导员的指导下受这一切训练……她们也能像她们所颂扬的斯巴达妇女和亚马孙女人那样，帮助男子在城下作战，保卫城池"②。

（三）关于优生和学前教育

在太阳城，后代的出生及教育被认为是一个关系到国家利益的问题，因此，国家对优生和学前教育极为重视，而且派专人负责。对于优生问题，主要是在男女结合上对双方的素质加以严格的规定。康帕内拉认为，男女结合"应该把整个主要的注意力集中地放在生育子女问题上，必须重视的是双亲的天赋品质，而不是嫁妆和不可靠的贵族身份"③。为此，太阳城对两性结合中的年龄、体格和体质予以高度注意。在年龄上，未满 19 岁的女子不能同异性发生性关系，男子则不应早于 21 岁。在体格上，为了"使他们能得到有益的平衡"，规定"体格匀称和美貌的女子，只能同体格匀称和健壮的男子结合；肥胖的男子与消瘦的女子结合，消瘦的男子与肥胖的女子结合"。④ 在体质上，为了避免男女双方结合生出体质孱弱的子女，则要求耗费了脑力的那些有学问的男子与活泼热情的女子结合，而精力旺盛、敏感、不安分和性情暴躁的男子则配以肥胖而性情温和的女子。康帕内拉还主张用占星术来确定性交的时辰。此外，还有一些具体规定：性交只有在食物充分消化并向天神祈祷以后才能进行；性交前三天要戒欲，澄清一切坏思想，以及防止某些妇女贪图欢乐而有意避孕；等等。这一切措施的主旨无非是为了优生，使民族一代胜过一代。

① ［意］康帕内拉：《太阳城》，陈大维等译，25 页，北京，商务印书馆，1980。
② ［意］康帕内拉：《太阳城》，陈大维等译，26 页，北京，商务印书馆，1980。
③ ［意］康帕内拉：《太阳城》，陈大维等译，20 页，北京，商务印书馆，1980。
④ ［意］康帕内拉：《太阳城》，陈大维等译，18 页，北京，商务印书馆，1980。

康帕内拉还认识到良好的胎教是优生的另一重要环节,因此必须重视胎教。对此,他还做了具体的解说:"妇女受孕后在两个星期内,不必从事体力劳动,此后,做些轻微的工作,使胎儿易于吸取母体的营养而生长健康,同时也可以加强母体本身……根据医生的指示,只发给她们维护健康的食物。"①由此可见,康帕内拉的优生思想有科学、可取之处,亦有一些奇特乃至不尽科学之处。

关于学前教育,康帕内拉主张,儿童出生后先由他们的母亲在一所特设的"公共大厦"里照料。"公共大厦"就是一个集体母育学校,由专家指导母亲们对婴儿进行哺育。哺乳期为两年,可以根据"物理学家"的指示加以延长。在7岁以前,儿童们"在一起轻松地学习字母、看图、赛跑、游戏和角力,并根据画图认识历史和各种语言"②。另外,他们还进行跑步、掷铁饼和其他可以平均发展四肢的体操与游戏性质的体育活动。

虽然康帕内拉的学前教育内容并不新鲜,但他的学前教育设想中有专职教师,甚至有由专家指导的教室(学前教育机构)及学前教育制度,这样较广范围地论述学前教育较前人是别开生面的。更值得注意的是,康帕内拉继柏拉图之后,鲜明地提出国家有责任使所有幼儿都得到平等的养护和教育,并试图通过公共学前教育机构,由专家进行养护和教育,这无疑给予夸美纽斯以及19世纪空想社会主义者以深刻的影响。

(四)关于其他各级各类教育

1. 初等教育

康帕内拉认为,除了要推行公共学前教育,对太阳城儿童进行普及的初等教育也很有必要。儿童七八岁时,在他们根据墙上的字画学完初等数学以后,就应去听各门自然科学的课。在太阳城,初等教育安排了教师、课程和

① [意]康帕内拉:《太阳城》,陈大维等译,20页,北京,商务印书馆,1980。
② [意]康帕内拉:《太阳城》,陈大维等译,20页,北京,商务印书馆,1980。

作息时间。"每门课程有四位讲师讲授，分四个组轮流学习他们的课程，以四个小时为限，一部分人在进行体育锻炼或履行公职时，另外一部分人则专心地听课。"①对于少年儿童来说，"公职"显然是指他们在学校或社会中的值日实习活动。在年龄稍大时，他们就开始学习比较抽象的科学，如数学、医学和其他学科等。可以看出，太阳城的儿童普及教育大约可延续到初中阶段。

2. 中高等教育

这一阶段主要是学习数学、医学和其他学术类课程，趋向于重视实科内容。中高等教育采用自学、研究和讨论、辩驳的书院式教法，每个人都可以有自己研究、探讨的领域并配有导师。康帕内拉写道："大家在各个科学或手工业部门中获得职务，在那里，他们可以取得很大的成就，因为每个人都有自己首领式的领导人指导工作。"②

3. 职业教育

由于太阳城的居民人人劳动，职业教育涉及所有人。康帕内拉提出，太阳城的居民尊敬精通技艺和手工艺的人。在 7 岁后，太阳城的儿童被"送到一些作坊去学着当鞋匠、面包师、铁匠、木匠和画师等等，以便了解每个人将来的志向"。再大一些的儿童则被派到"田野和畜牧场去观察和学习农业和畜牧业"，去"识别草木和各种石头""学某一门手艺""做打铁或建筑等等工作"。③ 由此可见，康帕内拉安排儿童在 7 岁后一边接受普通教育，一边接受职业教育，两者并行不悖，并试图在儿童的职业学习和劳动中考察其智慧与志向，以便进一步因材施教。

4. 军事教育

儿童 12 岁以后，便开始接受军事教育。军事教育的教官由"大力士"充

---

① ［意］康帕内拉：《太阳城》，陈大维等译，12 页，北京，商务印书馆，1980。
② ［意］康帕内拉：《太阳城》，陈大维等译，12 页，北京，商务印书馆，1980。
③ ［意］康帕内拉：《太阳城》，陈大维等译，12、15、20、32 页，北京，商务印书馆，1980。

当，教男孩学习同敌人搏斗，同马和象搏斗，学习击剑，使用标枪和矛，学习射击、掷石和骑术，训练进攻和退却，学习保持战斗队形，支援战友，防止敌人进攻和退却。女孩也在她们的指导员指导下接受这类训练。

5. 成人教育

康帕内拉和莫尔一样，也谈到成人教育。他说，在太阳城里，一切公职、艺术工作和劳动，都是分配给大家承担的，每人每天只做不超过4小时的工作，其余时间则用来研究各种科学，开座谈会、阅读、讲故事、写信、散步以及从事各种强身健体的活动，包括打球、套环、摔跤、射箭、射击和掷标枪等。大家都乐意从事这类活动。这种通过减少劳动者工作时间、增加空余时间、促进劳动者身心健康发展的思想，无疑对后来马克思的全面发展学说有一定的影响，而且从中可以看到，康帕内拉的空想社会主义思想闪烁着"终身教育"思想的光辉。

(五)教育行政机构

太阳城设有职责较为分明的教育行政机构。由于太阳城较小，其教育行政机构只有中央和学校两级，不存在中间机构。中央一级最高统治者是"太阳"，在他的下面有3位领导人，即"威力""智慧"和"爱"。"威力"掌管有关和平与战争的一切事务，他必须懂得军事艺术，是战时的最高统帅。"智慧"管理科学部门，承担科普责任。按照"智慧"的命令，太阳城内外城墙的里里外外和上上下下都悬挂着彩色的图表。这些图表反映了各种科学的逻辑联系，以便太阳城居民掌握科学知识。"爱"掌管衣、食、生育和教育，因而主管生育的人员、教师、医生等均归"爱"领导。在太阳城，"智慧"相当于现代社会的科学部门，"爱"则相当于教育和卫生部门，它们直接承担科学教育管理之责。

关于学校管理，太阳城的教育分为四级：第一级为哺乳期，所设机构是"公共大厦"，管理者为"物理学家"，教师是母亲；第二级为学前期，管理者为"男首长"和"女首长"，教师是"有学问的老人"；第三级为少年期，即 8 岁后的初等教育，管理者是"首长"，教师是四位讲师；第四级为青年期的中高等教育，管理者是"首领式的领导人"。

（六）教育内容

康帕内拉在《太阳城》中论述的教育内容涉及智、德、体、美、劳等多方面。

1. 智育

康帕内拉极其重视自然科学和实用学科的学习与研究。这是因为在康帕内拉生活的时代自然科学已得到了很大的发展，特别是在意大利、法国和英国，应用科学已建立和发展起来，应用学科也逐渐在资本主义不断壮大的社会中发挥作用。康帕内拉看到了科学的巨大力量，以及自然科学在发展生产和增进人类福祉上的重大作用。因此，在太阳城的学校教育内容中，自然科学和应用学科的地位十分突出，古典主义和神学几乎销声匿迹。在这一方面，康帕内拉的有关主张比晚于他的弥尔顿还要进步。

太阳城学校的学科与课程主要有语法学、逻辑学、物理学、医学、政治学、伦理学、经济学、占星术、天文学、宇宙学、音乐学、几何学、数学、诗词学、修辞学、农学、畜牧学，甚至还有膳食学、军事学。另外还有美术学科，包括绘画、雕刻等。太阳城的智育包括传授各科知识、训练技能和培养才智。太阳城的孩子们在学习各门自然科学的课程之后，还研究比较抽象的科学，如数学和其他学科，并通过经常举行热烈的讨论和辩论，成为能随机应变的、有才智的人。太阳城对语言教育极为重视，儿童在学前期就开始学习读写字母，而较大的孩子便开始进行外国语的学习。太阳城里的孩子在 7 岁以后就开始学习当鞋匠、面包师、铁匠、木匠和画师，进行技能训练，从而成为受人尊敬的手艺人。

2. 德育

康帕内拉为太阳城居民提出了与公有制相适应的种种道德规范，如公正、宽容、勇敢、纯洁、慷慨、热心、诚实、慈善、勤奋、朝气、节制。同时，对忘恩负义、仇恨、相互不尊重、懒惰、沮丧、狂暴、小丑行为、撒谎进行谴责和相应的惩罚。他虽然没有提出一套积极进取的道德理论，但排除了中世纪那些压抑人性以及阻碍社会发展的道德规范，如对神的敬畏、顺从等。此外，康帕内拉特别强调爱国主义思想。他说："他们是那样令人难以想象地热爱祖国"，"太阳城的人民比罗马人更加热爱祖国"。① 显然，这种对祖国的热爱，既包括对民族的感情，也包括对公有制的无限眷恋，这是与当时意大利遭受外族侵略、迫切需要培养强烈的爱国主义情感相联系的。

3. 体育

康帕内拉和莫尔一样主张采取古代雅典的体育制度。他不止一次提到雅典式的体育学校，认为体育的目的是培养和锻炼健美的体格，从而强身健体、保卫国家。体育的内容有一般的体育活动、体操和军事训练。在太阳城里，孩子们从两三岁开始就在教师带领下进行跑步、掷铁饼和其他可以均衡发展四肢的体操与游戏等活动。稍大以后，孩子们被带到野外练习赛跑、射击、掷标枪、打靶、猎捕野兽等。孩子们到12岁时，就开始接受军事训练。女孩子同样要接受军事训练，以帮助男子作战、保卫城池。在当时经院主义学校排斥体育的情况下，康帕内拉重视体育有着很大的进步意义。

4. 美育

美育是康帕内拉教育思想体系的一个组成部分，鲜明地反映了劳动人民的审美观。他说："在太阳城的人民中根本看不到丑陋的人；妇女们由于都要工作，所以她们的皮肤呈健康色，身体的发育也很好，都成为一些体格匀称和富有朝气的人；那里的人认为体格匀称、活泼和富有朝气就是她们的美。"②这里，康帕内拉把劳动、健康和美联系起来，将劳动和健康作为审美

---

① [意]康帕内拉：《太阳城》，陈大维等译，10页，北京，商务印书馆，1980。

② [意]康帕内拉：《太阳城》，陈大维等译，22页，北京，商务印书馆，1980。

的标准，并以此抨击贵族统治阶级没落和腐朽的审美观。他认为那些有闲阶级的妇女由于游手好闲、无所事事，容貌衰老、肌肉松弛，不得不涂脂抹粉、精心打扮。她们以弱不禁风的体格为美，"不仅破坏了自己的自然发展和健康，而且也破坏了她们后代的自然发展和健康"①。因此，康帕甚至需求，对"那些愿意把美的基础建立在'脸上涂脂抹粉，穿高跟鞋来显示身材，穿长裙来遮掩粗腿'之上的妇女，就要处以死刑"②。虽然这种看法有些片面和极端，但他以这种鲜明、突出的形式宣扬朴素的审美观，激发劳动人民对腐朽的统治阶级的憎恶，以启发劳动人民的自信与觉悟。

5. 劳动教育和生活教育

康帕内拉主张对儿童实行劳动教育。他说，儿童到了 7 岁，就"把他们送到一些作坊去学着当鞋匠、面包师……以便了解每个人将来的志向"③，即观察其将来适合于从事哪一类工作。从 8 岁开始，儿童一边学习初等数学和其他自然科学，一边从事自己所喜爱的生产劳动，即各种手工业、农业、畜牧业等。太阳城的人就是这样既接受普通教育又接受生产劳动教育。

另外，康帕内拉还主张把教育和生活联系起来。按照他的设想，儿童从两三岁起，就在教师的带领下一边在城市中散步、锻炼，一边观看和学习四周城墙上的图画，从而获得最简单的、初步的科学知识。大体说来，在 7 岁之前，即学前阶段，儿童是在游戏中接受教育的。8 岁以后的学龄阶段，儿童一边在课堂上学习，一边从事自己所喜爱的生产劳动，并从中进一步学习各种科学知识，强调在教育与生产劳动和日常生活相结合的过程中学习。因此，可以说，康帕内拉所设想的太阳城对下一代的教育是由学前阶段(7 岁以前)的"游戏教育制度"转变为学龄阶段(7 岁以后)的"与劳动相结合的教育制度"。④

---

① ［意］康帕内拉：《太阳城》，陈大维等译，22 页，北京，商务印书馆，1980。
② ［意］康帕内拉：《太阳城》，陈大维等译，22 页，北京，商务印书馆，1980。
③ ［意］康帕内拉：《太阳城》，陈大维等译，12 页，北京，商务印书馆，1980。
④ ［意］康帕内拉：《太阳城》，陈大维等译，附录 95 页，北京，商务印书馆，1980。

(七)教学原则与教学方法

康帕内拉批判经院主义学校那种脱离实际的教条主义的教学，提出了直观教学原则。他为各个阶段的学习者设计了与之相应的科学知识、社会常识的图画和表格。例如：为幼儿阶段儿童画了有字母表以及花草树木、鸟兽虫鱼、雨雪雷电的图画等，以便他们直观和清晰地认识周围环境和日常生活中出现的事物；为青少年教育准备了有各种数学公式的图表，并附以文字说明，这样他们就可以看到某些定理和定义等；为培养高级人才和学习高深知识，他又准备了反映各种科学的有非常严谨的逻辑联系的图表和说明等。总之，在太阳城各个城区的"内外城墙的里里外外和上上下下都悬挂着很美丽的图表"①，几乎包括了智育所提到的各门学科的内容。

另外，还有各种手工业及其工具、各种科学和武器的发明者、各种历史人物的画像等作为青少年学习的直观教具。再者，还让太阳城的儿童"根据大自然去了解事物"②。这样太阳城的人都可通过直观教学法，去获取自然科学和社会科学的知识。康帕内拉十分乐观地肯定了这种直观教学法的效果。他说："太阳城有许多教师负责讲授这些绘画的意义。因此，儿童在十岁以前就能毫不费力地、轻松地通过直观教学法来掌握各种科学的基本知识了。"③可以说，在此之前还没有任何一位教育家或思想家像康帕内拉这样重视直观教学法。

与直观教学法相适应，康帕内拉推崇游戏法和活动法在教育教学中的作用。对于年龄稍大的孩子，除了教师讲授和孩子阅读外，康帕内拉还主张使用讨论法。

《太阳城》和《乌托邦》是姊妹篇，它们都是具有重大历史意义的空想社会

---

① [意]康帕内拉：《太阳城》，陈大维等译，6 页，北京，商务印书馆，1980。
② [意]康帕内拉：《太阳城》，陈大维等译，14 页，北京，商务印书馆，1980。
③ [意]康帕内拉：《太阳城》，陈大维等译，9 页，北京，商务印书馆，1980。

主义著作,都把注重教育作为实施社会主义制度的主要任务。与莫尔一样,康帕内拉的教育思想已超出了人文主义的水平。他把组织教育看成国家头等大事,认为没有教育工作就不可能有太阳城,因而要求国家不遗余力地办好教育。康帕内拉在《太阳城》中对经院主义教育弊端的揭露和抨击,对人人平等、财产公有、人人劳动的共产主义社会制度的向往产生了石破天惊的回响。康帕内拉关于学龄前儿童游戏教育制度、泛智式的教育内容、积极向上的审美教育思想、建立在发达生产力基础之上的半工半读式的成人教育、课堂教学与课外学习相结合的方式、教育与生产劳动相结合的原则,以及直观教学法的论述等,尽管在当时带有某些空想色彩,却给后来的教育思想家及马克思主义经典作家以深刻的影响。恩格斯说文艺复兴时期"是一个需要巨人而且产生了巨人"的时代,康帕内拉就是这一时代的一位巨人,同时又用自己的肩膀托起了后来的巨人。他的教育思想具有超越时空的特性,今天的教育工作者仍然能从中获得积极的启示。

第三节 安德里亚的教育思想

约翰·凡伦丁·安德里亚是 17 世纪德国思想家和教育活动家,早期著名的空想社会主义者之一。他的《基督城》被称为继莫尔的《乌托邦》和康帕内拉的《太阳城》之后的"空想社会主义史上的第三颗明珠"①。

一、生平活动及著作

安德里亚 1586 年 8 月 17 日出生于德国西南部巴登-符腾堡图宾根附近的赫伦堡。他的曾祖父是一名金属工匠,祖父雅可布·安德里亚曾任图宾根大

① [德]约翰·凡·安德里亚:《基督城》,黄宗汉译,前言 1 页,北京,商务印书馆,1991。

学神学教授和校长，积极推行宗教改革，被称为"符腾堡的路德"。父亲约翰·安德里亚是路德派神父，曾任赫伦堡神学院院长，还曾热衷于炼金术。母亲玛利亚·莫瑟·安德里亚对自然研究极感兴趣，曾在药房供职。在这种环境下，安德里亚从小就有着良好的教育条件。父亲的宗教和科学素养、母亲对事物的严谨态度均深深地影响了他，使他自幼熟读宗教经典并喜欢探究自然界的奥秘。

1601 年，安德里亚的父亲去世，随后举家迁往图宾根。同年，年仅 15 岁的安德里亚进入图宾根大学。在大学里，他兴趣广泛、涉猎广博，攻读了天文学、神学、历史和文学，还热衷于音乐和绘画，他又经过刻苦努力掌握了拉丁文、希腊文、希伯来文以及法文、西班牙文、意大利文和英文，表现出过人的天赋。在知识的熏陶和现实的影响下，安德里亚在大学里就酷爱研究自然，并萌生出进行宗教改革的观念。1605 年，他在图宾根大学获硕士学位。1607 年，由于涉及违反校规的事件，他被开除，从此结束了学生生活。这时，21 岁的安德里亚已在家庭和学校中接受到优等教育，有广博的学识和追求进步的思想，这为他一生的成就奠定了坚实的基础。

1607 年后，安德里亚走向了社会。他先是漫游国内，继而周游列国，先后到过法兰克福、海德堡及法国、西班牙、奥地利、意大利和瑞士。1611 年，他访问了瑞士名城洛桑和日内瓦，那里宗教改革的成就以及加尔文教徒平等和谐的社会组织给他留下了深刻的印象，他也由此萌发了将其特色引进德国教会的想法。1612 年，安德里亚还到罗马参观了柏拉图式的学园。多年的国内外漫游极大地开阔了他的视野，使他对当时西欧新兴的资本主义制度及其所带来的社会变化和社会矛盾有了许多感性认识。同时，欧洲文艺复兴运动在思想文化界形成的清新气息，人文主义思潮对中世纪以来长期禁锢人们思想的旧神学的冲击，也给予他很大的震动。这为他后来撰写空想社会主义著作提供了重要的资源。

1614 年，安德里亚回到国内，从此开始了他的教职和著述生涯。1612 年他出版《基督教宇宙观的诞生》，赞扬了早期的基督教。1614 年，他与阿尼斯·伊丽莎白·葛鲁林在魏欣根结婚，并在同一年担任该教区的牧师。在魏欣根，他一直住到 1620 年。安德里亚一生大约写了 100 部作品，其中 40 部就是在魏欣根这六年间写成的。从国外归来后，德国经济上的落后、政治上的分裂和思想文化上的保守，使安德里亚深感非改革不可。1614 年他写成的《博爱论》草拟了一个开展科学研究的计划，以促进德国的"普遍改革"。当时许多激进人士也在认真思考，并纷纷提出改革的设想与方案。安德里亚的空想社会主义名著《基督城》就是在这种社会历史背景下于图宾根写成的。

安德里亚无疑仔细研读过《乌托邦》。他在《基督城》开头部分就自谦地说："这里并没有说什么对著名的托马斯·莫尔不利的话。至于说到我自己的作品，那是很容易弃如敝屣的，因为它不像莫尔的作品那么重要，或者那么丰富。"① 康帕内拉在意大利监狱中写成的《太阳城》，于 1613 年经德国学者托维·阿达米从意大利带回德国。回到德国后，阿达米主办了一所学校，亲自讲解康帕内拉的思想。大约在 1614 年，安德里亚的助手托比亚斯·阿达米把《太阳城》手稿带到图宾根。这本书如石击水，激起层层波澜。安德里亚正是在这种情况下，受《乌托邦》与《太阳城》的启发，另辟天地，运用他自己掌握的各种科学知识，结合多年国内外游历见闻，以他信奉的基督教教义为宗旨，精心构思和着意描述了他的基督教理想国，终于在 1618 年写成《基督城》，并于 1619 年出版。

安德里亚于 1654 年 6 月 27 日病逝，享年 68 岁。他的后半生一直担任教职，致力于关注难民生计，并开展教育活动。他始终忠于他在《基督城》中阐述的理想，并为之鞠躬尽瘁，死而后已。

①　[德]约翰·凡·安德里亚:《基督城》，黄宗汉译，10 页，北京，商务印书馆，1991。

二、对封建制度和私有制的批判

(一)揭露封建社会不平等的现实

安德里亚和其他空想社会主义者一样，对封建社会人吃人的现象深恶痛绝。他指出，封建社会是以宗法和宗教固定下来的不公平的社会。在安德里亚看来，这种不公平已违背基督的初衷和宗旨，所以他主张对封建的天主教进行改革。他热情地讴歌马丁·路德的改革，认为这种改革动摇了封建制度及其思想的代表天主教的权力，从而使"公众事务的管理得到了调整，辉煌灿烂的文学与艺术得到了恢复"。他由此而豪迈地说："我们完全可以彻底战胜许多已被征服的敌人——迷信、放荡和粗野。"①然而，马丁·路德发起的这场带有资产阶级性质的宗教改革不够彻底，封建的罪恶依然如故。对此，安德里亚极为苦闷地说，结果使得人们的喜悦恰似一场梦，留下的只不过是徒有虚名罢了。"由于我们软弱成性……不管我们看到的是教会、法庭，还是大学，到处无不暴露出肆无忌惮的野心、贪婪、酗酒、任性、嫉妒、懒惰，以及基督都为之感到极大战栗的其他恶习。"②

安德里亚指出，封建特权是腐化、堕落的原因，不劳而获是社会最大的罪恶。他说封建统治者"由于门第显贵而享受特权，这使他们习以为常地任意犯罪和带头腐化……子女们却经常从过度欢乐的迷宫里滑到罪恶灭顶的深渊中去"③。他们除了利用别人的双手、眼睛和耳朵之外，自己一点也不劳动，而且在积累财富方面也是用同样的办法。他指出，统治阶级自己不劳动，依靠特权踏着被压迫者的肩膀，高高在上，无恶不作。这种人真该死。④ 他认为严重的阶级对立和贫富悬殊造成社会极不公平，这种社会应该消亡。

---

① [德]约翰·凡·安德里亚：《基督城》，黄宗汉译，3页，北京，商务印书馆，1991。
② [德]约翰·凡·安德里亚：《基督城》，黄宗汉译，4页，北京，商务印书馆，1991。
③ [德]约翰·凡·安德里亚：《基督城》，黄宗汉译，35~36页，北京，商务印书馆，1991。
④ [德]约翰·凡·安德里亚：《基督城》，黄宗汉译，40~41页，北京，商务印书馆，1991。

(二)批判资本主义金钱交易的罪恶

在资本主义发展之初，许多学者只是迷迷糊糊地为资本主义唱赞歌。但安德里亚看到，资本主义打破了世袭特权制度，却代之以金钱特权。事实上，这两种不同形式的私有制度，在本质上是没有区别的。他指出：资本主义社会金钱至上，在这里人的灵魂、尊严完全被金钱所俘虏；在金钱面前，人类的道德、美德被扫荡殆尽。安德里亚说："由于有了金钱，社会上贪污的事情发生了，天国被出卖了，灵魂也被禁锢了，身体也无法自主，而且给人招来了无穷无尽的痛苦。"①他一针见血地指出："罪魁祸首就是金钱。"②他告诫人们：资本主义社会绝不是理想的社会，这种社会给人类带来的痛苦并不比以前减轻多少。

安德里亚进一步指出，在资本主义金钱社会，物欲横流，道德沦丧。在这里"灵魂不如躯体，躯体不如钱财"，"一个人的灵魂可以廉价出售"；③甚至连教会都变得比以前更有钱，更令人可怕。金钱渗透到社会生活各个领域，从而演绎出一幕幕人间悲剧，"产生了许多下流的恶行；做尽坏事，丧尽天良，毒化家庭，埋下祸根，散布耻辱，放松良心，招致流血，散布淫秽，挥霍资财，唤起基督的恐惧，散播绝望，放松处罚"④。

总之，安德里亚认为，私有制是享乐主义和个人主义的根源。私有制使人不思进取，只顾享受，道德堕落，只讲个人，贫富严重对立。他指出，私有制致使世俗的声色犬马之徒"对于泥、水、石、煤和诸如此类的东西不屑一顾，而对于马、狗、妓女和类似的玩物……据为己有，供他们取乐"⑤。在私有制下，富人们在这个世界上已经为自己营造了永久的住宅。因此，只有消

① ［德］约翰·凡·安德里亚：《基督城》，黄宗汉译，65 页，北京，商务印书馆，1991。
② ［德］约翰·凡·安德里亚：《基督城》，黄宗汉译，65 页，北京，商务印书馆，1991。
③ ［德］约翰·凡·安德里亚：《基督城》，黄宗汉译，106 页，北京，商务印书馆，1991。
④ ［德］约翰·凡·安德里亚：《基督城》，黄宗汉译，127 页，北京，商务印书馆，1991。
⑤ ［德］约翰·凡·安德里亚：《基督城》，黄宗汉译，38 页，北京，商务印书馆，1991。

灭私有制,消灭人剥削人的制度,消灭贫富对立,良好的道德风尚才可能普及人间,人类才可能出现"千载太平天国"。

三、《基督城》的经济制度和社会生活

(一)经济制度及劳动分配制度

在安德里亚设计的基督城中,一切生产资料均归公共所有,所有产品也要交到公共仓库。基督城的生产状况还处于手工劳动的阶段,生产力水平比较低下,故所有适龄人全部要参加劳动。这里既没有剥削者、懒汉,也没有奴隶,人人平等。这里的劳动有专业分工。从事工业、农业、畜牧业者都有专门的技能,劳动时间不长,在劳动之余有"全国性的休息"。不同于乌托邦和太阳城所设的公共食堂,基督城所有的人都是各家自管一日三餐,这是因为在一起用膳的人过多,就难免产生争执和混乱。食物按年龄和人口分发。在穿着方面,每人只发两套衣服,一套是工作服,另一套是节日穿的,各阶层一视同仁。在居住方面,住宅由国家统一分配和指定个人使用。基督城住宅的家具陈设简单、整洁。可见,由于基督城生产水平不高,人们生活并不富足,在吃、穿、住、用方面都带有明显的平均主义色彩。

(二)社会生活和道德法律

基督城实行稳定的一夫一妻制。男满24岁、女满18岁才能结婚。男女结合除了要有真诚的爱情以外,还要征得父母的同意、亲戚的认可和法律的允许。婚后,男女平等,他们在小家庭中和睦相处,绝对没有丈夫打妻子的现象。这充分反映了安德里亚男女平等的主张。安德里亚还主张节制生育,一般一对夫妇只允许生育1~2个孩子。寡妇和鳏夫要在丧偶满一年后方可再婚,以表示对原配偶的敬重。国家指定专人照顾老年人。人们生病时,可以平等而随意地享用医药、诊所和厨房。基督城的人都有视死如归的精神,称死亡为"长眠",对死者施行土葬。以上主张反映了安德里亚的社会保障和人

人平等及老有所养的思想。

在基督城人们的思想道德素质达到了很高的境界。他们反对特权，自觉抵制腐化。"在这个共和国里，继承头衔或者血统都没有什么价值，只有品德才是值得称道的。"①他们树立了3种良好的品质：一律平等、渴望和平与蔑视金钱。由于共和国公民有很高的素质，人们都是循规蹈矩地生活，"法律和律师"在这里没有什么用处。这些反映了安德里亚对"德治"社会的向往。

(三)政体和对外政策

基督城不是实行君主专制的国家，而是实行集体领导的共和国。为了防止个人专权，共和国由3个人联合执政，他们分别管理司法、审计和经济。安德里亚欣赏的是寡头政府，在3人执政之下，政府共有8名官员，每名官员还有一个下属作为助手。基督城人民期望"遍及全球的和平"②，但为了防御外敌入侵，还不得不设有8个坚固的塔楼和16个小塔楼，防守严密。另外，还有兵器库并且施行全民皆兵的办法，他们"把武器分发给各个公民，以便他们在突然发生紧急情况下在家中就地做好保卫工作"③。同时，基督城又实行开放政策，既与外国互通有无，又尽可能给予外来人以帮助，并不闭关自守，孤芳自赏。

四、教育思想

与其社会政治观一样，安德里亚的教育思想也受到了《乌托邦》和《太阳城》的影响。然而，德国的科技发展状况和安德里亚本人的教育实践、教育阅历又构成了其教育理论的立足点，从而使他的教育思想带有浓郁的个人特色。

(一)对经院主义不合理教育的揭露和批判

安德里亚在《基督城》中对经院主义排斥感觉经验、反对科学、否定实证、

① ［德］约翰·凡·安德里亚：《基督城》，黄宗汉译，35页，北京，商务印书馆，1991。
② ［德］约翰·凡·安德里亚：《基督城》，黄宗汉译，101页，北京，商务印书馆，1991。
③ ［德］约翰·凡·安德里亚：《基督城》，黄宗汉译，62页，北京，商务印书馆，1991。

只读"死书本"的教育现象给予了毫不留情的揭露和有力的批判。他形象地描绘了经院主义学校培养的学生在突飞猛进的科学技术面前表现出的傲慢而又尴尬的神态,指出经院主义者首先是"以愚蠢傲慢的态度,拒绝承认对自然界所作的全部调查研究以及人类理智所作的审查"。他们往往认为"自己绝顶聪明",从而拒绝接受新生事物,蔑视实证方法,反对进步。然而,愚蠢之至的正是这些自认为"绝顶聪明"的经院主义者们,在真正的科学面前,他们的智力如同婴孩。安德里亚说,他们连自己靠什么器官生存、感觉、呼吸、消化或者排泄都不知道,更不用说对自然科学的了解了。"他们简直没有知识来考察事物并对人们解释这些事物,只是瞪着眼睛显出一筹莫展的惊奇。"①排斥科学的结果只能是使他们自己对发展的世界茫然无知。

安德里亚进一步分析了经院主义的教育方式。他认为经院主义教育方式既不符合时代要求,又践踏人性。安德里亚总结了经院主义教育的几大弊病。第一种弊病是只思不学,冥思苦想,排斥感觉经验。他形象地说,这种方式是要求学生"在黑暗的岩洞里,并且带着一副愁眉苦脸,才有可能进行教育,这真是自欺欺人"②。第二种弊病是要求学生呆读死记,学习缺乏趣味性和积极性,在教学中师生缺乏感情交流,学生由于不接触现实而思想麻木。第三种弊病则是经院主义教育"非常错误的关键所在"③,即动辄禁食、劳役,甚至鞭笞,最严重的是还用监禁等手段来处罚学生,不把学生当人看。由此,安德里亚愤怒地说,经院学校的教师是"没有知识的人",是"最卑鄙、最恶毒、最乏味和最粗鲁的人"。④ 在这种"没有知识的人"的管教之下,学生个个都变成了奴隶和书呆子。另外,安德里亚还指出,当时社会"女子无才便是德"的愚蠢观念根深蒂固。他抨击了教育中没有女性一席之地、所有女性都被

---

① [德]约翰·凡·安德里亚:《基督城》,黄宗汉译,71 页,北京,商务印书馆,1991。
② [德]约翰·凡·安德里亚:《基督城》,黄宗汉译,70 页,北京,商务印书馆,1991。
③ [德]约翰·凡·安德里亚:《基督城》,黄宗汉译,78 页,北京,商务印书馆,1991。
④ [德]约翰·凡·安德里亚:《基督城》,黄宗汉译,76 页,北京,商务印书馆,1991。

排除在学识行列之外的不公平现象。由于上述原因，安德里亚认为经院主义学校不能再成为青少年儿童的学习之地，它已是一所"不恰当的、对身心有害的、甚至肮脏的监狱"①。在这监狱式的学校里，学生无任何自由、光明和快乐可言。

安德里亚告诉人们，这种脱离实际、严重倒退的经院主义旧教育已陷入颓靡衰败的困难境地。首先是"不可原谅的愚昧""忽视自然本来面目"的学习方法和学习态度所致。这样使得学生学习不得要领，心智处于一种孤陋寡闻的状态。"强烈追求了那么长的时间，花了那么多的钱，求教了那么多的书本"还是懵然无知。② 另外，在经院主义学校里青少年表现出异常、腐化和犯法行为。对此，安德里亚号召让学生学习自然科学，广泛接触社会，通过解放学生身心的方式来改造经院主义的旧教育，这样才能使学校重现生机，使学生身心两健。

（二）重视科学技术教育

自文艺复兴以来，欧洲科学技术研究及其应用逐渐得到了前所未有的重视，人们在科学技术面前表现出为之叹为观止的信服。哥白尼、开普勒、牛顿等科学巨匠的献身精神，以及他们对人类的杰出贡献，震撼了曾经沉湎于宗教迷信的世界。培根的"知识就是力量"足以表明当时欧洲人对科技的崇敬、热衷和向往，并成为时髦的口号。安德里亚生活在这样一个科技迅速发展、科学门类逐渐细化的时代，无疑为基督城教育的设计平添了崭新的一页。

安德里亚把科学研究放在显要的位置。在基督城的国库重地后面，首先展示给人们的便是"实验室"③。这个实验室是专为化学这门科学建立的，里面配备有最精巧的炉子和化合与分解物质的各种装置。基督城的科技工作者

---

① ［德］约翰·凡·安德里亚：《基督城》，黄宗汉译，75 页，北京，商务印书馆，1991。
② ［德］约翰·凡·安德里亚：《基督城》，黄宗汉译，25 页，北京，商务印书馆，1991。
③ ［德］约翰·凡·安德里亚：《基督城》，黄宗汉译，66 页，北京，商务印书馆，1991。

们在这里对金属、矿石、植物，甚至牲畜进行检验、精炼和繁殖等研究。可见，这个化学实验室带有生化研究的倾向。在解剖室里，研究者们解剖动物，也解剖人，这能帮助人们准确弄清人体各器官的位置并有利于延续生命力的价值。这里的药物供应店既为人们提供医疗药物，又可以进行药用研究。在这里，你可以看到毒药和解药，可以看到有的东西对人体的某些器官有益，有的则有害。所有这些，都用来发展医学、药学和生命科学。在物理大楼，这里以各种图像展现了自然发展的历史，有天空的万千气象、地上各个地区宜人的景色，包括不同种族的人以及动物的画像、生长发育的万物的形态、各种等级的石头和宝玉。这里的东西都是珍贵、奇特和不同凡响的自然界的样品，从而保证科学研究的真实性。这里还有机械器具陈列室，有近期发明的望远镜，以及供学习几何用的器具。在数学大楼里，有供研究用的天体图表和地球图表，有天空图和日月星辰的模型等。总之，基督城的研究机构集当时科学研究成果之大成，各类器物应有尽有，以供学生和科技人员学习和研究。

基督城注重将科学研究应用于实际，使之变为直接的生产力。"用简单的一句话说，这里实行的是一种应用科学。"①基督城有从事手工劳动的工场，以便于科学技术的应用。这些工场从事金属的加热、冶炼、熔化和铸造，并且制盐、制砖、制造玻璃、制造陶器，从而使科技转变为物质产品。基督城因为重视科学技术的应用，产生了很多具有高级手艺的技师，如时钟制造师、金箔锤制师、镌刻师、雕刻师等。同时还拥有大批的技工，如铁匠、铜匠、锡匠、锻工、车工、纺织工、漂洗工、制革工，以及制盐、制砖、制造玻璃、制造陶器的技工。技工还要展开竞赛，"其目的在于使人拥有某种手段，并且利用这种手段，使人们和他们思想上最显著的优点能够通过各种不同的机器

---

① ［德］约翰·凡·安德里亚：《基督城》，黄宗汉译，25页，北京，商务印书馆，1991。

展现出来"①。竞赛使人们掌握对现有机器的运用，从而把科技理论转化为科技应用以发展生产力。这里，安德里亚提出了科技开放、科技普及和反对科技垄断的思想。

劳动者要进行科学研究和科技运用，就必须接受科技教育。安德里亚主张对所有公民和青少年儿童实行科技教育和专业（职业）训练。由于他们在很久以前就受过训练，深谙科学工作的个中三昧，所以这里没有人像驮畜干活那样被迫去做他们所不熟悉的工作。因为接受了科技教育，这些公民都成了高级技师或技工。基督城各行业的手艺人都是受过完全教育的。安德里亚注意对公民科技兴趣的培养，因而在自然科学研究和科技应用工作中，这里的公民对于科学都有一种特殊的感情，"对于自然界的内部奥秘感到由衷的兴趣"②。在西方教育思想史上，安德里亚首次揭示了科学技术在社会发展中的重大作用，强调对成人和青少年加强科技教育，从而使科学技术转化为生产力。

（三）论教育对象和女子教育

与太阳城不同，基督城没有取消家庭，但在儿童教育方式上两者是一致的，都实施公共教育。安德里亚主张基督城所有儿童从 6 岁开始接受公共教育，要求"公民的所有的孩子，不管是男是女，都要参加训练。"在这里，所有的公民都是受过教育的人。"别地方的人认为，这些只是少数人所专有的特征；而这里的居民却申辩说，这是所有的人都应该达到的目标。"③也就是说，在基督城，教育无等级、无男女之分，人人平等。由此看出，安德里亚已具有对少年儿童进行义务教育的思想。

在当时的德国，女性往往被排除在有学识者的行列之外，而基督城却恰

---

① ［德］约翰·凡·安德里亚：《基督城》，黄宗汉译，27~28 页，北京，商务印书馆，1991。
② ［德］约翰·凡·安德里亚：《基督城》，黄宗汉译，24 页，北京，商务印书馆，1991。
③ ［德］约翰·凡·安德里亚：《基督城》，黄宗汉译，27 页，北京，商务印书馆，1991。

恰相反,那里的人们认为"上帝对于女性就从来没有做过任何的否定"①,因而没有什么美德是妇女达不到的,甚至可以说,没有什么美德是她们所不能超越的。针对世俗中"女子是祸水"的蔑视和侮辱态度,安德里亚高度颂扬女子的品德,甚至表现出"宁愿喜欢她们而不喜欢男人"。基督城的人们认为妇女对社会优良风气的形成起很大作用,她们"闪烁着天国禀赋的光辉"。在基督城的家庭中,丈夫也很尊重和推崇其妻子的劳动。不管做丈夫的从事什么职业,没有一个人会认为他自己的工作高过妻子的光荣劳动。在对待女子的教育上,基督城居民的观点是"她们生来在接受教育方面是毫不逊色的"②。他们希望女性能自由地接受教育,国家要尽到对年青妇女和少女实施教育的责任,方便她们的天赋得到更好的发挥。至于如何实施女子教育,安德里亚倾向于对男、女学生进行分途教育。在少儿期,在公共的学习场所里,由最正直的男、女导师分别对男、女学生进行教育;到青年期,在青年的宿舍中,专辟"第三侧"作为女子的学习场所。男、女青年的学习时间分别定在上午及下午。女生由女舍监和学问渊博的先生当导师。另外,由于基督城存在家庭,安德里亚主张女子在青年期后进行手工艺训练以及持家艺术和家政学的学习。

(四)教育目的、教育阶段和教育内容

1. 教育目的和教育阶段

安德里亚在《基督城》中把教育目的概括为三个方面:"首要的、最崇高的行动就是以一颗纯洁、忠实的心去敬仰上帝;其次是争取树立最美好、最纯洁的德性;再次是,培养精神力量。"③这种教育目的论是安德里亚哲学观中宗教色彩的反映,他要培养的是"千载太平天国"的创造者和具有共产思想的人。

---

① [德]约翰·凡·安德里亚:《基督城》,黄宗汉译,128页,北京,商务印书馆,1991。
② [德]约翰·凡·安德里亚:《基督城》,黄宗汉译,79页,北京,商务印书馆,1991。
③ [德]约翰·凡·安德里亚:《基督城》,黄宗汉译,78页,北京,商务印书馆,1991。

根据这一教育目的以及家庭社会观，安德里亚把教育划分为两大类、四阶段。两大类即家庭教育和公共教育。6 岁前儿童在家庭中受教育，6 岁后儿童由国家进行公共教育。四阶段是学前教育（0~6 岁）、初等教育（儿童期）、中等教育（少年期）、高等教育以及职业教育（青年期）。与教育目标相适应，为了培养对基督虔诚的人，安德里亚又把整个正规教育分为三个时期：初始时期（学前教育）、进展时期（儿童期和少年期）、完成时期（青年期）。当青年从完成时期毕业后，会变得更加成熟，从而也就更接近教育目标了。

2. 教育内容

《基督城》所设计的教育内容有两个明显的特色：一是包括智、美、德、体、劳全面发展教育的各个方面，二是注重实科教育。

基督城宽敞而明亮的学校设有 8 个讲堂，青少年儿童可以在其中任意接受教育和训练。这 8 个讲堂进行相应的各学科的教育，即文法、逻辑、算术、音乐、天文学、自然科学、伦理学和神学等百科全书式的学科教育。

具体来说，文法、逻辑、算术、天文学、自然科学这 5 个讲堂主要是对学生进行智育。在这些讲堂里，教师不仅要传授给学生多种多样的知识，而且要对学生进行智力、能力的训练。文法讲堂包括三个部分：第一部分是文法和古代语言，包括对希伯来语、希腊语和拉丁语的学习。学生在文法和古代语言的学习中还可以相应地增强记忆力、提高判断力并培养诚实的个性等。第二部分是演讲术，它为具有一定文学和文化底蕴的“更成熟一点的学生”，即青年人而设。第三部分是各种现代语言，主要为“相当年纪的人”，即中青年学生开设。他们学习和了解各种现代语言，借以与世界上许多民族沟通。逻辑讲堂也包括三部分，即伦理学、形而上学和神智学。在这里，教师教学生如何根据自己的生活经验进行归类、演绎推理的尝试性练习，并在此基础上学习和研究哲学，训练思维能力。算术讲堂内容包括算术及其姊妹学科几何学。算术表示的是数字，几何学用线条表示。学生在算术讲堂中将获取有关数、形的知识，并发展抽象能力。

美育在基督城得到了高度重视，并且相当普及。学生的音乐水平较高，他们能根据性别和年龄对各种声音进行精密的配合。所以，当公开集会的时候，他们全体发出来的音响听起来就像和谐一致的协奏曲，几乎没有什么别的东西能和如此雄伟壮丽的音乐相提并论，且产生"巨大的魅力"。在音乐讲堂，每个学生都可以根据爱好自由选择乐器，古琵琶、小提琴、竖琴、吹奏乐器或风琴应有尽有。他们还经常举行音乐活动，"利用合唱队在这个城市里走街串巷，每个礼拜一次，再加上节日以达到这个目的"[①]。可见，基督城是通过上述音乐教学和活动培养学生对音乐的兴趣与爱好，增强他们之间的配合协调能力的。基督城学校还有一条重要的美育途径，就是利用绘画艺术培养青少年儿童的美感。这里专门设有绘画艺术工作室，城市里到处都有图画装饰，把当地发生的事情绘成图片以教育青年。人们还用名人图片和雕像教育、陶冶青年，以培养他们美好的心灵。

伦理学讲堂旨在培养学生的美德，是德育的主要基地。这里要培养学生谨慎、正义、公道、勇敢等诸如此类的优良品质。对学生的要求是不仅希望他们能严格遵守命令和规则，而且能把这些美德表现在日常生活中，表现在实际行动上。

基督城学生的体育一般在城里的空地上或者旷野里进行，其体育活动包括赛跑、摔跤、打球，乃至操练兵器和驯马等。基督城的人从小就对孩子进行职业意识和劳动技能教育。

在教学内容中，安德里亚的实科教育思想引人注目。基督城设有实验室、医学解剖室及数学、物理大楼等进行基础科学和实用科学研究的硬件设施。这里专为医学和法学配有教学与实习的场地，如有进行外科手术的房间，以培养医生和护士，并且专门由塞斯贝沙同他的两位助手扎尔费特和盖弟尔负

---

① [德]约翰·凡·安德里亚：《基督城》，黄宗汉译，94页，北京，商务印书馆，1991。

责管理实科教学工作。尽管律师在充满正义的基督城没有多大作用，但基督城还是通过法学来培养律师，以抄写文件和整理档案。

（五）各级各类教育

1. 学前教育

安德里亚对婴儿的出生和哺育极为重视。基督城的人把生儿育女看成妇女最伟大的成就，妇女由于承担生育之责，因此比男子社会地位还高。孩子出生时，由有相当知识和熟练技能的接生婆接生。安德里亚主张对孩子进行母乳哺育，以增进母子感情。产妇休假 42 天，以便于照顾好自己的孩子。产假期间，基督城给产妇以种种优待。产妇和婴儿有专人照管。同时，由公共日用供销店供应适合产妇食用的、易于消化的食物，使母乳更有营养。0~6 岁的学前儿童在家庭接受教育，6 岁后便住进集体宿舍接受公共教育。

2. 职业技术教育

由于科学技术得到了广泛应用，基督城有比较细致和具体的社会分工。基督城的居民"分别和金属、石料、木材以及纺织品原料这四种材料打交道"。因此，对学生进行职业或专业教育，把他们培养成具有一定专长或技能的技工是必不可少的。在基督城，"这些行业的手艺人几乎都是受过完全教育的人"①。在职业或专业技能的训练上，基督城可以让学生学习两方面的专长，或者让学生自行选择最喜欢的一种职业或技艺，也可以让学生跟着自己的长辈学习，以使这方面的手艺代代相传、延续不绝。在基督城里各种工作只是被看作社会分工不同，没有高低贵贱之分，都同样受到尊重，因此，从钟表匠到泥水匠，从车工到毛皮加工，每一种职业都有学生选择学习。在职业教育方面，女学生一般选择缝纫、纺织、刺绣专业。

3. 高等教育

在基督城学校的 8 个讲堂中，每个讲堂开设的课程既有初、中等教育的

---

① ［德］约翰·凡·安德里亚：《基督城》，黄宗汉译，27 页，北京，商务印书馆，1991。

内容，也有高等教育的内容。高等教育的内容比中等教育要宽泛、高深、抽象，中青年学生进入高等教育阶段学习。

4. 成人教育

基督城的人"每天工作时数并不多，可是他们完成的工作并不比其他地方的人少"①。这样，基督城的人就有充足的时间和物质条件进行劳动后的娱乐与教育。他们在全国性的比较长的休息时间里，尽量去充实自己的文化生活，进行学习和讨论。他们这种休假"多半是为着精神，而较少为着肉体，更多的为着灵魂，而不单纯为着躯壳"②。妇女在闲暇时间进行持家艺术和家政学的学习。另外，她们业余时间里还在空地上和旷野里进行体育活动以锻炼身体。

5. 社会教育

基督城的图书馆是进行社会教育的主要场所。这里图书馆的面积相当大，里面藏有无数种精彩的文学艺术作品。图书馆藏书极为丰富，其他地方没有的书，在这里都能找到。基督城的人认识到"一个人所懂得的东西是多么有限"③，因此，他们都如饥似渴地到这里学习。档案馆保存法律、国家公布的条例以及记载先辈言行的编年史等，这里是基督城公民了解祖国辉煌历史的地方。另外，基督城还通过设立图片展览、设置公共设施(如雕像等)，设法使人们很容易地增长知识、增进美德。

(六)教育的环境、原则和教学组织形式

1. 教育环境

安德里亚指出，环境对人的发展有巨大的影响。好的环境可以塑造优秀的公民，而不良的环境可能导致人们变坏乃至犯罪。因此，基督城的人不允许夜晚一片漆黑，他们点起灯笼把城市照得通明，目的是给城市的安全创造

---

① [德]约翰·凡·安德里亚：《基督城》，黄宗汉译，30页，北京，商务印书馆，1991。
② [德]约翰·凡·安德里亚：《基督城》，黄宗汉译，31页，北京，商务印书馆，1991。
③ [德]约翰·凡·安德里亚：《基督城》，黄宗汉译，60页，北京，商务印书馆，1991。

条件，不让闲逛的现象继续存在。基督城的人认为罪恶的动机总是因黑暗而起，罪恶的勾当总是在黑暗中进行。"这种大放光明的方式会使在黑夜里工作的人减轻恐惧，会揭开我们的情欲所急于用来遮盖放荡和淫乱的那层帷幕。"①他指出，这种通宵达旦的光明、未雨绸缪的做法，会使人们祛除心灵上的恶念。同时，人们在光明底下就会充满正义、慷慨、勇敢。因此他大声疾呼："让我们不要放弃这种方式吧！"②安德里亚主张社会环境井然有序，认为这样才会形成人们良好的习惯和品行。总之，安德里亚要求创造督促人们上进、防止思想堕落和有防微杜渐作用的社会环境。

2. 教育原则

《基督城》还凸显了教育与生产劳动相结合的教育原则和直观性教学原则。基督城的劳动不会使人们疲惫而憔悴不堪，相反，他们的精力经过这种完美的劳逸结合而得到增强。他们都去积极地处理自己的工作，因为他们在劳动中获得了愉快的心境。一方面，他们学习劳动知识，掌握现代机器的工作原理，并在实践中时有创造发明。"他们思想上最显著的特点能够通过各种不同的机器展现出来。"③另一方面，学校教育中也渗透着劳动知识和劳动技能的教育。学校有各种专业教育，并通过这类教育培养各行业的手艺人。

与康帕内拉一样，安德里亚非常强调直观教学。他认为教学要注意学生的学习心理，用艺术化、形象性的东西教育学生，学生的学习就更加容易。在基督城，人们既用直观形象的东西对学生进行智育，又用形象教学对学生进行德育。学生集体宿舍的每个房间，都有适合学生们观看的描述当地所发生的事情的图画，用以教育学生，并使之从中获得经验或引以为鉴。名人的图片和雕像随处可见，旨在用他们的英雄气概和独创性的事业去激励青年人

---

① ［德］约翰·凡·安德里亚：《基督城》，黄宗汉译，41 页，北京，商务印书馆，1991。
② ［德］约翰·凡·安德里亚：《基督城》，黄宗汉译，41 页，北京，商务印书馆，1991。
③ ［德］约翰·凡·安德里亚：《基督城》，黄宗汉译，28 页，北京，商务印书馆，1991。

奋发有为，并努力模仿、实践他们的美德。另外，还有关于建筑、配景、修饰和筑垒的机械草图和统计图表的教具，以便对学生进行职业教育与教学。

安德里亚对柏拉图的教育性教学思想加以发挥，认为对于形象性的教材要认真控制和监督，以保证它们的纯洁性。要防止"用低级下流的图画毒害天真无邪的人们的心灵"①，要求对教材进行审查。难能可贵的是，400多年前的安德里亚就提出了净化社会环境的思想。他认为狂欢乱舞、靡靡之音、酗酒闹事的现象应在社会上绝迹，这样才能保证儿童身心得到健康成长。

3. 教学组织形式

《基督城》描述的讲堂制教学称得上是班级教学思想的体现。基督城学校所设的8个讲堂分属不同的学习部门，讲授各不相同的学科。学生在各个讲堂里听课、学习和接受教师的指导。由于各讲堂在讲解教学科目时使用了与学生年龄相适应的教材，注意了内容难易的递进性，所以，一般说来是年龄基本相同、文化程度接近的学生同时在讲堂听课。可能由于缺乏校舍，基督城学校采取二部制。"男青年要在上午学习几个课时，女青年则规定在下午；他们有女舍监和学问渊博的先生当导师。"②因此，基督城学校的讲堂制具备了班级教学中统一教室、集体教学、课时制、教师和班主任等初步特征。虽然它还不具备夸美纽斯班级授课制的全部条件，但讲堂制毕竟不是个别教学。这种讲堂制思想可谓夸美纽斯班级授课制理论的先导之一。③

(七)教师和教育行政组织

1. 教师

由于基督城重视教育事业，所以他们特别注重认真挑选教师。这里的教师有着"官师合一"的意味。教师都是上了年纪、富有经验、具有美德的人，

---

① [德]约翰·凡·安德里亚:《基督城》，黄宗汉译，71页，北京，商务印书馆，1991。
② [德]约翰·凡·安德里亚:《基督城》，黄宗汉译，79页，北京，商务印书馆，1991。
③ 安德里亚的《基督城》于1619年出版，早夸美纽斯的代表作《大教学论》(1632年)十余年，故笔者做此推论。

他们经常有机会跻身于国家领导人的行列。安德里亚对教师提出了很高的要求：有仁爱的心肠，热爱学生，有一套理想的教育教学方法，最主要的是能够为人师表。他说："除非一个人能够胜任国家赋予的职责，他是不可能精心培育青年的；而一个能够成功地培育青年的人，也就有权去管理政府事务。"①可见，在安德里亚心目中，能为师者即可为官，教师是国家之栋梁，因此基督城的人对教师格外尊重。

2. 教育行政组织

基督城有自上而下的教育行政机构。其中最高层由两名官员负责，一名是教堂的副执事，名叫阿茨班，另一名名叫亚比阿尔密顿。他俩密切合作，负责管理和教育青年的任务。中层管理机构的管理者是塞斯贝沙与他的两位助手，他们负责职业教育管理工作。基层（或学校）管理者是女舍监，她们负责学校的日常事务管理，并从事学生的思想教育工作。学问渊博的导师负责学生的具体教育教学工作。

安德里亚的《基督城》是继莫尔的《乌托邦》、康帕内拉的《太阳城》之后，又一部具有重大历史意义的空想社会主义著作。尽管安德里亚的空想社会主义还颇为粗糙，在某些方面还不及首倡者们的思想，甚至安德里亚的共产主义和基督教信仰还存在着不可割舍的联系，然而无论如何，《基督城》作为空想社会主义思想史上的第三颗明珠是当之无愧的。安德里亚对于他所渴求的共产主义社会应如何对公民和青少年一代进行教育与训练提出了许多可贵的设想，对后来社会主义教育思想的形成具有深远的影响。

---

① ［德］约翰·凡·安德里亚：《基督城》，黄宗汉译，76 页，北京，商务印书馆，1991。

第四节 影响及评价

一、影响

　　早期空想社会主义教育思想站在"社会主义"的高度，对于当时的教育问题进行了审视和批判，对未来社会的美好教育进行了设计和畅想，提出了"社会主义"教育的一些基本命题和原则，这不仅在当时具有进步作用，而且对后世产生了重大影响。早期空想社会主义教育思想为西方空想社会主义教育思想的发展确立了方向，以此为开端的空想社会主义教育学说经过17、18世纪的发展，在19世纪达到高峰，成为马克思主义教育学说的重要思想来源。

　　首先，早期空想社会主义教育思想是整个空想社会主义教育思想体系的基础，主要表现在以下几个方面：一是教育问题是空想社会主义思想的重要组成部分，17、18世纪的空想社会主义者及19世纪的空想社会主义思想家均非常重视教育问题；二是提出了涉及社会主义教育的主要问题，他们几乎毫无例外地都把普及教育、人的全面发展教育、教育与生产劳动相结合、重视教师的选拔等作为自己教育思想的重要构成部分；三是早期空想社会主义教育思想为后来的空想社会主义教育思想家所继承，并顺应时代加以发展。有的人甚至在实践中进行了所谓"社会主义教育"的实验，如18世纪法国思想家摩莱里(Morelly)把普及良好的教育、宣传合理的社会制度看成是改造旧社会、建设新社会的要旨；欧文(Robert Owen，1771—1858)不仅把教育与生产劳动相结合的思想上升到理论层面，而且把它付诸实践。对于欧文的活动，马克思曾给予高度评价，把他在工厂制度中实行的生产劳动与智育、体育的结合称为"未来教育的幼芽"[①]。此外，在被马克思、恩格斯称为教育思想史上"包

　　[①] 《马克思恩格斯选集》第3卷，710页，北京，人民出版社，2012。

含着最天才的观测"①的傅立叶的教育思想中，在把教师职业看成是与共产主义社会成败关系最密切、对公众幸福影响最大，因而是最光荣职业的卡贝的教育思想中，以及在认为"如果改造了教育，那就改造了世界"②的德萨米的教育思想中，也都能看到早期空想社会主义教育思想的渊源。

其次，早期空想社会主义教育思想为科学社会主义教育思想的创立提供了应有的素材。这主要表现为：受教育者的全面发展观点，要求在公有制基础上实现公共的普及教育，男女教育平等，重视通过教育与生产劳动的结合消灭城乡与体脑的对立，重视成人教育水平的不断提高，把自然科学作为教育内容的中心，等等。可以看出，早期空想社会主义者在资本主义及其教育尚不发达的时代，就敏锐地觉察到资本主义存在的问题，特别是超越时空、在未具备建立社会主义的历史条件下，就提出了社会主义教育的一些基本命题。但由于其教育方案只能是超乎阶级斗争和历史条件的幻想，所以早期空想社会主义教育思想是空想的。正是因为时代不成熟，所以只能产生不成熟的理论。只有当历史发展到大工业时代，革命导师马克思、恩格斯亲自参加革命实践，科学地总结无产阶级争取教育权的斗争经验，批判地继承教育史上的积极成果，从而完成教育史上的一场空前革命，才使社会主义教育思想从空想变成科学。但是，我们不能因此就低估早期空想社会主义教育思想在教育史上所起的进步作用。

最后，早期空想社会主义教育思想事实上为后来的教育家所接受并加以发挥。早期空想社会主义倡导人道主义，尊重理性，提倡泛智教育，重视科学技术，把教育、科技当作社会发展的生产力，这些思想都走在了时代的前面。例如，安德里亚的泛智教育思想、对教学艺术的重视等，对夸美纽斯有直接影响。1623 年，夸美纽斯用捷克语写成的《世界迷宫》和《心的天堂》就受

---

① 《马克思恩格斯全集》第 3 卷，607 页，北京，人民出版社，1960。
② ［法］泰·德萨米：《公有法典》，黄建华、姜亚洲译，133 页，北京，商务印书馆，1982。

到安德里亚的影响。① 在《大教学论》中，夸美纽斯采用了安德里亚的"教学艺术的用途"(这是安德里亚给他的回信)作为序言，并且在"致意读者"的第 10 条，有一段对安德里亚进行评价的话："我在这里所指的是拉迪克、卢斌……之类的人和值得放在他们诸人之前的安德里亚——他在他的杰作里，不独指出了教会与国家的毛病，而且也指出了学校的毛病和补救的方法。"②夸美纽斯不仅对安德里亚做出了高度评价，而且肯定了其《基督城》中的教育思想。

二、评价

早期空想社会主义教育思想不仅在反对封建教育、揭露早期资产阶级罪恶方面有进步意义，而且对未来教育提出了一些可贵的设想，为后来教育思想的发展指明了崭新的方向，也为马克思主义创始人全面科学地提出人的全面发展学说提供了思想材料。正是在这个意义上，早期空想社会主义教育思想在教育发展史上占有独特而重要的地位。

但是，早期空想社会主义教育思想反映的是早期空想社会主义者所处的过渡时代的政治经济情况。教育是政治经济的反映，并受政治经济的制约。如果没有社会主义的政治经济做基础，那么这种以社会主义形式赋予的教育内容、教育制度只能是空中楼阁，一种乌托邦而已。早期空想社会主义者虽然朦胧地意识到，实现其理想要以社会生产力高度发达、人民物质文化生活水平及社会觉悟普遍提高为基础，但由于时代条件的限制，他们不可能科学地揭示社会发展的客观进程，也没有找到改造现存社会制度和实现未来理想社会的力量与途径。因此，这只能是一种美好的幻想、一种社会改良主义的美好愿望，而不可能成为行动的指南。

---

① 转引自任钟印：《夸美纽斯教育论著选》，439 页，北京，人民教育出版社，2005。

② 转引自李映球：《空想社会主义者安德里亚的教育思想》，纪念《教育史研究》创刊二十周年论文集(16)——外国教育思想史与人物研究，北京，2009。

早期空想社会主义者生活的时代距今已经很遥远了，他们所幻想的社会主义教育制度，在几个世纪之后，经过无数人持续努力终于成为现实。他们所留给我们的不仅仅是对教育问题的独到见解，他们在探索真理的道路上所表现出来的坚定信心和开拓精神仍然值得我们学习。面对现实社会的种种问题，他们不像资产阶级人文主义者那样，从古代的书本中去刻板地寻求现成的解决方法——"言必称希腊"，而是从社会现实出发，批判地吸收前人的有益思想，构筑一个新的理想社会。虽然他们没有也不可能找到实现这个社会的正确道路，但这种空想是天才的空想，"是那班庸人所看不见的"①。

---

① 《马克思恩格斯选集》第 3 卷，781 页，北京，人民出版社，2012。

第六章

荷兰教育的发展

在北欧文艺复兴运动和宗教改革的影响下，人文主义思想开始日益渗透到荷兰的社会文化教育之中。加尔文派的势力在荷兰逐渐超过天主教，成为官方的意识形态，在荷兰的社会生活中占据统治地位。16 世纪末，荷兰的工商业得到较快发展。到了 17 世纪，荷兰在欧洲居于主导地位，在政治、经济、文化上对整个欧洲具有较大的影响力。由于荷兰处于政治、贸易、文学、科学和艺术的巅峰时期，这一时期被称为荷兰历史上的"黄金时代"。同时荷兰教育也得到了长足的发展，尤其是其高等教育对欧洲教育发展产生了积极的影响。

第一节　时代背景

荷兰的全名为荷兰王国(The Kingdom of the Netherlands)。在如今的大部分场合，"荷兰(Holland)"和"尼德兰(Netherlands)"的用法不加区别。在中世纪，尼德兰是指欧洲西北部的低地地区，包括今天的比利时、荷兰、卢森堡以及法国的东北部。荷兰是指在尼德兰革命中起主导作用的北方各省，尤其是南荷兰省和北荷兰省，它们构成了今日荷兰的核心区域。英语中的"荷兰人（Dutch）"源自德语中的"德国人（*deutsch*）"，起初用"Dutch"这个词指代所有的日耳曼人。因为与其他日耳曼人相比，荷兰人与英国人的接触更为频繁，故自 16 世纪起该词专指荷兰人。16 世纪末，荷兰开始崛起，其航海业非常发达，商船遍布世界各地。经济的繁荣带来了文化教育的发展。由此，17 世纪荷兰的教育较为发达。

一、"黄金时代"的开启

荷兰的独立始于尼德兰革命。为摆脱西班牙的统治，荷兰断断续续地和西班牙进行了"八十年战争"（1568—1648 年）。1588 年，尼德兰北方七省宣告独立，被称为"七省联合共和国"。因为荷兰省的势力最为强大，所以人们用荷兰指代这个共和国。

16 世纪初，席卷欧洲的宗教改革运动也影响到了尼德兰。加尔文派得到了迅速发展。"无疑，尼德兰是加尔文主义流传至今的第二大地区。加尔文主义是在 16 世纪 40 年代当查理五世将其残酷迫害的政策稍加减缓时传到尼德兰的……"[1]加尔文派主张平等，否定封建等级差别，反对西班牙统治者对尼德兰的经济压迫和独裁统治。1566 年，尼德兰的加尔文派教徒奋起反抗，很快演变为尼德兰的独立战争。1575 年 6 月，荷兰省和泽兰省签订同盟条约，建立了新教徒的政治、军事和经济联合体，构成了荷兰共和国的基础。1579 年 1 月，尼德兰北部的大部分地区与南部一些城市联合，建立了"乌得勒支"同盟，这是荷兰成为一个独立国家的标志。1648 年，三十年战争结束，荷兰的独立获得了欧洲主要国家的承认。

在 17 世纪初，荷兰商船的吨位占世界的 4/5，是英国的 4~5 倍，法国的

---

① ［英］R. B. 沃纳姆：《新编剑桥世界近代史（第 3 卷）：反宗教改革运动和价格革命（1559—1610 年）》，中国社会科学院世界历史研究所组译，131 页，北京，中国社会科学出版社，1999。

7倍。1670年，荷兰大约有1/10的成年男子从事水手职业。荷兰人拥有的船舶总数超过了英国、法国、葡萄牙、德国、西班牙等国的总和。这是荷兰人海上称霸的重要资本，为荷兰人赢得了"海上马车夫"的称号。

资本主义制度的建立，农业、手工业和航海业的发展，促进了荷兰经济的腾飞。荷兰的渔业规模也超过了欧洲其他国家。凭借强有力的经济支撑，荷兰建立了一个庞大的殖民体系，亚洲、美洲和非洲都有它的殖民地。

荷兰历史上曾经存在过其他形式的共和国，从古代雅典和斯巴达到后来的威尼斯和瑞士联邦，但是从来没有出现过由第三等级——中产阶级建立并占统治地位的共和国。荷兰共和国自始至终都带有这种起源的特征。① 荷兰共和国很快发展为贵族寡头统治，即使在最好的时候，它也与真正的民主政体无关。

在"黄金时代"，加尔文派在政治上占统治地位，但荷兰共和国并不是宗教同一性的国家。在16世纪末，荷兰加入加尔文派的人不超过10%，另外90%的人属于其他新教派别、天主教、犹太教等宗教团体。几十年后，加尔文派教徒增长到40%，与天主教教徒人数相当，剩余20%的人大多属于路德派、再洗礼派等新教派别，还有少量的犹太教徒。② 宗教影响着荷兰人的日常生活。多教并存的社会现实，与荷兰人讲究实际、不喜空谈的民族性格，构成了荷兰宗教宽容的社会基础。

二、"黄金时代"的经济

荷兰的手工业比较发达，但荷兰经济地位的建立依赖于商业贸易，而非

---

① [荷兰]亨德里克·威廉·房龙：《荷兰共和国兴衰史》，施诚译，2~3页，石家庄，河北教育出版社，2002。

② Jeroen J.H. Dekker, *Educational Ambitions in History: Childhood and Education in an Expanding Educational Space from the Seventeenth to the Twentieth Century*, Frankfurt am Main, Peter Lang GmbH, 2010, p.35.

现代工业。荷兰有居于世界首位的造船业。荷兰人造的船体积大，价格低廉，世界各国的商人都乐于使用荷兰船舶装载货物。荷兰的瓷器、丝织品、麻织品等在国际上享有盛名。荷兰是欧洲毛织业的中心。首都阿姆斯特丹是欧洲的经济中心。17 世纪荷兰的资本积累比欧洲其他国家的资本总和还要多，对外投资比英国多 15 倍。阿姆斯特丹的证券交易市场成为国际股票市场的中心。

1602 年，荷兰人成立了东印度公司。1608 年，阿姆斯特丹建立了世界上第一个证券交易所。第二年，便建立了资本主义性质的阿姆斯特丹银行。1621 年，荷兰人成立了西印度公司。1626 年该公司在北美洲建立了新荷兰殖民地。17 世纪初荷兰人占领中国台湾，并与日本人展开了贸易。以荷兰为代表的西方文化在日本被称为"兰学"。荷兰人于 1641 年占领了马六甲。1648 年，荷兰人在好望角建立了殖民地。

荷兰省和泽兰省的商业城市，在 15 世纪就启用了信使服务。在"黄金时代"，阿姆斯特丹与汉堡、瑞典和波罗的海沿岸城市建立了正常的邮政联系。它成为世界上最大的港口、最繁荣的商业中心和金融中心之一，以钻石加工和呢绒制造业闻名于世。荷兰人长期保持的节俭习惯，使荷兰很快积累了大量财富。荷兰人通过在世界各地排挤西班牙人、葡萄牙人以及英国人，逐渐控制了世界各地的贸易，荷兰共和国进入了鼎盛时期。

荷兰的城市也得到迅速发展。1570—1647 年，阿姆斯特丹居住人口由 3 万人增长到 14 万人，莱顿由 1.5 万人增加到 6 万人，哈勒姆由 1.6 万人增至 4.5 万人。[1] 荷兰境内修建了纵横交错的运河，各城市之间通过帆船航行来往，使得旅行相当便利，这激发了外国旅行者到荷兰各地旅游的热情。

---

[1]　Arjan van Dixhoorn, Benjamin Roberts, "Edifying Youths: The Chambers of Rhetoric in Seventeenth-Century Holland," *Paedagogica Historica*, Vol.39, No.3, 2003, pp.325-337.

三、"黄金时代"的文化

17世纪的荷兰是一个宜居的地方。独立后的荷兰思想包容,吸引了来自世界各国的知识分子和移民。在宗教信仰方面,不信仰国教的人,只要不危及他人或共和国的安全、不设法去改变他人的宗教信仰,就可以完全自由。因此,"黄金时代"的荷兰吸引了来自世界各地的"异端者"。法国的胡格诺派教徒、德国的路德派教徒、葡萄牙的犹太人等都涌向荷兰。1608—1620年,荷兰又接纳了来自英国的清教徒。反抗西班牙统治取得胜利后,新教对天主教也持宽容态度。这使得荷兰社会形成了一种柱群化现象,即社会分裂成一系列自发组成的群体,不同社会群体间保持距离,尽量减少摩擦和矛盾。[1] 形成柱群的原因在于保持自身的信仰和文化认同。

"黄金时代"的荷兰科学艺术比较发达,不少科学家为世人所敬仰,如现代临床医学的奠基人赫尔曼·布尔哈夫(Herman Boerhaave,1668—1738)、国际法的创始人胡果·格劳秀斯(Hugo Grotius,1583—1645)、钟摆的发明者克里斯蒂安·惠更斯(Christiaan Huygens,1629—1695)等。

现代荷兰拥有800多家博物馆,是世界上每平方千米博物馆数量最多的国家。自中世纪以来,荷兰人就对艺术有着较高的热情。中世纪晚期,弗兰德斯和布拉邦的艺术家们创造了新的风格和技法。休伯特·范·艾克(Hubert van Eyck,约1385—1426)和扬·范·艾克(Jan van Eyck,1390—1441)发明了油画。生于亚琛但一生都在登博斯(Den Bosch,即今天北布拉邦首府斯海尔托亨博斯)度过的希罗尼穆斯·博斯(Hieronymus Bosch,约1450—1516)被认为是超现实主义画派的鼻祖。[2]

17世纪的荷兰在出版方面较为自由,几乎没有出版审查,在其他国家不能出版的书,都能够在这里得以出版。发达的出版业使得荷兰人易于获得书

---

[1] [美]马克·T.胡克:《荷兰史》,黄毅翔译,28页,上海,东方出版中心,2009。
[2] [美]马克·T.胡克:《荷兰史》,黄毅翔译,54页,上海,东方出版中心,2009。

籍。荷兰人有较高的识字率，热爱阅读。伊拉斯谟的著作在 17 世纪广受欢迎。最早定期发行报纸的是荷兰人。最古老的报纸之一《欧罗巴周报》(*Weeck-lijke Courante van Europa*)始发于 1656 年，后改名为《哈勒姆真理快讯》(*Oprechte Haarlemsche Courant*)，一直发行到第二次世界大战时期。①

受 16 世纪人文主义者伊拉斯谟及其追随者的影响，荷兰的公民教育意味着教给孩子一般的知识和基督教的美德，以增长他们的见识。在当时，家庭被认为应放在第一位，荷兰具有"家庭优先"的理念。他们认为，只有好的婚姻才能结出丰硕的果实，才能有利于子女的教育。家庭正如一个小的教堂和教育机构，通过教孩子们阅读《圣经》，从小引导他们对天国的向往。

自中世纪以来，荷兰人就非常重视教育，建立了不少小型学校。在 17 世纪中叶，几乎所有的荷兰儿童都能步行到附近的学校上学。这主要有三个方面的原因：首先，新兴的资本主义经济需要劳动力具备一定的技能，尤其是关于记账和算术方面的专业知识，而知识技能的掌握需要人们具备基本的阅读能力。其次，加尔文派与反加尔文派之间关于教义问答的攻讦，刺激了学校系统的扩张，因为每个人都需要掌握阅读《圣经》的能力。最后，精英阶层追求较高的文化素养，这是参与荷兰文化与社会活动的一个必备条件，接受教育成为年青一代达到这一目标的主要方式。②（学校教育的扩张，提升了荷兰人的文化素养，使得荷兰人的文化程度远高于欧洲其他国家。）

荷兰的艺术教育比较发达。主流社会希望培养新教美德，而艺术市场发挥了这一作用，它通过绘画引导人们追求贞洁和节俭等美德。许多中产阶级家庭愿意购买传播各种宗教思想的艺术品，从而使道德教化具有可视性。荷兰艺术传递的是基督教价值观，它将道德教育与艺术教育结合在一起，以不

---

① ［美］马克·T. 胡克：《荷兰史》，黄毅翔译，63 页，上海，东方出版中心，2009。

② Jeroen J.H. Dekker, *Educational Ambitions in History: Childhood and Education in an Expanding Educational Space from the Seventeenth to the Twentieth Century*, Frankfurt am Main, Peter Lang GmbH, 2010, p.39.

同的表达方式对荷兰人产生潜移默化的影响。通过美术实施道德教育，主要有两种方式：一是与幸福生活结合，二是与美结合。前者致力于展示具备良好道德品质所带来的快乐，它体现在一些有关婚姻和育儿的畅销书之中；后者则体现在关于婚姻、家庭、育儿的诸多画作之中。画作的目的在于引导公众的观念和行为，劝导广大资产阶级，并教会他们如何养育儿童。在1650年，荷兰有700位画家为公众服务，每年画作数量达70 000件。据估计，荷兰在共和国期间，创作了500万~1 000万件艺术品。[①] 大部分作品价格不高，普通民众也能购买，这使得针对公众道德教育的艺术品能够影响到中产阶级。

自中世纪以来，人们不能追求罗曼蒂克的爱情。直到文艺复兴后，人们才认识到以爱为基础的婚姻是幸福家庭生活、良好亲子关系和儿童养育所必需的。这也体现在当时不少绘画作品之中。例如，著名画家伦勃朗(Rembrandt van Rijn，1606—1669)1668年创作的一幅家庭画像中，画着父亲、母亲与三个子女。父母代表着家庭成功的建立者，一个女孩手臂上挽着篮子，篮子里的鲜花和果实则代表幸福婚姻和良好养育的成果。水果和鲜花以及驯服的狗，是16、17世纪最流行的教育隐喻。这些绘画表明良好的教育有着重要价值。

家庭绘画在荷兰共和国非常流行，不少绘画表明了家庭教育对儿童成长的重要性。家庭、父母、儿童和青少年的美德，主导了当时荷兰共和国的教育风俗画。道德教化主要教育人们如何做到举止得体。

绘画具有很强的教育意蕴，它传递着荷兰社会对教育的信念与追求。除了将儿童期视为人生的一个特殊阶段外，绘画更多地表现父母如何通过一系列的教育过程去塑造和影响子女。荷兰绘画通过三个方面传递教育的信息：

---

① Jeroen J. H. Dekker, "Beauty and Simplicity: the Power of Fine Art in Moral Teaching on Education in Seventeenth‑Century Holland," *Journal of Family History*, Vol.34, No.2, 2009, pp.166-188.

一是家庭生活的氛围，尤其是表现妈妈与孩子的关系；二是公共领域的街道，描绘孩子们在那里玩耍的情形；三是公共领域的学校，描绘学生学习的场景。① 教育的信息包括：对儿童生活中不良行为的认识，试图将它们理解为不同儿童发展时期的结果，努力引导儿童在成长过程中避免一些风险。

17 世纪荷兰诗人、幽默作家、法官、政治家和教育家雅各布·凯茨(Jacob Cats，1577—1660)出版的道德诗歌深受欢迎，其作品的销量仅次于《圣经》，影响了一代又一代荷兰人。他的《激情与爱的形象》及《新旧时代写照》(*Mirror of the Ancient and New Times*)成为经久不衰的畅销书。雅各布·凯茨的道德箴言书十分有趣，能使人在愉快的阅读中懂得如何成为称职的父母。书中通常是一个情景配一个标题，表达一句道德箴言。虽然凯茨是一个加尔文派教徒，但他的观点为大多数人所接受，几乎所有荷兰中产阶级的家庭都收藏了他的著作。直到 21 世纪，他创造的一些词语仍然出现在荷兰人的口语之中。

面对大量涌入的外来人口，为了让其认同荷兰文化，维护社会的稳定和法治，对他们进行道德教化显得特别重要。荷兰的社会教育主要是通过艺术教育、修辞学院(the chambers of rhetoric)和社会流行书籍来加以实施。由于对教育的重视，荷兰共和国也被称为教育者的共和国。② 历史学家高度评价了"黄金时代"荷兰所取得的巨大成就。英国历史学家乔治·特里维廉(George Macaulay Trevelyan)指出："1600—1650 年间，这个小小的共和国在四周战火与毁灭的荒芜中，维系着一方安宁与繁荣的绿洲，在这 50 年的大部分时期，

---

① Jeroen J.H. Dekker, "A Republic of Educators: Educational Messages in Seventeenth-Century Dutch Genre Painting," *History of Education Quarterly*, Vol.36, No.2, 1996, pp.155-182.

② Jeroen J.H. Dekker, "A Republic of Educators: Educational Messages in Seventeenth-Century Dutch Genre Painting," *History of Education Quarterly*, Vol.36, No.2, 1996, pp.155-182.

引领着人类的大部分科学与艺术领域。"①

1672年后，在很长一段时间里没有外敌威胁或占据过荷兰的领土，国家总体上较为安全。这导致荷兰共和国缺少积极进取的精神。到了18世纪，荷兰共和国逐渐走向衰落。具体而言，荷兰共和国的衰落主要由以下原因引起：缺少强有力的领导，疏于继续维持强大的海军；中上层人士享受着17世纪的繁荣，过着一种"田园牧歌式"的生活；食利者阶层过大；不愿意参与国际事务；欧洲其他强国的竞争；人口太少，领土面积过小；等等。

第二节 家庭教育

中世纪时期，荷兰人对儿童期并不重视。但到了16、17世纪，荷兰的绘画开始表现出对儿童和儿童期的重视。对儿童的重视离不开现代家庭的建立，这种家庭是以父母与子女之间的亲密关系和情感为标志的。将重心放在孩子身上，是17世纪荷兰家庭的标准镜像。孩子被认为是值得教育的，他们没有做好生活的准备，应该在家里和学校中受到特殊的对待。荷兰人非常强调父母的教育职责，并出版了不少书籍、绘画对家庭教育加以引导。

一、家庭教育的目的

在17世纪的荷兰，教导儿童敬畏上帝以获得救赎，是父母的教育理想。②加尔文派提出的儿童原罪说，并未带来教育上的悲观，相反激发了教育上的

---

① 转引自[美]马克·T. 胡克:《荷兰史》，黄毅翔译，97页，上海，东方出版中心，2009。

② Jeroen J.H. Dekker, *Educational Ambitions in History: Childhood and Education in an Expanding Educational Space from the Seventeenth to the Twentieth Century*, Frankfurt am Main, Peter Lang GmbH, 2010, p.31.

乐观主义。这表现在，出版了不少新教教育类的书籍，其目的就是鼓励家庭成为小型教堂，让儿童越早在家参加宗教活动越好。荷兰宗教改革的先驱，威廉·蒂利尼克（Willem Teellinck，1579—1629）将儿童描绘成一张白纸，当缺少父母干预时，由于儿童天生的邪恶，他们将不可避免地走上错误的发展方向。雅各布·凯茨也使用了"儿童是一张白纸"①的表述。1693 年，英国教育家洛克正式提出了"儿童生来就是一块白板"的"白板说"。

17 世纪荷兰的绘画突出了对家庭的关注。在绘画中，通过对比良好的和不良的行为，引导人们去追求美德。同时，荷兰画家哈布里尔·梅曲（Gabriel Metsu，1629—1667）在《阿姆斯特丹市长吉利斯·瓦尔切尼尔的一家》（The Family of the Amsterdam Burgomaster Gillis Valckenier）绘画中，展示了精英家庭的幸福感。该画有一个性别布局：左边是父亲和他 6 岁的儿子，被描绘为王子的沃特（Wouter）；右边是两位妇女与三个小女孩，4 岁的丽贝卡（Rebecca）坐在地上，她前面是一只受过良好训练的狗。这幅画蕴含着良好的教育寓意。② 通常一个男人和他的妻儿紧密地出现在桌子旁边，就是一个虔诚家庭的表现。好的家庭、好的父母，就会产生好的教育效果。

二、父母的教育职责

荷兰人认为，好的婚姻是良好家庭教育的基础。加尔文派教徒雅各布·考尔曼（Jacobus Koelman，1631—1695）是荷兰有影响的教育家之一，1679 年他出版了关于道德学习的书籍——《父母教育子女的天职》（*De Pligten der Oud-*

---

① Jeroen J.H. Dekker, *Educational Ambitions in History：Childhood and Education in an Expanding Educational Space from the Seventeenth to the Twentieth Century*, Frankfurt am Main, Peter Lang GmbH，2010，p.44.

② Jeroen J.H. Dekker, *Educational Ambitions in History：Childhood and Education in an Expanding Educational Space from the Seventeenth to the Twentieth Century*, Frankfurt am Main, Peter Lang GmbH，2010，p.51.

ers, in Kinderen voor Godt op te Voeden, Parental Duties to Raise Children for God),这本书今天仍然在再版。他在书中提到如何选择配偶。① 因为在文艺复兴以前，人们选择结婚对象主要考虑是否便利，而非爱。他认为，理想的伴侣应该是年龄相当，有着同样的宗教信仰、社会文化地位、道德观念，并以爱为基础的对象，因而教育的理想也是家庭的理想。

雅各布·凯茨要求父母承担教育的责任与义务。他指出，年青人道德品质不良时，不要责怪他；应该责怪的是他的父亲没有把他教育好，他的父亲应该为此受到惩罚。② 父亲的责任在于树立权威、进行教育和成为良好的榜样，尤其是指导女儿谨慎地选择结婚对象。在荷兰绘画中，父亲总是与全家人一起出现，而对于母亲来说，她可能与其中的一个孩子一起出现。雅各布·凯茨于 1632 年出版了一本书，名为《新旧时代的写照》，该书包括拉丁语在内的各种语言的成百上千条谚语。他建议父亲引导子女养成美德，要求父母提高自己的素养，这意味着他们需要具备阅读与书写的知识。

雅各布·凯茨的书受到不同宗教信仰的人欢迎，其原因在于他的书充满趣味，减少了道德教育的枯燥性。他的书文笔流畅，蕴含着道德哲理，这也是在市场上受到欢迎的重要原因。在荷兰革命之后，要求人们放弃快乐和享受的道德说教为人们所摒弃，世俗的道德要求受到重视，雅各布·凯茨的道德箴言书反映了这一需求，因而受到加尔文派和天主教的欢迎。除传统的智慧、公正、坚韧、节制四种美德以外，雅各布·凯茨还强调信仰、希望和爱，

---

① Jeroen J.H. Dekker, "Moral Literacy: the Pleasure of Learning How to Become Decent Adults and Good Parents in the Dutch Republic in the Seventeenth Century," *Paedagogica Historica*, Vol.44, Nos.1-2, 2008, pp.137-151.

② Jeroen J.H. Dekker, *Educational Ambitions in History: Childhood and Education in an Expanding Educational Space from the Seventeenth to the Twentieth Century*, Frankfurt am Main, Peter Lang GmbH, 2010, p.42.

他认为这些道德品质应在所有的教育中为人们所学习和应用。①

　　荷兰的家庭绘画表现了诸多母亲陪伴孩子的情景。在不少绘画中，女性是以母亲的形象出现的，这说明在荷兰文化中母亲是女性的理想角色。绘画通过比较良好母亲与不良母亲的形象，引导人们去模仿或予以摒弃。在当时，表现家庭美德的绘画较为流行。风俗画家彼得·霍赫（Pieter de Hooch，1629—1684）的两幅绘画表现了这一主题，《地下室房间里的母女》以及《开着门的母亲与孩子》，都表现了家庭的亲密关系。②

地下室房间里的母女

　　① Jeroen J.H. Dekker, *Educational Ambitions in History: Childhood and Education in an Expanding Educational Space from the Seventeenth to the Twentieth Century*, Frankfurt am Main, Peter Lang GmbH, 2010, p.45.

　　② Jeroen J.H. Dekker, "A Republic of Educators: Educational Messages in Seventeenth-Century Dutch Genre Painting", *History of Education Quarterly*, Vol.36, No.2, 1996, pp.155-182.

开着门的母亲与孩子

三、家庭教育的方法

针对上流社会家庭妇女不愿意亲自哺育孩子的不良社会风气,雅各布·凯茨提倡母乳喂养,以及母亲亲自哺育孩子。他明确指出,妇女生完孩子之后,只是孩子的半个妈妈,只有亲自进行母乳喂养才是一个完整的妈妈。妈妈在不能哺育孩子时,要及时给孩子找到一个好的乳母。[①] 这一思想在 18 世纪的荷兰教育中得到继承。画家威廉·巴特尔·范德库伊(Willem Bartel van der Kooi,1768—1836)作为荷兰启蒙运动的继承者,也较为关注教育。他在 1826 年的作品《喂奶的母亲》中,号召荷兰上流社会的母亲亲自哺育孩子。他主要是受雅各布·凯茨"一个好的母亲在于用母乳喂养"思想的影响。这也表

---

① Jeroen J.H. Dekker, "Moral Literacy: the Pleasure of Learning How to Become Decent Adults and Good Parents in the Dutch Republic in the Seventeenth Century," *Paedagogica Historica*, Vol. 44, Nos.1-2, 2008, pp.137-151.

明了他乐观的心态，即通过教育儿童能促进社会的发展。①

荷兰的绘画表明，受基督教传统思想的影响，人们认为儿童由于受外界的诱惑而远离美德，因此家长尤其是母亲应为孩子提供教育。雅各布·凯茨认为，孩子不良的言谈举止来自他的父母。② 他要求母亲让自己的孩子远离有不良行为的同龄人，孩子在 7 岁以前应在母亲身边接受教育，母亲应该对孩子进行个别教育，让孩子相互比较只能导致妒忌。

一些绘画对儿童玩耍显示出否定的态度。同时，也有一些绘画表明了人们对儿童玩耍持相对宽容的态度，承认玩耍在促进儿童发展中的作用，如不少绘画呈现了儿童在街头玩耍的情形。人们相信，通过激励儿童游戏也能促进儿童的发展。

荷兰的父母很少体罚孩子，这在当时体罚盛行的其他欧洲人看来简直就是溺爱。当时正统的教育学理论要求摧毁儿童的意志，但在荷兰人看来，应对儿童的意志进行矫正而非摧毁。雅格布·考尔曼在《父母教育子女的天职》中强调，严格的教育应从矫正儿童不服从的意志开始。③ 他反对体罚儿童，即使需要对他们进行惩罚，也只能打儿童的屁股。荷兰的绘画表明，荷兰人异常关爱孩子，这与欧洲其他国家的文化不同。荷兰人对儿童有一种特殊的感情。

---

① Jeroen J.H. Dekker, *Educational Ambitions in History: Childhood and Education in an Expanding Educational Space from the Seventeenth to the Twentieth Century*, Frankfurt am Main, Peter Lang GmbH, 2010, pp.80-81.

② Jeroen J.H. Dekker, "Moral Literacy: the Pleasure of Learning How to Become Decent Adults and Good Parents in the Dutch Republic in the Seventeenth Century," *Paedagogica Historica*, Vol. 44, Nos.1-2, 2008, pp.137-151.

③ Jeroen J.H. Dekker, *Educational Ambitions in History: Childhood and Education in an Expanding Educational Space from the Seventeenth to the Twentieth Century*, Frankfurt am Main, Peter Lang GmbH, 2010, p.45.

换句话说，从这些绘画中可以发现，"共和国的儿童"首先产生于荷兰共和国。[①]

第三节 初等教育

在文艺复兴和宗教改革运动的推动下，荷兰近代初等教育开始产生。17世纪的荷兰教育继承了中世纪以来教堂学校和修道院学校的传统，仍然受宗教的影响，尤其是受加尔文派影响较深。一些初等教育机构开始采用荷兰语进行教学，并为贫困儿童提供免费教育。教育的内容面向社会现实生活。在教育实践中，体罚仍然盛行，但遭到不少教育家的反对，这为 18 世纪大规模反对体罚提供了思想的先导。

一、历史沿革

从 5 世纪起，荷兰成为法兰克王国的一部分。为了传播基督教，需要有受过教育的传教士，因而教堂和修道院成为培养传教士的场所，它们为打算当神父和教士的人提供 5～12 年的宗教教育。有些学校还开设哲学、法学课程，使用拉丁语教学。在修道院学校，教士从事各种活动，以支持神父布道。他们还亲自劳动，开垦荒地，进行耕作，向居民展示谦恭的基督徒形象。修道院学校教给教士们的就是这种谦恭。荷兰第一所修道院在 714 年建于南部一个名为苏斯特伦(Susteren)的小村庄。这所修道院毫无疑问就是上面所描述的修道院学校的典型。830 年左右建在荷兰北部斯塔沃伦(Stavoren)的圣奥德

---

① Jeroen J.H. Dekker, "A Republic of Educators: Educational Messages in Seventeenth-Century Dutch Genre Painting," *History of Education Quarterly*, Vol.36, No.2, 1996, pp.155-182.

尔富斯(St. Odulphus)修道院也是一所这样的学校。① 修道院学校主要教年青的教士从事农业和商贸活动，教堂学校则履行乡村的宗教教育职能。由于缺少受教育的机会，直到 1000 年，只有 1% 的荷兰人掌握了阅读能力。②

为了向荷兰人传播宗教知识，以培养虔诚的基督徒，1179 年和 1225 年召开的宗教会议颁布法令规定，必须从幼年起就向他们灌输宗教原理。所有的主教、大公、伯爵和领主允许教师在自己的领地开办教育机构。此后，越来越多的教区学校设立起来了，为将来打算从事教会活动的人提供宗教教育。有的儿童刚满 7 岁就开始学习唱赞美诗，阅读《圣经》，学习计算宗教庆典时间。这些教区学校都是由批准者指定一个俗人承担教师的职责，教会对学校的课程进行干预，使学生能专心参与宗教仪式。教区学校属于初等教育阶段，教学水平很低，只要求学生学习简单的宗教作品以及唱歌等，以便他们能参与宗教仪式。学校缺少书本，教学方法多为死记硬背。这导致大多数学生毕业后并不具备阅读能力。表现良好的 7~10 岁学生可以接受中等教育，以拉丁语作为教学语言。14 世纪以后，荷兰进入了商业社会，人们需要掌握拉丁语进行商业贸易，因而教育更加受到重视。

中世纪后期，荷兰的初等教育得到了较大发展。文艺复兴之后，贵族与绅士不再仅仅需要掌握传统的打猎、娱乐与运动等方面的知识，还需要掌握文学与修辞等。学校教育成为将文化知识传递给下一代的主要手段。出于宗教信仰的原因，人们对数字较为着迷，尤其是对数字"7"。几个世纪以来，数字"7"被用于基督教教义问答的教学之中，如七宗罪(the seven deadly sins)等。教义问答最初在家中进行，随后运用在学校教育中。宗教教学使用大量的表征和图示说明，这种直观的教学方式成了"穷人的圣经(Biblia pauperum)"。

---

① ［俄］萨利莫娃、［荷］多德：《国际教育史手册》，诸惠芳、方晓东、邹海燕主译，325 页，北京，人民教育出版社，2012。

② ［俄］萨利莫娃、［荷］多德：《国际教育史手册》，诸惠芳、方晓东、邹海燕主译，325 页，北京，人民教育出版社，2012。

《圣经》充满了图画，主要是为不识字的穷人所绘制。布道和教义问答都强调学生通过祷告等自我修行活动使学习内在化。13 世纪以后，书本在教义问答中越来越重要。例如，有些教义问答手册是为牧师和修行者准备的，有些教义问答书则是为普通教徒出版的。① 到了 16 世纪，由于路德等人的推崇，带有插图的书籍广泛流行。为了回应新教派别，天主教也编辑出版了相应的书籍，供中小学生使用。

二、教育宗旨

在民族意识的影响下，初等教育机构的教学语言开始以民族语言为主。荷兰的初等学校主要为荷兰语学校(Nederduitse school)，包括公立学校和私立学校。除此之外，还包括教会和市政当局资助的"慈善学校"，以及众多的孤儿学校。宗教改革之前，荷兰的个别城市已经开始创办公立学校，并制定了学校管理制度。1578 年、1581 年和 1586 年分别在多特、米德尔堡和海牙举行的宗教会议，都论述了学校及教会扶持学校的职责问题。到 17 世纪中叶，荷兰全国各地都建立了由市政当局管理并资助的初等教育机构。

各种新教教育思想为近代初等教育的发展奠定了基础，其中荷兰教育受加尔文派的影响较大。加尔文花费毕生心血完成的《基督教要义》及其朋友写的《海德堡教义问答》，对荷兰的宗教改革和教育产生了巨大影响。1561 年，狄百利(Guy de Bray)完成的《比利时信条》，成为荷兰加尔文派的信仰标准。早在 1583 年，泽兰省市镇公会就遵守一条规定(其他市镇公会的规定大致与此相同)，要求所有学生学习主祷文、十诫、关于基督教信仰的文章、晨祷和晚祷、饭前和饭后的祈祷文以及日常的祈祷文，以提升学习有关上帝的知识

---

① Peter van Dael, " Two Illustrated Catechisms from Antwerp," In Petrus Canisius, Koen Goudriaan, Jaap van Moolenbroek, Ad Tervoort, *Education and Learning in the Netherlands, 1400—1600: Essays in Honour of Hilde de Ridder-Symoens*, Leiden, Koninklijke Brill NV, 2004, p.278.

的能力。① 这一时期，学校以加尔文派教义作为教育的主要内容。可以说，17—18 世纪的荷兰教育与加尔文派密不可分，初等教育仍以宗教目标为主导。

在初等教育中，教学以宗教目的为主，兼顾现实生活，体现了宗教性与世俗性的结合。同欧洲其他国家一样，为维护自己的信仰，荷兰的公立学校极为重视基础文化知识的学习，以便学生能够阅读基督教的《教理问答》。当然，培养儿童的工作能力也极为重要，尤其是对为数众多的孤儿来说，接受基本的教育以掌握一定的工作能力，能够使他们避免不良雇主的剥削，并在艺术、手工业等行业中游刃有余。

17 世纪初，荷兰内部对于神的主权问题争论不休，甚至恶化为政治上的分裂。1610 年，反对加尔文派的人发布了一份抗辩声明，引起诸多争议，教会于 1618—1619 年召开多特会议（The Synod of Dordt），并就此展开辩论。在这次会议中，抗辩者被视为异端，其抗辩声明亦被否定。1618 年 11 月多特会议通过了一份由家庭、学校及教会共同对儿童及青年进行基督教教育的条例。内容如下："为了依据宗教原则勤勉地教导基督教青年，虔诚地培训他们，应当采取三种方式进行问答式的教学：（1）在家里由父母施教；（2）在学校里由教师施教；（3）在教堂里由牧师、长老及传道师，特别是专门任命来教诲青年的传道师施教。为了使上述人等能勤勉地履行其职责，要求基督教的地方官员运用他们的权威，来推动这一神圣和必要的工作，要求所有对教会及学校有监督责任的人对这个问题特别留意。"②该条例要求必须在乡村、集镇及城市建立学校，穷人子女免费接受教育。因此，这一条例为荷兰建立乡村学校，以及为贫困家庭孩子提供教育奠定了基础。原则上，荷兰学校向所有的儿童开放，不论其宗教信仰、社会地位、性别如何，都应当接受基础教育。市政

---

① ［俄］萨利莫娃、［荷］多德：《国际教育史手册》，诸惠芳、方晓东、邹海燕主译，339 页，北京，人民教育出版社，2012。

② ［美］E.P.克伯雷：《西方教育经典文献》上卷，任钟印译，329~330 页，北京，人民教育出版社，2016。

当局收取低额学费。对于那些家庭极为贫困而无力就读的学生，教会代缴学费。学费一般分为现金和实物两种，实物包括泥煤和蜡烛。由于儿童在7岁时就可以参加劳动，迫于生计而很早就进行工作的儿童，可以在夜校或主日学校学习，这样就为所有的儿童提供了读书识字的学习机会。1644年，荷兰哈伦市通过了一项免费教育穷人的计划，将穷人安排到市区的四所座堂学校接受教育。①

三、教学内容

17世纪初，荷兰只存在少量的私立教育机构，大部分儿童主要是在家庭中接受教育。在私立学校，儿童主要是学习字母表中的所有字母。4~6岁的儿童还要学习拼写。荷兰语学校主要教授宗教知识、阅读和书写，以培养儿童良好的公民素养，以及养成加尔文派的宗教信仰。教义问答是主要教学方式之一，《教理问答》和《圣经》段落、吟唱的诗篇以及诵经，贯穿于小学教育的每一天。在此期间，儿童也学习拼写、阅读，并且阅读充斥宗教和道德箴言的书籍，以培养对"真正的宗教"之爱，了解祖国的历史，产生对侵略者和宗教迫害者的仇恨。在星期天，儿童与教师一起到教堂做礼拜，这更加明确了学校与加尔文派的关系。

教义问答是加尔文派教会学校的重要教学内容。1587年，弗里斯兰宗教界(The Frisian Synod)召开了一次会议，规定教师应该"忠实地展示《海德堡教义问答》，并将其灌输给年青人"。由于《海德堡教义问答》内容较为繁杂、晦涩难懂，在1599年出版的时候，有的省份引进了马尼克斯(Marnix)的《科尔特贝格里》(Cort Begri)作为儿童的教材，这相当于缩编本的《海德堡教义问答》。根据多特会议的建议，年幼的儿童在家学习基本的字母、主祷文、其他祈祷文和宗教信仰的文章，以及《十诫》。初等学校的学生应当学习《海德堡教

---

① 钟文芳：《西方近代初等教育史》，75页，上海，上海科技教育出版社，2006。

义问答》的缩编本，而《海德堡教义问答》的完整本则供最年长的学生使用。

　　由于市政当局收费较低，除宗教知识、阅读、书写等基本课程外，一些实用课程如写作、算术、外语（一般为法语）等需要另行收费。此外，市政当局禁止私立学校进行拉丁语教学，以此维持公立学校的优势地位。

　　在16世纪后期，随着商业发展和出版业的繁荣，荷兰人将数学与簿记一起进行教学。在荷兰的学校里，主要教学内容有法语、算术、簿记。16世纪70年代中期，荷兰的城市学校开设了簿记课程。在1576年之前，来自比利时安特卫普市（Antwerp）的校长马蒂斯·明登斯（Mathys Mintens）曾经在代尔夫特（Delft）教过两年的簿记课程。[①] 16世纪末至17世纪初，更多的城市开设了簿记课程，以满足商业社会蓬勃发展的需要。

　　受伊拉斯谟思想的影响，16、17世纪的荷兰强调儿童的道德教育，小学生学习3R（读、写和宗教），所有内容都必须建立在提升学生的道德素养基础之上。道德教育的目的在于发展学生的各种美德，这反映在当时的绘画与著作中。对于女孩，主要是教她们守贞洁，让她们理解贞洁的价值。对于男孩，主要是教他们去奋斗，以建立和谐的家庭，而非过放荡的生活。这种思想其实早在15世纪或者说中世纪后期就已经显现，即探讨家庭与儿童的关系。17世纪进一步对其加以规范。到了18世纪，儿童不再被视为家庭的财产，而是国家的公民，这体现了现代国家对儿童培养的要求。

四、教学方法

　　与上流社会不同，荷兰中下层家庭的教育方法仍然充斥着对儿童的恐吓。不少家长打骂孩子，认为孩子被邪恶控制。伊莎贝拉（Isabella）是一位乡村牧

---

　　① Karel Davids, "The Bookkeeper's Tale: Learning Merchant Skills in the Northern Netherlands in the Sixteenth Century," In Petrus Canisius, Koen Goudriaan, Jaap van Moolenbroek, Ad Tervoort, *Education and Learning in the Netherlands*, 1400—1600: *Essays in Honour of Hilde de Ridder-Symoens*, Leiden, Koninklijke Brill NV, 2004, p.240.

师的妻子，在自传中记录了她从小经常被母亲打骂的情节，而且当时学校里比家庭中体罚要严重得多。① 家长普遍用各种阴森可怖的鬼怪吃人故事吓唬孩子，其目的是保证儿童的安全和服从管教，让儿童晚上待在家里，远离水源等。这种做法遭到了雅各布·凯茨的批评。他认为，这样可能会导致儿童恐惧，并养成胆怯的性格。传教士雅格布·考尔曼也对专门用来吓唬儿童的鬼怪故事进行了批评。洛克的《教育漫话》于 1697 年被译为荷兰语，他也提出为了保护儿童脆弱的心灵，不能对儿童讲精灵、鬼怪故事，以及令人害怕的恐怖故事。②

由于荷兰初等学校面向所有儿童，班级中可能混杂着不同年龄、性别、宗教信仰的儿童，这就要求教师必须进行个性化教学。教师会根据孩子的宗教背景进行测验、监督和奖励。③ 当时并没有专门培养师资的机构，教师无从学习有关教学法和教学原则等方面的知识。如同普通家长一样，教师从雅各布·凯茨的诗歌和道德伦理中寻求指导。通过象征性手法，雅各布·凯茨传播了基本的教学理念，以及文明的教学和生活方式。他的观点主要是在伊拉斯谟教育思想的基础上形成的。伊拉斯谟的思想对荷兰的教育实践具有一定的指导作用。伊拉斯谟认为，古典遗产和《圣经》为教育提供了必要的素材，并阐述了将其传授给学生的方法。首先，他提倡游戏教学，让孩子们把学习当作游戏的过程。其次，他指出，教师要经常赞美儿童，"如果要鼓励儿童变

---

① Herman W. Roodenburg, "The Autobiography of Isabella De Moerloose: Sex, Childrearing and Popular Belief in Seventeenth Century Holland," *Journal of Social History*, Vol.18, No.4, 1985, pp.517-540.

② Herman W. Roodenburg, "The Autobiography of Isabella De Moerloose: Sex, Childrearing and Popular Belief in Seventeenth Century Holland," *Journal of Social History*, Vol.18, No.4, 1985, pp.517-540.

③ [荷]杜威·佛克马、弗朗斯·格里曾豪特：《欧洲视野中的荷兰文化(1650—2000 年)：阐释历史》，王浩、张晓红、谢永祥译，184 页，桂林，广西师范大学出版社，2007。

得高尚，表扬往往比痛苦的打击更好"①。对于学习成绩较差和能力较弱的儿童，教师应当同样给予奖励。最后，伊拉斯谟认为竞争是一种良好的激励方式。他还强调早期习惯的重要性以及榜样的影响力，要求教师了解学生，因材施教。

此外，学校的规章制度也强调灌输"良好的礼仪和道德"的重要性。雅各布·凯茨写道："纪律总是行之有效的。"同伊拉斯谟一样，他反对废除对儿童的体罚。"当涉及体罚的时候，学校的教师们可以考虑这种已被认可的教育儿童的权威方式。在必要的时候，教师应该使用皮带和手杖。就像在过去的几个世纪里一样，这些依然是行之有效的教育工具。"②尤其是在人数较多的班中，不同年龄的孩子一起学习，维持秩序可能会遇到一定的困难。在这种情况下，教师们通常会有点过于急切地想通过体罚解决问题。然而，他们过于严厉或不公正时，可能会引起儿童家长的不满，家长或许会把孩子从学校带走，由此导致18世纪荷兰家长大规模反对学校体罚的行为。虽然纪律是家庭教育的组成部分，但相比其他国家而言，荷兰父母的体罚更轻一点。③

五、教师聘用

荷兰所有本民族语学校的教育目的都以培养学生的宗教意识为主，初等教育的教学内容也是以宗教知识为核心。从阿姆斯特丹公共事务局给教师的

---

① Leendert F. Groenendijk, "The Reformed Church and Education During the Golden Age of the Dutch Republic," *Nederlandsch Archief voor Kerkgeschiedenis*, No.1, Vol.85, 2005, pp.53-70.

② R. Dekker, Uit de Schaduw in't Grote Licht. *Kinderen in Egodocumenten van de Gouden Eeuw tot de Romantiek* [*Out of the Shadows into the Bright Light. Children in Ego Documents from the Golden Age to the Romantic Era*], 1995, pp.176-177.

③ Leendert F. Groenendijk, "The Reformed Church and Education During the Golden Age of the Dutch Republic," *Nederlandsch Archief voor Kerkgeschiedenis*, No.1, Vol. 85, 2005, pp.53-70.

指示中，可以看出教师应完成以下任务。

①照顾好来上学的孩子们，按时到校，即上午8时和下午1时到校。

②在孩子们中间保持良好的纪律。

③领导孩子们学习基督教的祈祷、十诫、洗礼、圣餐以及《教义问答手册》，这些应在每个星期日下午的教堂进行。

④放学以前，让孩子们唱圣诗和圣歌。①

在教师聘用方面，多特会议明确规定必须加强对教师的管理。在所有的学校中，只有正统的基督教徒可以任教。在此之前，任何宗派的人士都可以担任教师。但现在教师必须签署联合信条，即《比利时信条》和《多特信条》，并承诺拥护加尔文派教义。受聘教师"只能是(新教加尔文派)的成员，并有信仰诚实、生活虔诚、精通教义问答的真谛的证明。他们要在一份文件上签字，宣告他们信仰《圣经》和《海德堡教义问答》，并许诺根据基督教原理对青年教授教义问答"②。教师要根据学生的年龄和能力施教，一星期至少两天，不仅要让他们牢记有关教义问答的真理，而且要把这种知识慢慢地灌输进他们的心灵中。教师关心的不仅是让学生熟记教义问答，而且要使他们正确地理解其中的教理。行政当局会给予教师补贴以达到这一目的。1619年8月，乌特勒支地区要求校长和教师签署联合信条，并大量辞退信仰天主教的教师。

政府对私立学校的监管越来越严厉，尤其针对创始人不是加尔文派教徒的学校。无论何时，教师都应遵循加尔文派的意愿，这使得信奉天主教的父母拒绝送孩子上学。由于学费是学校收入的主要来源，学生数量越少，教师收入越低。政府在视察中发现，不少信奉天主教的女教师打着小型托儿所、编织学校和缝纫学校的幌子，向学生宣传天主教教义。于是，大量的天主教

① [美]E.P.克伯雷：《外国教育史料》，华中师范大学教育系等译，340页，武汉，华中师范大学出版社，1991。

② [美]E.P.克伯雷：《西方教育经典文献》上卷，任钟印译，330页，北京，人民教育出版社，2016。

私立学校被关闭，家长只得送孩子去公立学校，富有家庭则选择送子女出国读书。然而，某些多教并存的城镇具有较大的自由，地方行政官往往对秘密办学的私立学校较为宽容。1642 年，哈勒姆学校的教师中就有 35 名加尔文派教徒、8 名门诺派教徒、11 名天主教徒。① 1654 年，荷兰所有学校都收到了一份书面通知，要求在星期日下午祷告服务之后进行教义问答的教学，所有传教士都必须服从。②

荷兰教会认为行政当局对其他信仰过于宽容与顺从，它希望荷兰成为一个"纯粹的加尔文派"国家。在荷兰共和国境内，尤其是总议会直接管辖的地区，他们罢免了所有天主教神职人员、公务员和教师。③ 在乌特勒支和其他地方，许多人致力于改善教堂、家庭和学校的宗教教育，有些校长甚至为此受到了纪律处分。④ 为了保证任命正统的、虔诚的、有能力的基督教教师，1654—1655 年各地纷纷颁布了学校章程，如阿彭德（Appingedam）省发布的《格罗宁根城镇和农业地区的学校章程》（School-ordre in de Provincie van Stadt Groningen ende Ommelanden），乌特勒支省发布的《乌特勒支省学校章程》（Stichtse School Order）等。⑤ 1655 年，总议长（the States General）颁布法令，要求在共和国内所有地区实施《城镇、庄园和村庄学校章程》（School-reglement in de Steden ende ten Platten Lande in de Heerlickheden ende Dorpen Staende onder

---

① Leendert F. Groenendijk, "The Reformed Church and Education During the Golden Age of the Dutch Republic," *Nederlandsch Archief voor Kerkgeschiedenis*, No.1, Vol.85, 2005, pp.53-70.

② Leendert F. Groenendijk, "The Reformed Church and Education During the Golden Age of the Dutch Republic," *Nederlandsch Archief voor Kerkgeschiedenis*, No.1, Vol.85, 2005, pp.53-70.

③ Leendert F. Groenendijk, "The Reformed Church and Education During the Golden Age of the Dutch Republic," *Nederlandsch Archief voor Kerkgeschiedenis*, No.1, Vol.85, 2005, pp.53-70.

④ Leendert F. Groenendijk, "The Reformed Church and Education During the Golden Age of the Dutch Republic," *Nederlandsch Archief voor Kerkgeschiedenis*, No.1, Vol.85, 2005, pp.53-70.

⑤ Leendert F. Groenendijk, "The Reformed Church and Education During the Golden Age of the Dutch Republic," *Nederlandsch Archief voor Kerkgeschiedenis*, No.1, Vol.85, 2005, pp.53-70.

de Generaliteyt)。① 中央政府掌管任命学校教师的权力。事实上,尽管 1655 年法令对天主教学校的管理非常严格,但它很少被执行。

经历了约 80 年的战争和宗教改革之后,17 世纪中期的荷兰共和国盛行一种高度开放的人道主义思想,并产生了诸多教育中心和教育形式。每个村庄设有至少一所小学,荷兰女性的读写能力也令人惊讶,各地传阅着大量的书籍。伊拉斯谟早在 1525 年就指出,在世界上任何地方都不能找到像在低地国家那样多的识字的人。② 17 世纪,荷兰商业资本主义的发展需要大批具有知识的人。例如,掌握航海、造船等技术,需要受过一定的技术训练,这促使荷兰人必须获得一定的读写知识。因此,荷兰的识字率高于欧洲其他大多数国家。③

当然,荷兰初等教育也有一定的局限性。尽管 17 世纪的荷兰教育和文化事业颇为活跃,但并未形成全国性的教育系统。荷兰北部的公立学校受教会和市政当局的影响极大,而且各城市的教育具有高度一致性。另外,在工业化之前,世界各国对童工的使用非常普遍,成千上万的荷兰女童工进入纺织业,她们可以获得住宿、食物以及少量的报酬。④ 尽管如此,到了 17 世纪中叶,荷兰初等教育基本普及。加尔文派主张"因信称义",要求每个信徒都能阅读《圣经》,这无疑也促进了初等教育的发展。这一时期以拉丁语学校和法语学校为代表的中等教育与以主日学校、小型学校为代表的初等教育的双轨

---

① Leendert F. Groenendijk, "The Reformed Church and Education During the Golden Age of the Dutch Republic," *Nederlandsch Archief voor Kerkgeschiedenis*, No.1, Vol.85, 2005, pp.53-70.

② [俄]萨利莫娃、[荷]多德:《国际教育史手册》,诸惠芳、方晓东、邹海燕主译,337 页,北京,人民教育出版社,2012。

③ Jeroen J.H. Dekker, "Moral Literacy: the Pleasure of Learning How to Become Decent A-dults and Good Parents in the Dutch Republic in the Seventeenth Century," *Paedagogica Historica*, Vol.44, Nos.1-2, 2008, pp.137-151.

④ Elise van Nederveen Meerkerk, Ariadne Schmidt, "Between Wage Labor and Vocation: Child Labor in Dutch Urban Industry, 1600-1800," *Journal of Social History*, Vol.41, No.3, 2008, pp.717-736.

制产生了。直到 18 世纪，荷兰的初等教育一直没有较大变化，道德教育居于首要地位，智力训练必须服从道德培养。

第四节 中等教育

在 17 世纪以前，荷兰的中等教育机构数量很少，而且中等教育与初等教育合并在一起。中等教育的目的在于为富家子弟升入大学做准备。在中世纪，阿姆斯特丹只有一所拉丁语学校。儿童在 6 岁入学，学习拉丁语语法、修辞、辩证法以及古罗马演说家西塞罗、诗人维吉尔的著作等。由于荷兰本国没有大学，荷兰学子经过 8 年的学习，为大学学习做好准备后，前往鲁汶、巴黎等地求学。在 15、16 世纪，受人文主义思想的影响，荷兰各地纷纷建立了拉丁语学校。另外，经济的发展使得富家子弟对学习商业算术和外语感兴趣，进一步促进了中等教育的发展。到了 17 世纪，荷兰的中等教育机构主要有两种类型：拉丁语学校和法语学校。这两种学校都属于精英教育机构，只有少数学生才有机会就读。

一、拉丁语学校

宗教改革之后，荷兰的初等教育和中等教育逐渐分化，基础知识的教学由荷兰语学校承担，较为高深的知识则由拉丁语学校传授。拉丁语学校的教育对象是有志于学术的 10~15 岁青少年。为了突出拉丁语学校相对于私立学校的优势地位，使市政会以拉丁语学校为荣，荷兰禁止增设教授拉丁语的私立学校。荷兰形成了较为发达的拉丁语学校网，几乎胜于当时欧洲其他任何一个国家。1650 年，荷兰有 92 所拉丁语学校，甚至几乎每一座城镇都拥有一所拉丁语学校，它成了城镇文化、浓厚的学习氛围和虔诚信仰的中心。加尔文主义和人文主义思想共同影响着拉丁语学校。

1625 年，荷兰颁布了《荷兰学校政令》，宣布统一拉丁语学校。政令对拉丁语学校的教学内容和学习方法做出了明确规定。拉丁语学校设有 6 个课程班，学生们可以自行调整学习进度，每周为 32~34 节课。掌握拉丁语也是教学的主要内容，前 3 年拉丁语学习每周占 20~30 节，后 3 年拉丁语学习每周占 10~18 节。在前 5 个年级，学习的重点是拉丁语，其次是希腊语。其余课程是宗教与书法。在高年级，还开设了修辞和逻辑课程。学校实行升留级制度，学生们只有运用所学内容，正确回答由其他学生在讨论中提出的问题，才能晋升到高一年级。对于成功晋升到高一年级的学生，学校会赠送佛斯厄斯和科门纽斯编写的教科书作为奖品。①

拉丁语学校有较为正式的教材。学生们首先要阅读伊拉斯谟的谈话录，然后阅读西塞罗的书信和其他材料；进入四年级后阅读特伦斯（Terence）、奥维德（Ovidius）、维吉尔的作品，再重新阅读西塞罗的书信。进入二年级后，学生通过学习佛斯厄斯的教科书来掌握修辞学。进入最后一学年，要学习数学、几何、天文学等科目，同时学习伦理学和逻辑学。逻辑学的指定教材是弗兰克·贝尔戈尔斯丁克教授的著作。学生一旦修完课程，就有权向听众和校董事会成员发表一篇演说，这篇演说也意味着学生学业的结束。

在当时，拉丁语是掌握主要知识源泉的工具。从拉丁语学校毕业的学生能够升入大学，开始参与文化与学术生活。拉丁语学校约有一半的毕业生，进入大学深造。他们首先会进入艺术学系，然后转入法律或医学系。另一半毕业生将会依靠自己所接受的良好教育，进入不同的职业领域。这些毕业生或教书，或到艺术学校代课，或进入行会。

拉丁语学校的修业年限较长，学习的难度较大。学生除了学习拉丁语，

---

① ［荷］杜威·佛克马、弗朗斯·格里曾豪特：《欧洲视野中的荷兰文化（1650—2000 年）：阐释历史》，王浩、张晓红、谢永祥译，184 页，桂林，广西师范大学出版社，2007。

还需学习希腊语和希伯来语。教科书价格昂贵，还必须购买西塞罗、维吉尔等人的著作。高昂的费用使得普通家庭的子女对拉丁语学校望而却步。然而过分强调古典风格的教育，又令其脱离时代的要求，致使拉丁语学校不可避免地走向衰落。

二、法语学校

1581 年，荷兰共和国成立后，其南部地区仍处在西班牙统治之下，但安特卫普引领荷兰经济发展的时代已经结束了。荷兰开始主要依靠海岸城市，特别是阿姆斯特丹来发展经济。许多佛兰芒（Flemish）难民带着他们积累的资本和专业知识，逃往荷兰北部新教地区。由于这些难民的涌入，再加上海外经济的扩张，年轻的荷兰共和国发展为一个具有重要地位的贸易国家。荷兰人在海上的霸权开启了所谓的"黄金时代"。大约在 17 世纪中叶，这一繁荣达到了顶峰。共和国的繁荣吸引了更多的移民，其中最大的移民群体是来自南方的讲法语的胡格诺教徒。为了谋生，这些教徒建立了许多法语学校，以传播法国文化。法语学校成为当时荷兰中等教育的一种主要形式，在法语成为荷兰最重要的一门外语的过程中发挥了重要作用。法语成为荷兰学校唯一定期向学生传授的外语。

17 世纪初，法语学校主要属于商业学校。6~12 岁属于初等教育阶段，12~15 岁属于中等教育阶段。中等教育性质的法语学校课程包括簿记、商业算术与法语。所用的教科书有林茨（A. van Lintz）的《商人账户》、佩特里（N. Petri）的《实践算术与簿记》和科克（D. Cock）的《算术》。法语的教科书有格鲁（Th. la Grue）的《最佳法语入门》和马林（P. Marin）的《学习法语和荷兰语的原理和惯用法的新方法》。[①] 18 世纪后，随着社会的发展，法语学校被改造

---

① [俄]萨利莫娃、[荷]多德：《国际教育史手册》，诸惠芳、方晓东、邹海燕主译，341 页，北京，人民教育出版社，2012。

成普通教育机构。

此外，当时荷兰不少城市还开办了一些职业技术学校。这些职业技术学校最早提供的是服务部门人员的培训。在 17 世纪的荷兰，有关测量、评估、记账、堤防设计、门锁制造、房产、建筑、航海等技能，都有学校开设专门的课程，许多市民愿意为此支付一定的费用。至 17 世纪 80 年代，职业技术学校还开设化学等方面的课程。1684 年，荷兰政府颁布相关法令，要求工厂必须请教师向童工们传授一些基本知识。一些工厂内部也开设了相关的专门技术类课程。例如，当时荷兰的造船业在世界上久负盛名，连俄国的彼得大帝都慕名前来学习。学徒制在传授应用型知识和专门技能方面发挥了重要作用。特别是一些外国手工艺人到荷兰后，荷兰人通过当学徒的方式学到了许多新工艺与新方法。

第五节　高等教育

"黄金时代"的荷兰高等教育发展迅速。在莱顿大学创办后，荷兰各地的高等教育机构相继建立。为满足人们对高等教育发展的需要，除了设立大学外，荷兰还开设了面向中产阶级的光辉学院(illustrious school)和修辞学院等具有高等教育性质的机构。大学的课程设置比较广泛，并积极开展科学研究。荷兰大学的医学、化学、法学等学科较为发达，引领了当时欧洲高等教育发展的潮流。光辉学院和修辞学院则继承古典主义传统，为中产阶级子弟提供了一条类似于精英阶层的高等教育之路。

一、发展概况

在"黄金时代"，荷兰共有 11 所高等教育机构。1575—1648 年，荷兰建立了 5 所大学以及 6 所没有学位授予权的光辉学院。在 5 所大学中，有 2 所是由光辉学院升格而成的。① 反抗西班牙的革命爆发后，当时的鲁汶大学（Catholic University of Leuven）等天主教大学，对于荷兰人来说变得遥不可及。为了维护自己的信仰，荷兰政府兴办了新教性质的大学。

1575 年莱顿大学创办后，荷兰各城市在 17 世纪建立了各类高等教育机构，如鹿特丹、弗拉讷克、阿姆斯特丹、格罗宁根、乌特勒支、米德尔堡等都建立了属于它们的高等教育机构。1587 年，莱顿大学教师莱克吕兹建立了植物园，其他大学如乌特勒支大学、格罗宁根大学（Groningen University）、弗拉讷克大学（Franeker University）也纷纷效仿。1585 年，弗拉讷克大学成立后开设了物理学和数学课程，在学术界有一定的名气。弗拉讷克大学还开设了测量、航海和筑城技术等课程，这些课程用荷兰语讲授，因而直至今日在航海领域一些术语仍然用荷兰语表述。1631 年，弗拉讷克建立了自己的植物园。植物园引进国外多种植物，并逐渐成为研究中心。1600 年，哈尔德韦克学院（Harderwijk Athenaeum）建立。1648 年，该学院升格为哈尔德韦克大学（University of Harderwijk）。格罗宁根大学创立于 1614 年。经过 30 多年的筹备，1630 年德文特学院（Deventer Athenaeum）成立。

1632 年，莱顿大学和乌特勒支大学建立了自己的天文台。1634 年，乌特勒支建立了 2 所光辉学院，即斯海尔托亨博斯（'s-Hertogenbosch）学院和多德雷赫特（Dordrecht）学院，两年后它们升格为大学。② 大学里开设各种讲座，具有一定的学术自由风气。1637 年笛卡儿的《方法论》出版后，在乌特勒支大学掀起了"笛卡儿热"。阿姆斯特丹大学创立于 1632 年，原名为阿姆斯特丹光辉学院（Athenaeum Illustre），1877 年才更名。1634 年，阿姆斯特丹神学院

①　Dirk van Miert, *Humanism in an Age of Science：The Amsterdam Athenaeum in the Golden Age, 1632-1704*, Leiden, Brill, 2009, p.21.

②　Dirk van Miert, *Humanism in an Age of Science：The Amsterdam Athenaeum in the Golden Age, 1632-1704*, Leiden, Brill, 2009, p.21.

（Remonstrant Seminary）成立。1686 年，聚特芬(Zutphen)开办了一所学院，为拉丁语学校的毕业生提供一年的教育。当然，并非所有大学的创办都很成功，也有一些不成功的案例。例如，1656 年奈梅根大学（University of Nijmegen）创办后，一直没有获得政府的承认，致使其办学规模逐渐萎缩，17 世纪 70 年代关闭。①

在 17 世纪，荷兰各地开始建立光辉学院。如 1646 年，布雷达(Breda)建立了光辉学院。光辉学院的招生对象是成人。与大学相比，光辉学院的办学较为灵活，部分课程采用荷兰语教学，体现了鲜明的荷兰特色。光辉学院与大学的一个重要区别在于它不能授予学位，而且它不受 4 个学院建制的限制。大学的 4 个学院按照神学、医学、法学和文学(分为历史、修辞和哲学)来任命教授，而光辉学院很少全部设置这 4 个学院，它只在不同领域设立一些教授职位，如阿姆斯特丹光辉学院最初只设有 2 个文学教授职位。

大学或学院的办学主体一般是市议会，它们通过会议发起建校倡议。但哈尔德韦克学院的办学主体是盖勒(Gelre)的地方政府。同时，教会也扮演着重要的角色。学生毕业后准备为地方市政或公众服务时，教会会为他们提供学费补助。大学的不少校舍来源于荷兰革命时期没收的天主教会的财产。新创办的大学或学院完全由新教所控制。规模小一点的光辉学院，也为地方官员授予荣誉神学教授的职位。

大学的创办给地方经济带来了诸多好处。大学生多来自精英家庭，在食宿方面支出较大，餐馆、旅馆以及运动场都受益。当然，他们也带来了一些社会问题，当地人甚至将他们视为游手好闲之徒。城市也逐渐认识到大学给当地带来的好处，因为它提高了城市的竞争力。家长将子女送入附近的大学就读，使子女不必远离家庭，家长可以更好地监督子女的行为。因为孩子从

---

① Dirk van Miert, *Humanism in an Age of Science：The Amsterdam Athenaeum in the Golden Age, 1632-1704*, Leiden, Brill, 2009, p.22.

拉丁语学校毕业时只有 15 岁，外出求学容易受到外界的诱惑。同时，也减少了租房支出。当时的大学规模不大，一般只聘任 2~3 位教授和 1 位注册管理员。

二、莱顿大学

（一）创立过程

16 世纪上半叶，为摆脱西班牙的殖民统治，荷兰爆发了革命，并取得了独立。但直至 1575 年，新兴的荷兰共和国没有一所大学，而科学的复兴开始逐渐强调学术研究的重要性。为了维护国家独立、宗教信仰自由和培养高级人才，莱顿人决定建立自己的"知识中心"。

1574 年 10 月，威廉·奥兰治（Willem van Oranje，1533—1584）亲王带领莱顿人打败了西班牙人的进攻。为了奖励莱特人，威廉让他们选择是建立一所大学还是享受免税政策。当时荷兰还没有大学，荷兰人如果想去大学深造，必须前往比利时的鲁汶大学或欧洲其他国家的大学。鲁汶大学是一所虔诚的天主教学校。由于宗教信仰的限制，荷兰人去其他地方上大学十分不便。莱特人选择了前者。1574 年 12 月 28 日，威廉·奥兰治亲王正式向国王提出创办一所大学的建议。[1] 1575 年 1 月 2 日，国王接受了该建议，决定在莱顿建立一所大学。莱顿大学的教学内容不限于神学，而是拓展到"一切纯正和自由的艺术和科学"。大学将是"自由和诚信政府最可靠的支撑，不仅在宗教事务中发挥这样的作用，而且在一切有关普通公民的福祉的问题上，都将发挥这样的作用"。[2] 总而言之，大学既可为公民提供宗教教育，又可为国家各机构、各行业培养有文化的人。

1575 年 2 月 8 日上午，莱顿市民兴高采烈地走上街头，参加了莱顿大学

---

[1] 董俊新：《莱顿大学》，10 页，长沙，湖南教育出版社，1988。

[2] 鲁成文：《荷兰文化》，228 页，上海，上海社会科学院出版社，2013。

成立的盛大游行。游行队伍由大学教师和抗击过西班牙殖民者的市民自卫军组成。他们手举旗子和武器,以《圣经》为先导,通过一些临时搭建的凯旋门,最后到达莱顿大学的所在地拉蓬堡大街。一艘载着阿波罗和9个缪斯神像的木船在此迎候,象征着莱顿大学的诞生获得了艺术众神的护佑。①

西方近代大学的校址最初都与教会有较深的渊源。莱顿大学最初的校址设在拉蓬堡大街的圣·巴尔巴拉修道院(Saint Barbara-klooster)。1577年,迁移到法里德·巴海纳教堂(Faliede-Bagynen-Kerk)。1581年,又迁移到白衣修女修道院(Klooster van de Witte Nonnen),至今它仍然被视为莱顿大学的主要建筑物,有讲堂、评议会和校史博物馆。

(二)教师选聘

莱顿大学将招聘优秀的教师作为建设大学的重要举措。其首任学监杜斯(Jan van der Does,1545—1604)为此做出了巨大贡献。创立之初,莱顿大学从欧洲其他各国重金聘请了各学科的著名学者。文艺复兴之后,古典文化知识受到重视,人人都需要阅读古代作品,精通古典语言显得尤为重要。莱顿大学重金邀请了著名的语言学家利普西斯(Justus Lipsius,1547—1606)②和斯卡里格(Joseph Scaliger,1540—1609)③任教,他们的影响远远超出了语言学界。利普西斯的著作《永恒性》(De Constantie,1584年)一书被称为"晚期人文主义的圣经"。斯卡里格精通多种语言,其著作《修正时间》(De Emendatione Temporum,1583年)按照年代顺序整理了古代民族的历法。1578年,在鲁汶大学任教的利普西斯辞去教职,应邀到莱顿大学任教。利普西斯由于不属于加尔文派,遭到教会的抵制,但在莱顿大学的保护下,他在该校任教十多年。

---

① 董俊新:《莱顿大学》,10页,长沙,湖南教育出版社,1988。

② 利普西斯是佛兰芒的语言学家、哲学家和人文主义者。他写了一系列旨在以与基督教相容的形式复兴古代斯多葛主义的作品,极具代表性的有《永恒性》。1579年,莱顿大学聘任他为历史学教授。他在担任莱顿大学校长的4个任期内,推动了早期莱顿大学的发展和创新。

③ 斯卡里格是法国宗教领袖和学者,他以将古典历史的概念从古希腊和古罗马历史扩展到包括波斯、巴比伦、犹太和古埃及历史而闻名。他在荷兰度过了生命的最后16年。

1591 年，利普西斯离开莱顿大学重返鲁汶大学后，在荷兰领导人莫里斯以及莱顿大学学监们的努力下，意大利著名语言学家斯卡里格应聘到莱顿大学任教。莱顿大学承诺给予他丰厚的待遇，免除他授课的义务，只需要培养几位优秀的学生，其地位仅次于校长。为了让他顺利到达荷兰，政府派出一支舰队前往意大利迎接。斯卡里格在莱顿大学工作到 1609 年去世。莱顿大学对古代语言学的重视，其原因是多方面的，主要是为了满足学生阅读古代作品的需要，同时也满足了荷兰政府与东方各国商业交往及其殖民的需求。

伴随着莱顿经济的快速发展以及荷兰经济的不断扩张，莱顿大学引进了大批国外顶尖学者，并为其提供优厚的待遇。同时，在杰纳斯·杜萨（Janus Dousa，1545—1604）[①]、利普西斯和斯卡里格等学者的努力下，17 世纪的莱顿大学迅速发展为欧洲学界翘楚，吸引了欧洲各地的知识分子。来自各地的著名学者，为莱顿大学的发展做出了巨大贡献。莱顿大学内设有荷兰最早的植物园，用于生物科学研究；拥有圆形剧场式的解剖教室，用于生理学实验，它也是当时一流的医学研究中心。在把新科学用于医学方面，莱顿大学一直是开路先锋，在 1709 年任命赫尔曼·布尔哈夫（1668—1738）为教授以后，莱顿大学医学院就在欧洲处于领先地位了。[②] 这一时期，莱顿大学在解剖学、生理学、机械学、实验物理学和化学等领域都取得了杰出的成就。

（三）科学研究

文艺复兴中被唤醒的科学研究精神，在 17 世纪初传播到荷兰北部。这一时期莱顿大学为自然科学研究创造了极为有利的环境。莱顿大学在解剖学领域所取得的突出成就，使得它被看作 18 世纪早期最杰出的医学教育中心。值

---

① 杜萨是荷兰的政治家、法学家、历史学家、诗人和语言学家。利普西斯和斯卡里格的到来在很大程度上归功于他的卓越见解；同时他也是莱顿大学图书馆建设的重要推动者，是莱顿大学第一位图书馆馆长。

② ［英］J.S. 布朗伯利：《新编剑桥世界近代史（第 6 卷）：大不列颠和俄国的崛起（1688—1715/1725 年）》，中国社会科学院世界历史研究所组译，62 页，北京，中国社会科学出版社，2018。

得一提的是，当时的生理学并未与解剖学严格分开。直到 17 世纪末，生理学仍然被包含在解剖学这一术语之中。这一时期的生理学实验主要是指在解剖动物活体时检查内部器官的运行，如血液循环、呼吸、消化和繁殖等。莱顿大学为生理学实验创造了有利的物质条件和宽松的人文环境。一方面，在旧的贝居因教堂(Beguine Church)基础上建造了解剖学教室，可供师生进行活体解剖。学校植物园南边走廊的房间，可放置用于活体实验的小动物。另一方面，一些教授为自然科学研究做出了不懈的努力。例如：约翰内斯·范·霍恩(Johannes van Horne)选择在他宽敞的住处进行实验研究，他还依照实验目的的不同，在花园或谷仓进行实验；安东·努克(Anton Nuck)在居所内的"圆形剧场(domestic amphitheatre)"进行实验；学生斯瓦默丹(Swammerdam)甚至在其宿舍里进行了活体解剖实验。[1]

值得注意的是，此时弗朗西斯·培根的归纳法尚未指出假设的启发性价值，而正是在莱顿大学的生理学实验中，人们开始使用实验证明假设的方法。但此时莱顿大学的研究者们更多的是去证实假设，而非基于客观的角度去试验。因此，若一开始假设就是错误的，则很难保证实验结果的客观性和正确性。尽管如此，17 世纪莱顿大学仍在生理学和解剖学方面取得了丰硕的成果。其中，颇具代表性的有约翰内斯·瓦勒(Johannes de Wale)的血液循环实验、德·格拉夫(De Graaf)的消化实验以及斯瓦默丹的呼吸实验等。这些实验从当代科学研究的视角来看，可能显得相当粗糙，有些实验结果受主观因素的影响，可能未必正确，但这些实验在扩展人类对动物身体及其功能的认识、揭露自然的秘密等方面奠定了重要的基础。正是在这里，生理学实验开始被重视并得到逐步发展。这些实验对于理解生命体及其呼吸、消化和生成的功能、心脏和血液循环的功能，以及神经和肌肉系统具有重要意义。同时，研究者

---

① Th.H.Lunsingh Scheurleer, G.H.M.Posthumus Meyjes, *Leiden University in the Seventeenth Century: An Exchange of Learning*, Leiden, E.J. Brill, 1975, pp.279-289.

在实验中所付出的努力，也体现了大学进行大胆探索和研究的科学精神。

荷兰的医学教育较为发达，它在世界上最早开设了人体解剖课程。1589年，保夫(Peterus Pauw)在莱顿大学第一次公开解剖人体，并进行了讲解。3年后，学校建造了一座解剖学直观教学大讲堂。① 这是世界大学史上第一座医学解剖直观教学大讲堂。解剖教学推动了医学教育的发展。最初，由于医疗水平的限制，为避免尸体腐烂、确保尸体的状态良好，解剖教学一般在寒冷的冬天进行，并且学生只能观看，不能自己动手解剖。荷兰的医学教育对欧洲其他国家产生了较大的影响。1572年，伦敦颁布的一项法律规定，凡是伦敦的医生，解剖尸体都必须当众进行，否则就要被处以罚款。1697年，彼得一世率代表团到荷兰考察时，在解剖展示中心也曾观看尸体解剖。

1632年1月，杜尔普在圣安东尼门附近的老计量局大楼进行解剖活动。荷兰画家伦勃朗受外科行会的委托，为解剖活动创作了油画《杜尔普教授的解剖学课》。被解剖的对象是名叫阿瑞·斯金迪特的男子，他因犯下抢劫、强奸和谋杀未遂的罪行而被判处绞刑。大厅被巨烛吊灯照亮，观看者有地方官、教士、学者、商人和普通市民，收门票。杜尔普是布商之子，酷爱诗歌和美术，曾开办过助产士培训班，以求降低妇女产褥期的死亡率。1622年，他进入由36人组成的阿姆斯特丹市政委员会，担任过8届市财政局局长，主持过东印度公司，还担任过4届市长。杜尔普是阿姆斯特丹第一个乘坐马车出诊的医生，他曾建议同行们开设医药局。伦勃朗的这幅画受到了广泛赞誉。有人写道："神威的手切开了苍白的肢体，杜尔普吐出了学问的言辞：听讲的人们，了解你自己吧。看我解开一个个部件，你会相信，在最最细致的地方，也有冥冥中上帝的存在。"②

在医学教育的促进下，莱顿大学的植物学和化学学科也得到了迅速发展。

---

① 鲁成文：《荷兰文化》，152页，上海，上海社会科学院出版社，2013。

② 转引自鲁成文：《荷兰文化》，153页，上海，上海社会科学院出版社，2013。

1592 年，65 岁的植物学家科鲁西斯(Carolus Clusius)不再授课后，建立了一个可供教学和观赏的植物园。在植物园创办之后，植物学一直由医学院的教授管理，他们主要关注的是医用植物。后来，莱顿大学认识到化学研究对于医学的重要性，1669 年，设立了供化学教学和研究用的实验室。化学的发展不仅体现在实践、理论和炼金术等方面，还体现在化学医学的发展方面。这一时期，代表性的化学家有范·赫尔蒙特(Van Helmont)。他极大地推动了荷兰化学的发展，也使莱顿大学医学院学生人数骤增。当然，在医学实践中化学产生的最直接的影响来自弗朗西斯·西尔维乌斯(Franciscus Sylvius)，他提出的疾病理论使之成为莱顿大学当之无愧的临床医学奠基人。英国医生克里斯托弗·洛夫·莫利(Christopher Love Morley)在其《莱顿化学早期著作选》(*Prodromus：Collectanea Chymica Leydensia*)中记载了莱顿大学的化学讲座。书中提及了当时开设讲座的一些教授及其理论。1592 年欧洲第一个化学实验室——马尔堡实验室成立。60 年后，莱顿大学成立了第一个实验室，并一直沿用至 1819 年。[1] 不难发现，这一时期荷兰的化学发展取得了突出成就，而且莱顿大学对化学学科具有浓厚的兴趣。

莱顿大学对物理学的发展也做出了巨大贡献。在 17—18 世纪初，莱顿大学的佛尔德和赫拉菲山德把物理学引入以实验为主的方向，使得"Physica"渐渐具有我们今天所称的物理学这一概念的特征。[2]

莱顿大学对学术研究的重视，还体现在其图书馆的设立与发展方面。1575 年，由于设立在米德尔堡(Middelburg)和费勒(Veere)两个地方的图书馆未得到妥善照管，濒临关闭，莱顿市长决定将这两所图书馆转移到莱顿，以便大学中买不起书的贫困生可以获得阅读的机会。1585 年 3 月，杜萨被任命

---

① Th.H.Lunsingh Scheurleer, G.H.M.Posthumus Meyjes, *Leiden University in the Seventeenth Century：An Exchange of Learning*, Leiden, E.J. Brill, 1975, pp.337-341.

② 董俊新：《莱顿大学》，45 页，长沙，湖南教育出版社，1988。

为图书馆馆长，这标志着莱顿大学图书馆的设立。图书馆正式开放是在 1587年 10 月 31 日。它设在大学旁的拱形房间中，占地 9 平方米。图书馆开放后，不断采购书籍，1588 年增加了 45 册，1589 年增加了 23 册，1590 年增加了至少 80 册。由于图书增多，馆内空间不足，加上环境潮湿不宜储存图书，1590年 12 月图书馆搬离，并于 1591 年 3 月搬到了贝居因教堂。①

莱顿大学图书馆服务于大学的所有师生。1593 年，莫休森（Molhuysen）进一步指出，图书馆应优先服务于医生、教授和学生。可见，图书馆的服务对象扩展到了大学之外。为避免图书馆不断开放造成的图书滥用问题，1605 年莱顿大学决定图书馆不再对学生开放，因此，从 1605—1630 年，图书馆对大学生至少关闭了 25 年。② 在杜萨去世后，保卢斯·梅鲁拉（Paullus Merula，1558—1607）③成为图书馆新馆长。在他的管理下，图书馆的运行更加严格和规范，同时各方捐赠也使得图书馆进一步发展壮大。④ 莱顿大学图书馆的图书相比欧洲其他大学图书馆，语言类别更加多样，门类更加齐全，地域来源也更加广泛。这为 17 世纪莱顿大学乃至荷兰学术的发展提供了重要资源，也为后世图书馆的发展奠定了重要基础。

莱顿大学的法学教育比较发达，也对后世产生了深远的影响。著名法学家格劳秀斯（Hugo Grotius，1583—1645）是国际法的奠基人。他的父亲是一位

---

① Th.H.Lunsingh Scheurleer, G.H.M.Posthumus Meyjes, *Leiden University in the Seventeenth Century: An Exchange of Learning*, Leiden, E.J. Brill, 1975, pp.402-403.

② Th.H.Lunsingh Scheurleer, G.H.M.Posthumus Meyjes, *Leiden University in the Seventeenth Century: An Exchange of Learning*, Leiden, E.J. Brill, 1975, p.405.

③ 保卢斯·梅鲁拉，荷兰法学家、古典主义者、历史学家、地理学家和图书馆馆长。1592 年，他被任命为莱顿大学历史学教授。从 1597 年直到去世，他一直担任莱顿大学图书馆馆长。

④ 根据记载，莱顿大学获赠的图书一部分来自当地法官、市民以及一些在莱顿大学学习或已毕业学生的捐赠，另一部分来源于国外的支持，如伦敦医学院学生古里默斯·艾耶赠送的 3 本英文图书，可能是莱顿大学图书馆第一批英文图书，威尔士人亨利库斯·佩雷斯赠送了母语版的图书手稿《大不列颠坎布罗语系基础》。此外，还有波兰兄弟雷伊·纳格洛维奇和厄奎茨·波洛尼赠送的关于波兰王国的法律法规等的图书。

人文主义者,曾经担任莱顿大学校长。1594年,由于天资聪颖,11岁的格劳秀斯进入莱顿大学学习,主修哲学和古典语言学。他兴趣十分广泛,在大学期间翻译了荷兰数学家西蒙·斯蒂文(Simon Stevin)的《静力学》和《流体静力学》,以及古希腊诗人阿拉托斯撰写的天文学著作《物象》。1597年,14岁的格劳秀斯通过了哲学论文答辩,从莱顿大学毕业。莱顿大学开设了罗马法、现代法、封建法、国际法等课程。法学家马斯特迪(Jacobus Maestertius)、鲁西(Albertus Rusius)和约翰内斯·福特(Johannes Voet)都曾担任莱顿大学的法学教授,他们都强调将法学研究与现实社会中的法律事务结合起来。

(四)历史影响

随着各学科体系的发展成熟,17世纪莱顿大学不仅引进了国内外一批知名学者,而且吸引了大批国外学子前往求学。由于学校统一采用拉丁语授课,来自德国、法国、爱尔兰、英国、奥地利、俄国、瑞典和丹麦等国的大学生,可以毫无语言障碍地在莱顿大学学习。据统计,在18世纪第一个25年,共有1 430名德国人、406名苏格兰人、339名英格兰人和147名奥地利人在莱顿大学注册学习。①

莱顿大学与国内外学术交流频繁,其中与瑞典的学术往来较为密切。它是瑞典年青人经常去游学的外国大学。17世纪上半叶,瑞典通过军事上的胜利在欧洲迅速崛起,相伴而来的是对更现代化教育的需求,而国内的乌普萨拉大学(Uppsala University)②已无法满足这一要求。于是,瑞典的军事家、外交家等上层人士的子女会先在乌普萨拉大学学习,然后去其他国家的大学继续深造,以了解其他国家的政治、经济、法律和文化。这些青年还需要学习外语、骑马、击剑和舞蹈等,而莱顿大学迎合了他们的所有需求。此外,丹尼尔·海因修斯

---

① 董俊新:《莱顿大学》,40页,长沙,湖南教育出版社,1988。
② 乌普萨拉大学由雅各布·乌尔夫松于1477年创立,是一所研究型大学,也是瑞典最古老的大学。"Gratiae veritas naturae"是乌普萨拉大学治校的座右铭,意味着要拥抱自然科学。

(Daniël Heinsius，1580—1655)①、沃斯乌斯(G. Vossius，1577—1649)②、巴莱乌斯(Barlaeus，1584—1648)③、萨尔马修斯(Salmasius，1588—1653)④以及博克斯霍尼乌斯(Boxhornius，1612—1653)⑤等著名学者的授课，也是吸引众多瑞典学子前往荷兰学习的重要原因。瑞典学子前往莱顿大学学习的风气盛极一时，1640—1660 年，乌普萨拉大学的一半教授在荷兰学习过，诸多学者与荷兰学者保持着密切的联系。在多普兰(利沃尼亚)(Dorpart，Livonia)和阿博(图尔库)(Abo，Turku)，同样有大批学者在莱顿大学接受过学术训练。

就具体学科而言，在医学领域，瑞典的高等医学教育完全以荷兰的方式为蓝本，几乎所有的医学教授都在荷兰接受过相关的学术训练。在政治学领域，利普西斯的《政治学》(Politica)以及格劳秀斯的作品无疑是影响最大的。事实上，荷兰一些法学家和神学家的观点，对减少瑞典学术生活中经院主义的影响做出了重要贡献。在神学方面，荷兰同样产生了巨大的影响。一方面，伊拉斯谟和格劳秀斯等学者发挥了积极作用；另一方面，不少瑞典学生前往莱顿大学学习《圣经》的注释。此外，荷兰的数学、科学等同样对瑞典的学术

---

① 丹尼尔·海因修斯是荷兰文艺复兴时期著名学者之一。1598 年他定居于莱顿，1602 年开始在莱顿大学讲课，1603 年被任命为诗学教授，1605 年担任希腊语教授。1607 年梅鲁拉去世后，他继承其职位，成为莱顿大学图书馆第 4 位馆长。1612 年，他被任命为政治学教授。

② 沃斯乌斯是荷兰著名的古典学者和神学家。1595 年他进入莱顿大学学习古典语言、希伯来语、教会史和神学。1600 年，他被任命为多德雷赫特拉丁语学校(the Latin school in Dordrecht)的校长，并致力于文献学和历史神学的研究。1614—1619 年，担任莱顿大学神学院的院长。1622 年，被任命为修辞学和年代学教授，随后担任希腊语教授。沃斯乌斯不仅在荷兰，而且在法国、英国等国家都享有盛名。

③ 巴莱乌斯是荷兰文艺复兴时期的人文主义者、神学家、诗人和历史学家。他曾在莱顿大学学习神学和哲学，毕业后在新汤齐村布道一年半。1612 年回到莱顿大学，成为副校长。1617 年担任大学哲学教授，1619 年离职。1631 年起，担任阿姆斯特丹雅典娜大学的哲学和修辞学教授。

④ 萨尔马修斯是法国著名的古典学者。1631 年，他接受了莱顿大学的教授职位。1650 年，他受克里斯蒂娜女王(Queen Christina)的盛情邀请访问瑞典。

⑤ 博克斯霍尼乌斯是著名的荷兰学者，也是莱顿大学的教授。他发现了印欧语系各语族之间的相似性，并认为存在一种原始的共同语言，他称之为"斯基泰语(Scythian)"。他的假设中包含了荷兰语、希腊语、拉丁语、波斯语和德语，后来加入了斯拉夫语、凯尔特语和波罗的语，但将希伯来语等语言排除在外。

发展产生了重要影响。在荷兰求学的学生，回国后为瑞典社会的发展做出了重要贡献。其中不少学生回国后成为外交官或政治家，如索普(Soop)、吉伦斯捷尔纳(Gyllenstjerna)以及巴纳(Baner)等。特别是在瑞典崛起的早期，瑞典政府经常雇佣荷兰人担任外交官，如杰纳斯·鲁特格尔西(Janus Rutgersius)和格劳秀斯等，这些外交官在当时都做出了应有的贡献。①

总之，莱顿大学的建立对于荷兰的意义十分重大。对于一个刚刚脱离战争状态的国家来说，大学的建立将满足国民知识和精神生活的需要。这一时期以莱顿大学为代表的荷兰高等教育是当时现代化教育的先锋，汇集了诸多一流学者，其众多学科领域对荷兰乃至欧洲其他国家都产生了重要影响。

三、修辞学院和其他学院

17世纪的荷兰，除了为精英阶层的子弟提供大学教育外，为了满足中产阶级子弟接受高等教育的需求，还创办了专科性质的高等教育机构——修辞学院和光辉学院等。相比大学而言，这些机构的教学程度较低，教学语言采用荷兰语，办学形式较为灵活。

(一)修辞学院

为了更好地教化青少年，荷兰成立了修辞学院。② 修辞学院最早于15世纪起源于荷兰南部，在15世纪末传入荷兰北部。荷兰大多数城市设有修辞学院，它们发挥着协会或团体的作用。修辞学院招收的学生年龄从十几岁到三四十岁不等，以二十多岁的年青人为主，学院为他们提供类似于七艺的教育。

荷兰社会对年青人如何度过他们的休闲时间深感忧虑。当时荷兰的精英

① Th.H.Lunsingh Scheurleer, G.H.M.Posthumus Meyjes, *Leiden University in the Seventeenth Century: An Exchange of Learning*, Leiden, E.J. Brill, 1975, p.345.

② Arjan van Dixhoorn, Benjamin Roberts, "Edifying Youths: The Chambers of Rhetoric in Seventeenth-Century Holland," *Paedagogica Historica*, Vol. 39, No.3, 2003, pp.325-337.

阶层都以将孩子培养成文明和可信赖的公民为目的。上流社会有能力通过各种方式，让自己的孩子过上丰富而又充实的生活，通过上小学、进入拉丁语学校和大学学习，也许还要参加一次盛大的旅行，或者通过骑马、郊游、跳舞打发时光。他们有钱，买得起昂贵的书籍。对于中产阶级子弟来说，他们选择制度化教育之路的机会有限，也没有相应的教育和休闲。正是修辞学院为他们提供了机会：在修辞学院结束学习后，中产阶级子弟也能进行娱乐、唱歌、闲聊和在文明的氛围中游戏。因此，修辞学院可以说在某种程度上满足了中产阶级的需求，为中产阶级子弟最终成为有教养的、社会所接受的公民提供了机会。

与拉丁语学校和大学不同，修辞学院的教学语言不是拉丁语，而是荷兰语。修辞学院进行大量的修辞技能训练，如纠正拼写、学习写作技巧、提升词汇水平、进行辩论、训练演讲的技巧等，通过这种方式增长学生的知识和提高他们的智慧。

修辞学院有严格的纪律：不允许学生打架、酗酒、有不道德的行为，彼此之间不能出口伤人；要求学生举止端庄，相互尊敬，珍惜荣誉。学院希望像培养上层精英一样，使学生成为有教养的公民。例如，规定学生只能在会议期间适度饮酒，酒必须被优雅地倒入高脚杯里，如果溅出的酒超过一只手或一只脚能覆盖的范围，会被罚款。在听报告时，所有的人都必须集中注意力，保持安静。那些打断报告、笑出声音、拍手的学生将会被处罚。

修辞学院通过比赛、惩罚或奖励来提高学生的修辞技巧。讨论的内容通常为道德修养，以及重大的社会、政治、经济、宗教议题。学生每三个月举行一次重叠句比赛。其中一个学生提出一个问题或主题，参赛者必须用重叠句回答，教师根据问题的内容和朗诵的质量进行评价。这种提问与回答方式渗透在学生学习的文本结构之中，促使他们努力学习及记忆特定的主题。

大约 1527 年以后，荷兰修辞学院的学生可以参加年度比赛。这些比赛都是公开进行，并且高度仪式化的。学生们像游行队伍一样穿过街道，拿着宣传品，一个一个地回应着欢迎的人。当天或第二天，学生们通过朗诵、唱歌展示参赛成果，然后是裁判员的评价、颁奖、歌剧。当获奖者回到自己所在的城镇时，当地还会组织一个盛大的入城仪式，有时由市长出面奖励获奖者。

16 世纪末期，不少修辞学院开始出版有关比赛过程的印刷品。17 世纪早期，修辞学院的学生开始出版个人作品，包括诗集、歌曲和以修辞学院名义编排的戏剧。修辞学院为个人提供了一个表现的舞台，最后让他们能出版自己的作品。例如，约翰内斯·德·斯韦夫(Johannes de Swaef)写作了第一本荷兰语的儿童养育手册。这种非常流行的文学活动提高了学生的文化水平，他们熟悉精英的文学形式与古典文学作品，在上层精英与普通民众之间起到了桥梁作用。①

各地修辞学院的竞争，使有才能的年青人脱颖而出，因此它也成为一种选拔人才的机制。修辞学院的学生年龄差距较大，他们之间相互学习，有利于年轻学子的快速成长。当然，修辞学院并非向所有的青少年敞开大门，它的目标是培养有文化的成员，因而有必要选择成员。为了进行舞台表演和诗歌朗诵，修辞学院的学生必须忙于写作、创作歌曲、在公众面前演讲与演出。学习态度积极的学生认为，他们接受的训练相当于接受了一次大学教育。他们也学习一些上流社会的礼节，如轻轻地摘帽。修辞学院的规章制度禁止学生过量饮酒、打架、玩不道德的游戏、使用攻击性的语言，这也有助于将他们塑造为文明的市民。他们与上层精英子弟所受的教育类似，因而修辞学院为中产阶级子弟提供了一次接受高等教育的机会。通过每周接受的训练，一些优秀的学生学会了撰写著作。他们参与公共辩论，创建自己的文学圈子，

---

① Arjan van Dixhoorn, Benjamin Roberts, "Edifying Youths: The Chambers of Rhetoric in Seventeenth-Century Holland," *Paedagogica Historica*, Vol.39, No.3, 2003, pp.325-337.

并将文化的火把传递给下一代。①

(二)其他学院

1600 年,荷兰成立了荷兰数学学院(Duytsche Mathematique)。它是一所工程学院,采用荷兰语教学。开设的主要课程有防御、地理测量与航海,应用于军事、航海、商业贸易,其目的在于为荷兰快速发展的经济服务。1617 年,阿姆斯特丹的医生塞缪尔·科斯特(Samuel Coster)建立了荷兰学院(Nederduytsche Academie or Dutch Academy)。该校采用荷兰语教学,教学对象不是拉丁语学校的毕业生,而是未接受过学术训练,但想学习科学知识的成年人。学院开设数学、天文学、航海、历史、希伯来语、哲学、文学和戏剧等课程,目标在于培养精明的商人。②

在这一时期,一些新大学仍然拥有中世纪以来的特权,如大学生只要不犯谋杀的罪行,便可在大学的特殊法庭接受审判,而特殊法庭的处理一般要比市政法庭温和许多。他们也不必支付啤酒和红酒的消费税,只要是大学官方注册的学生,都能享有这些特权。注册费也不贵,他们很快就能从买酒时免去的消费税中得到补偿,但这也导致了学生酒后攻击行为的增多。1657 年,乌特勒支大学的管理者废除了免税的特权,导致学生的注册人数从 210 人下降到 16 人。③ 官方的说法是为了减少黑市中酒的交易,而真正的原因在于精英家庭的子弟过量饮酒影响了公共安全。这表明,大学的特权有利于它维持一定的自治地位和促进学术发展,但对特权的滥用不利于其获得良好发展。

① Arjan van Dixhoorn, Benjamin Roberts, "Edifying Youths: The Chambers of Rhetoric in Seventeenth-Century Holland," *Paedagogica Historica*, Vol.39, No.3, 2003, pp.325-337.

② Dirk van Miert, *Humanism in an Age of Science: The Amsterdam Athenaeum in the Golden Age, 1632-1704*, Leiden, Brill, 2009, p.36.

③ Dirk van Miert, *Humanism in an Age of Science: The Amsterdam Athenaeum in the Golden Age, 1632-1704*, Leiden, Brill, 2009, p.27.

第六节　荷兰教育发展的特点

　　宗教改革时期和 17 世纪的荷兰教育深受基督教新教和文艺复兴以来人文主义思想的影响，使得荷兰社会呈现出较为宽容的氛围，国内外教育交往较为频繁。新教提出"因信称义"的主张，要求每个基督徒都能阅读《圣经》，使得教育的对象不断扩大。为满足社会经济蓬勃发展的需要，荷兰各级教育的办学形式逐渐多样化，并具有人文性、实用性和开放性三个特点。

一、人文性

　　自文艺复兴以来，人文主义思想构成了宗教改革时期和 17 世纪荷兰教育发展的基础，而对基督教新教信仰的追求则是其发展的动力。15 世纪末，荷兰的文化大致可以分为三种类型：一是宫廷文化，以布鲁日宫廷为代表。这种文化虚有其表，实际上比较肤浅，称不上是人文主义文化。这种文化活动的目的不在于学习古典文化，而在于从对古代神话的爱好出发，把古典拉丁文作品译成法文，而不是把希腊作家的著作译成拉丁文，其典型特征就是华而不实。二是传统的经院主义文化，以鲁汶大学为代表。鲁汶大学是经院哲学的根据地，最后成为反宗教改革运动的堡垒。三是对经院哲学持批判态度的"现代虔信派(Devotio Moderna)"，其分支之一是"共同生活兄弟会(Brethren of the Common Life)"。[①] 在文艺复兴的大背景下，荷兰受 15 世纪宗教团体共同生活兄弟会的影响，出现了人文主义教育思想。兄弟会成员自愿结合、遵守会规，生活自律、简朴。兄弟会通过兴办学校，培养了一批人文主义教育思想家，如伊拉斯谟、温斐林(Jacob Wimpheling，1450—1528)等，对人文主义

---

　　① 褚宏启、吴国珍：《外国教育思想通史》第 4 卷，199 页，北京，北京师范大学出版社，2017。

精神的传播做出了突出贡献，对宗教改革时期和 17 世纪的荷兰教育也产生了一定的影响。

兄弟会大力兴办教育，其目的是"要给上帝的神殿树立精神支柱"。兄弟会办学成效显著，其布局之广、规模之大、标准之高，令人钦佩。一些较大城市如德文特等地的学校，学生规模均达 2 000 人。兄弟会注重对学校的管理，它不仅建立了学校制度，而且通过章程将学校治理得井井有条。人文主义者赫吉乌斯（Alexander Hegius，1433—1498）虽然不是兄弟会的成员，但他曾是兄弟会兹沃乐学校的学生，毕业后先在埃默伊克（Emmerich）任教，后到德文特学校任教。赫吉乌斯于 1465—1498 年担任德文特学校校长。他将人文主义研究与教育结合起来，力图改革德文特学校的课程，使各门学科人文化。他特别重视希腊语，并将其纳入学校的教学计划之中。同时，他认为学习拉丁语语法非常重要，但语法只是工具，学习它只是有助于阅读和写作，故不应使语法教学陷入形式主义。为便于教学，他把学生分为 8 个年级分别施教。在赫吉乌斯的领导下，德文特学校成为当时荷兰公认的人文主义研究中心。一批批学者和教师纷至沓来，他们将学到的人文主义学术和教育理念传播至远方。①

随着人文主义的影响日甚，鲁汶大学于 16 世纪初引入了人文主义文化。约在 1458 年，人文主义修辞学家特凡诺·苏里戈内在鲁汶大学任教，当时他并没有产生多大影响。进入 16 世纪后，保守的学术氛围开始发生变化，约在 1517 年鲁汶大学设立了一个学院，拟专门教授希腊语、拉丁语和希伯来语。自 1518 年开始，该学院正式教授希腊语和希伯来语。② 在荷兰本地大学建立之前，荷兰人一般前往鲁汶大学学习，因而鲁汶大学的人文主义因素对荷兰

---

① 褚宏启、吴国珍：《外国教育思想通史》第 4 卷，205 页，北京，北京师范大学出版社，2017。

② 褚宏启、吴国珍：《外国教育思想通史》第 4 卷，199 页，北京，北京师范大学出版社，2017。

产生了积极的影响。

受人文主义思想的影响,荷兰仍然是当时欧洲最宽容的国家。莱顿大学作为一所新教大学,自诞生之初就为欧洲其他国家反对天主教的学者提供庇护。荷兰作为17世纪欧洲的强国,因开放包容的学术氛围,成为很多思想家的避难所,不少人将自己的著作带到荷兰出版。例如,法国哲学家笛卡儿长期旅居荷兰,捷克教育家夸美纽斯的不少著作是在荷兰出版的。英国哲学家洛克曾经逃亡荷兰,在荷兰居住的5年期间,写下了《论宗教宽容》,并完成了《人类理智论》。英国哲学家霍布斯盛赞荷兰在独立于西班牙之后的繁荣,他的书也是在本国被拒绝出版后在荷兰出版的。法国哲学家培尔的启蒙运动和政论活动主要是在荷兰开展的。

当然,17世纪荷兰教育中的宽容是有限的。学校只是提倡天主教、基督教和犹太教之间的宽容。政府仍然禁止学校宣传无神论,否则就会将其关闭。法国自由思想家和人文主义者恩登开办的拉丁语学校,开设了数学、物理学、医学和哲学等课程。学校由于具有无神论的气息,而被阿姆斯特丹当局关闭。[①] 1641年,乌特勒支大学的首任神学教授沃埃特担任校长,他和一些保守的教授起诉传播哈维血液循环学说的教师。同时,他指控拥护哈维学说并主张身心二元论的笛卡儿。他的弟子撰写了《笛卡儿哲学》的小册子,将笛卡儿哲学描述为一种无神论和反基督教的理论,笛卡儿不得不出面应战,但其处于下风,只好逃往海牙,并向法国驻荷兰大使蒂利埃求救。蒂利埃通过荷兰奥兰治亲王的关系,才使笛卡儿避免了牢狱之灾,但其思想在莱顿大学和格罗宁根大学都遭到批判。

正是由于人文主义思想的影响,以及多教并存的现实,荷兰教育充满了人文主义的气息。宽容的社会氛围和大学中的思想自由,使得"黄金时代"荷兰的教育、科学和艺术居于欧洲前列。

---

① 鲁成文:《荷兰文化》,176页,上海,上海社会科学院出版社,2013。

二、实用性

荷兰早期的大学都强调实用性，由此形成了教育面向实际的风气，并促进了实科教育的发展。荷兰各省宣布独立后，创办的大学为其提供了充足的智力资源，并成为国家的庇护所。在大学成立仪式上，政府官员都会发表演说，强调政府的需求，要求大学为当地社会服务，至于教会的需求，则排在第二位。相比而言，市政委员会更愿意任命法学院教授，而非神学院教授。[①] 1630 年，大卫·斯堪德鲁斯（David Scanderus）在德文特大学成立大会上的演说中提出，要将"哲学与政治联系起来"，将哲学运用于日常生活之中。1636 年吉斯伯特斯·沃舍斯（Gisbertus Voetius）在乌特勒支大学成立时的演讲中指出，科学能为社会中所有实用的需求提供服务。

17 世纪光辉学院的创办，表明高等教育的定位发生了变化，即高等教育要为地方的实际需要服务。高等教育的办学主体不限于国家和省政府，也可以是地方政府。大学具有一定的独立性，并为所有人的利益服务。

大学开设的课程内容较为广泛，既有语言学、历史，也有植物学、光学、力学（包括静力学）、气象学等，还有年代学、建筑学、地理和水文学等。由于与经济发展密切联系，大学里的商业算术、法学等课程很受欢迎。这在当时的欧洲高等教育中是非常少见的。

荷兰的天文学和物理学都很发达，解剖学位居世界前列。受早期启蒙思想的影响，理性精神受到推崇。人们通过运用理性进行科学实验，可以更好地去了解生命，把握生命的进程。这无疑促进了医学的进步，进而带动了化学的发展。

经济的繁荣使得上大学的人越来越多。传教士逐渐失去了作为信徒的精

① Dirk van Miert, *Humanism in an Age of Science: The Amsterdam Athenaeum in the Golden Age, 1632-1704*, Leiden, Brill, 2009, p.23.

神导师的特权，大学本身的功能得以转变。大学最初是培养神职人员的场所，神学是大学最古老的学科，而拉丁语、希伯来语、迦勒底语等都是二流的学问，它们只是研究《圣经》的辅助工具。随着时间的推移，大学增加了哲学、法学，后来又增加了医学和自然科学等课程。这为大学带来了自由思想，尤其受到新教徒的欢迎。在一些省份，富裕的公民甚至自己开办大学，使年青人能在本省接受大学教育，以抵制自由主义的诱惑。由于大学不直接接受任何个人领导，而只接受本省议会的管辖，所以它们实际上是自治的。

"黄金时代"的荷兰共和国在教育和文化上呈现出一片欣欣向荣的景象，任何人都可以"根据自身的机会和能力从学术、艺术或工商业中获益"①。

三、开放性

荷兰教育代表着欧洲当时较高的教育水准，可以毫不夸张地说，近代教育思想起源于荷兰共和国。与中世纪的教育相比，荷兰教育更多地体现了它的开放性。荷兰人将儿童视为教育的中心，对儿童的重视达到了前所未有的高度。宗教改革以后，教育的对象不再囿于中上层阶级的子弟，也对普通家庭的子弟开放。1619年在多特会议上达成的共识——所有儿童都必须从"学校的恩泽"中获益——促进了荷兰教育的普及。确实如此，那时虽然荷兰没有义务教育，但是人们的文化水平相对很高，很多外国来访者常常为此而惊叹。②

17世纪，荷兰高等教育机构的招生对象不再限于贵族子弟，中产阶级子弟也可以进入修辞学院或光辉学院学习，接受一定程度的高等教育。荷兰还开设了各种职业培训学校，以培养适应商业发展的人才。

此外，荷兰的大学接收来自欧洲其他国家富有阶层的子弟入学，促进了

---

① [荷]杜威·佛克马、弗朗斯·格里曾豪特：《欧洲视野中的荷兰文化(1650—2000年)：阐释历史》，王浩、张晓红、谢永祥译，180页，桂林，广西师范大学出版社，2007。

② [荷]杜威·佛克马、弗朗斯·格里曾豪特：《欧洲视野中的荷兰文化(1650—2000年)：阐释历史》，王浩、张晓红、谢永祥译，179~180页，桂林，广西师范大学出版社，2007。

大学的国际化。17 世纪上半叶，富有阶层认识到教育旅行和大学教育同样重要，它能为贵族子弟在风俗习惯和日常行为方面提供宽广的视野，他们通过与不同国家的人们交往，学会在不同情境中的言谈举止。当时英国上流社会就盛行将孩子送到荷兰去留学，学习成为一名绅士所必需的知识和社会礼仪。例如，维尼(Verney)家族将自己的子女送到法国和荷兰进行教育旅行，期望孩子体验一系列有着细微差别的行为，让他们在有着文化差别的饮食、着装等习俗的不同国家之中增长见识。①

荷兰的大学用拉丁语教学，为来自其他国家的学习者提供了便利。它们吸引了欧洲其他强国如瑞典、法国的青年来学习，荷兰成为当时世界的学术中心之一。思想的开放与国际化办学，是荷兰教育取得成功的重要原因。总之，教育为"黄金时代"的荷兰维护其新教信仰，保持它在世界上的政治、经济、军事霸权起到了支撑作用。

---

① Mark Motley, "Educating the English Gentleman Abroad: the Verney Family in Seventeenth-century France and Holland," *History of Education*, Vol.23, No.3, 1994, pp.243-256.

第七章

俄国教育的发展

俄国在其基辅罗斯发展阶段是欧洲国家，由于中古时期的历史机遇，它无论是在领土上还是在政治和文化生活上都变成了大国。与欧洲其他国家不同的是，它既没有经历文艺复兴，也没有经历西欧式的宗教改革运动，因此，俄国在科学技术和文化教育方面远比欧洲其他国家落后。俄国统治阶级早在15世纪后期就认识到自己在科技方面落后于西欧国家，因而开始引进西方建筑与军事技术，购买大量商品和武器，并试图与西欧国家建立联系。"从15世纪后半叶起，来自欧洲西部的军人、医生以及各种能工巧匠已经活跃在俄国，西方的思想和技术逐渐地在俄国扎下根来。在17世纪，这一过程加快起来。"①但是在这方面，它受到比其强大的邻国瑞典和波兰的阻碍。

16世纪末至17世纪初（1598—1613年）在俄国历史上被称为"大混乱时期"。这一时期直到俄国大贵族、伊凡四世的内侄孙米哈伊尔·费多诺维奇·罗曼诺夫（М. Ф. Романов，1613—1645年在位）被选为沙皇，开创罗曼诺夫王朝方告结束。本章将对16世纪末至17世纪后期俄国社会的百年变迁及其文化教育的发展进行一些论述与探讨。

---

① [英]J.S.布朗伯利：《新编剑桥世界近代史（第6卷）：大不列颠和俄国的崛起（1688—1715/1725年）》，中国社会科学院世界历史研究所组译，968页，北京，中国社会科学出版社，2018。

第一节　俄国社会的百年变迁——16 世纪末至 17 世纪后期

一、俄国历史上的"大混乱时期"

16 世纪，俄国加强了中央集权并形成了等级代表君主制度，手工业和商业得到了一定程度的发展。在其第一代"全俄罗斯的沙皇"伊凡四世（Иван Ⅳ Васильевич，1530—1584）统治时，哥萨克的首领叶尔马克（Т. Ермак）受俄国大商人斯托罗干诺夫家族（Строгановы）的雇用，于 1581 年带领一支哥萨克部队越过乌拉尔山去吞并西伯利亚汗国，打败了古楚姆汗，将俄国领土扩展至西伯利亚西部，建立了地跨欧亚两洲的多民族的"帝国"。不过，直到 1721 年俄国才正式采用"帝国"这一名称。[①]

伊凡四世极力扩展其领土造成的内外矛盾和他多疑残暴的性格，也是导致 16 世纪末至 17 世纪初期混乱局面的重要原因。伊凡四世原定的继承人为其长子伊凡，他才智聪敏。但从 1581 年起，伊凡四世突然怀疑起太子伊凡要弑父篡位，父子关系一度紧张。他和太子伊凡之间的最后一次纠纷是由太子妃叶莲娜引起的：叶莲娜已有数月的身孕，伊凡四世见她只穿一件衬衣，而按当时的观念，妇女穿衣无论如何不得少于三件，便不顾一切地打了她一顿。太子伊凡因维护妻子而遭到致命的一击（一说是父亲用铁头权杖打中了儿子的太阳穴，导致儿子死亡；另一说是父亲用权杖打在儿子耳朵上，儿子后来得热病死亡）。[②]

---

① [美]爱伦·F. 丘：《俄国历史地图解说》，郭圣铭译，40～41 页，北京，商务印书馆，1995。又：古楚姆汗（Кучум，? —约 1598）是西伯利亚汗，1582—1585 年曾与叶尔马克作战，坚持抗击俄军至 1598 年。参见[苏]А.М. 普罗霍罗夫等：《苏联百科词典》，丁祖永、马世无、王力文等译，462 页，北京、上海，中国大百科全书出版社，1986。

② [苏]Р. Г. 斯克伦尼科夫：《伊凡雷帝传》，谷中泉等译，264～267 页，北京，商务印书馆，1986。

1584年伊凡四世病逝后，由其懦弱无能的次子费多尔·伊凡诺维奇（Федор Иванович，1557—1598，1584—1598年在位）继位。伊凡四世在去世前设立了一个由四人组成的摄政班子辅政。但在伊凡四世死后不久，莫斯科便发生了骚乱，摄政班子不到一个月就不复存在了。后来，费多尔沙皇的妻弟鲍利斯·戈都诺夫（Борис Годунов，约1552—1605，又译"戈杜诺夫"）依靠服役贵族的支持恢复了强有力的中央集权统治。费多尔·伊凡诺维奇在位时，鲍利斯·戈都诺夫实际上已经掌握了国家大权。1598年1月7日费多尔沙皇病逝。由于他无嗣而终，其弟季米特里也于早年意外丧命，留里克王朝就此终结。

俄国的第一个王朝在1598年消亡了。"随之而来的是政局混乱，纷纷扰扰。陷入无政府状态，这就给俄国西边那些敌人提供了一个绝好的机会，招致了侵略。从费奥多尔（即费多尔——编者注）之死到1613年罗曼诺夫王朝第一代沙皇加冕，在这些'大混乱'的年代里，波兰人和瑞典人都曾经占领过俄国西部一些很重要的地区，有一段时期波兰人甚至还占领了莫斯科。"①"大混乱时期"②具体情况如何，它又是怎样结束的呢？

1598—1613年，俄国上层社会发生了激烈的皇位之争，先后出现了几个政权，如鲍利斯·戈都诺夫（1598年9月—1605年4月）、伪季米特里一世（1605年7月—1606年5月）、瓦西里·叔伊斯基（1606年5月—1610年7

---

① ［美］爱伦·F. 丘：《俄国历史地图解说》，郭圣铭译，44页，北京，商务印书馆，1995。

② 有一种说法认为，俄国历史上的"大混乱时期"是从鲍利斯·戈都诺夫死后开始的，参见［俄］T. C. 格奥尔吉耶娃：《俄罗斯文化史：历史与现代》，焦东建、董茉莉译，120页，北京，商务印书馆，2006。本书根据A. M. 普罗霍罗夫担任总主编的《苏联百科词典》中将16世纪末17世纪初期这一段历史作为"大混乱时期"进行论述，并同意美国学者爱伦·F. 丘的上述论断。参见［苏］A. M. 普罗霍罗夫等：《苏联百科词典》，546页，北京、上海，中国大百科全书出版社，1986。

月）、伪季米特里二世（1607 年 6 月—1610 年 12 月）和七波雅尔政府①等。其中伪季米特里一世和伪季米特里二世都是在波兰当局支持下入侵和篡夺俄国权力的。

戈都诺夫在留里克王朝末代沙皇统治时曾是仅次于沙皇的第二号人物，独揽了内政外交大权。戈都诺夫政府采取了一些有利于俄国社会发展的政策，不仅使旧的城市得到恢复，而且在伏尔加河畔兴建了一些新的城市，并使俄国教会摆脱了对君士坦丁堡的从属地位，建立了独立的总主教区（1589 年）。但是，这一切成绩主要是靠加重对农民的剥削和压迫取得的。1598 年 9 月，戈都诺夫在服役贵族和城镇工商业居民的支持下登上俄国皇位后，"首先照顾到他们的利益……使国家经济、财政稍见好转"②。但他即位不久，俄国就遭遇全国性的大灾荒，全国有 1/3 的居民被饿死。教俗封建主、商人和富裕农民利用饥荒囤积粮食，肆意投机倒把，哄抬粮价。广大农民走投无路，发起了由赫洛普卡（Хлопка）领导的农民起义（1602—1603 年）。这是 17 世纪初俄国农民战争的第一阶段，起义席卷俄国西部、中部以及南部的许多县。起义队伍的主力逼近莫斯科，1603 年 9 月在首都城下的激战中被沙皇军队击败，起义首领赫洛普卡身负重伤被俘。

戈都诺夫政府镇压了赫洛普卡领导的农民起义，但是他在波兰支持的伪季米特里入侵时死去，他 16 岁的儿子费多尔继位。俄国军队在大贵族操纵下拒绝向新沙皇效忠，一部分主力部队倒向波兰支持的伪季米特里，伪季米特里的军队迅速攻到莫斯科城下。1605 年 7 月 21 日，伪季米特里在莫斯科登

①　波雅尔，俄国 9—17 世纪封建主的最高层大领主、大贵族，在基辅罗斯时期为贵族后裔、元老近臣。他们是封侯、公国杜马成员和大领主，在封建割据时期为最富有和最有权势的阶层，是大公国政权的争夺者。他们从 15 世纪起在罗斯国家为最高级官吏、大贵族杜马的成员，充任行政部门、法院和军队要职，发号施令，掌管军队。1610 年，俄国曾由七个贵族组成的政府统治，它名义上存在到 1612 年。据称，它实际上把政权交给了波兰干涉者。1612 年 10 月，被米宁（К.Минин）、波扎尔斯基（Д.Пожарский）领导的第二支民军消灭。
②　孙成木等：《俄国通史简编》上册，113 页，北京，人民出版社，1986。

基，称为伪季米特里一世。他在莫斯科挥霍无度，迎娶波兰统领的女儿为皇后。伪季米特里一世的所作所为使人民感到失望。人民开始抛弃他，离开他的队伍。波雅尔利用人民的愤懑情绪，准备推翻伪季米特里一世以夺取政权。1606 年 5 月 17 日清晨，莫斯科钟声四起，声势浩大的武装起义爆发了。人们冲进波兰贵族的宅院，杀死了大约 2 000 名波兰人。同时，以瓦西里·叔伊斯基为首的 200 多名波雅尔和贵族冲进克里姆林宫，伪季米特里一世在仓皇逃跑时被人抓获并杀死。

伪季米特里一世被推翻后，临时缙绅会议在 1606 年 5 月 19 日推举瓦西里·叔伊斯基为沙皇。他执政时期，俄国爆发了本国历史上第一次大规模的农民战争，即由鲍洛特尼科夫(И. И. Болотников)领导的农民战争(1606 年 7 月—1607 年 10 月)。这是又一次农奴、农民、城市工商业者、射击军①和哥萨克反对农奴制的起义，也是 17 世纪初俄国农民战争的高潮。贵族队伍也参加了起义。起义发生在俄国西南部和南部约 70 个城市以及伏尔加河中下游地区。起义队伍在克罗梅和叶列茨城以及乌格拉河沿岸和洛帕斯尼亚等地击溃沙皇军队，1606 年 10—12 月包围莫斯科。但由于贵族的背叛，1606 年 12 月 2 日，起义军在科特雷村附近被打败，退至卡卢加。1607 年夏秋间，起义军与伊列伊卡·穆罗梅茨率领的队伍在图拉城下激战。在图拉城内被围 4 个月后投降，起义遭到镇压。

鲍洛特尼科夫领导的农民起义被镇压后，波兰和瑞典加紧武装干涉俄国。1607 年 6 月，俄国南部又出现了一个自称是太子季米特里的人，史书称他为伪季米特里二世。波兰国王西吉蒙特三世安排他与伪季米特里一世的皇后玛琳娜结婚，又给了他大量的军队和装备。伪季米特里二世率波兰军队向莫斯科进军，沿途有许多被蒙骗的农民和哥萨克加入了他的队伍，一些宫廷显贵

---

① 射击军是俄国 16—18 世纪早期的卫戍部队，主要驻守在莫斯科，担负宫廷警卫任务，颇有政治影响。

和官吏也转而支持伪季米特里二世，试图利用他的力量推翻沙皇叔伊斯基的统治。1609 年 6 月，伪季米特里二世兵临莫斯科城下。军队攻城不下，决定在离城 17 千米的高地图希诺村扎营。这样俄国一时形成了两个政权并立的局面。

叔伊斯基政权决定向瑞典求援，瑞典政府趁机派军队进入俄国。波兰国王西吉蒙特三世看到伪季米特里二世败局已定，决定趁俄国混乱之际一举吞并俄国。他借口莫斯科同波兰的敌人瑞典结盟，把军队开进俄国，直抵斯摩棱斯克城下，并号召跟随伪季米特里二世的波兰人和哥萨克归顺自己。这样，图希诺阵营进一步瓦解。投靠伪季米特里二世的波雅尔为了自身的利益，派代表团前往斯摩棱斯克同西吉蒙特三世谈判。1610 年 2 月，双方达成协议，推举西吉蒙特三世的儿子瓦迪斯瓦夫做俄国沙皇。叔伊斯基派兵迎战失败，伪季米特里二世的军队趁机离开卡卢加，再次向莫斯科进军。叔伊斯基政权已无力抵抗。他本人于 1610 年 7 月 17 日被大贵族赶下台，其政权为七波雅尔政府所取代，但新政府面临四面被围的形势。8 月 10 日，新政府被迫同波兰军队的统帅茹凯夫斯基进行谈判。双方达成协议，波兰同意派兵进攻伪季米特里二世，俄国承认瓦迪斯瓦夫为沙皇。9 月 20 日夜，茹凯夫斯基的军队进入莫斯科，掌握了莫斯科的实权。波兰的蛮横和波雅尔的卖国行径激起了中小贵族、商人、手工业者和农民的义愤。他们纷纷抗议瓦迪斯瓦夫当沙皇，有人甚至倒向伪季米特里二世，以伪季米特里二世为首的图希诺分子乘势进攻莫斯科，但被击溃。1610 年 12 月，伪季米特里二世被手下人杀死，图希诺伪政权彻底瓦解。莫斯科仍被波兰军队占领着。

1610 年年底，俄国各地掀起了反对外国武装干涉者的民族解放运动。开始，梁赞地区是运动的中心。当地统领普罗科比·梁普诺夫及其兄弟扎哈里·梁普诺夫组织了第一支全民性的民兵队伍,简称民军。① 季米特里·波扎尔斯基(Д. М. Пожарский, 1578—1642)公爵成了民军的著名统帅之一。这支民军曾与波兰军队战斗,但未能解放莫斯科。1612 年 3 月,由库兹马·米宁(Кузьма Минин,? —1616)组织的由他与季米特里·波扎尔斯基共同领导的第二支民军从下诺夫哥罗德出发,溯伏尔加河北上,沿途受到群众的欢迎。8 月,民军与波兰军队展开激战。10 月 26 日,波兰军队被迫投降,被波兰占领了两年有余的莫斯科终于获得解放。

莫斯科解放是 17 世纪初俄国人民反对外国武装干涉斗争的重大胜利,为建立全国性的政权、推选新的沙皇、结束混乱局势奠定了基础。"大混乱时期"人民反对外国武装干涉的斗争,对俄国社会政治思想的发展产生了一定的影响。

俄国独立发展的另一个威胁来自瑞典。在 1613 年左右,瑞典人控制着俄国西北部的一大片地区,北至拉多加湖,南至伊尔门湖,西至芬兰湾。1611 年 7 月 16 日,瑞典军队进入诺夫哥罗德城。诺夫哥罗德大主教伊希多尔和伊凡·奥多耶夫斯基公爵代表诺夫哥罗德同瑞典订立了条约,确定诺夫哥罗德地区归属瑞典国王,由诺夫哥罗德人选举瑞典国王的一个儿子当沙皇。诺夫哥罗德实际上脱离了俄国。

二、罗曼诺夫王朝的建立和 17 世纪中后期俄国社会发展

1613 年 1 月,全国缙绅会议在莫斯科克里姆林宫开幕。50 个城市派出了自己的代表,各等级代表总数为 700 人之多,决定选出新沙皇。会议首先否决了由波兰国王和瑞典国王担任俄国沙皇的提议,最后选举与伊凡四世的儿

---

① 孙成木等:《俄国通史简编》上册,126 页,北京,人民出版社,1986。又:季米特里·波扎尔斯基在《俄国通史简编》中译为季米特里·帕扎尔斯基不太合适。本书按《苏联百科词典》中译本 179 页译出,《俄语姓名译名手册》360 页亦然。

子费多尔沙皇有姻亲关系的米哈伊尔·费多诺维奇·罗曼诺夫为沙皇候选人。[①] 1613 年 2 月 21 日，米哈伊尔·费多诺维奇·罗曼诺夫在克里姆林宫正式加冕为沙皇，开启了俄国的第二个王朝，即罗曼诺夫王朝的统治。

新王朝初建时，首先要处理与瑞典和波兰的关系。1617 年 2 月 27 日，罗曼诺夫政府同瑞典签订了《斯托尔鲍沃和约》，由此瑞典放弃诺夫哥罗德，但仍占有俄国在芬兰湾的一些城市：伊凡城、雅姆、科波里耶和奥列舍克。俄国丧失了波罗的海出海口。1618 年，又有一支波兰军队长驱直入，目的还是夺取莫斯科，但是他们这次未能占领它。1618 年 12 月 1 日，俄国同波兰订立了为期 14 年半的《德乌林诺停战协定》，斯摩棱斯克、契尔尼戈夫、谢韦尔斯克被割让给波兰。俄国暂时获得了安宁。

在"大混乱时期"，"人口大量流徙、死亡，土地大片荒芜，社会生产力遭到严重破坏。到 1615 年，莫斯科县荒废的服役封地仍有 27.6%，勒日夫斯基县有 59%，诺沃托尔日克县有 70%。大世袭领地同样也是一派凄凉景象。谢尔盖耶夫三圣修道院在莫斯科周围拥有 196 000 俄亩土地，1616 年的耕地面积只有 1594 年的二十分之一……不仅土地荒芜，城乡居民点亦减少殆半……由于有纳税能力的农民和手工业者减少，国库日益空虚，财政严重亏缺"。[②]

统治阶级为了安定社会秩序、缓和社会矛盾和恢复生产，不得不放松对农民的压迫并采取若干有利于发挥农民生产积极性的措施。沙皇政府还规定参加反对波兰干涉军和解放莫斯科的民军享有免税的权利。到 17 世纪中叶，农业生产逐渐恢复，手工业也获得了恢复与发展。手工业逐渐从官家的订货转向为市场生产，并开始使用雇佣劳动力。在手工业、商品生产增长的基础上，标志着资本主义萌芽的工场手工业逐渐出现。到 17 世纪末，俄国大约有

---

① 张建华：《俄国史》，32 页，北京，人民出版社，2004。

② 孙成木等：《俄国通史简编》上册，129~130 页，北京，人民出版社，1986。

30个手工工场。① 农业和手工业发展刺激着商业活动，密切了地区之间的联系。在中央集权国家日益巩固的条件下，各个地区性市场逐渐汇合为统一的全俄市场。商品生产和商品流通的增长，促进了全国城市的繁荣，而这一切和罗曼诺夫王朝采取的加强与西欧国家的联系、引进西欧国家的技术和推进欧化进程的政策是分不开的。

俄国最初认识到西欧技术的优越性是在15世纪末，最早来到莫斯科的西欧人士是意大利的建筑师。俄国聘请意大利建筑师的起因是莫斯科建筑师未能解决克里姆林宫中央殿堂的建筑问题，殿堂于1474年倒塌了。伊凡三世按其妻子索菲亚②的建议，请来了意大利建筑师阿里斯托提尔·菲奥拉旺特，他于1475—1479年完成了建筑任务。③ 在伊凡三世统治时期，应聘到莫斯科的还有其他几位建筑师，他们也都参与了克里姆林宫建筑群的设计与建造。这时来到莫斯科的还有西欧的药剂师和军械师。

不久，伊凡四世在与瑞典、立陶宛和波兰的交战中越发感受到西欧军事技术的先进。他曾利用一度为俄军占领的纳尔瓦港从西欧输入大量的商品和武器，并试图扩大与西欧一些国家的联系，但受到瑞典和波兰的封锁与阻挠。不过一个偶然的机会使伊凡四世统治时期的俄国建立了一个与英国直接进行

---

① 孙成木等：《俄国通史简编》上册，134页，北京，人民出版社，1986。

② 索菲亚是拜占庭末代皇帝君士坦丁的弟弟福马的女儿、拜占庭的末代公主。在拜占庭被奥斯曼土耳其帝国灭亡时逃往罗马，1472年成了伊凡三世的妻子。参见[德]马克思：《十八世纪外交内幕》，中共中央马克思恩格斯列宁斯大林著作编译局编译，70、77、103页，北京，人民出版社，1979。

③ [苏]苏科院历史所列宁格勒分所：《俄国文化史纲(从远古至1917年)》，张开等译，149页，北京，商务印书馆，1994。

贸易的商港。① 这就是位于北德维纳河口的阿尔汉格尔斯克城，它在一段时间里成了俄国与西方交往的唯一窗口，并促进了俄国北方的发展。② 至 17 世纪，阿尔汉格尔斯克城成为俄国同西欧进行海上贸易最大的港口。那里远离国家中心，港口冰封时间长，每年只能进行两三个月的集市贸易，即便如此，贸易额也超过 100 万卢布。1653 年，阿尔汉格尔斯克城的输出额占全部对外贸易的 75%。③

如果说瑞典和波兰等国在 16 世纪还能顺利实现阻挠俄国与西欧诸国建立联系的意图的话（当时俄国统治者对西欧优势的认识还很肤浅，因而俄国的欧化进程还处在萌生状态），那么，在经历了 16 世纪末至 17 世纪初期的混乱和屈辱④之后，能否借用西欧先进技术战胜强敌已成为生死攸关的问题了。这种认识极大地推动了俄国的欧化进程，使它成了不可逆转的历史潮流。罗曼诺夫王朝的第一代沙皇米哈伊尔就已在大规模和广泛领域中利用西欧的技术，并使俄国从引进军事技术发展到允许外商在其领土上开办手工工场。越来越

---

① 1553 年，一支由三艘帆船组成的远征队怀着取道东北航道驶往中国的目的离开英国。它们在风暴中被吹散。其中两艘船遇难，一艘船在理查德·钱塞勒的率领下驶抵白海的北德维纳河口。他被伊凡四世召到莫斯科并受到优待，由此开辟了经白海至俄国的航路。1555 年，英国商人开办了一家"莫斯科公司"，经营对俄贸易。1584 年，俄国在北德维纳河口口岸建立了阿尔汉格尔斯克城，与英国、荷兰建立了通商关系。但白海一年有 3/4 的时间被冰封冻，不能通航。因此，俄国与西方国家的联系与交往仍受到很大的限制。

② 吴式颖：《俄国教育史：从教育现代化视角所作的考察》，139～140 页，北京，人民教育出版社，2006。

③ 孙成木等：《俄国通史简编》上册，136 页，北京，人民出版社，1986。

④ 1610 年 8 月，七波雅尔政权慑于武力威胁，与波兰军队首领茹凯夫斯基谈判，双方达成协议。波兰同意派兵进攻伪季米特里二世，俄国承认波兰王子瓦迪斯瓦夫为沙皇，但瓦迪斯瓦夫必须改信东正教，维护波雅尔特权。为全面实现协议，俄方派出 1 200 人的代表团到斯摩棱斯克郊区与波兰国王商讨。波兰国王一心想自己夺得沙皇宝座，借口王子年轻不去莫斯科，并要求俄国立即交出斯摩棱斯克。俄国代表团拒绝了波兰国王的要求，谈判破裂。全体俄国代表被逮捕，并被押解至波兰囚禁。俄国新沙皇米哈伊尔·费多诺维奇·罗曼诺夫的父亲即为代表团的成员之一。他在 1618 年俄波《德乌林诺停战协定》签订、俄国割让斯摩棱斯克等地给波兰之后，于 1619 年回到莫斯科。见孙成木等：《俄国通史简编》上册，125、128、138 页，北京，人民出版社，1986。

多的西欧工程技术人员来到俄国，于是在莫斯科迅速形成了一个被称为"日耳曼城"的外侨居住区。住在这里的外国人从事矿冶、纺织、医药、钟表等各种专门技术性工作或商业活动。俄国还雇用了许多外国军官训练和领导他们的军队。①

1632年荷兰商人安德烈·维尼乌斯兄弟首先获准在图拉城郊开办铸铁和制铁工场，生产生铁、熟铁、大炮、炮弹和铁锅。这些产品均以规定的价格卖给沙皇政府。17世纪40年代，他们又同丹麦富商马尔赛利斯合办了一些工场。17世纪60年代初，这些企业既雇用俄国工人，也雇用外籍工人，但仍感劳动力不足。为保证企业的雇佣劳动力，沙皇政府划拨宫廷名下的两个乡编入工场。那里的农民为工场伐木、烧炭和干杂活。所以，在这种手工工场中，自由雇佣劳动和农奴劳动交织在一起。有些企业原本是由农民手工作坊转为商人兴办的手工工场，后来又转为外商经办，外国商人不断地要求沙皇政府将当地农民编入工场。在17世纪中后期，除外商经营的手工工场外，还有俄国人自己创办的商办企业(如皮革业、盐业)、世袭领地企业(即大封建主在自己领地上设立的制铁、生产烧碱和麻布、酿酒的手工工场)和官办企业(属于武器署、炮局、钱局的企业，有些能工巧匠还被编入官方和宫廷的手工工场。其中也有类似西欧中世纪行会的学徒制)。

随着农业和手工业的发展，在17世纪后半期，俄国各地市场之间的联系加强。"随着商业的发展，掌握着巨大经济实力的商人阶级抬头。他们拥有几十万以至几百万卢布的资本，贩卖各种商品，经营店铺、企业……他们的社会地位一般远不如地主贵族。但商人阶级的上层却是一些拥有特权的社会集团，一类叫作客商的，能交结官衙，不承担市民的义务，可拥有世袭领地，有权出国经商。另一类是客商帮和呢绒帮，均为外省驻莫斯科的商人组织。

① 吴式颖:《俄国教育史：从教育现代化视角所作的考察》，140页，北京，人民教育出版社，2006。

他们的特权类似客商，但无权出国。这些都是早期的'商人资本家'"。①从整体上说，17世纪俄国的商品经济仍处于自然经济的从属地位，主要为封建统治服务。到17世纪末期，虽然出现了某些资本主义的微弱因素，但是仍受到农奴制的严重压抑。②

罗曼诺夫王朝建立初期，即从17世纪前期起，俄国的政治制度基本上承袭了前朝在16世纪建立的制度，沙皇的权力不断增强。但是王朝初建，新沙皇还没有掌握全部权力，在重大问题上仍需同各等级的代表协商，否则就无法维持统治。因此，米哈伊尔·费多诺维奇·罗曼诺夫在登基之初经常召开缙绅会议。参加缙绅会议的有高级僧侣、波雅尔杜马、城市贵族、商人、市民和地方贵族代表，其中贵族和市民的代表居多。17世纪20年代以前，缙绅会议的表决往往具有决策的效力。1619年，米哈伊尔·费多诺维奇沙皇的父亲费多尔·尼基季奇回到莫斯科，沙皇对他言听计从，他一身集中了僧俗最高大权，这使中央政权达到前所未有的巩固。同时，沙皇政权的巩固在很大程度上仍依赖各等级的支持。凡战争、和平、税收等重大问题均由缙绅会议讨论决定。17世纪上半期是俄国等级代表君主制的极盛时期。③应该指出的是，由于缙绅会议中没有封建社会的基本群众即受压迫的农民代表参加，其决定都是反映封建统治阶级利益的，并在帮助沙皇巩固中央集权的过程中发挥了重要作用。

在处理具体政务时，沙皇仍沿用15—16世纪以来的衙门制度。衙门管理完全出自沙皇的意图，遇到困难时衙门必须向沙皇报告。"最重要的政府部门是行伍、封地和使节衙门，这些衙门虽然各司专职，但职权范围都比较广。行伍衙门掌管服役人员的登记和任命。它还兼管军事……""封地衙门主管封

① 孙成木等：《俄国通史简编》上册，135页，北京，人民出版社，1986。
② 孙成木等：《俄国通史简编》上册，136~137页，北京，人民出版社，1986。
③ 孙成木等：《俄国通史简编》上册，139页，北京，人民出版社，1986。

建领地、世袭领地和服役封地,包括地主的土地和地主名下的依附农民,它编纂登记册、簿籍、寻找逃亡农民。""使节衙门主管外交,研究对外关系,草拟对外政策;派遣俄国使节到外国和接受外国使节到俄国;管理旅俄外国人事务,包括外国人同俄国人的纠纷等等。"①地方管理机构主要实行督军制。

1645年,罗曼诺夫王朝的第一代沙皇米哈伊尔·费多诺维奇病故,其子阿列克谢·米哈伊洛维奇(Алексей Михайлович,又译"阿列克塞·米哈伊洛维奇",1645—1676年在位)继位。他统治时期,采取的具有重要影响的措施是:针对17世纪30—40年代农民反对世俗和教会领主封建压迫、剥削的斗争和莫斯科市民反对权贵设置苛捐杂税的起义而召开缙绅会议(1648年9月1日—1649年1月29日),讨论与颁布了《1649年法典》。

《1649年法典》共分25章、967条。"头几章都是维护沙皇、教会和国家权力的条文,如阴谋反对教会者处死,叛国、阴谋反对国家者处死,手持武器进入宫廷和在宫廷打架和杀人者处死……法典在审判和司法上的措施都是针对人民起义的。"②可见,该法典前几章都是有利于加强中央集权和君主专制的。法典的颁布与实施,反映了俄国从等级代表君主制向绝对君主制的过渡。法典的大部分条款捍卫封建阶级利益,巩固封建主土地所有权,保护他们的财产、法律地位和对直接生产者的权利。"除保护世袭领地外,法典还保护服役贵族对封地的所有权,规定:凡服役人员因年老、残废不能继续服役时,封地应传给儿子、兄弟、侄子或孙子等接替他服役的人,准许把服役封地改为世袭领地。这种服役封地和世袭领地的合流,反映了俄国封建土地所有制发展的新阶段。法典没有按照服役贵族的要求没收教会的土地,只是禁止教会接受捐献,不准教会购置土地,稍稍限制教会土地的增加。"③法典的

---

① 孙成木等:《俄国通史简编》上册,143页,北京,人民出版社,1986。
② 孙成木等:《俄国通史简编》上册,151页,北京,人民出版社,1986。
③ 孙成木等:《俄国通史简编》上册,152页,北京,人民出版社,1986。

第 11 章专论农民问题。"这章的头两条就规定，凡农民从宫廷领地、国有土地和私有土地逃亡，可以无限期地追回，同时，追回其妻子、儿女及财产。"除第 11 章外，法典中还有 16 章或多或少地涉及农民问题。"从法典关于农民问题的条文可以清楚地看出，封建主对农民的压迫比以前更加强化了。农民及其子孙后代都被牢牢地束缚在地主的土地上，屈服于地主的奴役，不得离开一步。这就在法律上把农奴制彻底固定下来了。"①

由于农奴制压迫不断加强，1667 年爆发了以斯杰潘·季莫费耶维奇·拉辛（Степа Тимофеевич Разин，约 1630—1671）为领袖的农民起义，1670 年发展为农民战争。1670 年 6 月至 8 月，起义军占领了阿斯特拉罕、萨拉托夫、萨马拉等城。10 月，拉辛在辛比尔斯克攻城战中负伤。起义军坚持到 1671 年春，最终被沙皇政府镇压下去。1671 年 4 月 14 日，拉辛被富裕的哥萨克上层分子出卖，6 月 6 日在莫斯科被杀害。

在阿列克谢·米哈伊洛维奇统治时期，他还通过与波兰进行的断断续续的 13 年(1654—1667 年)的战争，不仅收复了根据 1618 年《德乌林诺停战协定》割让给波兰的斯摩棱斯克、契尔尼戈夫、谢韦尔斯克等俄国西部地区，而且占领了第聂伯河左岸的乌克兰(东乌克兰)以及第聂伯河右岸的基辅及其附近地区(根据 1667 年俄波两国签订的《安德鲁索沃停战协定》)。

在西伯利亚方面，俄国已于 1632 年在勒拿河中游河谷建立了雅库次克城。1649 年左右，俄国又在鄂霍次克海北岸建立了鄂霍次克城。同一时期，它还在阿纳德尔河中游盆地建立了阿纳德尔堡要塞。到 17 世纪末，俄国已经把从欧俄部分直到太平洋沿岸的一大片土地据为己有，只有堪察加半岛还没有被其占有。同时，俄国的势力也逐渐扩张到这一大片荒野地区的南缘。

---

① 孙成木等:《俄国通史简编》上册，152 页，北京，人民出版社，1986。

1652年，它在靠近贝加尔湖西南端的地方建立了伊尔库次克城。①

1676年，沙皇阿列克谢·米哈伊洛维奇病逝，由他15岁的长子费奥多尔·阿列克谢耶维奇继位。费奥多尔体弱多病，在位不过六年即去世。随后，前沙皇两任妻子的家族展开了争夺皇位的斗争。费奥多尔的母亲出身于米洛斯拉夫斯基家族，费奥多尔在位时也不过是这一家族的傀儡，宫廷的权力都掌握在这一家族亲近的大贵族手中，这引起了彼得·阿列克谢耶维奇(Петр Алексеевич)生母所在的纳里什金家族的强烈不满。"费奥多尔死后，在莫斯科克里姆林宫聚集了大贵族、高级僧侣、大商贾，甚至还有一般市民的代表，商讨确立新沙皇的问题。结果，纳里什金家族得到总主教的支持，确立彼得为沙皇，称彼得一世。彼得即位时年仅十岁，由他的生母纳塔利娅·基里诺芙娜摄政。"②

彼得继位为沙皇，自然引起他父亲第一任妻子的亲属、波雅尔米洛斯拉夫斯基集团的不满。彼得一世的同父异母姐姐索菲娅·阿列克谢耶芙娜(Софья Алексеевна)是这个集团一位强有力的人物，她主张拥立彼得一世的同父异母兄长伊凡·阿列克谢耶维奇为沙皇。1682年索菲娅·阿列克谢耶芙娜和米洛斯拉夫斯基集团利用莫斯科射击军制造了一次宫廷骚乱，迫使缙绅会议改立伊凡·阿列克谢耶维奇为第一沙皇(称伊凡五世)，彼得一世为第二沙皇，由索菲娅摄政。在索菲娅摄政时期(1682—1689年)，彼得一世和他的母亲遭到冷落，不得不引退。"他们在离克里姆林宫有七公里远的普列奥布拉任斯基村过着体面的'隐居生涯'，而伊凡五世也不过是一个有名无实的沙皇。国家的内政、外交大权，主要是由索菲娅及其宠臣瓦·瓦·戈利津所操纵。"③

① [美]爱伦·F.丘:《俄国历史地图解说》，郭圣铭译，50~51页，北京，商务印书馆，1995。

② 孙成木等:《俄国通史简编》上册，201页，北京，人民出版社，1986。

③ 孙成木等:《俄国通史简编》上册，203页，北京，人民出版社，1986。

瓦·瓦·戈利津（В. В. Голицын，1643—1714，又译"戈利岑"）是一位颇有外交才能和比较有远见的贵族。当时，他在同外国人的接触中，意识到俄国在政治、经济、文化方面比欧洲一些国家落后，因而认为俄国有进行根本改革的必要。他"很注重莫斯科国的工业发展及其同西欧和东方各国增进商业往来。他敷设了公路，建立了莫斯科和托波尔斯克之间的正规驿站。他还向中国派出专使，调整莫斯科人同这一遥远国家的贸易"①。1689 年 9 月，俄国与中国签订了《尼布楚条约》。但是，索菲娅对国家的改革毫无兴趣。因此，戈利津的国家改革计划终究未能实行。1687 年和 1689 年，戈利津两次率领俄军远征克里米亚鞑靼汗国均失败，极大地动摇了索菲娅和米洛斯拉夫斯基家族的统治地位，导致亲近彼得一世的政治势力扩大。这时，彼得一世已经成年。早就渴望当女皇的索菲娅，看到了来自彼得一世方面的威胁，于是准备再一次发动宫廷政变。为了牢牢地掌握沙皇的权柄，她自命为君王，并想正式加冕。她竭力笼络射击军，并想杀死彼得一世，但她的这次阴谋以失败告终。许多贵族和朝廷大臣纷纷归附彼得一世。17 世纪俄国社会政治的百年变迁，以彼得一世掌握国家政权而结束。

17 世纪俄国社会政治经济的发展和领土的扩张，对其当时和以后的发展具有重要意义。辽阔的西伯利亚的名贵皮毛和丰富矿产成了俄国资本原始积累的重要来源。但从欧化，特别是文化教育发展的角度来说，更重要的影响还是它对波兰的战争及其对东乌克兰的兼并。因为 17 世纪后期的欧化正是通过波兰文化的影响而加强的，17 世纪俄国教育的发展则有赖于"西俄"（乌克兰、白俄罗斯）提供的人力资源。

---

① ［俄］戈·瓦·普列汉诺夫：《俄国社会思想史》第一卷，孙静工译，310 页，北京，商务印书馆，1988。

第二节　17世纪俄国文化教育的发展

一、17世纪俄国文化的发展

　　苏联学者指出,"在俄国人民历史上,17世纪标志着他们形成为一个民族的开端。由于国家经济的联合,民族间的联系加固了,人民经济生活形成一体的条件出现了,经济和文化中心确立了,语言更加相同了","俄国内部发生的进程,也决定了17世纪文化的发展"。① 如前所述,鲍里斯·戈都诺夫在16世纪末辅佐费奥多尔沙皇时期,已在建设莫斯科和发展俄国经济方面采取过一些措施。1589年,他还趁君士坦丁堡总主教伊列米亚到莫斯科"募化"钱财时,迫使其同意在俄国建立独立的总主教区(宗主教制),使俄国社会摆脱了对君士坦丁堡总主教的依附地位。约夫(Йов,?—1607,又译"约瑟夫")当选为俄国东正教会第一任总主教(牧首),他任职至1605年,留有书信和关于16世纪末俄国历史的著作。② 这对俄国文化发展也有较大的意义与影响。鲍里斯·戈都诺夫还是第一个派俄国青年出国学习西欧艺术的政治家。"有些人去德国的吕贝克学习,有的人去了英国,还有的人去法国和奥地利学习。这样一来,西方的现代化生活方式也渐渐地在莫斯科出现了,有些名人显贵甚至也开始学着刮胡子了。"③从这些方面来看,苏联学者T. C. 格奥尔吉耶娃将鲍里斯·戈都诺夫主政时期排除在"大混乱时期"之外,是有道理的。

　　17世纪初期反对外国武装干涉的斗争,对俄国人民民族意识的加强产生了强烈的影响。1610年起,俄国发生了莫斯科起义和梁普诺夫兄弟组织民军,

---

　　① [苏]苏科院历史所列宁格勒分所:《俄国文化史纲(从远古至1917年)》,张开等译,158页,北京,商务印书馆,1994。

　　② 孙成木等:《俄国通史简编》上册,112页,北京,人民出版社,1986。

　　③ [俄]T. C.格奥尔吉耶娃:《俄罗斯文化史:历史与现代》,焦东建、董茉莉译,120页,北京,商务印书馆,2006。

以及米宁和波扎尔斯基领导的民军与入侵的波兰军队英勇战斗。"保卫祖国（保卫基督徒的东正教）的号召，写进了由城市散发给全国的文告、军队的决议和教会当局的函件等文献中，反映了全国人民爱国主义情感的高涨。政论作家也发挥了民族团结这一主题。1611 年初写成的《新纪事》的作者，号召人民武装起来'与敌人刀对刀，枪对枪'，'众志成城保卫祖国的财产'……《新纪事》是一部充满热情的号召书，它号召人们起来保卫受屈辱的祖国和'众城之母——莫斯科'。1612 年写成的另一部作品——《哀悼至高无上的莫斯科国横遭占领和破坏》也出自号召俄国人反对入侵者的目的。在米宁和波扎尔斯基的解放义勇军（即第二支民军——编者）向莫斯科进军时，《哀歌》向广大群众宣扬国家过去的光荣，鼓励他们投入斗争。"①

在 17 世纪，俄国文化得到了一定程度的发展。手工业和工商业发展，与西欧诸国联系加强，都为科学知识的进一步积累创造了前提。但这些科学知识大多带有实用与实践的性质，缺少理论思考和将其严格系统化的尝试。"书面教程的出现是 17 世纪的新鲜事物，这些教程概括了生产经验，有助于解决实践问题。文字成了巩固和传播生产经验和实践知识的重要工具。"②例如：《索哈地亩册》就包含了一些几何学方面的知识，以及这些知识在土地丈量方面的运用；《怎样在新地方安装新烟囱》是一本在盐场中安装熬盐炉烟囱的指南。1621 年，奥尼西姆·米哈依洛夫（罗德舍夫斯基）编出了《战事、炮兵及其他相关军事科学操典》，其中包含一些实用的数学知识（如借助毕达哥拉斯定理测定目标的距离）、物理知识（如大炮的射程与口径的关系、铅和铁的不同比重、消声技术等）。书中有对大炮上有关仪器的描述，如罗盘、"四方仪"（即测角仪）。该书还详细介绍了一些化学方面的实用知识，这些知识是制造

---

① ［苏］苏科院历史所列宁格勒分所：《俄国文化史纲（从远古至 1917 年）》，张开等译，159 页，北京，商务印书馆，1994。

② ［俄］M. P. 泽齐娜等：《俄罗斯文化史》，刘文飞等译，89 页，上海，上海译文出版社，1999。

和使用炸药所必不可少的。有关实用化学方面的知识，在众多关于制造墨水、油漆、干性油等的教程中也得到了反映。

在17世纪，总结民间医疗经验的手抄本《通俗医术》和《本草集》曾被推广使用，俄国还创办了最早的国办药店和医院。根据民间医学的经验，霍尔莫戈雷大主教阿法纳西于1696年编成了一部《医书》，对许多疾病做了描述，并提出了治疗这些疾病的方法。医务衙门的活动对医学知识的推广也发挥了作用。在医务衙门工作的既有外国医生，也有俄国医生和"炼丹师"(药理学家)。医务衙门有丰富的医学和其他自然科学方面的藏书，并进行医务人员的培养工作。在医务衙门中接受过教育的俄国医师伊万·韦涅季克托夫编写了一部《药典》，该书以外国同类著作为蓝本，补充了编者自己的研究结果。

17世纪，解剖学和天文学知识在俄国也受到重视。科学解剖学重要奠基人维萨里(Andreas Vesalius，1514—1564)的著作《人体的构造》(或译《人体结构论》)已被译成俄文流传。在17世纪中叶，哥白尼的"日心说"也传到了俄国。"各种天文仪器在俄罗斯的传播，也证明了对天文学那种日益增长的兴趣。在这些仪器中，就有1608年在荷兰发明的望远镜。"①在17世纪，地理学知识在俄国得以积累，并编成了国家总图(即《大地图》)和《大地图说明》(1627年)、《西伯利亚地图》(1672年)等，以及各种实用的地理学指南。"从17世纪起，一部专门为求知欲旺盛的读者撰写的自然科学《百科全书》开始得到极大的推广。到1700年为止，莫斯科印刷厂的印书种类已达500种。"②

俄国虽然没有西欧式的宗教改革运动，但是在17世纪中期，即在阿列克谢·米哈伊洛维奇统治之时，为了利用教会加强国家的专制权力和保证俄国教会对全世界东正教教徒的影响，决定实行宗教改革(也称教会改革)。当时

---

① [俄]M.P.泽齐娜等：《俄罗斯文化史》，刘文飞等译，91页，上海，上海译文出版社，1999。

② [俄]T.C.格奥尔吉耶娃：《俄罗斯文化史：历史与现代》，焦东建、董茉莉译，127页，北京，商务印书馆，2006。

的总主教(牧首)是尼康(Никон，1605—1681，1652—1658 年在位，又译"尼空")。改革的实质在于确立宗教礼仪的统一化，即"用莫斯科的统一化取代各地宗教礼仪的杂乱状况"①。改革的要点：一是在宗教仪式上以三指画十字代替两指画十字，二是在经文方面规定要统一使用莫斯科印刷厂根据希腊文礼仪书(在威尼斯出版的)并参照一些古代的斯拉夫文和希腊文手抄本印刷出版的俄文新礼仪书。新礼仪书分发到各个教堂和修道院以后，立即遭到维护旧礼仪的神职人员的反对，这些人被称为非东正教教徒。他们在 1656 年和 1666 年的宗教会议上遭到谴责，因而有的人被流放，造成了教会的分裂。总之，"教会内部的运动以官方改革的胜利而告结束。莫斯科贵族教会找到了自己的 credo(信条)，并借助于这一信条开始确立自己的统治地位。但是，被判罪的旧信仰神职人员没有屈服，并加入了'分裂运动'，即脱离了官方教会并以各种方式与之继续进行斗争。在斗争中，他们在敌视贵族国家的各种各样的成分中为自己找到了依靠力量"②。

此外，在这次改革中还有一个插曲，沙皇阿列克谢·米哈伊洛维奇那时的主要合作者尼康在 1667 年的宗教会议上提出了另一种改革思想。他指出："统治世界的有两把剑：一把是宗教的，一把是世俗的；前者为高级教士所掌握，后者则握在沙皇的手里。他们两者谁的地位更高？"③他的回答是高级教士地位更高，并且强调说："基督赋予使徒们以天上的权力，而高级教士就是使徒们的继承者……沙皇要低于高级教士并且要服从于他……教权高于君权；

---

① [苏]尼·米·尼科利斯基：《俄国教会史》，丁士超等译，144 页，北京，商务印书馆，2000。

② [苏]尼·米·尼科利斯基：《俄国教会史》，丁士超等译，154 页，北京，商务印书馆，2000。

③ [苏]尼·米·尼科利斯基：《俄国教会史》，丁士超等译，142 页，北京，商务印书馆，2000。

教权来自上帝，而君权则需教权涂油授职。"①按照尼康的观点，牧首在俄国应当是第二位国君，与沙皇平起平坐，甚至高于沙皇，沙皇不得干涉教会事务，除非是应牧首的邀请，牧首有权并且应当教导沙皇。

尼康是想建立与国家平起平坐且领导国家的教会组织，但他的这些思想与主张违背了俄国早已形成的"教权服从于皇权"的传统。沙皇在主教团的完全赞同下，以擅离职守、侮辱沙皇陛下以及在管理教会时有违背教会法规的擅自行动与自私行为等罪名，将尼康交教会审判。1667 年宗教会议对他进行了谴责，于是这位意图没有得逞的莫斯科"教皇"成了一个普通的修道士并最终在流放中结束了一生。② 可见由沙皇发起的教会改革以沙皇统治地位的进一步加强而告终。教会改革对俄国社会运动及 17 世纪的政治思想，包括历史学和文学的发展都有一定的影响。例如，作为反改革派(旧信仰、旧礼仪维护者)领袖和思想家的阿瓦库姆(П. А. Аввакум，1620/1621—1682)就留下了 70 多部作品。他在《生活纪事》(写作于 17 世纪 70 年代)中"写出了自己苦难生活中的复杂波折，愤怒地指斥敌人……把统治当局的骄横恣肆描绘得淋漓尽致。同时，阿瓦库姆还描绘出了一幅表现人民劳动和俄罗斯大自然的生动图画"③。

当然，17 世纪俄国的社会政治思想和历史学等的发展，不仅仅受沙皇发起的教会改革影响。可以说，17 世纪在俄国发生的一切重要的社会政治事件，如前面谈到的"大混乱时期"反对外国武装干涉的斗争、罗曼诺夫王朝的建立、对东乌克兰的兼并、欧化的加速等，都促进了俄国社会政治、历史和文化的发展，并且在这一时期出现的作品中都有所反映和论述。

---

① [苏]尼·米·尼科利斯基:《俄国教会史》，丁士超等译，142 页，北京，商务印书馆，2000。
② [苏]尼·米·尼科利斯基:《俄国教会史》，丁士超等译，143 页，北京，商务印书馆，2000。
③ [苏]苏科院历史所列宁格勒分所:《俄国文化史纲(从远古至 1917 年)》，张开、张曼真、王新善等译，179 页，北京，商务印书馆，1994。

在 17 世纪，"历史题材作品的需求量和作者人数也越来越多……历史方面的问题越来越受更多人的关注，而从事历史问题研究活动的人，不仅有世俗官员和宗教界头面人物，而且还有不少'小人物'和广大群众，同时他们也都是被研究的历史对象"①。17 世纪初期的历史作品有《沙皇费奥多尔·伊万诺维奇纪事》《1606 年纪事》《瓦尔拉阿姆告密》《关于格里什科·奥特列皮耶夫的故事》《纪事集》《新纪事》等。同一时期还编有历史作品《关于普斯科夫的毁灭》《关于大俄罗斯的灾难和痛苦》和《亚速海戒严的故事》。这几部历史作品都出自城市居民和哥萨克之手，而且和前几部作品一样，都是当时之人述说当时之事。这些作品无疑具有现实意义和史料价值。

随着罗曼诺夫王朝的建立，俄国开始出版关于"大混乱时期"的官方历史文献。17 世纪 20 年代出现了大量叙述 16 世纪后半期至 17 世纪 20 年代事件的历史著作。其中包括阿夫拉米·帕利岑（А. Палицын）的《传说》、伊万·季莫费耶夫的《年代纪》和 И. М. 帝列夫-罗斯托夫斯基的《纪事》。这些作者维护统治阶级的利益，竭力利用历史资料证明农奴制度和专制政体是天经地义、不容动摇的。在他们的作品中"大混乱时期"被说成是农民要同领主平起平坐，从而破坏了农奴服从主人的基督圣训的结果。② 阿夫拉米·帕利岑还编写了名为《对前辈的纪念》的历史作品。"尽管他在书中不可避免地陈述了人们早已习惯了的关于上帝惩治邪恶的观点，但是他毕竟还通过俄罗斯历史编纂学，做出了探究历史问题的真正因果关系的第一次尝试。"③

根据沙皇米哈伊尔·费多诺维奇的父亲——菲拉列特（俗名费多尔·尼基

---

① ［苏］苏科院历史所列宁格勒分所：《俄国文化史纲（从远古至 1917 年）》，张开等译，171 页，北京，商务印书馆，1994；［俄］Т. С. 格奥尔吉耶娃：《俄罗斯文化史：历史与现代》，焦东建、董茉莉译，127 页，北京，商务印书馆，2006。

② ［苏］苏科院历史所列宁格勒分所：《俄国文化史纲（从远古至 1917 年）》，张开等译，171 页，北京，商务印书馆，1994。

③ ［俄］Т. С. 格奥尔吉耶娃：《俄罗斯文化史：历史与现代》，焦东建、董茉莉译，127 页，北京，商务印书馆，2006。

季奇·罗曼诺夫)牧首的建议,1630年教廷编纂了一部《新编年史学家》,其"主要任务在于证明罗曼诺夫家族有承继皇权的权利。它靠三种主要思想来达到这一目的:君权神授说、专制政权世袭论和'全民'拥戴的思想。……一场民族解放运动到头来竟被说成是恢复王朝的运动……"①。17世纪60年代还编了一本官修的《历史》,这是16世纪所编写的《皇室谱系》一书的改写本,它补充了17世纪的史料,成为讲述罗曼诺夫王朝统治的书。

17世纪70年代,"在莫斯科出现了第一部印刷史书,书名为《史纲》。据推测,作者是基辅佩切拉修道院的修士大司祭英诺肯季·吉泽尔。《史纲》以通俗的方式叙述罗斯从古代到17世纪的历史。作者热烈拥护乌克兰同俄罗斯合并和两个兄弟民族的友好。《史纲》实际上是第一部普及的俄国历史课本,17—18世纪时有广泛的读者"②。在历史学方面还有两部著作,一部是17世纪60年代的《斯特罗加诺夫编年史》,另一部是17世纪90年代的《西伯利亚史》。前者叙述了斯特罗加诺夫家族在组织叶尔马克进军西伯利亚方面的作用;后者由托博尔斯克地方领主之子列梅佐夫(С. У. Ремезов,1642—1720)所著,他在书中援引了托博尔斯克地方衙门的档案材料和当地居民的传说、民族志资料,可信度较高。

在17世纪,俄国文学艺术也有发展。"17世纪的世俗文学已成为一种明显的俄罗斯文化现象,世俗文学的体裁开始出现大幅度的分解,生活记事体裁被记事小说体(传记小说)所代替。这种体裁的最佳代表作,都是以反映独

---

① [苏]苏科院历史所列宁格勒分所:《俄国文化史纲(从远古至1917年)》,张开等译,172页,北京,商务印书馆,1994。

② [苏]苏科院历史所列宁格勒分所:《俄国文化史纲(从远古至1917年)》,张开等译,173页,北京,商务印书馆,1994。又:这里所说的《史纲》在 Т. С. 格奥尔吉耶娃所著的《俄罗斯文化史:历史与现代》一书中写为《基辅史纲》,英诺肯季·吉泽尔(Иннокентий Гизель,约1600—1683)是乌克兰历史学家。

特的现实生活为主的，例如，《乌利阿尼娅·奥索利娜记事》……"①这部完成于 1614 年前后的著作是她的儿子写成的。这位母亲被描写成一位聪明的家庭主妇，同丈夫、子女和仆人都能和睦相处。她的成绩在于待人接物和蔼可亲，体贴亲友。② 这时还出现了一些描写日常生活和风土人情的小说。一般涉及两代人的生活，即年轻人与老年人的生活，涉及伦理道德、人的内心活动等。这类代表作有：17 世纪中期的《灾难加厄运》、17 世纪 60 年代的《萨瓦·格鲁德岑记事》和 1680 年创作的《弗罗尔·斯科别耶夫的故事》等。③ 这些作品适应省城读者，包括贵族、公职人员和关厢居民(城市工商业者)对文学的兴趣。

17 世纪的俄国文学中出现了一些讽刺作品。有的作品把教会神职人员作为讽刺的对象，如《公鸡和狐狸的故事》《萨瓦神父的故事》《卡尔普·苏图洛夫的故事》等。有的作品嘲讽司法程序、法官贪赃枉法和判决徇私的行为等。这类作品有《棘鲈的故事》《旁观者如是说》《舍米亚金案件》等。《穷苦人课本》和《背运汉故事》则反映了穷苦人在社会上的悲惨处境与生活。

17 世纪的俄国文学中还出现了音节诗，这是俄国文学中的新生事物。"俄语音节诗体的奠基人是西梅翁·波洛茨基。他的诗作集有两大册——《韵律集》和《多彩的花园》。其中的大部分诗作，都是献给沙皇一家的赞美诗，但也有一些关于宫廷生活中各种事体的诗。C.波洛茨基还写过一些讽刺诗。其创作的主要内容，是对开明君主制思想的鼓吹。1680 年，C. 波洛茨基将圣经故事改写为诗，编出《圣诗选》，在读者中获得很大成功。这部书长期作为课

---

① [俄]T．C．格奥尔吉耶娃：《俄罗斯文化史：历史与现代》，焦东建、董茉莉译，131 页，北京，商务印书馆，2006。

② [苏]苏科院历史所列宁格勒分所：《俄国文化史纲(从远古至 1917 年)》，张开等译，179 页，北京，商务印书馆，1994。又：在《俄罗斯文化史：历史与现代》一书中，这一作品的书名被译为《马利阿尼娅·奥索利娜记事》，本书将其译为《乌利杨·奥索里娜记》。

③ [俄]T．C．格奥尔吉耶娃：《俄罗斯文化史：历史与现代》，焦东建、董茉莉译，131 页，北京，商务印书馆，2006。

本流传。"①西梅翁·波洛茨基(Симеон Полоцкий, 1629—1680, 又译"西麦昂·波洛茨基")是白俄罗斯学者, 1663 年来到俄罗斯, 他为俄罗斯文化教育的发展做出了很大的贡献。

这一时期, 翻译或改编的外国文学作品, 如法国的《鲍瓦王子的故事》、捷克的《瓦西利·兹拉托弗拉斯的故事》、波兰的《罗马大帝奥托的故事》和《罗马传》《大宝鉴》, 以及收录古代哲人的趣闻和警句的《箴言集》等, 在俄国得到流传。② 同时, 歌曲、戏剧、绘画和建筑艺术在 17 世纪的俄国也有了发展。

二、17 世纪俄国教育的发展

(一)17 世纪俄国社会各阶层的识字率与获得教育的途径

由于政治和经济发展的需要, 17 世纪俄国教育获得了相应的发展, 文化的发展也为教育的发展提供了条件。经商和从事手工业都需要掌握一定的文化知识, 中央和地方的管理部门(各种衙门)也需要书吏, 这一切都促进了教育的发展, 尤其是识字率的提高。"如果说, 在 17 世纪上半叶在受政府各种委任而派出去的军政长官在贵族中还有不少不识字或识字不多的人的话……那么, 在 17 世纪的后半叶, 这种情况实际上已不复存在了。"③在 17 世纪后半期, 担任国家职务的贵族, 几乎全部受过教育。读书识字, 已不限于城市上层工商业者, 在下层也得到普及。例如, 从在各种文件(诉讼案、对市民的判决书和呈文等)上亲笔签字的统计数字来看, 17 世纪 80 年代首都已有约 25%

---

① [俄]М. Р. 泽齐娜等:《俄罗斯文化史》, 刘文飞等译, 103 页, 上海, 上海译文出版社, 1999。

② [俄]М. Р. 泽齐娜等:《俄罗斯文化史》, 刘文飞等译, 103~104 页, 上海, 上海译文出版社, 1999。

③ Э. Д. Днепров, Очерки Истории Школы и Педагогической Мысли Народов СССР с Древнейших Времен до Конца XVII в. Москва, Педагогика, 1989 г. 56.

的小工商业者识字。在索利·卡姆斯卡亚工商业地区能在文件上签名的人更多，占 40%～49%，莫斯科市民区占 36%～50%。当然，这些数字表示的是成年男子中识字的人所占的大致比例，如果按各城市全部人口算，识字的人口比例则要低得多。①

在 17 世纪，各阶层的人主要靠自学获得文化知识。"教人识字实质上仍采取个人向'文化人'（神职人员、录事和一般有文化的人）学习的方法，或通过家庭教育（由家中有文化的人教授）。"②创建于 16 世纪末（始见于 1588 年的记载）的莫斯科造印局（Московский Печатный Двор，或译"印刷局"）是莫斯科当时最大的印刷厂，在印刷和提供各种读物方面发挥了很大的作用。"大混乱时期"结束后，莫斯科造印局在 1615 年就印刷了一些《圣诗集》（Псалтырь）和《日课经》（Часослов）。1614—1652 年，瓦西里·布尔佐夫·普罗托波波夫（В. Ф. Бурцов-Протопопов，17 世纪俄国印刷商）1633—1642 年在自己的印刷厂出版了 17 部书（其中包括莫斯科第一本《识字课本》）以外，还出版了 222 种出版物。其中 7 种出版物是教学读物，约 70 版、101 000 册。③ 这些教学读物包括《字母课本》（Азбука，又称《儿童初级读本》）13 100 册（共 5 版），《日课经》49 503 册（共 33 版），教学用的《圣诗集》28 575 册（共 24 版），《教律全书》（Каноники）5 950 册（共 5 版），梅列季·斯莫特里茨基（Мелетий Смолицкий）编写的《语法》1 200 册（1648 年出版），1647 年翻译的约翰·雅各布·冯·瓦里哈乌津著的《步兵战斗构成的理论和方法》和《交易问答》各一版，共 2 400 册。如果加上瓦西里·布尔佐夫·普罗托波波夫在他自己的印刷

① ［苏］苏科院历史所列宁格勒分所：《俄国文化史纲（从远古至 1917 年）》，张开等译，166 页，北京，商务印书馆，1994。

② ［苏］苏科院历史所列宁格勒分所：《俄国文化史纲（从远古至 1917 年）》，张开等译，167 页，北京，商务印书馆，1994。

③ Э. Д. Днепров, Очерки Истории Школы и Педагогической Мысли Народов СССР с Древнейших Времен до Конца XVII в. Москва, Педагогика, 1989 г. 172. ［苏］А. М. 普罗霍罗夫：《苏联百科词典》，199 页，北京、上海，中国大百科全书出版社，1986。

厂出版的 10 700 册教学读物，那么，在 17 世纪前半期莫斯科就印刷出版了 111 000 余册教学读物。①

此外，在 17 世纪下半期，莫斯科造印局出版了 30 余万册《识字课本》以及共计 15 万册的《诗篇》和《日课经》。1682 年，出版了为"买者或卖者"所使用的乘法表(《简便计算法》)。一百年间，莫斯科造印局共出版图书 483 种，其中包括一些世俗内容的书籍。② 1679 年西梅翁·波洛茨基编印出一本《识字课本》(Букварь)。1692 年卡里翁·伊斯托明(Карион Истомин)编写了一本带插图的《识字课本》。这些教学读物既可供人们自学，也可供学校使用。

在 17 世纪，俄国虽然已有一些印刷图书，其中包括学习读物，但"印刷图书的选题并不能满足俄罗斯读者的精神需求和兴趣，因此，在 17 世纪，手抄图书的意义并未降低。这些手抄图书填补了印刷图书在选题上的不足，在很大程度上反映了文化中发生的变化"③。此前图书的抄写权仅属宗教界(包括修道院中的图书制作作坊)，17 世纪，市民和书吏等人也参与抄写图书，各个衙门也组织了抄写他们感兴趣的图书。例如，外交事务衙门就组织了抄写图书的工作，并进行外国图书的翻译。在 17 世纪下半期，外交事务衙门翻译了 114 册外国图书，其中包括自然科学、技术、文学、史学、地理学和军事方面的图书。④ 此外，有一种手抄的文字蒙求，对教育发展具有重要价值，它在学校与家庭教育中都可使用。这些文字蒙求一部分是教学参考书，内有识字读本、简单的语法和算术常识、宗教道德训诫。在有些文字蒙求中有希

① Э.Д.Днепров, Очерки Истории Школы и Педагогической Мысли Народов СССР с Древнейших Времен до Конца XVII в. Москва, Педагогика, 1989 г.171~172.

② [俄]М.Р.泽齐娜等：《俄罗斯文化史》，刘文飞等译，84~85 页，上海，上海译文出版社，1999。

③ [俄]М.Р.泽齐娜等：《俄罗斯文化史》，刘文飞等译，86 页，上海，上海译文出版社，1999。

④ [俄]М.Р.泽齐娜等：《俄罗斯文化史》，刘文飞等译，86 页，上海，上海译文出版社，1999。

腊语的初步知识及自然方面(《论雷电》《论一年四季》及对某些动物的描述等)和历史方面(《论尤利乌斯·恺撒》《论帝城的占领》《论扬·胡斯的火焚》《论俄罗斯王国的产生》《论鲍里斯和格列布的杀害》等短文)的知识。① 还有一种手抄的文字蒙求是百科全书式的词典，含有对"难以理解的语言"，也就是不易懂得的词的解释。这种百科全书型的文字蒙求词典可作为成年读者读书时的参考或高级学校的教学指南。

在 17 世纪的俄国各社会阶层中，各种印刷和手抄图书得到了一定程度的传播。当然，大量的图书还是为封建社会的上层代表所占有。沙皇的家庭成员、大贵族、高级僧侣、修道院的院长拥有丰富的图书收藏，经常多达数百卷。② 一些书记官和书吏、商人、普通贵族、低级神职人员和市民也拥有或多或少的图书。"沙皇宫廷的图书馆藏书丰富。17 世纪这里已有拉丁文、希腊文和波兰文的世俗书籍：兵法、历史、医学、地理之类的书籍。在沙皇图书馆收藏的有俄国的编年史、沙皇阿列克谢时期上演的话剧手抄本和不同作家(西麦昂·波洛茨基、拉扎尔·巴拉诺维奇、尤里·克里扎尼奇等)的各式各样的作品'赠阅本'。牧首尼康有一个很大的图书馆，收藏俄国和外国的图书395 册。"③大贵族、领主莫洛佐夫(A. C. Матвеев，1625—1682)的图书室有许多拉丁文的书，其中包括 16 世纪版的加林、西塞罗、奥古斯丁、格里戈里·韦里基、基里尔·亚历山德里斯基的著作。A. Л. 奥尔金-纳晓金、马特维耶夫(Б. И. Морозов，1590—1661)、B. B. 戈利岑的图书室中，除拉丁文书籍

① Н. А. Константинов，Е. Н. Медынский，М. Ф. Шабаева，История педагогики，Москва，Просвещение，1982 г.154.

② [俄]M. P. 泽齐娜等：《俄罗斯文化史》，刘文飞等译，86 页，上海，上海译文出版社，1999。

③ [苏]苏科院历史所列宁格勒分所：《俄国文化史纲(从远古至 1917 年)》，张开等译，170页，北京，商务印书馆，1994。

外,还有许多波兰文书籍。① 戈利岑的藏书中还有 4 部德文书,内容包括歌词、喜剧、马医概述、鱼类及兽类概述、法律大全、家谱、枪操操法、军事制度、土地测量学等。② 医药局内建立了俄国最早的科学图书馆,一些修道院图书馆的图书也不断增加。17 世纪 60 年代,莫斯科还开设了一家书店,销售乌克兰和波兰印刷的书。"根据资料可知,奥尔金-纳晓金的一张订书单中就有外文书 80 种。"③

在 17 世纪的俄国,传授文化知识的学校制度还没有建立起来,无论是平民还是贵族都主要靠家庭教育获得文化知识。1645—1648 年沙皇政府的实际首脑莫洛佐夫曾是沙皇阿列克谢·米哈伊洛维奇的教师。后来,沙皇宫廷的家庭教师通常是聘请乌克兰和白俄罗斯有学问的修士担任,有时延聘外国教师,如西梅翁·波洛茨基。教育的方法是念书,不仅念俄文书(手抄本和印刷本),也念外国书。西梅翁·波洛茨基是在 1667 年被邀请到宫廷做教师的,费奥多尔·阿列克谢耶维奇做王子时是他的学生。稍后,他又受托监督索菲娅公主和幼年彼得一世的学习,对他们进行学习方法方面的指导。他基本上是按他所领导的扎伊科诺救世主修道院学校教授的一些科目进行教学。

奥尔金-纳晓金为了对儿子进行教育,在其身边安排了一些被俘的波兰人做教师。他们力图加强他儿子"对外国人的爱慕……用关于波兰自由的故事去激励他"④。奥尔金-纳晓金的儿子能说好几种外语。⑤ 出生于摩尔达维亚的学

① [苏]苏科院历史所列宁格勒分所:《俄国文化史纲(从远古至 1917 年)》,张开等译,167~168 页,北京,商务印书馆,1994。

② [俄]戈·瓦·普列汉诺夫:《俄国社会思想史》第一卷,孙静工译,305 页,北京,商务印书馆,1998。

③ [苏]苏科院历史所列宁格勒分所:《俄国文化史纲(从远古至 1917 年)》,张开等译,169 页,北京,商务印书馆,1994。

④ [俄]戈·瓦·普列汉诺夫:《俄国社会思想史》第一卷,孙静工译,274~275 页,北京,商务印书馆,1988。

⑤ [俄]M.P.泽齐娜等:《俄罗斯文化史》,刘文飞等译,85 页,上海,上海译文出版社,1999。

者、外交事务衙门的翻译斯帕法里（Н. Спафарии，1636—1708）曾在大贵族马特维耶夫家担任教师。马特维耶夫本人在家中与子女一起跟随家庭教师学习拉丁文与希腊文。一般来说，显贵家庭大多聘请白俄罗斯和乌克兰人承担子女的教育工作，以便子女获得内容广泛的教育。在一般市民家庭，子女的教育或是由"先生"（主要是一些低级神职人员），或是由家中的识字者进行。

(二)17 世纪俄国建立的一些学校

1551 年举行的百条宗教会议①上做出决议，要求"在皇城莫斯科及所有城堡中……神父、助祭和诵经员处应设学校，以使每一城堡中之神父、助祭和所有的东正教徒均能送其子女前去学习识字与书写"②。但是这一决议在以后并未得到认真贯彻与实施。所以，一直到 17 世纪，俄国能传授系统知识的学校仍然很少。然而，在乌克兰和白俄罗斯，早在 16 世纪，除了其他学校之外，还有由其民族宗教组织兄弟会主办的一些学校。1632 年，基辅主显派兄弟会学校(1615 年创办)与基辅佩切尔斯克修道院附设的神学校[1613 年由基辅大主教莫吉拉(П. С. Могила，1596/1597—1647)创办]合并为基辅莫吉拉高级学校。该校在 17 世纪设有初级部、中级部和高级部，共 8 个班。初级部教授斯拉夫语、希腊语、拉丁语和波兰语(读、写、语法)、祈祷、教义问答、算术、音乐、唱歌，中级部教授诗学和修辞学，高级部教授哲学和神学，学制 12 年。它被称为俄国第一所高等学校，在彼得一世统治时获得学院的称号。③ 这所学校在 17—18 世纪俄国文化教育的发展中发挥了重要作用。17 世纪来到俄国的乌克兰和白俄罗斯学者就是在这里接受教育的，如叶皮凡尼·斯拉温涅茨基(Епифаний Славинецкий，? —1675)和西梅翁·波洛茨基等。

---

① 1551 年 1—5 月在莫斯科举行的宗教会议，通过了《百条宗教决议》，故名百条宗教会议。

② 转引自[俄]М. Р. 泽齐娜等：《俄罗斯文化史》，刘文飞等译，63 页，上海，上海译文出版社，1999。

③ В. В. Давыдов, Российская Педагогическая Энциклопедия Т. 1, Москва, Большая Российская Энциклопедия, 1993 г.429-430；Н. А. Константинов, Е. Н. Медынский, М. Ф. Шабаева, История педагогики, Москва, Просвещение, 1982 г.150-151.

彼得一世推行改革时也依靠这所学校的师生，如费奥凡·普罗科波维奇（Феоний Прокопович，1681—1763）、斯捷凡·亚沃尔斯基（Стефан Япорский，1658—1722）等。①

在17世纪中期，俄国借鉴乌克兰和白俄罗斯的办学经验来发展自己的文化教育，并创办了一些学校。"从乌克兰和白俄罗斯还来了一些有学识的人，他们工作在文化教育事业的各个领域：担任印刷局的'校对'（即编辑）、外国图书的翻译、家庭教师或新开办学校中的教师。比如，僧侣学者叶皮凡尼·斯拉温涅茨基、阿尔谢尼·萨塔诺夫斯基和达马斯金·普季茨基即于1649年应邀来到莫斯科。同年，著名国务活动家、大贵族Φ.M.勒季谢夫将近30名僧侣学者从基辅召来莫斯科，在由他创办的安德烈耶夫修道院（普列奥布拉任斯基修道院）中开设了一所学校。这所学校中教授斯拉夫文和希腊文、修辞学、哲学及其他课程。"②学校的教学工作在一段时间内进行得很顺利。经过勒季谢夫的努力，两名学生得到了去基辅继续学习的机会。勒季谢夫本人则学习希腊语。此类学校被称为希腊—拉丁语学校。在17世纪后半期，除了安德烈耶夫修道院的学校外，莫斯科还办有几所希腊—拉丁语学校。

17世纪50年代初，克里姆林宫的神迹修道院开办了一所学校，是由宫廷和宗主教教廷出资兴办的。莫斯科一些衙门的书吏、城区低级教堂的教士共约10名成年学生（虽然也都年青）在这所学校接受教育。他们在这里学习拉丁语和希腊语、文法和修辞学。希腊人阿尔谢尼·萨塔诺夫斯基（Арсений Сатановский）和叶皮凡尼·斯拉温涅茨基曾在这所学校执教。1653年，尼康又让阿尔谢尼在克里姆林宫的主教学校中教"几个幼小的男孩"学习希腊语和

---

① ［苏］H.A.康斯坦丁诺夫等：《苏联教育史》，吴式颖等译，191页，北京，商务印书馆，1996。莫斯科"教育"出版社1982年版，中译本由商务印书馆1996年出版。

② ［俄］M.P.泽齐娜等：《俄罗斯文化史》，刘文飞等译，87页，上海，上海译文出版社，1999。

拉丁语。阿尔谢尼还为自己的学生编写了手写的希腊语和拉丁语课本。① 神迹修道院创建于 14 世纪，有一个大图书室，还有缮写室，早有对少年们进行教育的传统。达马斯金·普季茨基（Дамаский птицкий）和卡里翁·伊斯托明（Карион Истомин，约 1640—1717）都住在这里，进行翻译书籍与教学活动。

1665 年，西梅翁·波洛茨基在扎伊科诺救世主修道院开办的一所希腊—拉丁语学校任教，他在此教学将近 4 年。这是由国家创办的学校，为中央政府机关培养有文化的书吏。学校课程包括拉丁语、语法、修辞学、诗学、逻辑学、哲学和神学。这所学校的学生后来与神迹修道院学校的学生进行过辩论，捍卫教育的"拉丁"文化方向。1668 年这所学校培养的书吏们曾随同俄国使馆的官员出国。1682 年，在西梅翁·波洛茨基的学生西尔维斯特·梅德韦杰夫（Сильвестр Медведев，1641—1691）的领导和努力下，这所学校恢复了教学工作。1686 年，在校学生有 23 名，学习文法、拉丁语和修辞学。②

1681 年，莫斯科造印局创办了一所希腊语学堂（Греческое Училище）。开始时招收 30 名孩子入学，委托修士司祭季莫费（Тимофей）管理这些孩子，并聘请希腊人马努伊尔教授希腊语的读和写。但是马努伊尔直到 1684 年 12 月才到造印局，可见一直到这时只有季莫费一人在校任教。1683 年 6 月，印刷事业衙门拨给季莫费 50 本《识字课本》、10 本教学用《圣诗集》、10 本《日课经》。这些在当时的俄国皆属初等教育所使用的教材。1683 年 8 月，有将近 60 名儿童在该校就读。一般认为，这所学校的发展可以分为两个阶段：1681 年至 1683 年为第一阶段，这时候该校实际上是一个初等教育机构；第二阶段始于 1684 年，学生人数大为增加，开始教授希腊语，它成了一所一方面进行

---

① Э.Д. Днепров, Очерки Истории Школы и Педагогической Мысли Народов СССР с Древнейших Времен до Конца XVII в. Москва, Педагогика, 1989 г.68.

② Э.Д.Днепров, Очерки Истории Школы и Педагогической Мысли Народов СССР с Древнейших Времен до Конца XVII в.Москва, Педагогика, 1989 г.59. [俄]М.Р. 泽齐娜等：《俄罗斯文化史》，刘文飞等译，88 页，上海，上海译文出版社，1999。

初等教育，另一方面进行希腊语教学和为造印局培养翻译人员的学堂。1685年，在校学生达233人。①

按照基辅莫吉拉高级学校的模式在俄国设立斯拉夫—希腊—拉丁语学院（Славяно—греко—латинская академия）的想法产生于17世纪70年代末，其积极倡导者是西梅翁·波洛茨基和西尔维斯特·梅德韦杰夫。1682年，西尔维斯特·梅德韦杰夫以费奥多尔·阿列克谢耶维奇沙皇的名义拟定了一份《莫斯科学院章程》，阐述了建院的原则与设想。由于费奥多尔·阿列克谢耶维奇去世，他又将章程呈交索菲娅公主，但未能获得及时批准。②

按照章程编制者及其他倡导人的设想，教育可以完成国家管理方面的两大任务，即捍卫东正教信仰和扩大工业，因此斯拉夫—希腊—拉丁语学院应是像欧洲其他大学一样的俄国重要的教学中心。其目的是为国家和教会培养有教养的人才，讲授的课程包括"七艺"（即语法、修辞学、辩证法、算术、几何、天文学、音乐）、神学和"司法学"，还有医学和一系列其他知识。章程及其倡导者的这些思想和主张遭到宗主教约阿基姆(Иоаким)及其他教会保守人士的反对。这些人认为学习拉丁语及西欧的科学知识会给东正教信仰带来直接的危害，只主张学习希腊语与神学知识，并阻挠学院的开办。

1682年，斯拉夫—希腊—拉丁语学院尚在准备设立之时，就对在君士坦丁堡的两位有学问的希腊修道士约安尼基·李胡德(Иоанникий Лихуд)和索甫洛尼·李胡德(Софроний Лихуд)兄弟发出了邀请。这两人都是毕业于意大

---

① Э. Д. Днепров, Очерки Истории Школы и Педагогической Мысли Народов СССР с Древнейших Времен до Конца XVII в. Москва, Педагогика, 1989 г. 70-71; Н. А. Константинов, Е. Н. Медынский, М. Ф. Шабаева, История педагогики, Москва, Просвещение, 1982 г. 153.

② Э. Д. Днепров, Очерки Истории Школы и Педагогической Мысли Народов СССР с Древнейших Времен до Конца XVII в. Москва, Педагогика, 1989 г. 70-71. 又，苏联 Н. А. 康斯坦丁诺夫等编的《教育史》1982年俄文版论述相关问题时写道，该学院的章程系西梅翁·波洛茨基制定的(见俄文版153页，1999年中译本194页)。这是不够确切的，因为西梅翁·波洛茨基在1680年就已去世。但无疑，他是相应思想最早的倡导者。

利帕多瓦大学的博士。他们于 1685 年 9 月来到莫斯科，在主显修道院对学生讲授希腊语。他们的第一批学生是由莫斯科造印局学校转过来的阿列克谢·巴尔索夫（Алексей Барсов）、尼古拉·谢苗诺夫·哥洛文（Николай Семенов—Головин，1670—1731）、费多尔·波利卡尔波夫（Федор Поликарлов，1670—1731）、费多尔·阿盖耶夫（Федор Агеев）和约瑟夫·阿法纳西耶夫（Иосиф Афанасьев）5 人以及神迹修道院修道士约夫（Иов）和主显修道院的东正教修士辅祭帕拉季·罗戈夫斯基（Палладий Роговский）。1685 年 12 月修道院修建了专门的教学楼，有将近 30 名来自各阶层的学生在这里学习。到 1687 年学院成立时，学生人数超过 40 名。① 学院由李胡德兄弟二人选用教师，他们自己则在高年级讲授诗学与哲学，并用希腊文和拉丁文编写文法、诗学和东正教内容的修辞学课本。

斯拉夫—希腊—拉丁语学院的许多学生坚持完成了自己的学业，其中有些人后来从事教学相关活动，并取得了一些成就。例如，费多尔·波利卡尔波夫成了俄国作家、翻译家、出版事业家。他曾任莫斯科造印局和宗教事务管理局印刷所经理、《新闻报》编辑，著有《初级读本》和斯拉夫—希腊—拉丁语《辞典》。②

然而，俄国保守的神职人员不满于李胡德兄弟在莫斯科的斯拉夫—希腊—拉丁语学院的革新活动，将他们赶出学院并监禁在外省的一个修道院里，五年之后才允许他们移居到诺夫哥罗德。他们在那里按照莫斯科学院的模式开办了诺夫哥罗德的斯拉夫—希腊—拉丁语学堂，并在其中任教。这所学堂成为 18 世纪初诺夫哥罗德教区各城市文法学校的策源地。③

---

① Э. Д. Днепров, Очерки Истории Школы и Педагогической Мысли Народов СССР с Древнейших Времен до Конца XVII в. Москва, Педагогика, 1989 г. 71.

② [苏] А. М. 普罗霍罗夫：《苏联百科词典》，丁祖永、马世元、王力文等译，171 页，北京、上海，中国大百科全书出版社，1986。

③ Н. А. Константинов, Е. Н. Медынский, М. Ф. Шабаева, История педагогики, Москва, Просвещение, 1982 г. 154.

斯拉夫—希腊—拉丁语学院不仅培养神职人员，还为医学外科学校培养学生，其中许多人成了1725年开办的莫斯科科学院附属大学的学生。米·瓦·罗蒙诺索夫(М. В. Ломоносов，1711—1765)、安·德·坎德米尔(А. Д. Кантемир)、瓦·伊·巴热诺夫(В. И. Баженов)和俄国18世纪前期的其他一些著名文化科学与教育活动家都曾在斯拉夫—希腊—拉丁语学院学习。

在17世纪，俄国的医学教育也有进展。1654年，药管局开办了一所"俄国医师学校"，学制为5~7年。有些学生在本国毕业后，又被派到英国、法国和意大利继续深造。待学成回国并获得"医生"称号后，他们不仅从事临床治疗，而且积极编写科学论著。这样的医生有斯捷潘·基里洛夫，彼得·波斯特尼科夫等。

此外，政府机关如外交事务衙门和领地衙门，也办有自己的学校，培养所需要的专业人员。[①]

第三节　17世纪俄国的文化教育思想

一、17世纪俄国的社会政治思想

17世纪俄国社会发展是从"大混乱时期"开始的。在"大混乱时期"，俄国遭到强于它的波兰与瑞典的侵略，反侵略斗争增强了俄国人民的民族意识，并为国家的独立发展提供了保障。"混乱迫使莫斯科人发挥首创精神。然而他们的这种被逼出来的首创精神，却最明显地表现于恢复和巩固'世袭君主制'，而这种君主制的最主要特点则是在十六世纪下半叶就确定了的。"[②]

---

① Э. Д. Днепров, Очерки Истории Школы и Педагогической Мысли Народов СССР с Древнейших Времен до Конца XVII в. Москва, Педагогика, 1989 г. 103-107.

② [俄]戈·瓦·普列汉诺夫：《俄国社会思想史》第一卷，孙静工译，204页，北京，商务印书馆，1988。

罗曼诺夫王朝建立后，社会的基本矛盾不但没有缓解，反而不断增强，人民"骚动"不断，因而17世纪被俄国史学家称为"人民骚动的时代"。但是，17世纪俄国"人民骚动的性质是同进行骚动的人民群众所反对的社会政治关系的性质完全符合的。骚动的过程虽然时常很尖锐，但这个过程却不曾产生新的政治认识"①。17世纪俄国人民只反对他们头上的直接压迫者和官员，却并不反对沙皇。"1648年5月莫斯科人民一方面要求交出莫罗佐夫和特拉汗诺托夫，同时却声明他们抱怨的不是沙皇，而是那些'盗用'他的名义的人们……当信仰宗教的人们高喊'上帝和国王的意旨万岁'的时候，这表示他们对于国王的态度有着对上帝的那种虔敬因素，甚至在诺夫哥罗德和普斯科夫发生骚动的时候，不满意上级命令的商人也反复说：'国王不知此事。'从这里可以再次看到：变民是相信沙皇的……他们在竭力抵制沙皇的军政长官的命令时，还是约许'全体一致拥护国王'的。他们继续把他看为整个国家的化身。"②然而，对沙皇带着某种虔敬态度、拥护沙皇的骚动群众及其首领往往遭到沙皇政府的残酷镇压和杀害。在17世纪中后期，农奴制与沙皇专制制度得到进一步发展与巩固。

但是，与波兰、瑞典等远比俄国先进的国家的不断斗争与交往，还是促进了俄国的欧化。"莫斯科国最初是非常缓慢地，后来却越来越迅速地转向西方。这种转向也不能不影响于俄国社会思想的发展过程。"③如前所述，俄国在罗曼诺夫王朝的第一代沙皇米哈伊尔·费多诺维奇统治时期就已开始在广泛领域利用西欧技术，引进其工程技术人员，雇用外国军官训练和领导俄国军人。俄国借用西欧的技术和人力资源增强了国力和军事力量。17世纪中期，

---

① ［俄］戈·瓦·普列汉诺夫：《俄国社会思想史》第一卷，孙静工译，204~205页，北京，商务印书馆，1988。

② ［俄］戈·瓦·普列汉诺夫：《俄国社会思想史》第一卷，孙静工译，233~234页，北京，商务印书馆，1988。

③ ［俄］戈·瓦·普列汉诺夫：《俄国社会思想史》第一卷，孙静工译，244页，北京，商务印书馆，1988。

俄国经过多年与波兰的战争兼并了乌克兰东部，并增强了与波兰和西欧文化的联系。波兰的生活用具被俄国宫廷和贵族的府邸使用，波兰的书籍在俄国上层社会流传。"波兰文、波兰书和波兰产品为波兰思想铺设了道路——虽然是一条非常狭窄的，隐隐约约的小路。……一般来说，波兰影响从来不曾动摇十七世纪莫斯科人对东罗斯政治制度和社会生活的优越性的信念。但是没有一条通则没有例外。混乱时代同波兰人密切交往的结果，最少使个别莫斯科人开始对上述政治制度和上述社会生活抱着否定的态度。出身于雅罗斯拉夫公爵氏族的赫沃罗斯季宁，便是这种罕见①的人物之一。"赫沃罗斯季宁（И. А. Хворостинин）对莫斯科的宗教观念在某种程度上抱着自由主义态度，他不仅自己不去教堂，而且"殴打和折磨"去教堂的家人及奴仆等，还"称莫斯科沙皇为俄国的专制君主"②。他可能是第一个因为想离开自己国家（他被指责有去立陶宛的意图）而被发配到修道院接受管教的俄国公爵。1624年1月，他在具结放弃"异教"后被释放了。一年多后，他去世了。他著有《俄国莫斯科时代及沙皇和神父的传说》和诗作《告发异教者》。

在前面我们论述17世纪俄国教育时，已经涉及奥尔金-纳晓金安排被俘的波兰人教其子的情况。奥尔金-纳晓金是17世纪俄国著名外交官，熟悉欧洲其他国家的情况，因此，他经常在家里谴责莫斯科的制度，说其他国家的做法不同，而且做得更好。他已经懂得西方文明的价值③。可见奥尔金-纳晓金安排被俘的波兰人教其子沃·阿·奥尔金-纳晓金（О. А. Ордин-нащокин）也不是偶然的。在父亲和波兰教师的影响下，沃·阿·奥尔金-纳晓金厌恶莫斯科上层社会的生活，向往西欧文明。成年后，他以聪明能干见称。在父亲

① [俄]戈·瓦·普列汉诺夫：《俄国社会思想史》第一卷，孙静工译，261~262页，北京，商务印书馆，1988。
② [俄]戈·瓦·普列汉诺夫：《俄国社会思想史》第一卷，孙静工译，262~264页，北京，商务印书馆，1988。
③ [俄]戈·瓦·普列汉诺夫：《俄国社会思想史》第一卷，孙静工译，275页，北京，商务印书馆，1988。

离职期间，他曾接任其在扎列维契-第米特里城的职位，负责国外通信，向父亲传送信息和并向在莫斯科的沙皇本人传送信息。1660 年 2 月，沃·阿·奥尔金-纳晓金在执行沙皇阿列克谢·米哈伊洛维奇交代的外交使命时，没有去立窝尼亚见父亲和完成沙皇交付的任务，而是去格但斯克见了波兰国王。后来，他被送到法国，成了逃亡者。沙皇坚决要求引渡这个逃亡者，训令他的父亲想方设法捕获自己的儿子，并将其带回国内，如果认为有必要，"那就将他的儿子就地歼灭"。没有史料说明这位父亲是否按沙皇的训令做过捕获儿子的努力，但是这位年轻的俄国贵族子弟无法适应西欧的生活，忏悔了自己的"背叛"，并得到了宽大处理。

1666 年 9 月，沃·阿·奥尔金-纳晓金被送到基里洛夫修道院监管。次年 1 月，沙皇阿列克谢·米哈伊洛维奇便下令解除对他的监管。这次释放是因为他的父亲在同波兰签订《安德鲁索沃停止协定》上立了功。但是当这位有功的使臣想再次为他的儿子谋取外交职位时，未能成功，其子被送回了农村。最后，这位过去的逃亡者在外省一处边远地区做了一名地方官员。戈·瓦·普列汉诺夫指出，沃·阿·奥尔金-纳晓金"在莫斯科所身受和驱使他逃往国外的'痛苦心情'，就是后来许多俄国西方派所不得不身受的那种痛苦心情。可以说，天才的教授 B. C. 佩切林在十九世纪逃离莫斯科时所走的道路"，是沃·阿·奥尔金-纳晓金在 17 世纪"首先开辟的"。①

格·卡·科托希欣(Г. К. Котошихин，约 1630—1667)被认为是俄国早期的西方派代表人物之一。他在担任莫斯科外交事务衙门书吏期间与瑞典人多有交往，曾参加 1658—1661 年俄国同瑞典的谈判。他目睹瑞典人比较柔和

---

① ［俄］戈·瓦·普列汉诺夫：《俄国社会思想史》第一卷，孙静工译，277 页，北京，商务印书馆，1988。又：B. C. 佩切林(В. С. Печерин，1807—1885)是俄国社会活动家、哲学家、诗人，1835 年担任莫斯科大学希腊文教授，1836 年侨居国外，1840 年皈依天主教，居住在英国修道院内，但仍然关注社会哲学问题和俄国解放运动。参见：［苏］A.M. 普罗霍罗夫：《苏联百科词典》，1017 页，北京、上海，中国大百科全书出版社，1986。

的道德风尚，认为瑞典人对他的接待很友好，遂对瑞典产生了好感。他在国内的经历则是：由于无意中写错了沙皇的尊号而遭到笞刑；由于其父未经证实的错误而被没收了家产；由于在部队中没有接受一位公爵女儿反对另一位公爵的劝诱，生怕遭到"仇恨、折磨和拷打"。这些经历使他感到"在祖国是没有任何希望的"，于是，他在1664年经波兰逃往瑞典，并在瑞典担任了公职。

科托希欣在瑞典撰写了以《阿列克谢·米哈伊洛维奇朝的俄国》为书名的著作。他在该书中谴责莫斯科人"本性粗鲁"，莫斯科贵族"'不是由于才智，而是由于出身大家族'而获得高贵称号……这种大贵族在国王的杜马开会时，'摸摸自己的大胡子'不发一言，'因为他们丝毫不通世事'，而且每每是目不识丁"。[①] 科托希欣对于莫斯科人不学习的做法是难以苟同的。他希望不仅男人，而且女人都要读书。他写道："这一切都是真的，因为这个国家不将自己的子女送到国外学习科学和习俗。害怕他们知道外国的信仰、习俗和良好的自由以后，会废弃自己的信仰，接受别的信仰，再也不想回到自己的家园和亲人那里去了。"[②]他谴责沙皇政府剥夺了臣民自由出国的权利，指出"莫斯科的不自由极大地阻碍了国内生产力的发展……莫斯科国不出产金银。虽然根据史书所记，俄国产金银，然而不能勘探，即使勘探了，也为数不多。此外，莫斯科人不搞实业"[③]。

以上这些人被俄国学者视为早期西欧派的代表人物。他们对沙皇专制制度下冷酷的官场生活都有些憎恶，向往西欧国家的相对自由，对俄国当时的落后也有一定的认识。属于17世纪的西欧派代表人物还有尤里·克里扎尼奇(J. Križanic，约1618—1683)和戈利津。克里扎尼奇是克罗地亚人，曾就读于

① [俄]戈·瓦·普列汉诺夫：《俄国社会思想史》第一卷，孙静工译，281页，北京，商务印书馆，1988。

② [俄]戈·瓦·普列汉诺夫：《俄国社会思想史》第一卷，孙静工译，281~282、283页，北京，商务印书馆，1988。

③ 《简明不列颠百科全书》第4卷，772页，北京，中国大百科全书出版社，1985。

欧洲的几所神学院，1646—1650 年、1660 年至逝世都在俄国（从 1661 年起被流放到西伯利亚的托博斯克）。他撰写了 9 部关于政治、经济、宗教、语言和哲学方面的著作，其中包括《统治权论》《俄语语法通义》等。① "按照克里扎尼奇的意见，莫斯科国一切恶的主要根源，就是'残酷的占有制'。"②"克里扎尼奇的理想是法兰西王国。他直率地说，最光荣和幸福的，是不仅工商业发达，而且'法律良好的国家，我们在法兰西王国所见，就是如此。'"③戈利津的活动与思想，我们在前面已有论述。戈·瓦·普列汉诺夫在其所著的《俄国社会思想史》第一卷中设有专章（第十章）对戈利津的政治主张与思想进行详细介绍，并给予了比较高的评价。他引述了俄国著名历史学家克柳切夫斯基（В. О. Ключевский）关于戈利津的以下论述：戈利津公爵的私人关系甚至使他不能对他的改造意图进行实际的筹划；他把自己的命运同索菲娅女皇连在一起，同她一道垮台，而不曾参加彼得的改革活动。④ 虽然他是彼得最接近的先行者，他也可能成为彼得的一位好助手。

二、17 世纪俄国的教育思想

如前所述，17 世纪的一些思想家，如科托希欣、戈利津等都很重视教育。科托希欣认为男人和女人都应该读书，戈利津主张俄国贵族家庭将其子女送到波兰学校去学习或者延聘波兰教师。在 17 世纪后期，围绕办什么学校和教什么内容问题，有过希腊派和拉丁派之争。希腊派主张只办希腊语学校，只

---

① ［俄］戈·瓦·普列汉诺夫：《俄国社会思想史》第一卷，孙静工译，285 页，北京，商务印书馆，1988。

② ［俄］戈·瓦·普列汉诺夫：《俄国社会思想史》第一卷，孙静工译，287 页，北京，商务印书馆，1988。

③ ［俄］戈·瓦·普列汉诺夫：《俄国社会思想史》第一卷，孙静工译，293 页，北京，商务印书馆，1988。

④ ［俄］戈·瓦·普列汉诺夫：《俄国社会思想史》第一卷，孙静工译，312 页，北京，商务印书馆，1988。

教希腊语,其代表人物是保守的东正教宗主教约阿基姆等;拉丁派则主张建立基辅莫吉拉高级学校模式的俄国高级学校(即斯拉夫—希腊—拉丁语学院),不仅教授斯拉夫语、希腊语、东正教神学,而且教授拉丁语和世俗学科知识,其代表人物是西梅翁·波洛茨基及其弟子西尔维斯特·梅德韦杰夫等。

(一)西梅翁·波洛茨基和西尔维斯特·梅德韦杰夫的教育思想

西梅翁·波洛茨基是 17 世纪俄国文化教育活动家和思想家的代表人物,为俄国文化教育的发展做出了巨大的贡献。他是白俄罗斯学者,早年曾就学于基辅莫吉拉高级学校(1640—1650 年)和维尔纽斯学院(1650—1654 年)。1656—1663 年任波洛茨克主显修道院附设兄弟会学校的教师。他在 1663 年来到俄国,先后在莫斯科扎伊科诺救世主修道院的希腊—拉丁语学校和沙皇宫廷从事教育实践活动。

西梅翁·波洛茨基在基辅莫吉拉高级学校学习时,该校主持和教师吉泽尔对他产生了重要影响。吉泽尔为期两年的"哲学总论"课程包括"论灵魂"的心理学专论,西梅翁·波洛茨基从中获得了一些心理学知识,这使他日后在写作和教学中会考虑读者和学生的心理活动。在西梅翁·波洛茨基早期的音节诗中,已表明他对当时心理学有关人的四种气质(多血质、胆汁质、抑郁质、黏液质)的认识。他还认为,对他人心理和灵魂的认识与自我认识是不可分的,并力图向读者和学生说明认识自己的必要性。他强调:"不了解你自己,也就无法认识任何事物";"认识你自己,就有福了"。[1]

对于时间及其价值,当时基辅的学者有独到的理解。基辅莫吉拉高级学校的创办人、基辅主教莫吉拉在其 1636 年出版的一部著作中号召教师们珍惜教学时间。珍惜时间、认识时间的价值是西梅翁·波洛茨基教育思想的重要

---

① Э. Д. Днепров, Очерки Истории Школы и Педагогической Мысли Народов СССР с Древнейших Времен до Конца XVII в. Москва, Педагогика, 1989 г. 246.

观点。他指出："黄金一般的时间不可虚度,光阴一去不复返。"①

西梅翁·波洛茨基是较早谈论必须对年青一代进行公民教育的教育活动家和思想家之一。他认为应教儿童如何在世界上诚实地按照公民的要求谈话和做事,并指出学校戏剧活动对培养公民情感能发挥很大的作用。他认为朗诵能发展学生的记忆力和想象力,提高发音吐字方面的能力,发表讲演在某种程度上有助于掌握雄辩的技艺,这些都是有教养的人所必需的素养。

西梅翁·波洛茨基把劳动视为教育的重要手段之一。他指出,人如果不劳动,等待他的将是道德上的毁灭,"游手好闲是一切恶与罪行之源"。他提醒父母,应使孩子远离不良影响,并强调父母的榜样作用。

西梅翁·波洛茨基的教育观深受托马斯·阿奎那经院哲学的影响,在他莫斯科的藏书中保存了5本托马斯·阿奎那的著作。他善于运用托马斯·阿奎那将科学与宗教调和的技巧。在其1669年出版的一部著作中,西梅翁·波洛茨基力图捍卫科学在教育中的地位,指出科学不会动摇人们对上帝的信仰,反而会坚定人们对上帝的信仰。稍后,他又指出,各种自由艺术,如文法、修辞学、哲学等对公民和人的精神和智能的培养都是有益的,我们绝不能加以否定。②

西梅翁·波洛茨基是一位知识渊博的学者,他了解当时不同的哲学与教育体系,并在自己的教育实践与理论中综合地利用各种不同教育体系的一些要素。1678年,西梅翁·波洛茨基在莫斯科创办了一个高级印刷馆。他团结了当时一些极有天赋的人,如艺术家西蒙·乌沙科夫(Симон Ушаков)、版画家阿法纳西·特鲁赫缅斯基(Афанасий Трухменский)、教育活动家西尔维斯特·梅德韦杰夫等。他对图书的装帧提出了很高的标准,希望图书的第一页

① Э. Д. Днепров, Очерки Истории Школы и Педагогической Мысли Народов СССР с Древнейших Времен до Конца XVII в. Москва, Педагогика, 1989 г. 246.

② Э. Д. Днепров, Очерк Истории Школы и Педагогической Мысли Народов СССР с Древнейших Времен до Конца XVII в. Москва, Педагогика, 1989 г. 247-248.

便使读者受到教育。该印刷馆主要出版教育图书，其中有些图书传播了文艺复兴时期著名人文主义教育家伊拉斯谟和夸美纽斯的教育思想。①

西尔维斯特·梅德韦杰夫也是 17 世纪一位重要的教育活动家。他在1665—1668 年是西梅翁·波洛茨基的学生兼秘书，后来又恢复和领导了一度中断的扎伊科诺救世主修道院的希腊—拉丁语学校的教学工作，是 1682 年《莫斯科学院章程》的撰稿人。他曾在西梅翁·波洛茨基创办的印刷馆工作多年，其作品有随笔、神学著作和音节诗。"他极有可能是俄国第一部图书目录《作者名录》的纂稿者。"②他的教育思想集中地反映在由其撰写的《莫斯科学院章程》之中。

(二)卡里翁·伊斯托明的教育思想

卡里翁·伊斯托明(Карион Истомин，约 1640—1717)是俄国诗人、教士和启蒙学者，著有音节诗与《启蒙读物》《小型识字课本》《大型识字课本》，以及百科内容的诗集《城邦》等。③ 卡里翁·伊斯托明曾是很有名望的宫廷诗人，后来到西尔维斯特·梅德韦杰夫主持的希腊—拉丁语学校的文法班执教。该校关闭后，他又到诺夫哥罗德的主教学校授课。

卡里翁·伊斯托明为初等教育创作了一系列读物，这些作品是对西欧教育思想的独创性运用。当时，夸美纽斯的《物理学概论》《世界图解》和《大教学论》都已为俄国学者所收藏，并被他们用于学习和研究，其中《物理学概论》和《世界图解》还被用于教学。卡里翁·伊斯托明所编写的一系列带插图的读

---

① Э. Д. Днепров, Очерк Истории Школы и Педагогической Мысли Народов СССР с Древнейших Времен до Конца XVII в. Москва, Педагогика, 1989 г. 249.

② [苏]А.М. 普罗霍罗夫:《苏联百科词典》，889 页，北京、上海，中国大百科全书出版社，1986。

③ [苏]А.М. 普罗霍罗夫:《苏联百科词典》，1515 页，北京、上海，中国大百科全书出版社，1986。

本，在很长一段时间内被认为是俄国学者领悟夸美纽斯教育思想的主要范例。[①] 他掌握了夸美纽斯的教育思想，并将其创造性地运用于俄国的教学实践。

作为诗人教育家，卡里翁·伊斯托明认为，对人的智慧殿堂的建设应该始于精神世界。[②] 他很重视儿童的道德教育，强调要培养儿童对有益劳动(如学习)的爱好并使儿童乐于遵守行为规范。在教育内容方面，他主张在学校教学计划中除"七艺"之外还应纳入自然、历史和地理知识，完成这种教育需要6年时间。他认为，应该让儿童先学斯拉夫语的说和写，再学希腊语、拉丁语和波兰语。

(三)叶皮凡尼·斯拉温涅茨基的教育思想

叶皮凡尼·斯拉温涅茨基是17世纪俄国和乌克兰作家、翻译家、语言学家和教育家。他的出生地不详。有些材料说他是波兰人，也有些材料说他是白俄罗斯人。他在基辅的兄弟会学校接受初级和中级教育，后来又在国外的大学(如克拉科夫大学)接受过教育。他回到基辅后，曾在基辅洞窟修道院任修士，1642—1649年在基辅兄弟会中级学校担任希腊语和拉丁语教师。

1649年，叶皮凡尼·斯拉温涅茨基接受沙皇阿列克谢·米哈伊洛维奇的邀请来到莫斯科。他曾在克里姆林宫中的神迹修道院学校任希腊语、拉丁语和修辞学的教师。在写作方面，叶皮凡尼·斯拉温涅茨基"著有布道演说集和宗教歌曲；翻译学术著作，编有希腊—斯拉夫—拉丁语词典及语文词典"[③]。叶皮凡尼·斯拉温涅茨基在俄国教育方面所做的一项很有影响的工作是编译《儿童公民守则》。该守则由他编译出来以后，在17世纪后半期有许多手抄本，流传较广。

---

① Э. Д. Днепров, Очерки Истории Школы и Педагогической Мысли Народов СССР с Древнейших Времен до Конца XVII в. Москва, Педагогика, 1989 г. 254.

② Э. Д. Днепров, Очерки Истории Школы и Педагогической Мысли Народов СССР с Древнейших Времен до Конца XVII в. Москва, Педагогика, 1989 г. 260.

③ [苏] A.M.普罗霍罗夫：《苏联百科词典》，1500页，北京、上海，中国大百科全书出版社，1986。

《儿童公民守则》是伊拉斯谟的一部关于道德教育作品的创造性译本。[①]
在这本用 164 个问答形式阐述儿童良好习惯的集子里有对儿童的详细指示：
如何举止(姿态、手势、表情、穿着等)有礼貌，在家和做客坐在桌前吃饭时、
与某人相遇时、游戏时应有的举止，以及在学校的行为规范等。[②] 其中第 159
条至第 164 条谈到行为与卫生习惯的要求，如关于儿童睡觉的行为规范包括：
在睡觉前必须做祷告并回顾一天所做的一切事情；睡觉应右侧身，把双手放
在胸前；必须早起，洗脸洗手，梳好头发并进行祈祷。苏联学者认为，"《儿
童公民守则》是一部出色的教育著作。里面谈到，儿童遵守的共同生活准则是
他们对人的善意和尊重、沉着、自尊意识等高尚内心品质的表现"[③]。

综上可见，俄国通过 16 世纪末至 17 世纪初期反对波兰和瑞典武装干涉
的斗争，增强了人民的民族意识，确保了自己国家的独立发展。1613 年，俄
国建立了罗曼诺夫王朝，在以后的发展中，加快了重新欧化的进程，借用西
欧的技术力量，促进了工商业发展，扩大了国土。

17 世纪的俄国文化与教育是适应其政治经济的需要发展起来的。从教育
的内容来说，它具有浓厚的宗教色彩，其学校也大多建立在修道院中，借用
西俄(乌克兰和白俄罗斯)的人力资源，使俄国年青一代的贵族不仅掌握本民
族语，而且掌握希腊语和拉丁语以及世俗文化、科学知识。17 世纪俄国文化
与教育的发展，为 18 世纪初期彼得一世的改革提供了主要的人力资源和一定
的思想基础。斯拉夫—希腊—拉丁语学院创办无疑是 17 世纪俄国教育发展的
重要成就。18 世纪前期一些俄国著名文化科学与教育活动家，包括俄国著名
科学家和教育家米·瓦·罗蒙诺索夫青少年时都曾在这里学习。

---

① Н. А. Константинов, Е. Н. Медынский, М. Ф. Шабаева, История педагогики, Москва,
Просвещение, 1982 г. 154-155.

② Н. А. Константинов, Е. Н. Медынский, М. Ф. Шабаева, История педагогики, Москва,
Просвещение, 1982 г. 155.

③ Н. А. Константино, Е. Н. Медынский, М. Ф. Шабаева, История педагогики, Москва,
Просвещение, 1982 г. 155.

第八章

北欧教育的发展

一般而言，北欧是指欧洲北部的挪威、瑞典、芬兰、丹麦和冰岛五个国家。在北欧五国中，除冰岛位于千里之遥的北大西洋中，其他四国的地理位置毗邻。瑞典和挪威位于斯堪的纳维亚半岛，它们的北部与芬兰北部相连，南部与丹麦仅隔一条海峡。这四个国家不仅相互毗邻，而且历史联系十分紧密，尤其是丹麦、瑞典和挪威三国从远古到海盗时代（8 世纪末至 11 世纪中期，也称"维京时代"），一直有着共同的历史特性。例如，氏族社会的残余（各种形式的议事会、村社土地所有制、不成文的习惯法等）长期存在，氏族社会解体后直接进入封建社会，在封建社会中农民没有丧失人身自由等。"瑞典人、丹麦人和挪威人在许多具有决定意义的方面密切联系在一起。他们说同样的语言，信奉同样的宗教，遵守同样的法律，有共同的社会组织，还有着相类似的艺术和文化。他们还具有同样的英雄传说，有同样的传奇和历史性的过去。整个北欧海盗时代，北欧民族都讲着他们彼此听得懂的语言，人们都熟悉、通晓北欧西部语言与北欧东部语言之间的区分。"[1]

海盗时代后期，丹麦、挪威、瑞典各自建立了统一的国家。不久瑞典又

---

① 游弋：《巨舰横行：北欧海盗(公元 800—1100)》，20 页，南京，江苏教育出版社，2013。

征服了芬兰，冰岛则先后受挪威和丹麦统治。① 可以说，丹麦、挪威和瑞典三个国家的历史相互交错，王室之间相互联姻，并且具有诸多共同点。正是这些历史特征，对北欧国家的教育产生了重要影响。

第一节 丹麦的教育

丹麦既是一个波罗的海国家，又是欧洲大陆的一部分。它作为欧洲边缘的一个小国，与其邻国挪威和瑞典被视为欧洲的边远地区。丹麦地处波罗的海出入口，丹麦群岛把卡特加特海峡与波罗的海分开，这个地理位置在丹麦历史上发挥了重要作用。

一、历史沿革

公元初的几个世纪，丹麦开始由原始社会向阶级社会过渡，原先的氏族公社逐渐瓦解，社会分化为氏族贵族、自由民和奴隶三个等级，宗法奴隶制家庭成为丹麦社会的基本单位。在宗法奴隶制社会，氏族贵族的权势不断扩大。为了掠夺他人的财富，他们纷纷招募武士从事抢掠。由于北欧地区水面辽阔，北欧人自古谙习水性，因此武士们不是从陆地抢劫，而是通过水路进行。这些武士后来被称为"海盗"或维京人(Viking)。除了丹麦之外，同时代的挪威和瑞典也有海盗，故人们称其为"北欧海盗"。

在海盗时代之前，丹麦、挪威和瑞典就是一个整体，有着共同的文化。在这三个国家一些地方的岩石上，至今仍留有新旧石器时代的岩画。这些岩画雕刻的大多是远古时代北欧人经常猎取的食物，如鹿、熊、海豹、鱼和鸟

---

① 这也是本章只介绍丹麦、挪威和瑞典三个国家的原因。

等。到了青铜时代，岩画的内容已从动物发展到表现人的各种活动，尤其是宗教活动。从 3 世纪起，北欧有了自己的文字——金石铭文。当时北欧各地还流传着丰富的口头文学，其中一部分后来在冰岛以文字形态保存下来。这些古代岩画、金石铭文和口头文学是北欧人共同的文化遗产。

从海盗时代起，北欧的各个部落开始形成，丹麦语也逐渐从古斯堪的纳维亚语中分化出来。但随着基督教的传入，丹麦上层人士和知识界都使用拉丁语。历史学家萨克逊·格拉马蒂克（Saxon Grammaticus，约 1150—1220）用拉丁语写下了丹麦最早的一部历史著作《丹麦史》，记述了从远古时代到 1202 年的丹麦历史，为后人留下了许多珍贵的资料。

历史上所说的海盗时代，是从 793 年到 1066 年，持续了大约三百年。这一时期斯堪的纳维亚还没有分为独立的丹麦、挪威和瑞典，人们生活在由当地国王或酋长统治的自治部落中，欧洲大陆的学者通常称他们为北方人。当然，并不是所有的北方人都是海盗，海盗是当地的酋长、武士或那些定期离开自己的土地和村落外出探险、贸易和进行掠夺的人。北方人擅长造船，海盗乘坐他们的龙船到欧洲各个角落探险。北欧海盗分为东、西两支，东支以瑞典人为主，西支以挪威人和丹麦人为主。"海盗一般都集群出发，声势浩大，随后繁衍出的分支也层出不穷，所以劫掠从来没有断绝的迹象。他们的力量随着海盗时代的到来不断增强，有的海盗团队的实力实在不在一个国家之下。即使是历史上知名的、有着铁血手腕的国王、君主统统对海盗畏惧有加。"①

820 年，丹麦海盗到达英吉利海峡，这是他们最早的一次大规模远征。经过几十年的战争，海盗占领了英格兰的东北部，并在那里建立了几个小王国。"他们简直是成群地涌进英格兰，不久丹麦的移居农民非常多，甚至包括英格兰北部、米德兰兹和英格兰东部的整个地区从英格兰的共同体中分离出去，

① 游弋：《巨舰横行：北欧海盗（公元 800—1100）》，33 页，南京，江苏教育出版社，2013。

组成一个叫做'丹麦区'的独立的海盗王国。"①这些王国按照丹麦国内的方式进行组织，它们设法保留自己的法律和风俗，自由民在"会场"集会以解决所有法律纠纷。后来，丹麦人把目标集中在查理曼帝国的沿海地区，他们沿塞纳河而上，多次袭扰巴黎，然后满载而归。911 年，丹麦人在塞纳河口建立了诺曼底公国。很快这里就住满了斯堪的纳维亚移民，他们按照英格兰"丹麦区"的方式，建立了组织健全的农民居住区。另有一伙丹麦海盗沿法兰西海岸航行，顺西班牙海岸而下，进入地中海，对意大利发起突然袭击和抢劫。

在海盗时代，丹麦本土的政治兼并开始加剧。8 世纪末至 9 世纪初，一个名叫戈德弗里德的氏族酋长控制了日德兰半岛和瑞典南部的斯堪尼亚，他实际上是丹麦历史上第一位被公认的国王。戈德弗里德的儿子亨明继位后，与查理曼帝国签订协议以确认双方的边界。亨明死后，丹麦王国分裂为许多小政权。直到 10 世纪前期，政治纷争才趋于停息，一个名叫戈尔蒙的酋长统一了丹麦。通过海盗活动，丹麦的氏族酋长们与较为发达的欧洲其他地区频繁接触，极大地促进了丹麦封建制度的建立。

与此同时，丹麦人在对外侵袭过程中逐渐熟悉了西欧的基督教。在基督教传入之前，丹麦人信仰的是多神教，崇拜的是战神奥丁、雷神托尔、和平及生育之神弗雷等。据说，他们在国外时同意接受洗礼，一旦回到本土又成为敬奉奥丁、托尔和弗雷的教徒。826 年，查理曼帝国派遣一个名叫安斯加的传教士到丹麦担任国王的宗教顾问。安斯加到达丹麦后建立了教堂，并训练了一批传教士，然后将他们分派到丹麦各地传教。由于基督教所宣扬的忍耐、服从、君权神授等思想迎合了丹麦国王的政治需要，因此他们开始把基督教当作一种精神武器。960 年，丹麦国王哈拉尔德一世(Harald I，约 958—985年在位)接受洗礼，随后在全国实行强制性的基督教化政策，并且在各地纷纷

---

① [丹麦]帕利·劳林:《丹麦王国史》，华中师范学院《丹麦王国史》翻译组译，58 页，武汉，湖北人民出版社，1973。

建立教堂。哈拉尔德死后，他的儿子斯汶一世（Sverd Ⅰ，约 985—1014 年在位）继位，他曾率领舰队征服英格兰。斯汶二世（Sverd Ⅱ，1047—1076 年在位）时代，丹麦的教会组织趋于完善，并建立了 8 个主教区。1104 年又在隆德建立了大主教区，大主教被授权负责整个斯堪的纳维亚地区的宗教事务。

从哈拉尔德一世开始，历代丹麦国王都向教会赠予土地，从而使教会成为大土地拥有者。高级僧侣和世俗贵族都享有免税特权，他们把土地租给佃农耕种，佃农必须定期交纳地租和服劳役，于是以地租和劳役为特征的封建制度开始建立。封建制度的建立推动了社会生产力的发展，12 世纪末至 13 世纪初丹麦的农产品产量高于北欧其他国家。同时，随着商业贸易和手工业的发展，丹麦出现了一些较大的城市，如石勒苏益格、奥尔堡、奥尔胡斯、罗斯基勒、欧登塞、隆德、哥本哈根等。这些城市已经形成了以手工业作坊主和商人为代表的市民阶层。到 12 世纪后半期，丹麦已成为北欧的一个强国。13 世纪末，丹麦出现了一个由高级僧侣和大贵族组成的参政会，它是教会和世俗贵族限制王权的有力工具。

丹麦国王瓦尔德马四世（Valdemar Ⅳ）在位期间（1340—1375 年），经过九年战争和精心的政治策划，基本上统一了整个丹麦。为了控制波罗的海贸易大权，瓦尔德马四世曾与汉萨同盟①为敌，但最终被汉萨同盟打败，其愿望成为泡影。"汉萨同盟是在国外（如在伦敦、布鲁日）的德意志商人所组织之各个联合体与国内组织之类似联合体的结合。"②其产生背景是巨大的商业活动传统，它在商业史上的影响十分广泛而且时间久远。瓦尔德马四世死后，1397年他的女儿玛格丽特成功地将北欧结成一个联盟，即把丹麦、挪威（包括冰

---

① 汉萨同盟是德意志北部城市之间形成的商业和政治联盟，由德国富商掌管，同盟的中心为卢卑克市。13 世纪逐渐形成，14 世纪达到兴盛，加盟城市最多时达到 160 个。同盟垄断波罗的海地区贸易，并在西起伦敦、东至诺夫哥罗德的沿海地区建立商站，实力雄厚。15 世纪转衰，1669 年解体。

② ［美］詹姆斯·W. 汤普逊：《中世纪晚期欧洲经济社会史》，徐家玲等译，205 页，北京，商务印书馆，1996。

岛)、瑞典(包括芬兰)组成一个国家,她本人成为这个联盟的最高首领。这一联盟称为卡尔马联盟,也称"斯堪的纳维亚联盟"。1523年瑞典最早脱离联盟,卡尔马联盟开始崩溃,但丹麦和挪威之间的联盟持续到1814年。这一时期有人称为"四百年之夜"。①

北欧三国之间的联盟并非偶然,经济上较为发达的丹麦长期以来就在谋求将北欧地区置于自己的控制之下。德意志人在北欧影响的扩大引起北欧社会各阶层的不安,丹麦、挪威和瑞典三国王室之间的姻亲关系,以及由此产生的在彼此国家享有王位和财产继承权等,都促成了这一联盟的形成。根据卡尔马联盟制定的原则,三国在外交和国防事务方面服从君主领导,而在内政方面可保持相对独立,各国原有的法律及国务会议等机构继续保留。"三个王国彼此迥异,但从卡尔马联盟诞生之日起,它们国内的政治决策机构——代表大会——都承认丹麦奥尔登堡家族的君主权,不过这对它们的地方政策没有什么影响。"②

丹麦地处波罗的海通往北海和大西洋的要冲,控制着波罗的海的出入口——厄勒海峡(也称为"松德海峡"),这一地理位置使丹麦成了波罗的海的看门人。俄国的麻织品、皮革、柏油,波兰的农产品,瑞典的铁、铜和矿石,都要经过波罗的海才能运往欧洲市场。由于自古以来丹麦国王就对环绕丹麦的水域保持专有的权力,因此过往厄勒海峡的外国船只一律要缴纳海峡税。"政治和地理因素使丹麦有权向所有过往于海峡的船只征收通行税。"③为了确保这些税收的支付,丹麦在海峡两岸建立了一些城堡,有些城堡至今仍然存在。随着船运量的极大增加,厄勒海峡成了丹麦王国一座名副其实的金矿,

---

① [美]玛格丽特·海福德·奥利里:《韵致挪威》,刘新慧译,26页,长春,长春出版社,2012。

② [丹麦]克努特·J.V.耶斯佩森:《丹麦史》,李明、张晓华译,12页,北京,商务印书馆,2012。

③ [美]詹姆斯·W.汤普逊:《中世纪晚期欧洲经济社会史》,徐家玲等译,210页,北京,商务印书馆,1996。

它实际上是丹麦最大的收入来源。

海峡税为丹麦带来了巨大的经济利益，但同时也引起了无数的政治纷争。首先威胁丹麦对波罗的海行使控制权的是瑞典。为了确保丹麦在波罗的海地区的有利地位，丹麦国王弗里德里希二世（Friedrich Ⅱ，1559—1588 年在位）于 1563 年出兵占领了瑞典西南部的重要城市埃尔弗斯堡（今哥德堡），切断了瑞典通往北海的出路，引发了长达七年的丹瑞战争（1563—1570 年）。1568 年瑞典国王埃里克十四（Eric ⅩⅣ，1560—1568 年在位）在王权的争斗中被推翻，丹麦乘机战胜了瑞典。战后，瑞典被迫向丹麦支付一笔巨款以赎回埃尔弗斯堡。1611 年丹麦国王克里斯蒂安四世（Christian Ⅳ，1588—1648 年在位）再次向瑞典发起进攻，并夺回了埃尔弗斯堡。以上是丹麦和瑞典争夺波罗的海霸权战争的第一阶段，这一阶段的形势对丹麦有利。

但在随后的战争中，瑞典开始占据优势。1625 年克里斯蒂安四世不顾大臣们的忠告，执意参加三十年战争，结果惨遭失败，被迫于 1629 年签订《卢卑克和约》。1643—1645 年战争成为丹麦和瑞典争夺波罗的海霸权的转折点，这场战争以丹麦的失败而告终。1645 年 2 月 8 日，丹麦被迫与瑞典签订了屈辱的《布勒姆塞布罗条约》。根据这一条约，丹麦割让一些地区和岛屿，瑞典船只有权免税通过厄勒海峡。从此丹麦对波罗的海的控制权被打开了一个缺口。弗里德里希三世（Friedrich Ⅲ，1648—1670 年在位）继位时，丹麦许多城镇变成了废墟，许多农庄已被毁坏，居民还遭受瘟疫的侵袭。在同瑞典的战争中，1658 年丹麦签署了在其整个历史上代价最大的《罗斯基勒条约》。根据该条约，丹麦又割让了一些地区，使厄勒海峡的东岸（占整个丹麦领土的 1/3）和挪威相当多的领土落入瑞典之手。丹瑞边界移至海峡中间线后，厄勒海峡成为一条真正的国际通道。

由于战争的影响，丹麦的疆域缩小了，经济上也遭到严重破坏，人们把这一切都归咎于贵族阶级，认为贵族阶级实行的旧式中世纪政治制度必须结束。弗里德里希三世对旧的丹麦贵族也表现出极大的不信任，认为建立君主专制政体的时机已经成熟。旧的贵族阶级受到很大削弱后渐渐退居幕后。弗里德里希三世及其继承者准许德国人和其他外国人移居丹麦，并把他们提拔到贵族地位，建立了一个新的贵族阶层。1661 年颁布的法律规定：市民与贵族享有同等的参政权，市民可以获得伯爵、男爵等贵族身份，贵族与平民一样应缴纳土地税(后来并未实行)，取消贵族在商业贸易方面享有的捐税豁免权。1665 年颁布的《王室法令》对国家行政系统进行了重大改革，规定中央设立国务委员会，其核心成员组成枢密委员会，作为国王的咨询机构。同时，地方的行政系统也做了相应改革，打破了原有的封建领地界线。这样就使丹麦的行政机构朝近代化迈进了一大步。

　　丹麦位于欧洲大陆的边沿，这个地理位置也意味着 16、17 世纪它处在世界经济的边沿。从土壤和气候来看，丹麦在斯堪的纳维亚拥有良好的农业条件，因此农业是丹麦最重要的经济活动。在 16、17 世纪，丹麦人口大约为 80 万，其中 75% 是农民，在大约 8 万个农场劳作。城市人口只占 12%~13%，其中约有 1/3 集中在哥本哈根，剩余的分散在全国七八十个城镇。大约 94% 的农业土地归王室和极少数贵族所有，而贵族阶级不足 2 000 人，只占总人口的 0.25%。[①] 可以肯定的是，近代早期丹麦没有任何工业，直到 17 世纪末才出现国际贸易的迹象。因此，丹麦在 16、17 世纪仍然是北欧一个典型的农业国。

二、宗教改革

　　中世纪晚期，丹麦教会的地位在许多方面发生了变化。教会与国王之间的冲突已经结束，当时把最高的教会职位授予丹麦贵族已成为传统。由于贵

---

① ［丹麦］克努特·J.V. 耶斯佩森:《丹麦史》，李明、张晓华译，108 页，北京，商务印书馆，2012。

族享有特权，因此他们并不热衷于宗教论战。丹麦教会和贵族首领对于神学和哲学问题也不感兴趣，他们所关心的话题是土地，因为当时大部分土地以酬谢安魂弥撒的礼物形式落入了教堂和修道院手中。许多主教关注的则是他们显赫的世俗地位，并大肆敛财和占有土地，而不是去做正当的事。"实际上教堂和修道院所进行的主要活动，按其性质来说，与其说是严格的宗教工作，还不如说是规模巨大的地产经营。"①

在市镇里，人们经常看到一些新式的红砖教堂和修道院，这些教堂和修道院十分富裕，而且组织良好。教会的财富被用于华丽的装饰。教堂里的墙壁是用色彩丰富的图画装饰的，充满了《圣经》的故事情节，而且描绘得惟妙惟肖。在农庄里，基督教已不再是一种新鲜事物，但旧的信仰还没有完全消逝，人们必须遵守古代宗教崇拜的遗风。"诸多迹象表明，在中世纪后期，民间的宗教热情有增无减，但对教会的堕落和滥用权力却颇为不满。这个时代，不称职的主教比比皆是，贵族地主对宗教也不是真心地向往。主教的头衔乃至更高的职位都给贵族留着，这无疑更加模糊了高级神职人员与贵族之间的界限，从而加深了他们与教区神父之间的隔阂。"②教会受到民间宗教人士的指责，他们受马丁·路德宗教改革运动的鼓舞，要求教会严肃认真地担负起基督教责任。

16世纪20年代初，宗教改革开始在丹麦产生广泛的影响。保卢斯·赫利既是加尔默多会（天主教托钵修会之一）的修士（即天主教神职人员），也是丹麦圣经派人文主义和天主教改革运动的代表人物。他根据教父著作解释《圣经》，强烈反对教士的世俗化，以及由教会滋生的陈规陋习和迷信。起初，赫利为路德的改革而欢呼，并把路德看作自己的盟友。但当他意识到路德派宗

---

① ［丹麦］帕利·劳林：《丹麦王国史》，华中师范学院《丹麦王国史》翻译组译，189页，武汉，湖北人民出版社，1973。

② ［英］G.R. 埃尔顿：《新编剑桥世界近代史（第2卷）：宗教改革（1520—1559年）》，中国社会科学院世界历史研究所组译，173页，北京，中国社会科学出版社，2003。

教改革运动的发展将导致社会分裂时，便彻底切断了与路德的联系，因为他对教会的谴责并非要取消教会。赫利的圣经派人文主义在当时有着重大的历史意义，因为它在中世纪后期的宗教生活向福音派①转化的过程中起到了缓冲作用。宗教改革的结果并不意味着断然决裂，实际上所有的神职人员都保留了原职。另一位圣经派人文主义者彼得森是隆德的一名教士，曾在巴黎学习多年，并发表了许多祈祷、礼仪和历史方面的作品。彼得森在发掘乃至整理丹麦民族文学方面做了很多工作，并参加了克里斯蒂安二世（Christian Ⅱ，1513—1523 年在位）的教育改革，从而影响了哥本哈根大学乃至整个丹麦教育界。后来他转而支持宗教改革，并在安特卫普发表了丹麦文的《新约》译本（1529 年）、《大卫诗篇》和许多路德派小册子。

丹麦的宗教改革得到了国王克里斯蒂安二世的支持。他通过制定一系列法律和进行教会改革，试图以牺牲贵族和神职人员的利益来提高王室、自由民和农民的收入。他按照自己的需要随意指派或撤换主教，教会敏锐地觉察到了此番作为的后果。克里斯蒂安二世的这一举动终于酿成了 1523 年的反叛，他自己被迫流亡尼德兰。1524 年他访问维滕堡后便皈依了路德派，并请人把《新约》译成丹麦文。第一部丹麦文本的《新约》传到丹麦后，对丹麦的宗教改革发挥了巨大的推动作用。克里斯蒂安二世逃离丹麦后，议会推举他的叔父石勒苏益格—荷尔施泰因公爵弗里德里希继承王位，即弗里德里希一世（Friedrich Ⅰ，1523—1533 年在位）。其在加冕状中承诺要维持天主教会的特权，镇压路德派传教士，但上任后却采取了另外一种措施：一方面尽可能地保留教会的现有权利，另一方面规定任何教义只要与《圣经》不相抵触皆可宣讲。

与此同时，丹麦民间的福音派运动正在兴起。石勒苏益格是宗教改革的重要据点，在这里一些贵族成为路德派教徒，他们是国王处理宗教事务的首

---

① 在 16 世纪宗教改革时期，马丁·路德的跟随者自称为福音派，是福音的传播者。

席顾问。弗里德里希一世的长子北石勒苏益格公爵也支持宗教改革，他曾出席沃尔姆斯会议①，路德在会上的辩论给他留下了深刻印象。1526 年日德兰半岛上的维堡成了福音派公开活动的场所。一位名叫汉斯·陶森(Hans Taosen)的青年学生从维滕堡回到丹麦，他听过马丁·路德的布道，精通希伯来语，并在维堡大力宣传宗教改革。他的传教活动虽然引起了教会的抗议，却受到了弗里德里希一世的保护。弗里德里希一世在致维堡市民的一封信中任命陶森为国王的牧师。1526 年陶森得到国王恩准，在维堡创建教会学院，并明确表达了与天主教的决裂。

当时德意志人发明的金属活字印刷术已传入丹麦，使印刷业在丹麦得以迅速发展，印刷了很多宗教方面的书籍。福音派成立了一个出版社，大量发行拥护宗教改革的小册子，"很快宗教改革就在维堡拉开了帷幕"②。这一时期，丹麦东部的贸易重镇马尔默(1658 年《罗斯基勒条约》将其割让给瑞典)也成为福音派运动的中心。德国北方的广大地区与马尔默联系密切，通往丹麦的货船同时送去了德国福音派传教士和宣传宗教改革的小册子。马尔默的改革者们有自己的出版社和大量关于宗教论辩、祈祷及礼仪方面的著作。1528年马尔默出版了第一部丹麦文赞美诗集，其中包括路德创作的赞美诗译文，随后又不断地再版和增版。同年，还以《纽伦堡弥撒》和路德的《德语弥撒》为蓝本，出版了一部新编丹麦文本的《马尔默弥撒》。1529 年马尔默议会决定推行福音派改革，并创办了福音派神学院。

1526 年的欧登塞议会规定，以后主教应向大主教而不是教皇申请授予教职，所收费用纳入国库。这些主教作为王室议会的成员，企图说服弗里德里

①　1521 年 1 月教皇利奥十世决定处罚马丁·路德，1521 年 4 月德国皇帝查理五世在沃尔姆斯召开议会会议予以审理，要求路德放弃或重申其立场。当路德被责令公开悔改时，他声称只接受《圣经》的权威，而不接受教皇及议会的权威，因为它们之间存在矛盾。查理五世不敢得罪支持路德的诸侯，急忙中止会议，路德安全离去。议会最后判决路德违法，禁止发行他的著作，并下令逮捕他。

②　[英]G.R. 埃尔顿：《新编剑桥世界近代史(第 2 卷)：宗教改革(1520—1559 年)》，中国社会科学院世界历史研究所组译，176 页，北京，中国社会科学出版社，2003。

希一世采取措施对付福音派运动，并要求国王收回侵犯其管辖权的保护信，即以后没有主教的许可，任何人不准布道。但正在此时，日德兰和斯堪尼亚爆发了农民起义，参加暴动的农民鉴于教会无人问津、上帝之道也无人宣讲而拒绝缴纳什一税①。在1527年的议会上，主教们又要求惩罚农民领袖，保留教会传统的特权，废止国王写的保护信，禁止教士结婚和修士离开修道院。对此，弗里德里希一世就教会的特权问题做了肯定的答复，明确了普通老百姓有缴纳什一税的责任，但不赞成主教拥有法律权威。他说："基督教的信仰是自由的。你们中没有人愿意被迫放弃自己的信仰。但是你们也必须明白，那些笃信圣经或被称作路德派的人同样不愿被迫放弃他们的信仰。双方都相信自己是对的，但却无人可以作出裁决。朕作为国王和法官，主宰的是王国的生命和财产，而不是灵魂……"②弗里德里希一世的态度十分明确，即必须实行宗教宽容政策，《圣经》之道是教会的唯一基础，使用天主教还是福音派的阐释只是个人的选择。据此，他反对镇压福音派运动，重申教士可以结婚，修士可以离开修道院。于是，在丹麦建立一个社会宽容机构的法律依据确立了。丹麦教会分裂为官方的天主教会和独立的福音派教会，它们都期待着最后的裁决，都指责对方是异教徒，是离经叛道和非法的。

1530年哥本哈根召开议会，希望通过辩论解决宗教纠纷。福音派准备了一份信仰声明即《哥本哈根信纲》，作为辩论的基础，并向广大民众宣讲。但辩论并未发生，双方只是交换了意见，却对由谁裁定无法达成共识。天主教希望由一位博学的神学家充当法官，而福音派则认为本次议会的成员完全能

---

① 什一税是欧洲基督教会向居民征收的宗教捐税。6世纪，教会利用《圣经》中农牧产品的1/10属于上帝的说法，开始向基督教信徒征收此税。779年，法兰克国王查理大帝规定：缴纳什一税是每个法兰克王国居民的义务。10世纪中叶，西欧各国相继仿行。税额往往超过纳税人收入的1/10，负担主要落在农民身上。宗教改革和德国农民战争期间，废除什一税是农民的基本要求之一。西欧大多数国家在18—19世纪陆续废除，而英国一直征收到1936年。

② ［英］G.R.埃尔顿：《新编剑桥世界近代史(第2卷)：宗教改革(1520—1559年)》，中国社会科学院世界历史研究所组译，177页，北京，中国社会科学出版社，2003。

确定其信条是否有悖于《圣经》。在使用语言的问题上，双方也各执一端。福音派主张用丹麦语，天主教则主张用拉丁语。会谈最终破裂，本次议会的决议是维持现状。《哥本哈根信纲》虽然在当时并未产生历史性影响，但它作为丹麦宗教改革的一种形式别具一格，具有明显的论战性、非神学性和大众化倾向。丹麦的宗教改革从圣经派人文主义孕育而出，没有经历过修道院内的宗教斗争。福音派与维滕堡的神学家不同，在他们看来为路德派教义辩护并不重要，关键是要建立一种注重改革、简明而无分歧的基督教。这种宗教以《圣经》为准则，把圣典视为"上帝的律法"，而不是以路德派阐释的《圣经》为依据。在这次会议上，弗里德里希一世为了支付庞大的军费开支，必须得到主教们和教会的支持，因此他出于当时政治局势的需要并不希望福音派取得胜利。

弗里德里希一世去世后，丹麦由于王位空缺而干戈四起。1534 年克里斯蒂安三世（Christian Ⅲ，1534—1559 年在位）被推举为国王。1536 年他在哥本哈根召开国民会议，取消了天主教主教们在议会中的席位，并将天主教的财产收归王室所有。土地在丹麦的宗教改革中发挥了重要作用。在宗教改革前，国王在丹麦的地产只相当于全国总面积的 1/6；在没收教会土地后，其地产很快就超过全国总面积的一半。通过土地买卖和交换，相当数量的教会土地落入贵族阶级手中，于是丹麦王国逐渐为世俗政权所控制。同时，国王还说服贵族、市民和农民投票赞成废除旧的教会组织。"这样，宗教改革就成了法律。"①

1537 年 9 月，克里斯蒂安三世用拉丁文颁布了全新的《教会法》，并由德国宗教改革家布肯哈根（Johannes Bugenhagen，1485—1558）委任了 7 名福音派新主教。新主教和旧主教的重要区别是，新主教现在成了"公仆"。"以前神职

---

① ［丹麦］帕利·劳林：《丹麦王国史》，华中师范学院《丹麦王国史》翻译组译，223 页，武汉，湖北人民出版社，1973。

人员是一支独立而强大的力量,与贵族比肩,而宗教改革运动把他们降到与文官同等地位,他们的行为直接对政府负责。神职人员沦为从属角色的结果是,此后几个世纪里丹麦神职人员便日益变成政府的工具。"①

《教会法》是一份以国王的名义向全体丹麦人颁发的法律文件,其要旨和重点是突出王权的重要性,开篇是克里斯蒂安三世对丹麦人民的致辞。《教会法》明确规定了各种宗教事务,包括布道、宗教仪式、教育、主教和牧师的地位等。根据这一法规,国王作为基督教的领袖是处理教会问题的最高权威,但教会事务掌握在教会自己的代表手中。主教由教区的牧师选举产生,经王室批准;城镇的牧师由市长和议会挑选;乡村的牧师则由德高望重的绅士和副主教共同推举。由于新法规实施起来比较困难,1539 年欧登塞议会通过了将修改和增补后的丹麦文译本的《教会法》作为"真正的"教会法规的决定。该法规在克里斯蒂安五世(Christian V,1670—1699 年在位)颁布《丹麦法》(1683 年)和《教会礼则》(1685 年)之前一度为丹麦教会的宪法,并且在这两个法案中得到了部分体现。1542 年又出版了《教会法》的扩充本。所有新的教会法规都是与路德派神学家商讨后起草的,而且要送到维滕堡请路德本人或其身边的顾问批准,因此丹麦的教会组织几乎全部沿袭了路德派的思想。"从此以后,传统天主教会对信徒的管辖权全部被新教教士接管,丹麦的教会也不再是罗马教廷的下属分支,而是国家的教会,丹麦人民的教会。"②

在 1537 年被委任的新主教中,最有影响的是西兰岛主教帕拉第乌斯。他没有参加丹麦的宗教改革斗争,在维滕堡学习了 6 年,于 1537 年 6 月获得神学博士学位。由于布肯哈根、路德和梅兰希顿的力荐,克里斯蒂安三世任命他为西兰岛主教。帕拉第乌斯的名著《巡访书札》堪称丹麦文体的典范,是一

① [丹麦]克努特·J.V.耶斯佩森:《丹麦史》,李明、张晓华译,81 页,北京,商务印书馆,2012。

② 周施廷:《丹麦宗教改革与新教国家联盟的形成》,载《世界历史》,2019(5)。

部非常重要的文献，显示了他在教会管理和大众演说方面的才能。帕拉第乌斯是国王处理所有教会事务的顾问，他视察了辖区内的 390 个教区，并处理了挪威和冰岛的教会问题。帕拉第乌斯的神学著作在新教国家广泛传阅，其中介绍《圣经》著作的《导引》最负盛名，其拉丁文本再版了 16 次，并被译成德文、英文、波兰文和丹麦文。

宗教改革家汉斯·陶森虽然不在新主教之列，却有"丹麦的路德"之称。[①]他是哥本哈根大学的希伯来语讲师，1538 年开始讲授神学，并担任了罗斯基勒大教堂的牧师。他不辞辛劳地创办学校和医院，千方百计地改善教士的教育状况。陶森的重要作品有基督教《摩西五戒》译本（1535 年）和《布道集》（1539 年）等。此外，1553 年担任哥本哈根大学神学教授的尼尔斯·赫明森，也深受梅兰希顿学说的影响，其主要贡献是对《圣经》进行诠释，经他诠释的《圣经》曾被欧洲各大学普遍采用。由于赫明森在神学院的领导地位，他曾参与教会法规问题的讨论，尤其是婚姻问题，因为婚姻是"在上帝面前缔结的"。

从总体上看，丹麦的宗教改革是和平进行的，它经历了一个缓慢的演变过程。与欧洲其他国家相比，丹麦进行宗教改革的方式相当温和，从天主教到路德派的转变也比较平稳。"原因很多，其中之一就是在宗教问题上的冷静清醒。盲信热狂和群情过激，在丹麦历史上简直是没有发生过的事。信仰的实际变换，非常顺利地发生了。"[②]经过宗教改革，丹麦教会已按德意志北部模式将路德派改造成了国教，国王也从教皇手里夺得整个丹麦基督教大管家的职位。"作为教会和国家的最高领导，国王不仅是上帝在人间的一把剑，同时又是精神领袖。这是他从教会手里夺得的权力。国王身兼两职，既是宗教

① ［英］G.R. 埃尔顿：《新编剑桥世界近代史（第 2 卷）：宗教改革（1520—1559 年）》，中国社会科学院世界历史研究所组译，182 页，北京，中国社会科学出版社，2003。
② ［丹麦］帕利·劳林：《丹麦王国史》，华中师范学院《丹麦王国史》翻译组译，223~224 页，武汉，湖北人民出版社，1973。

信仰的捍卫者，又是最高的世俗当局，这在丹麦宪法里写得一清二楚。"①此后，丹麦与罗马教廷的联系几乎完全被切断，中世纪的国家不复存在，现代国家君主制建立了。

与此同时，人们冲破了教皇制度的樊篱，迎来了帕拉第乌斯所说的"福音书的光明"。"简洁明了的丹麦仪式和用来培养后人的、单纯的基督教教义问答乃是改革留给子孙后代最为重要和持久的遗产。1550 年，伟大的《克里斯蒂安三世〈圣经〉》出版，这是第一部丹麦文本的全译《圣经》，是这场改革所留下的最伟大的丰碑。"②宗教改革把丹麦王国的教会地位和牧师的作用彻底地改变了，在强制推行路德派正统观念和教规的漫长过程中，教会和牧师发挥了重要的作用。"宗教改革后的几百年里，教会目标和国家目标并行不悖，而且它们实际上是殊途同归，都是为了将丹麦人改造成虔诚的福音派基督徒和对社会有用的人才。"③与 1513 年相比，到 1596 年，丹麦已成为一个完全不同的国家。"宗教改革使奥尔登堡王朝成为一个比卡尔马联盟更加严密的同盟，它强化了中央权威，却没有削弱国王或贵族的权力。尤其重要的是，宗教改革标志着丹麦逐渐融入欧洲生活、文化和政治的开始。"④

三、教育发展

由上可知，丹麦的宗教改革在克里斯蒂安三世的领导下于 1536 年结束。根据 1536 年的法令，国王没收了广大的教会土地，把王室的财产扩充为以前

① [丹麦]克努特·J.V. 耶斯佩森：《丹麦史》，李明、张晓华译，82 页，北京，商务印书馆，2012。

② [英]G.R. 埃尔顿：《新编剑桥世界近代史(第 2 卷)：宗教改革(1520—1559 年)》，中国社会科学院世界历史研究所组译，183 页，北京，中国社会科学出版社，2003。

③ [丹麦]克努特·J.V. 耶斯佩森：《丹麦史》，李明、张晓华译，86 页，北京，商务印书馆，2012。

④ P.D.Lockhart, *Denmark 1513-1660: The Rise and Decline of A Renaissance Monarchy*, Oxford, Oxford University Press, 2007, p.82.

的 3 倍。通过这项措施,王权在很大程度上得到了强化,而被剥夺了大量地产的教会在教育方面则丧失了支配能力。这项措施让国家很早就在教育领域开辟出道路,这也是丹麦教育史的一个特征。

(一)基础教育

人们往往认为 16 世纪的丹麦是文化荒地,因为与英格兰都铎王朝(1485—1603 年)和法国瓦卢瓦王朝(1328—1589 年)相比,丹麦王朝显得简单淳朴,极具田园风格。当时的欧洲人普遍把丹麦看作莎士比亚《哈姆雷特》中那个荒凉沉寂的"埃尔西诺"(赫尔辛格的旧称)城堡。① 当然,这种看法有失公允。在宗教改革之前,丹麦文化可能是狭隘、落后的,只在维京人的基础上前进了一两步。在宗教改革运动中,由于欧洲许多国家发生了内战,不少知识分子离开欧洲大陆旅居北欧的丹麦和瑞典,因此丹麦也出现了大量的文学家、画家、神学家和文化名人。到 16 世纪末,丹麦已开始真正融入欧洲的主流文化。这一时期促进丹麦文化发展的因素有两个:一是宗教改革激发了人们的学习热情并加强了丹麦与欧洲大陆之间的文化交流,二是中央机构的发展及王室权力的相应增强。宗教改革强调依照福音书进行教学,正如在欧洲其他地方一样,它给丹麦王国的教育留下了深刻的印记。

在皈依基督教之前,丹麦的教育情况鲜为人知,教育在很大程度上是家庭的责任。"即使是皈依基督教之后,面对人口的急剧增长,这种情况仍然没有改变。"②12 世纪建立起来的拉丁语学校与大教堂有关,办事员和见习教士可以在大教堂学习拉丁文和神学。这些学校设立于主教所在的城镇,以及维堡、奥尔胡斯、欧登塞、里伯、罗斯基勒等城市,它们主要针对那些有志于

---

① P.D.Lockhart, *Denmark 1513-1660: The Rise and Decline of A Renaissance Monarchy*, Oxford, Oxford University Press, 2007, p.77.

② Byron J.Nordstrom, *Dictionary of Scandinavian History*, Westport, Connecticut, Greenwood Press, 1986, p.145.

从事神职工作的人。"16 世纪以前，识字仍然是牧师的特权。"①除了这些学校培养牧师外，只有少数人接受了家庭教师的教育。

路德派领导的宗教改革运动给丹麦教育带来了很大的影响。宗教改革运动后，丹麦的神职人员(牧师)在济贫、医疗和教育中发挥了重要作用。他们既发放救济物资、提供医疗卫生和教育服务，又代表政府确保这些工作顺利进行。1521 年丹麦颁布了一项法律，要求所有孩子要么上学，要么学习经商，要么去农场工作。1539 年克里斯蒂安三世在社会和卫生健康领域制定了相当完备的法律，对于如何组织济贫和保育工作提供了指导方针。其基本精神是：凡是需要帮助的人，都应获得帮助；无论属于何种等级，法律原则上都一视同仁。1539 年 6 月，在新教的指导下，丹麦王室颁布了用丹麦文撰写的《教会法》。根据这项法令，丹麦至少在形式上规定学校从教会中分离，并且处于国家管理之下。

《教会法》的第三部分，实际上应该被称为丹麦最初的学校法。早在 1523 年，克里斯蒂安二世为了进行民众教育就尝试起草了《学校法》，但它只不过是一纸空文而已。1539 年《教会法》最重要的特征是建立统一的拉丁语学校。法令的第三条规定，没收天主教会的财产，然后在各个城市设立拉丁语学校，同时各地所管理的其他学校都应该被废止。换句话说，这项法令禁止私立学校的存在，并且要求设立让每个人都享有同等教育权的拉丁语学校。"无论是哪个城市，都需要设置所有的孩子都能够入学的学校。"②这种拉丁语学校以各个社会阶层的子弟为对象，并以拉丁语为主要的教学科目。值得一提的是，无论是德国还是丹麦的宗教改革者，为了让入会民众能够阅读《圣经》，都尽力把《圣经》翻译成母语。但拉丁语学校是否必须以母语为基础，他们还没有

---

① Byron J. Nordstrom, *Dictionary of Scandinavian History*, Westport, Connecticut, Greenwood Press, 1986, p.146.

② [日]梅根悟监修：《北歐教育史》，268 頁，講談社，昭和五十一年(1976 年)。

取得共识。当时拉丁语学校所重视的，仍然是教会做礼拜时所用的拉丁语。实际上，注重拉丁语教育并没有影响拉丁语学校在丹麦的发展。

拉丁语学校引入了选拔制度。在 12 岁和 16 岁时，学生会通过各种各样的测验参加选拔。首先，在 12 岁根据拉丁语成绩选出较好的学生；然后，在 16 岁进行第二次挑选；最后，在拉丁语学校留下的孩子，才能成为"被主所供奉的普遍学问的拥有者"。学生从拉丁语学校毕业后会进入大学学习，由国家提供费用和伙食，其意图是培养教会和国家的官吏，以迅速开展宗教改革。除了少数通过 12 岁和 16 岁选拔考试的学生之外，对于不适合学习拉丁语的大多数学生而言，设立书写学校也是地方当局的责任。但对于地方学校的设置，教会法令并没有详细规定，时机也没有成熟。值得称赞的是，《教会法》规定教区牧师必须在固定的时间和场所，每周一次以口头传授的形式教授农民的孩子宗教基础知识。

由于路德派主张每个基督教徒均可以与上帝直接沟通，所以不懂神学的人可以自己去读《圣经》，而不需要去听满腹经纶的神学家讲解。这就需要具备两个条件：一是《圣经》不是拉丁文本，而是本国语言的译本；二是普通人都应有阅读能力，看得懂《圣经》。宗教改革前，这两个条件都不具备。宗教改革后，整个教育体系由政府管辖，克里斯蒂安三世首先组织翻译工作，将德文版的《圣经》译成丹麦文。1550 年第一本丹麦文《圣经》问世，名为《克里斯蒂安三世〈圣经〉》。后来，路德的《教义问答手册》也被译成丹麦文，这本手册在丹麦国内广泛使用，其中的主祷文、信经、圣礼、十诫等成为学校宗教教育的基础。

从 1537 年起，克里斯蒂安三世为孩子们创办了许多学校。这些学校的校址常常设立在旧的天主教修道院里，旨在使孩子们在基督教氛围中成长，并让他们具有良好的阅读能力，能够阅读《圣经》和路德的《教义问答手册》。这些学校最初设立在城市，主要是进行宗教教育和阅读训练，也教授简单的写作和算术,并由牧师负责监管。16 世纪后半期,政府需要越来越多受过专业训练的官员,因而贵族子弟对教育产生了极大的兴趣。随着军事力量的减弱,丹麦贵族为了在 16 世纪晚期的变局中仍然保持其重要地位,就需要一些必要的专业知识和技能,因而掀起了一场"教育革命(educational revolution)"。①

在城镇,按《教会法》规定设立的拉丁语学校,是通过克里斯蒂安三世的财政援助和捐款运行的。在法令发布后的数年间,丹麦创办了大约 60 所拉丁语学校。根据法令规定,拉丁语学校的教学科目分为拉丁语、音乐、宗教三门。由于当时的拉丁语学校水平较低,丹麦富裕阶层往往将自己的孩子送到德意志的学校,或者聘请家庭教师教育自己的孩子。面对这样的发展趋势,1604 年拉丁语学校进行了改革。课程除了拉丁语、算术、几何之外,还引入了希伯来语,这样拉丁语学校开始向大学预备教育的高级阶段发展。另外,《教会法》明文规定要为拉丁语成绩不好的孩子设立书写学校,这种学校被称为普通的丹麦语学校。在当时,大城镇拥有两种丹麦语学校,即阅读学校与书写或算术学校。前者教授阅读方法和宗教问答法,后者教授书写方法及计算。许多小城镇的拉丁语学校是由丹麦语学校改组而成的,但在大多数情况下这类学校是私立的。

克里斯蒂安四世统治时期,丹麦的各级教育机构兴旺发达。他深信,宗教教育的失败是造成老百姓道德失范的主要原因,对教义的无知导致了公众的不道德行为。因此,只有通过彻底的教义灌输,才能阻止年青人的婚前性行为。为了加强自己的统治,摆脱耶稣会的影响,克里斯蒂安四世认识到必须把学校办好。1604 年颁布的《学校令》要求彻底改革丹麦和挪威的拉丁语学校,明确规定教师的最低教育水平,并且要求主教负责指导所在教区内的学校。1606 年拉丁语学校被指定为为教会培养未来祭司的机构。著名学者汉

---

① Byron J. Nordstrom, *Dictionary of Scandinavian History*, Westport, Connecticut, Greenwood Press, 1986, p.146.

斯·雷森(Hans Rayson)成为这场教育改革的主角,1604—1608 年他组织编写了逻辑学、修辞学、几何学、算术和拉丁语法的入门书籍。1619 年克里斯蒂安四世下令在主教所在的城镇创办高级预备学校。1629 年修订的《教会法》要求牧师监督所辖教区内孩子们的行为以及教师的教学工作。1639 年以后,在欧登塞、隆德、罗斯基勒、里伯、维堡和奥尔胡斯等地都出现了高级预备学校。

另外,随着中央政权的日益巩固,丹麦政府迫切需要一批稳定的受过教育的官僚。为此,1620 年克里斯蒂安四世提议为年青贵族建立骑士学院。议会接受了国王的建议。1623 年索罗学院(Soro Academy)向公众开放,虽然它的使命是从事神职人员的教育,但索罗学院的学生可以学习各种语言、舞蹈、击剑、武术等技能。"对于丹麦而言,索罗学院意义非凡。它以较低的成本为贵族子弟提供基本的人文教育,他们不需要花费大笔开销去欧洲大陆游学,也不用担心受到外来思想'污染'的危害。"①假如年青的贵族要出国游学,也要先被送到索罗学院学习正统的路德派信仰,他们的家庭教师要由主教进行审查,以确保他们没有坚持异端邪说。② 索罗学院作为丹麦学术生活的中心,受到了王室的大力支持。

这一时期,丹麦农村的教育一直停滞不前。根据地方实施《教会法》的情况可知,在 18 世纪之前丹麦政府并没有设置地方学校。在农村地区,主要由教会文书从事儿童的教育工作,特别是宗教问答法的教育。但无论是校舍还是受过良好教育的教会文书都不充足,农民也对自己孩子的教育抱有消极态度。因此,在克里斯蒂安四世时代,法律严格规定了教会文书在教育中的作用,他们必须每周对辖区内所有的年青人进行一次宗教教育。如果星期日不

---

① P. D. Lockhart, *Denmark 1513-1660: The Rise and Decline of A Renaissance Monarchy*, Oxford, Oxford University Press, 2007, p.88.

② Alastair H. Thomas, *Historical Dictionary of Denmark*, Lanham, The Scarecrow Press, 2009, p.132.

行的话，就选择星期三或其他日子。如若怠慢此事，将会受到惩罚。在礼拜仪式中，教会文书扮演着重要角色，因而教会文书这一职务也作为教师职位而被确立下来。教会文书由教区牧师和入会民众任命，同时需要监督员及地方长官的认可。1562年的法律还规定了教会文书的资格与条件，那些不能阅读和书写，或者在星期日举行祭祀仪式时不能用拉丁语歌唱的人，不可被任命为教会文书。这种通过教会文书口头传授所进行的教育，不仅提高了民众的阅读能力，而且加快了地方学校设置的步伐。

丹麦的学校设置是从各阶层开始的。早在17世纪前半期，丹麦就为贵族子弟设置了学校。虽然旧贵族不断没落，但他们并没有丧失对教育的信心。很多神职人员也设置学校，并成为教育的先驱者。农民也开始重视学校的设置，他们在1600—1700年设立了许多村落学校，这个时期可以称为村落学校的发展期。这些村落学校特别简单，教学科目往往只有宗教问答和阅读两门，有的还增加了书法和计算。克里斯蒂安四世在1604年发布敕令：为了使广大的农村孩子能够受到教育，学校必须配备校舍和教师。同年，克里斯蒂安四世颁布的《学校令》接受当时外界对于拉丁语学校的批评，禁止为了筹措学校经营资金而到全国各地化缘的行为，并规定了课程计划及教科书等。

在1619年颁布的城市条例中，丹麦政府也表现出对教育的高度关注。该条例要求每个城镇配备2名评议员，城镇的孩子尤其是贫困家庭的孩子必须享有受教育权。1664年，丹麦政府颁布了关于神职人员的条例，要求教会文书在居住地为年青人配备教育设施。1683年克里斯蒂安五世制定了《丹麦王国土地法典》，其中明确规定了教会文书的职务，但这项法令没有对教育内容进行任何增补。路德派牧师只为农村孩子讲授一些教义问答，路德所提倡的义务教育制度并没有建立，直到18世纪初丹麦政府才真正关注普通民众的教育。克里斯蒂安六世(Christian Ⅵ，1730—1746年在位)在自己的私有土地上为租户建立学校，一些贵族也随之效仿。

1721 年弗里德里希四世(Frederik Ⅳ，1699—1730 年在位)允许在王室骑兵的用地上创办学校，共设立了 241 所"骑兵学校"。这些学校面向普通儿童，它们并不是军事学校，而是丹麦公立学校的前身。1736 年丹麦政府建立义务教育制度，要求全国所有适龄儿童上学。

(二)高等教育

丹麦直到 1479 年才出现大学，此前上大学的途径是出国。在 10、11 世纪，不少青年是去巴黎的寺院(包括巴黎圣母院)学习，13、14 世纪则是去法国的巴黎大学、意大利的博洛尼亚大学和德国的科隆大学学习。14 世纪末，在玛格丽特一世(Margaret Ⅰ，1387—1397 年在位)统治时期，哥本哈根已成为斯堪的纳维亚的政治中心，人们感到有必要建立大学以培养高级教士和政府官员。1419 年埃里克七世(Eric Ⅶ，1397—1439 年在位)向罗马教皇提出创办大学的申请，教皇予以批准。但埃里克七世忙于征服日德兰岛南部的石勒苏益格和维持与挪威、瑞典的联盟，耗费了大量时间和钱财，根本无暇顾及办学之事。1474 年克里斯蒂安一世再赴罗马觐见教皇，以改善与教廷的关系，并重提建立大学的事情。次年，建校申请得到教皇批准后，克里斯蒂安一世下诏建立哥本哈根大学。1479 年 6 月 1 日哥本哈根大学创建，克里斯蒂安一世亲临揭幕。"在丹麦，哥本哈根大学早就是国家大学，受到君主的保护，并为君主的政治利益服务。"[1]

哥本哈根大学是北欧较早的大学之一，建校之初就按照欧洲其他大学的模式，设立了文学、医学、法学、神学四个学院，并有权颁发学位。"哥本哈根大学就是成功地学习了维滕堡大学的模式。"[2]它由罗斯基勒地区的主教莫顿森任名誉校长，选举圣母教堂牧师会会长亨利克森为校长。其课程设置以

① [比]希尔德·德·里德-西蒙斯:《欧洲大学史》第 2 卷，贺国庆、王保星等译，159 页，保定，河北大学出版社，2008。
② [比]希尔德·德·里德-西蒙斯:《欧洲大学史》第 2 卷，贺国庆、王保星等译，159 页，保定，河北大学出版社，2008。

拉丁文和天主教教义为主，主要任务是培养天主教高级神职人员。哥本哈根大学首批教师来自德国的科隆大学；首批学生79名，分别来自丹麦、挪威、冰岛、德国、荷兰等国家。1479年11月颁布的《哥本哈根大学章程》规定，大学的各学院由教务长负责管理，校长和教务长组成大学行政机构，这种机构后来发展为今天的校参议会。哥本哈根大学享有自己的裁判权，类似英国的自治城市。建校之初，由于丹麦和瑞典交战，王室经济拮据，哥本哈根大学主要依靠教会产业支撑。

宗教改革时期，为了争夺王位继承权，1534—1536年丹麦爆发了一场血腥内战，史称"伯爵之战(the Count's War)"。天主教会和宗教改革派都无暇顾及教育，导致哥本哈根大学的教育活动趋于停顿，于是弗里德里希一世下令关闭了大学。内战结束后，克里斯蒂安三世关押和废黜了所有的天主教主教，并着手制定新的教会法令和重建哥本哈根大学。1537年9月9日克里斯蒂安三世宣布重建哥本哈根大学，遵循路德和梅兰希顿在维滕堡大学的教育方针培养新教牧师。当时还特意从维滕堡大学邀请布肯哈根协助重建工作，并聘请他担任哥本哈根大学的哲学教授。依据1539年6月颁布的新章程，哥本哈根大学设立神学、文学、医学和法学四个独立的学院，但后两个学院的人数并不多。"哥本哈根大学可以说是一所小型的'牧师学院'。"[1]它有自己的裁判权，还免税赋，并被准予免税出售啤酒和葡萄酒。学校经费主要来自被没收的教会地产，以及主教们收取的农产品什一税。此外，还有收取的圣母教堂产业的租金，国王每年200达劳的拨款，以及一些寺院和教堂牧师会提供的资助等。1636年克里斯蒂安四世实施兴建哥本哈根大学的新规划，包括新建学生教堂、大学图书馆及天文台等，其中位于一座圆塔顶上的天文台刻有克里斯蒂安四世的徽章，这一标志已成为哥本哈根大学的科学的象征。

---

① P.D.Lockhart, *Denmark 1513-1660: The Rise and Decline of A Renaissance Monarchy*, Oxford, Oxford University Press, 2007, p.78.

16世纪下半叶，哥本哈根大学有学生150~200人、教师12~15人。学生首先要学习文学课程，然后进入其他学院继续学习。当时大部分学生学习神学，因为毕业后可以得到稳定的职位。文学也和传教士的培养有关，如语法是阅读和讲解《圣经》的必备条件，逻辑学分析概念的方法对解释《圣经》有用，修辞学和音乐与布道、教堂礼拜有关。教授们的年薪分别为：神学教授150达劳，医学教授140达劳，法学教授100达劳，文学教授80达劳。以上薪水也反映了当时各学科的地位。① 新生入学无须参加选拔考试，持有所在中学校长的证明即可。与欧洲其他大学一样，新生入学后会受到老生的戏弄，他们的脸被涂黑，戴上有两只角的傻瓜帽子，受到戏弄后才能脱下小丑装束进入课堂。学生要取得学位，需通过考试和进行论文答辩，然后举行学位授予仪式。取得硕士学位者要举行宴会，由学校提供葡萄酒。博士学位授予仪式庄严，要在圣母教堂举行。

宗教改革以前，大学毕业后的欧洲大陆旅行被认为是年青贵族的成人礼；到了16世纪，来自更多社会阶层的学生前往欧洲大陆旅行，它已不再是年青贵族的延长假期，而是伴随着军事服役和在欧洲著名大学的短暂学习，实际上是为市民和贵族子弟提供纯粹学术体验的过程。1541—1550年，有94名丹麦和挪威的学生在国外大学学习，其中贵族子弟13人；1590年，这一数字增加到430，其中贵族子弟79人。② 这些学生中很多人学习神学，但学习医学和法学的学生也越来越多。

当时哥本哈根大学有不少学生来自较低社会阶层，有的甚至支付不起生活费。由于学生毕业后到教堂任职收入微薄，贵族子弟不愿意去哥本哈根大学，而是去国外接受高等教育，回国后担任政府部门职务，或者进入索罗学

① 成幼殊：《哥本哈根大学》，18页，长沙，湖南教育出版社，1989。
② P.D.Lockhart, *Denmark 1513-1660: The Rise and Decline of A Renaissance Monarchy*, Oxford, Oxford University Press, 2007, p.79.

院。"哥本哈根大学名义上仿照维滕堡大学，实际上它的模仿并不成功。穷人的孩子还是上不了大学，而富家子弟则倾向于到维滕堡或罗斯托克上大学。"①此外，合格的神职人员实在缺乏，以致没有受过大学教育的人也可以被授予圣职。有些学生希望学习神学以外的知识，但哥本哈根大学却无能为力。

直到1559年弗里德里希二世继承王位，哥本哈根大学才得到真正的复兴。1569年国王捐赠了153个农庄、92个教区的农产品什一税，作为资助100名贫困学生的基金，大多数是神学专业的学生。② 他还大幅增加工作预算，扩大教职人员的规模，并且提高他们的薪水。国王要求牧师达到更高的教育水准，同时为贫困学生提供更多的支持。弗里德里希二世明确表示，"大学的使命是培养能够胜任'在这片土地上进一步宣扬上帝的圣言和福音的圣职'的牧师"③。克里斯蒂安四世统治期间，丹麦王室大力加强哥本哈根大学的硬件设施建设，包括新宿舍(至今仍然屹立在哥本哈根老城的中心)、教学楼、礼堂和教堂。与此同时，教职工人数及其工资也增加了。汉斯·雷森为提高哥本哈根大学的学术水平做了很多有益的工作。1629年，神学院的学生在成为牧师之前必须展示布道的能力；1636年，所有希望获得教师职位的学生必须通过神学考试。

在宗教改革时期，哥本哈根大学涌现出了一批著名学者。例如，尼尔斯·赫明森(Niels Hemmingsen，1513—1600)既是神学教授，也是希腊语和逻辑学教授。他于1562年发表的《论自然法的严密方法》一文，提出了道德和法律的理性法则，他成为丹麦研究自然法的先驱。作为罗斯基勒婚姻法庭的成员，他还编写了一本《婚姻法手册》，这是哥本哈根大学对于法律的早期贡献。

---

① P.D.Lockhart, *Denmark 1513-1660: The Rise and Decline of A Renaissance Monarchy*, Oxford, Oxford University Press, 2007, p.78.

② 成幼殊:《哥本哈根大学》，19页，长沙，湖南教育出版社，1989。

③ P.D.Lockhart, *Denmark 1513-1660: The Rise and Decline of A Renaissance Monarchy*, Oxford, Oxford University Press, 2007, p.79.

病理学家瑟恩森曾在法国留学，获得医学和哲学博士学位，1564 年被聘为哥本哈根大学教授。他出版了《医学概念》一书，宣扬瑞士学者帕拉切尔苏斯的医学理论。他认为致病的五个根本原因是星辰影响、气候效应、诸类毒物、精神因素、上帝的威力，强调人和外界的关系及自然的治疗力量，并注重对病人的实际观察，其疗效往往胜于古罗马名医盖伦（Galen，129—199）的传统药物疗法。瑟恩森把这本书献给了国王弗里德里希二世，国王聘任他为御医，并负责全国的公共卫生事务。《医学概念》后来成为欧洲不少大学的教材，其影响达一百年之久。

天文学家第谷（Tycho Brahe，1546—1601）曾于 1559—1562 年在哥本哈根大学学习法律，毕业后虽然没有获得哥本哈根大学的正式职位，但他曾应弗里德里希二世的邀请，于 1574—1575 年在哥本哈根大学发表了一系列演说，阐明了他的宇宙观。1576 年，第谷在厄勒海峡的汶岛建立了欧洲最早的天文台，这也是欧洲历史上第一个接受公共资助的科学研究所，它吸引了来自欧洲各地的学生。弗里德里希二世宣称："我会偶尔到岛上看看你的天文学和化学工作，并乐意支持你的科学研究。这并不是因为我对天文学有什么了解，而是因为我是你的国王，你是我的子民……我认为支持和推动这项工作是我的职责。"①第谷在其一生的天文观测中找到了 770 多颗恒星的准确位置，不但开启了丹麦天文学的先河，而且为德国天文学家开普勒发现行星运动三定律、牛顿（Isaac Newton，1643—1727）发现万有引力定律创造了条件。

安诺斯·克拉格是哥本哈根大学的数学及物理学教授，他在法国留学期间研究了新教徒拉米斯的逻辑学，并把这一学说引入丹麦，改变了哥本哈根大学逻辑学完全依附于神学的状况。他的哥哥尼耳斯·克拉格是哥本哈根大学第一位历史学教授，尼耳斯逝世时留下了关于克里斯蒂安三世的历史的手

① P.D.Lockhart, *Denmark 1513-1660: The Rise and Decline of A Renaissance Monarchy*, Oxford, Oxford University Press, 2007, p.81.

稿,为后来《丹麦王国编年史》的完成奠定了基础。

17 世纪是哥本哈根大学科学研究的鼎盛时期,虽然它当时仍是一所以培养牧师为主的大学,教学和科研仍囿于学院式的框架,但文艺复兴以来的新思潮和科学观对它产生了深刻影响。"丹麦给欧洲知识界留下最深刻印记的是科学,正如神学一样,克里斯蒂安三世国王提供了极大的支持和赞助。"[1]哥本哈根大学的一批学者和科学家做出了杰出贡献,如北欧铭文研究的奠基人沃尔姆、乳糜和淋巴系统的发现者托马斯·巴托林(Thomas Bartholin)、数学和天文学教授隆哥蒙塔努斯(Longomontanus)、发现光的双折射现象的伊拉斯谟·巴托林(Erasmus Bartholin)、化学家和植物学家博尔克、天文学家罗默(Ole Rømer)、自然科学家斯滕森(Niels Stensen)等。[2]

第二节 挪威的教育

一、历史沿革

虽然早在一万年前就有人居住在挪威,但直到海盗时代,当地人才把自己称为挪威人,把他们居住的地方称为挪威。在海盗时代,挪威还不是一个统一的国家,它充其量只是一个联合王国。872 年,一位名叫哈拉尔德(Harald,约 850—933)的酋长成功地控制了挪威的东南部、南部和西部,强迫这些地方的居民向他纳贡,并把一部分被征服的土地赠给自己的亲属,他实际上成为第一个被公认的挪威国王(872—930 年在位)。在哈拉尔德的后裔中,有不少人是征服英格兰的海盗首领。他们在英格兰接受了基督教,当他

---

① P.D.Lockhart, *Denmark 1513-1660: The Rise and Decline of A Renaissance Monarchy*, Oxford, Oxford University Press, 2007, p.80.

② 成幼殊:《哥本哈根大学》,29~45 页,长沙,湖南教育出版社,1989。

们回国继承王位时也把基督教传入了挪威。

995 年哈拉尔德的后裔奥拉夫(Olaf，又译"奥尔夫"，995—1000 年在位)取得挪威王位后，立即在全国推行基督教，并宣布基督教是唯一合法的宗教。在挪威，尽管他不是第一个倡导基督教的人，却是第一个用基督教巩固其政权的人。奥拉夫是继哈拉尔德之后第一位真正意义上的挪威国王，他制定的教会法典对教会、神职人员、圣礼和宗教节日等做出了详细规定，并对继续崇拜旧神祇或妖术的人处以重罚。"奥尔夫被称为永远的国王，他的后人由此获益。在随后的一个世纪里，挪威享受和平与宁静。基督教开始渗入法律领域，婴儿出生后必须受洗，先天残疾的婴儿受到保护……国王也是教会的首领，其权力得到加强，城市被大规模修建，它们既是贸易集散地，又是国家管理机构的所在地。"①

挪威从 1024 年起建立教会，它是英国教会派人建立的，因而成为英国教会的女儿教会②。到奥拉夫二世(Olaf Ⅱ，1015—1028 年在位)时代，教会组织已在挪威各地普遍建立，各教区的能工巧匠设计并建造了教堂。国王赠给教会土地，教会则支持国王不断开拓疆域。在教会的支持下，奥拉夫二世将统治区扩展到挪威内地的山区和遥远的北方。至此，统一的国家已经形成。

到 12 世纪末叶，挪威开始盛行封建生产方式。随着人口的快速增长，许多杂草丛生的荒野被开垦成农田，尤其是在挪威东部地区。全国一半以上的土地掌握在国王、大贵族和高级僧侣手中，特隆赫姆的大主教就拥有 1 000 多处地产。③ 教会和贵族占据了大多数的肥沃土地，而且享有土地税豁免权；广大的自由民只占有一些贫瘠的土地，而且要向国王缴纳土地税，向教会缴纳

① [美]玛格丽特·海福德·奥利里：《韵致挪威》，刘新慧译，24~25 页，长春，长春出版社，2012。

② 一个国家或地区的教会派人在另一个国家或地区建立的新教会，前者称为母亲教会，后者称为女儿教会，二者保持着密切关系。

③ 敬东：《北欧五国简史》，123 页，北京，商务印书馆，1987。

什一税等。当时挪威 90% 以上的人是农民，他们除了经营农业、养殖业外，还从事手工业、渔业、森林采伐和狩猎等。

进入 13 世纪以后，封建关系进一步得到巩固与发展。哈康四世(Haakon Ⅳ，1217—1263 年在位)统治时期推行封建等级制度，把封建主分为公爵、男爵、骑士等不同等级。1260 年哈康四世颁布了王位继承法，规定国王有权决定自己的王位继承人，从而结束了国王由各地议事会推选的历史。另外，这一时期挪威还设立了国务会议，以协助国王处理政务。1276 年哈康四世的继承者马格努斯六世(Magnus Ⅵ，1263—1280 年在位)制定了一部法典，重申了王位继承法，并把贵族的免税特权和农民的封建义务用法律形式确定下来。这部法典标志着挪威封建制度的形成。

13 世纪，挪威已经出现了特隆赫姆、卑尔根、斯塔万格、奥斯陆等城市。这些城市里形成了市民阶层，他们有的从事纺织、缝纫、制鞋、皮革加工、海产品加工等，有的从事商业贸易。随着国家经济实力的增强，哈康四世开始向外扩张。1261 年他派人控制了格陵兰岛，1262 年又将冰岛置于自己的统治之下。马格努斯六世继位后，与英王亨利三世(Henry Ⅲ，1216—1272 年在位)签订了挪威历史上第一个商业条约，并把统治区扩大到了北极圈以内。当时的挪威进入了所谓的盛世(1217—1319 年)，不仅经济上繁荣、军事上强大，而且文化事业兴旺发达。冰岛人斯诺里(Snorri Sturluson，1179—1241)撰写了挪威国王的历史——《挪威的早期诸王》，英国历史学家托马斯·卡莱尔(Thomas Carlyle，1795—1881)认为这本书应被"列入世界的伟大历史著作之林"①。挪威的文人还为王子们编写了一本《国王鉴》，介绍了法兰西、德意志、英格兰等地的文化、礼仪、风俗、技艺等。这本书反映出欧洲其他国家的文化已开始移植到挪威，因而在挪威文化史上占有重要地位。

---

① [英]托·金·德里：《挪威简史》上册，华中师范学院《挪威简史》翻译组译，108 页，武汉，湖北人民出版社，1973。

这一时期挪威也面临着外国势力的威胁，1250 年汉萨同盟在卑尔根建立办事机构（即贸易点）。这个据点既是货栈，也是整个北欧地区原料产品的集散地。格陵兰岛、冰岛、奥克尼群岛、法罗群岛、设得兰群岛的贸易都集中于卑尔根。汉萨同盟的商人不受挪威法律约束，他们任意霸占地皮，兴建货栈和码头，垄断市场价格。"汉萨同盟事实上已经成为斯堪的纳维亚诸国的严重威胁，因为无论哪里出现贸易和获利的机会时，同盟总是设法挤进去。挪威最重要的商业中心卑尔根，就受到移来的德意志商人的支配。"①汉萨同盟的特权在哈康四世统治时就已确立，后来又不断扩大，以致德意志商人在挪威享有本地市民的很多权益，却逃避了纳税和市民的其他义务。"同丹麦一样，汉萨同盟紧紧地钳制着挪威。"②挪威人对他们既惧怕又仇恨，却无力反抗他们。为了改变挪威的软弱地位，哈康五世（Haakon Ⅴ，1299—1319 年在位）与瑞典王室联姻。当哈康五世于 1319 年去世时，他的权力至少可以与同时代的英王爱德华二世（Edward Ⅱ，1307—1327 年在位）相比，他们的国家在欧洲舞台上都曾经发挥积极甚至领导的作用。

1319 年，哈康五世的外孙马格努斯·埃里克（Magnus Erik，1319—1343 年在位）当选挪威和瑞典两国的君主，1343 年埃里克将挪威王位让给儿子哈康六世（Haakon Ⅵ，1343—1380 年在位）。哈康六世娶了丹麦公主玛格丽特为王后，他们的儿子奥拉夫 5 岁时就被选为丹麦国王。1380 年哈康六世去世后，年仅 10 岁的奥拉夫又继承了挪威的王位。此时的奥拉夫同时成了丹麦和挪威的国王，但实际上是他的母亲玛格丽特掌管事务。奥拉夫 17 岁时夭折，玛格丽特便成为挪威和丹麦的合法统治者。玛格丽特是丹麦人，她把挪威视为丹麦的附属品，使挪威处于无权的地位。从此，挪威长期被置于丹麦的控制之

---

① ［丹麦］帕利·劳林：《丹麦王国史》，华中师范学院《丹麦王国史》翻译组译，156 页，武汉，湖北人民出版社，1973。

② ［美］詹姆斯·W. 汤普逊：《中世纪晚期欧洲经济社会史》，徐家玲等译，230 页，北京，商务印书馆，1992。

下。"那时她的正式地位竟沦为仅仅是丹麦的一个州。挪威好像从历史和史册中渐渐缩小和消失了,因为一直到拿破仑战争的最后阶段,她可以说始终被丹麦所遮没。"①丹麦的统治和黑死病的流行,使挪威进入了一个长时间的衰退和没落期。

1349 年 8 月,在英格兰流行达一年之久的黑死病通过进入卑尔根港口的货船传播到了挪威,并迅速蔓延到沿海和内陆。黑死病还被船只从卑尔根带到瑞典、丹麦、德国北部,甚至冰岛和格陵兰岛。黑死病引发了历史上最高的死亡率,在挪威,它的流行夺去了 1/3 以上人的生命。"特隆赫姆教区在瘟疫之前有三百名教士,而在瘟疫之后的二十五年中只有四十名。"②有证据表明,在 14 世纪后半叶至 15 世纪前半叶,大多数国家的人口依然呈现下降的趋势。"随着黑死病纷至沓来的是:经济紊乱、社会动荡、物价上涨、利欲熏心、道德堕落、生产不足、工业停滞;疯狂享乐、挥霍浪费、奢侈豪华;社会和宗教的歇斯底里、贪得无厌、行政混乱和风习败坏。"③和欧洲其他国家一样,黑死病给挪威的经济也带来了严重损失,因为大批佃农死亡,农业生产几乎停滞。农民受损意味着国王和贵族的年收入减少。"估计四分之一的田地在十六世纪初叶还不曾得到使用,当时已在使用的田地所交纳的地租平均只有黑死病前的四分之一。"④挪威的贵族因地租收入骤减而陷入了贫困,其数量也大幅减少,他们无力与丹麦、瑞典的封建主抗衡,最后使挪威成为北欧强国丹麦的附庸。

---

① [英]托·金·德里:《挪威简史》上册,华中师范学院《挪威简史》翻译组译,119 页,武汉,湖北人民出版社,1973。

② [英]托·金·德里:《挪威简史》上册,华中师范学院《挪威简史》翻译组译,124 页,武汉,湖北人民出版社,1973。

③ [美]詹姆斯·W. 汤普逊:《中世纪晚期欧洲经济社会史》,徐家玲等译,520 页,北京,商务印书馆,1992。

④ [英]托·金·德里:《挪威简史》上册,华中师范学院《挪威简史》翻译组译,127 页,武汉,湖北人民出版社,1973。

1397 年 6 月，丹麦、瑞典和挪威三国在瑞典南部东海岸城市卡尔马结盟，史称"卡尔马联盟"。该联盟形成后影响力极大，其权力中心也转移到了哥本哈根，在那里玛格丽特一直掌权到 1412 年去世。在卡尔马联盟时期，挪威的国务会议名存实亡，它无权过问诸如任命地方官、分配封地、征收赋税等国家事务。丹麦统治者把挪威的土地分封给丹麦籍贵族，并让他们充任挪威各地的行政首领；高级僧侣也大多由丹麦人担任。同时，丹麦贵族还以各种借口对挪威农民科以罚金，交不起罚金者必须以土地做抵押，于是挪威失去土地的农民越来越多。1434 年瑞典农民起义后，1436 年挪威农民也发生了暴动，但均被丹麦贵族镇压。

1450 年丹麦国王克里斯蒂安一世胁迫挪威签订了关于丹麦、挪威两国结为永久性联盟的条约。该条约一式两份，均由丹麦文写成，而且代表挪威签字的竟是丹麦籍贵族。挪威与丹麦结为联盟后，丹麦国王将挪威的土地任意处置，甚至将挪威领土设得兰群岛和奥克尼群岛作为嫁妆割让给苏格兰。1537 年克里斯蒂安三世解散了挪威国务会议，将挪威变成丹麦的一个行省，并允许丹麦贵族在挪威担任公职。在他的统治下，挪威已经沦为丹麦的附庸，其议会已不复存在，独立性也受到极大削弱。

在 16、17 世纪，丹麦统治者还多次把挪威拖入战争，致使挪威的领土多次遭到分割。这些冲突严重影响了挪威的经济与生活，那些进口产品尤其是急需食品都必须经过哥本哈根。16 世纪后半叶，由于西欧资本主义经济迅速发展，丹麦统治者开始着手开发挪威的自然资源。挪威有极其丰富的森林资源，砍伐的木材出口到荷兰、英格兰、法兰西和地中海各国。1572 年丹麦在挪威设立了副王职位，这样又把挪威的地位从行省提高到附属国。克里斯蒂安四世继位后，多次巡视挪威并鼓励开发矿产资源。同时，挪威各城市的市民也积极建造船只参与运输。到 17 世纪中叶，挪威的民族资产阶级逐渐从市民中成长起来。

二、宗教改革

有证据表明，挪威的宗教活动可以追溯到铜器时代(公元前 1600—公元前 450 年)，墓穴中的石器、金属器皿和木器上都刻有诸多人物形象，其具有人的特征和神的特性，如战神、火神、雷神、生育之神、智慧之神、爱与美之神等。北欧神话是斯堪的纳维亚地区所特有的一种神话体系，其口头传播历史可追溯到 1—2 世纪。它首先是在挪威、丹麦和瑞典等地流行的，7 世纪左右随着一批北上的移民传至冰岛等地。几百年过去了，人们才逐渐放弃对这些神灵的信仰。

中世纪时，基督教在整个欧洲盛行，大部分记载北欧神话的作品被认为是异端邪说而付之一炬。宗教的同一性在统一国家方面发挥了重要作用。挪威被基督教化的过程，显然也有宗教和政治的双重目的。其中，奥拉夫二世的去世是一个重要事件。1030 年 7 月他在斯蒂克莱斯塔战役中战死，后人在其葬身之地建立了北欧最大的教堂。该教堂成为中世纪基督教教徒们朝拜的圣地，他本人也被尊称为"圣奥拉夫"。"他是君士坦丁堡东正教会所承认的最后一位西方圣徒。"[1]

在基督教传入挪威后的五百年间，其实力和影响不断增强，修建了数千座教堂和修道院，包括特隆赫姆大教堂。1152 年特隆赫姆被指定为大主教所在地，挪威国王加冕要由大主教主持，国王则要对罗马教皇效忠。在 1349—1351 年黑死病流行期间，很多牧师、僧侣和修女因为照顾病人而死亡。15 世纪挪威处于丹麦的控制之下，丹麦国王开始介入挪威的宗教事务。由于与德国接壤，丹麦的国王们很快就受到了路德派的影响。新教强调国家教会，而不是遥远的罗马教皇；路德派主教与原来的主教不同，他们是纯粹的王室官吏。

---

① [英]托·金·德里:《挪威简史》上册，华中师范学院《挪威简史》翻译组译，70 页，武汉，湖北人民出版社，1973。

如前所述，在很大程度上，挪威天主教会是由国家建立的，但既然这个国家已不再是民族性的，那么教会就成为唯一留下来的民族性组织，主教们是唯一剩下来代表挪威人反对丹麦利益的中坚力量。挪威第一位路德派传教士是德国修士安东尼乌斯（Antonius），1526 年他在卑尔根的传教活动引起了挪威天主教会极大的不安。1529 年弗里德里希一世强行把路德派教义由丹麦扩展到挪威，并向卑尔根的两名路德派传教士颁发了保护令，其中一位是延斯·维博格，后来成为当地教区的神父。挪威教会失去了其独立性。

特隆赫姆大主教奥拉夫·英格尔布里克森是挪威天主教会和国家独立最有力的捍卫者。他虽然组织了一些抵抗，但由于城镇居民和农民对贵族的憎恨超过对教会的憎恨，因而几乎没有人响应。随着 1536 年克里斯蒂安三世在丹麦的胜利，挪威的独立以及天主教会在挪威的统治很快结束。"乘着克里斯蒂安三世在丹麦取得的胜利的东风，宗教改革和《教会法规》也被引入挪威。这里正值政治、文化和宗教的萧条时期。些许零零星星地也出现过一些天主教改革和圣经派人文主义的迹象，但总的说来，挪威的改革缺乏准备，全然不能像丹麦那样上演一场群众性的运动。"[①]

在克里斯蒂安三世的诏令下，挪威和丹麦一样开始了宗教改革。1537 年他宣布路德派是丹麦和挪威的国教，教堂以前所拥有的财产（即挪威将近一半的土地）被王室占有，天主教的主教职位被废除，教堂和修道院被洗劫一空，有些地方还被彻底摧毁。国王攫取了主教们的财产，大部分教会的金银财宝被运到丹麦熔化。"对于挪威人来说，这是由于屈从的地位被从外面强加而默认的一个变化。"[②]与此同时，丹麦人对挪威宗教仪式和教义的改革是小心翼翼地推行的，以免引起反抗。在任命新主教之前，很长时间里也是如此，在

---

① ［英］G.R.埃尔顿：《新编剑桥世界近代史（第 2 卷）：宗教改革（1520—1559 年）》，中国社会科学院世界历史研究所组译，183 页，北京，中国社会科学出版社，2003。

② ［英］托·金·德里：《挪威简史》上册，华中师范学院《挪威简史》翻译组译，156 页，武汉，湖北人民出版社，1973。

1546 年前特隆赫姆主教职位一直空缺。只有卑尔根地区很快有了新主教，1536 年卑尔根的神职人员选举盖布莱·佩代尔森为主教。他既是天主教徒，也是人文主义者。由于支持克里斯蒂安三世的改革，他不但避免了与其他主教同样的下场，而且被国王任命为路德派新主教。

然而，挪威的宗教改革遇到了很多麻烦。这里的牧师基本上没有接触过路德派教义，而且许多教区没有牧师。人们墨守成规，长期遵循天主教的习俗。最大的困难是语言问题，因为当时挪威的官方语言是丹麦语，《圣经》译本、教义问答、祈祷书和新的赞美诗都用丹麦文。"改革是以一种半生不熟的语言、以过去在挪威推行丹麦文化的种种方式来传播的。它从未形成群众性运动，教育人民信仰路德宗花费了几代人的工夫。"[1]

在推行宗教改革的主教中，斯塔万格的约根·埃里克松是一位富于改革精神的铁腕人物。他恢复了挪威教会的秩序，并发表了作为神职人员指南的《布道集》，这被公认为挪威宗教改革时期在文学方面所达到的最高成就。1607 年克里斯蒂安四世颁布了《挪威教会法》，这是宗教改革以来挪威第一部教会法，由挪威的主教们起草，但这些主教都是丹麦人，因而它和哥本哈根大法官制定的教会法十分相似。该法要求每一个教区牧师都要到哥本哈根大学或其他大学学习，这样可以促使低级牧师的丹麦化。

丹麦的统治使得丹麦语成了挪威宗教界、政界、学界、商界和上流社会的通用语言，传统挪威语的书写形式被遗弃，或者仅仅是作为一种口头语言和下层阶级的语言。因此，14、15 世纪时挪威还是一个文化落后的国家，可以说它是基督教欧洲之边缘国家。在挪威从属于丹麦的四百多年间（1397—1814 年），挪威的文化受到严重摧残，本民族语言受到排斥，人们的聪明才智被扼杀。当时的挪威缺乏自己的文化中心，在长达四百多年中未能取得文学

---

[1] ［英］G.R. 埃尔顿：《新编剑桥世界近代史（第 2 卷）：宗教改革（1520—1559 年）》，中国社会科学院世界历史研究所组译，185 页，北京，中国社会科学出版社，2003。

上的重大成就。到克里斯蒂安四世统治的最后年代，挪威连一台印刷机都没有。16世纪末，卑尔根人文主义者阿布萨隆已经意识到挪威光荣的过去与屈辱的现在之间的巨大差异。

三、教育发展

挪威教育史的初始阶段与斯堪的纳维亚其他国家的教育史颇为相似，教会发挥着重要作用，学校教育的前身是大教堂或教区学校。[1] 中世纪以来，挪威在一些城市建立了天主教学校，其目的是培养神职人员，而有钱人的孩子一般是聘请家庭教师或进入私立学校。1397年，随着卡尔马联盟的形成，挪威失去了实质上的独立。在经济上，挪威受到了汉萨同盟的压迫；在政治上，它受到了来自丹麦和瑞典的压制，使得国家实力迅速衰弱。这无疑对挪威的教育发展产生了巨大影响。

1349—1359年，给挪威教育领域带来最直接打击的是黑死病的流行。黑死病使修道院和大教堂变成废墟，如同"秋天里镰刀割草一般，割下了挪威神职人员的花"[2]。在全国五大主教区，除了奥斯陆的主教以外，其他的主教全部死亡。在特隆赫姆大教堂，除了评议会的1名成员以外，其他人全部身亡。在某一地方的300名神职人员中，仅有4名幸存者。在卑尔根，据说每天就有20名牧师被埋葬。与此同时，用母语进行巡回说教的方济各派的"巡回僧"[3]也不幸去世。为了弥补空缺，18~20岁教育和经验不足的年青人被任命为"临时的牧师"，去教育大众。由此可见，在教育事业上，当时挪威的可用之力已消失殆尽。

---

[1]　Byron J. Nordstrom, *Dictionary of Scandinavian History*, Westport, Connecticut, Greenwood Press, 1986, p.151.

[2]　[日]梅根悟监修：《北欧教育史》，349頁，講談社，昭和五十一年(1976年)。

[3]　"巡回僧"是指家境贫寒的学生闲暇时到所在教区"乞讨"粮食和钱物，以解决教育费和生活费，类似于托钵化缘。

人文主义浪潮直到16世纪初才传播到北欧，开始影响北欧学校教育的发展。人文主义对挪威教育的影响，在克里斯蒂安二世统治时期表现得特别明显。一方面，克里斯蒂安二世是一个臭名远扬的人，他制造了"斯德哥尔摩血案"①；另一方面，他极力倡导人文主义改革。为了发展教育以及进行社会改革，他颁布了很多新的法律和法规。为了杜绝神职人员的无知、改善教育事业、提高牧师培养水平，克里斯蒂安二世出台了一系列政策。例如：改善教师的待遇；禁止师徒去"化缘"，让学生专注于学业，明确其学习要求；废除落后于时代的教科书，编纂优秀的拉丁语法教科书。但是，克里斯蒂安二世的下台影响了改革的实施，真正的教育改革直到宗教改革之后才进行。

1534—1536年丹麦发生了争夺王位的战争，在新教的支持下克里斯蒂安三世继承了丹麦王位。1536年哥本哈根议会做出决定，同意丹麦和挪威引入新的宗教。同年，克里斯蒂安三世向挪威派遣军队，流放了挪威天主教支持的特隆赫姆大主教，使挪威处于丹麦教会的控制之下。1537年，克里斯蒂安三世聘用布肯哈根为顾问。在布肯哈根的建议下，丹麦制定了新的《教会法》，这一举措得到了路德的认可。1539年丹麦议会颁布了新的《教会法》。在1607年《挪威教会法》出台之前，它一直被挪威所采用。新的《教会法》把学校的规章制度作为重点，规定学校就是以培养神职人员为目的的场所。

(一)拉丁语学校的发展

宗教改革后，挪威以前的大教堂学校被改造成了拉丁语学校。根据丹麦《教会法》的规定，挪威在普通的拉丁语学校之下设置了实行预备教育的小学校，并且在各个商业城市都创办了拉丁语学校，大教堂学校以外的拉丁语学校也被改造成了新型的拉丁语学校。"的确，有学问的拉丁语学校数量的增加

---

① 1520年11月7日至10日，克里斯蒂安二世下令屠杀了大部分支持斯图尔党的挪威贵族和神职人员，故挪威历史上称他为"暴君克里斯蒂安"。他本人最终遭到丹麦的贵族背叛，被废黜。

是一大进步，但这并没有造成原有制度的根本性改革。"①也就是说，神职人员所向往的不是拉丁语学校，而是大教堂学校，这种学校一直以来就比其他学校声誉更高。大教堂学校的教学设备良好，拥有优秀的教师，能够提供比其他学校更丰富的教学内容，因而进入拉丁语学校的人数微乎其微。

拉丁语学校的主要科目是基督教和拉丁语，其中最为流行的是路德的教义问答，它被反复讲解。如果全部讲解完毕，学生就会被引入梅兰希顿所解说的神学。在拉丁语学校，虽然有用拉丁语讲解的其他神学科目，但实际上大部分时间用于拉丁语的学习。与语法学习相比，拉丁语文章的解读占用了更多时间。另外，拉丁语学校也会教授数学、唱歌等课程。母语则完全被废除，教师如果不是用拉丁语，而是使用母语教学，就会受到严厉的惩罚。校长被任命为监督员，还雇用助教人员。在同一个教室同时上几门课的方式也十分普遍。神职人员或者想成为拉丁语学校高级教师的人，按照规定都必须在神学考试中合格。从那时起，拉丁语学校开始为进入大学做准备。一般说来，从拉丁语学校毕业之后，才有资格进入哥本哈根大学或北欧其他大学。

佩德逊被称为挪威"最早的人文主义学者"，他同时也是卑尔根最早的路德派牧师。他自费建立了一所拉丁语学校，自己也成了一名教师。他的弟子阿布萨隆在哥本哈根等地学习之后，成了卑尔根拉丁语学校的神学教师。阿布萨隆用挪威语撰写了《挪威王国记》，这部著作记录了古代挪威的光荣历史，也体现了挪威人文主义者的倾向。在16世纪末，奥斯陆出现了许多人文主义学者，挪威的拉丁语学校或多或少地受到了人文主义的洗礼。但同时拉丁语学校的教师非常无知，而且经常用野蛮的鞭打手段强迫学生学习。拉丁语学校没有使用母语及国民教材。"姗姗来迟的挪威人文主义浪潮，的确给挪威人民的精神生活带来了新鲜的血液，同时也引起了学校制度的部分改革，但学

---

① [日]梅根悟監修：《北歐教育史》，352頁，講談社，昭和五十一年(1976年)。

校内部的活动依旧沿袭了古代的旧习。这个倾向一直持续到 18 世纪。"①

到了 17 世纪,尽管克里斯蒂安四世在拉丁语学校改革方面没有取得很大成果,但他的做法值得人们铭记。1604 年克里斯蒂安四世颁布了《学校令》,这一法令在 1607 年被收入《挪威教会法》,而且一直适用于挪威。《学校令》规定了统一的教学科目和教科书,限制师生的"化缘"行为,建立了带有家庭作业的休息日制度。但从整体上看,《学校令》并没有引起很大的变化。学生们仍旧需要背诵拉丁语文章,并且需要在文中标注重点。保守派采取折中的办法,在改革过程中消极怠工;进步派则放弃和无视这种行为,希望进一步改革。于是,《学校令》成为一纸空文。

1616 年,很多拉丁语学校引入了副校长制度。1629 年开始实行的神学公职考试,除了适用于测试神职人员之外,也适用于对拉丁语学校高级教师的考核。1632 年修订的《学校令》规定了拉丁语学校固定的学级制,以及按照年级分批测试的制度。此外,从 1630 年起,哥本哈根大学举行的入学考试是关于一定科目的笔试,以及从口头问答演变而来的学业测试。1656 年,考试内容朝着注重实际学问的方向发展。同年,弗里德里希三世制定的《标准教育表》被分发到各拉丁语学校,表中明确规定了教学的课程、学生的年级制、考试制度以及入学和退学制度。1687 年克里斯蒂安五世将《学校关系法》补充到丹麦的法规中,但在他执政期间并没有进行任何改革。

在 17 世纪,虽然丹麦—挪威联合王国在对外战争中被瑞典夺去了霸权地位,也因此消耗了自己的力量,但在国内,丹麦王权地位巩固,并建立了新的议会。1660 年丹麦确立了绝对的王权制度,重建了统治秩序,工商业也开始振兴。随着丹麦国内体制的整顿,挪威隶属于丹麦的性质被进一步强化。1661 年虽然挪威再次做出与丹麦联合统治的决定,但联合体只不过是一个形式,丹麦人继续支配着挪威,在教育方面挪威也处于不利地位。尽管两国在

---

① [日]梅根悟監修:《北歐教育史》,353 頁,講談社,昭和五十一年(1976 年)。

人口数量上有着巨大的差距，但就大学和拉丁语学校的设立而言，挪威只在首都奥斯陆开办了学校。在整个 17 世纪，挪威拉丁语学校的人数逐渐减少，那些低层次的拉丁语学校则被关闭。

（二）初等民众教育

在推广初等民众教育方面，克里斯蒂安二世走在了时代的前列。他在 1520—1522 年颁布的法律中规定：教区牧师或副牧师需要向农民的孩子讲解《信仰的条例》《主的祈祷》《圣母的祈祷》这类书；年青人需要学习母语和书写；市民需要让他们的孩子学习书写、计算、手工业等。从这类规定可以看出路德派思想所产生的影响。事实上，向儿童教授阅读、书写以及计算这项法令，对于民众教育而言是新的起点。虽然克里斯蒂安二世最后被流放，并且没有成功实施自己颁布的各项法律，但人们无法否认他对于宗教改革的引入与实施，以及作为推行各项政策的先驱的地位。

在克里斯蒂安二世被流放以及他所制定的法律被认为无效之后，1539 年的丹麦文版《教会法》成为丹麦—挪威联合王国初等民众教育的基本法令。《教会法》规定，必须向农民的孩子讲授教会使用的语言及应该知晓的一切事务。在神职人员的指导下，承担教学任务的是教会。上课时间一般是在星期日，教材取自丹麦路德派牧师皮特在 1537 年用丹麦语所写的教义问答书。皮特在序言中指出：对于教会文书而言，不仅仅要像以前一样，通过敲响警钟或歌唱服务于到会的人民；更要把教会的命令，即通过向青少年教授教义问答书服务于大众作为一项任务来完成。[①] 教会文书或副牧师应根据孩子们能够记忆的量来朗读，孩子们则要反反复复听被朗读的文章。对于教义问答书的其他部分，孩子们可以自行学习。对于诗篇的其他几个部分，教会文书会首先吟诵一节诗歌，然后孩子们跟着哼唱，在他们完全记住之前会反复地练习。

在农村拉丁语学校，教会文书的工作通常由最年长的学生承担，这也是

---

① ［日］梅根悟監修：《北歐教育史》，356 頁，講談社，昭和五十一年(1976 年)。

让学生继续完成学业和获得收入的途径。然而,在挪威,这种方式并没有像在丹麦那样得以顺利推行。偏远的教学区域会任命专职的教会文书。如果在城市,在专职教会文书没有到场的情况下,拉丁语学校的助教会代替他行使这项权利。对儿童教育进行监督是教区牧师的责任,同时教区牧师也有教授宗教知识的义务。例如,在星期天,教区牧师在说教30分钟以后,剩余30分钟会阅读教义问答书中的一节,在每一篇文章里都要进行《十诫》或《信仰的条例》的说明。同时,城市的拉丁语学校,经常在晚上进行教义问答书的宣讲。

如果全体入会民众都能够接受教育,民众教育水准就有很大的提高。但挪威教会文书的数量严重不足,并且他们大多无知、粗鲁、野蛮,缺乏担任教师的素质。因此,在这种情况下,教区牧师不得不负责儿童教育的工作。由于很多牧师管辖3~5个分区,他们在所有分区之间来回奔波是一件十分困难的事情,而且教会雇不到合适的牧师,到会民众对于教育也漠不关心,甚至还会出现抵触情绪。所以挪威的宗教改革和北欧其他国家基本一致,在宗教典礼、形式等方面没有太多改变。对于不关心此事的民众而言,他们并没有表现出特别的关注。与德国人和意大利人相比,他们远远没有那样强烈的抵触情绪。但对于部分有明确信仰的人而言,通过教育强制他们信仰新的信念,会激发他们的抵抗心理。"不管怎么说,民众的教育水准只达到了教义问答书前面三个需要背诵的部分,由此看出路德派的说教并没有传播得很广泛。"①

根据保存下来的资料,1600年民众的教育水准实际上还处于一种很低的程度。许多民众不仅无知,而且道德的退步和盲目的迷信也继续充斥于心。不少民众既相信魔鬼的存在,也相信魔术以及魔法的有效性。他们认为拥有《魔术》这本书,就可以驱使恶魔为其工作。虽然并非所有的事情都能使用魔

---

① [日]梅根悟監修:《北歐教育史》,357頁,講談社,昭和五十一年(1976年)。

术，但他们相信几乎所有的事物中都有这种力量的存在。虽然教会法令规定家庭要给儿童提供基督教的教育，但因为父母本身无知以及对此事漠不关心，所以这种做法的效果不尽如人意。

1629 年克里斯蒂安四世在敕令中提出了父母有教育自己孩子的义务。这项举措同 1539 年的丹麦《教会法》一样，规定神职人员要监督教会文书对儿童的教育情况。他还提出，对儿童的教育只利用星期日是不够的，教会文书需要在星期日教授《教义问答书》。作为挪威首都奥斯陆的监督员，教师尼尔斯在自己的管辖区发布公告：能够阅读书本的儿童要在每星期六晚上教授附近的儿童读书。然而，1617—1639 年，其管辖区内会读书的儿童只有一二人，所以这项公告实际上没有取得多大的成效。

在整个 17 世纪，颁布了很多关于青少年基督教教育的条例，它们都符合 1539 年丹麦《教会法》的精神。教会和民众的关系与前一个世纪相比也有了较大的改善，这无疑可以归功于民众教育水平的提高。

总之，从 14 世纪末到 1814 年，挪威的教育发展轨迹与丹麦十分相似。宗教改革后，在奥斯陆、卑尔根、特隆赫姆和克里斯蒂安桑等地出现了拉丁语学校。农村地区的教育模式主要建立在流动学校基础之上，由流动教师利用教区的房子进行短期授课。这些教师通常是退役军官，几乎没有经过任何训练，并且报酬和声望都很低。18 世纪以前，挪威大部分孩子的受教育机会十分有限。最早的公立学校建于 1739 年，此后义务教育扩展到 7 岁以上的所有儿童。同年，挪威籍教士埃格德父子编写了挪威语的识字课本，不久他们又将《圣经》译成挪威文，这是当时挪威文化史上的两件大事。1783 年特隆赫姆创办了第一所男女合校，这是斯堪的纳维亚半岛第一所为中产阶级子弟建立的学校。直到 1811 年，挪威才出现了第一所大学——奥斯陆大学。

第三节 瑞典的教育

一、历史沿革

许多人认为瑞典的历史始于海盗时代,但据考古发现,瑞典最早的居民出现于公元前6000年左右。几万年以前,欧洲北部完全掩盖在一层很厚的冰川之下。约1.2万年前,瑞典南部斯堪尼亚地区的冰川开始消融,冰雪覆盖的土地逐渐显露出来。冰川期结束前不可能有任何人类的活动,当厚厚的冰川消失后,动物和植被开始生长。柳树、桦树、驯鹿和北极狐在斯堪尼亚地区最早出现,人类为了寻找住所和食物,也很快随之而来。在瑞典南端的马尔默附近发现了早期人类遗址,这些早期人类是游牧民族,他们将木头、骨头、石块作为工具,依靠打猎、捕鱼、采集野果等维持生活。这种旧石器时代生活一直延续到公元前3000年左右。新石器时代,人们学会了种植各种谷物和饲养各种牲畜,不必为了寻找食物经常迁徙。

在公元前1500年至公元前500年的青铜器时代,由于海上贸易的日益繁荣,商人们以铜器换取毛皮、琥珀、蜂蜜和奴隶。铜不仅被用于制造武器、农具和其他器具,也被用于装饰和宗教仪式。瑞典岩画是当时的文化见证,其雕刻的形象不仅有帆船、人物和太阳,而且有各种家畜和器具。公元前500年,铁器应用已非常广泛。铁不仅被制成更加耐用和有效的武器,而且被制成更合适的家具和农具,因而引起了瑞典社会和农业的深刻变化。

随后,瑞典的对外贸易有所发展,斯堪的纳维亚通过德意志境内各大河流的通商路线开始与罗马文明接触。考古发现,一些珍贵物品如玻璃器皿、精美陶器等都是从罗马帝国输入的。在果特兰岛发掘出土的大量罗马银币,证实了当时斯堪的纳维亚和罗马之间的经济关系。瑞典人使用的古北欧语言和文字，与拉丁字母有许多共同之处。最初，这种古北欧文字由 24 个字母组成，到 7 世纪已简化为 16 个字母。① 它一直是瑞典人的书面表达语，直到基督教传入才被拉丁语取代。

5 世纪，罗马帝国在政治和经济上已经走向衰落，但瑞典进一步加强了与罗马帝国的联系，当时许多商品是从日耳曼各部落输入的。日耳曼人建立了庞大的经济网络，从波罗的海向南延伸到地中海沿岸。到 6 世纪早期，来自亚洲的宗教和珍贵物品也传入瑞典，它们是沿着俄罗斯的水路和穿越波罗的海输入的。随着对外贸易的不断扩张，瑞典逐渐走向繁荣。梅拉伦湖区是瑞典境内人口最密集的地方，乌普兰成为瑞典的贸易中心。

一些历史学家认为，瑞典人主要由斯韦人和哥特人两个部落组成。从 8 世纪末开始，由斯韦人、哥特人、丹麦人、挪威人等组成的维京人（即北欧海盗），通过劫掠与贸易对欧洲的政治和经济产生了巨大影响。"那时瑞典境内的各部落与丹麦、挪威境内的部落族源相同，又处于相同的社会发展阶段，所以当邻近的氏族贵族刮起海盗之风的时候，瑞典人很自然地也加入进去。"②尽管瑞典的海盗也很野蛮，但由于地处斯堪的纳维亚东部，大部分瑞典海盗向东挺进。他们有的穿过伏尔加河到了东欧腹地和里海，在里加、诺夫哥罗德、基辅等地建立贸易点；有的沿着第聂伯河到达黑海和拜占庭帝国。除了抢劫外，他们还把北欧的毛皮、海豹油、蜂蜜等商品运到东欧和亚洲，又把东方的香料、酒、丝绸、金银珠宝等贩运到欧洲。"瑞典各部落就以这种活动进入世界历史舞台；并且以商人身份或海盗身份，深入波罗的海的狭隘疆界以外很远的地方。"③

在瑞典国内，维京人的活动也深刻地改变了当地的生活和文化。新的土

---

① ［英］尼尔·肯特：《瑞典史》，吴英译，3 页，北京，中国大百科全书出版社，2010。
② 敬东：《北欧五国简史》，70 页，北京，商务印书馆，1987。
③ ［瑞典］安德生：《瑞典史》上册，苏公隽译，25 页，北京，商务印书馆，1963。

地被开垦，村落和城镇开始形成。乌普兰省的贝加（建于 800 年左右，975 年毁于大火）是瑞典第一个城镇，距离今天的斯德哥尔摩不远，它的出现正是对外贸易的缘故，它由那些成功的商人建立。抢劫和贸易使得瑞典的氏族贵族变得富裕起来，一些军事首领逐渐演变为王。到 11 世纪初，一个相对统一的瑞典王国出现了，其领土大致相当于今天瑞典的中部。大约在这一时期，三个斯堪的纳维亚国家的疆界首次正式划定。

在从事海盗活动的同时，瑞典也受到了基督教化运动的影响。"瑞典皈依基督教大体完成于 12 世纪……然而，皈依过程是漫长而艰辛的，花了几个世纪才完成。"①829 年，法国传教士安斯加从丹麦来到梅拉伦湖东南部的贸易城市贝加，并在那里建立了瑞典最早的基督教教堂。安斯加来自查理曼帝国，出于对祖国和罗马教会的忠诚，他想方设法劝说瑞典人改宗基督教。但由于多神教在瑞典影响深远，所以基督教在瑞典的传播十分缓慢。直到 1000 年，瑞典国王奥拉夫·斯特科隆（Olaf Stekolon，约 995—1022 年在位）成为基督教教徒后，才加快了瑞典基督教化的进程。

奥拉夫尽力招揽英国工匠与牧师到瑞典建造教堂和传教，并以英国人为榜样激励瑞典人皈依基督教，甚至将基督教符号刻在瑞典的硬币上。奥拉夫的继承人也大多皈依了基督教。到 1120 年，瑞典已相继建立了 6 个主教区。1164 年昔日多神教的中心乌普萨拉建立了大主教区，标志着基督教的地位已完全巩固。此后，瑞典每个国王都要接受大主教的加冕。国王和教会结成了联盟，国王赠给教会大量的土地，使教会成为大土地所有者。

在早期，到瑞典传教的主教绝大多数是英国人和德国人，因此英国和德国的天主教对瑞典教会产生了重要影响。一方面，外国传教士仿照母国的先例，把法律体系和行政管理制度引入瑞典。"正是教会的影响把瑞典带入了

---

① ［英］尼尔·肯特：《瑞典史》，吴英译，12 页，北京，中国大百科全书出版社，2010。

'文明的'欧洲圈子。"①各种教派纷纷在瑞典设立自己的圣职，它们不仅修建了自己的修道院，而且宣称对大片耕地拥有所有权。同时，教会管理制度也逐渐发展起来，13 世纪时瑞典首次把宗教写进法律。另一方面，培养神职人员的教育越来越国际化，加强了瑞典教会与欧洲大陆教会的联系。1309 年仅在巴黎大学就有 30 名瑞典学生，他们主要学习神学和法律，为以后担任高级教士做准备。

"如果说 12 和 13 世纪对瑞典而言是一个宗教信仰改变的时期，那么它同时也是一个世俗世界发生重大动荡和变革的时期。"②这一时期瑞典王朝更替不断，社会动荡不安。直到 13 世纪后期，瑞典教俗贵族的上层分子组成国务会议，才实际上掌握了国家的权力。1319 年国务会议选举挪威国王马格努斯·埃里克为瑞典国王。马格努斯于 1335 年宣布废除奴隶制，并于 1350 年颁布全国通用的法律——《国法》。这部《国法》是瑞典最早的宪法，它正式确认教会和贵族的免税特权，承认教士不受国家法律的约束，确定国务会议有权选举国王，有权参与决定征税、制定新法律等重要事务。"这些原则都用有力的措辞表达出来，成为好几个世纪以来瑞典宪法的基础。"③所以，它被称为瑞典的大宪章不是没有理由的，它实际上提供给这个国家的是一部基本宪法，并一直沿用到 1719 年。④

与此同时，瑞典还受到波罗的海对岸国家的极大影响，这些影响源自德国北部缔结汉萨同盟的诸多城市。汉萨同盟开始渗透到瑞典的政治、经济和学术生活中。位于波罗的海中部的果特兰岛已成为繁荣的商业中心，其主要城市维斯比是汉萨同盟进行海上贸易的商业中心。到 1250 年，维斯比已完全

① ［瑞典］克里斯蒂娜·J. 罗宾诺维兹等：《当代维京文化》，肖琼译，8 页，北京，中国社会科学出版社，2015。
② ［英］尼尔·肯特：《瑞典史》，吴英译，20 页，北京，中国大百科全书出版社，2010。
③ ［瑞典］安德生：《瑞典史》上册，苏公隽译，77 页，北京，商务印书馆，1963。
④ ［英］尼尔·肯特：《瑞典史》，吴英译，26 页，北京，中国大百科全书出版社，2010。

由德国商人控制。汉萨同盟的商船经常往来于波罗的海和北海两岸,将瑞典与欧洲大陆主要贸易中心紧密地联系起来,使瑞典越来越多地受到汉萨商人的影响。"那时许多瑞典学生在德国学术中心做较长时间逗留学习,使瑞典受德国影响的程度进一步提高,导致路德教在瑞典最终获得教派斗争的胜利。"①随着德国人对所居住城市的控制不断加强,汉萨同盟在瑞典的影响也继续增强。1397 年 6 月,瑞典、挪威和丹麦结成卡尔马联盟,企图共同对抗德国。这三个国家统一由丹麦女王玛格丽特统治。

在卡尔马联盟时期,丹麦统治者罢免了一批瑞典籍地方官员,并从他们手中夺走了城堡和封地,将其赠予新任命的德意志和丹麦籍的地方官。这样丹麦统治者便失去了相当一部分瑞典贵族的支持。封地易主之后,新主人按照德意志或丹麦的方式剥削和奴役佃农,极大地加重了佃农的赋税负担,引起了瑞典人的强烈反抗。1521 年贵族青年古斯塔夫·瓦萨(Gustav Vasa,1496—1560)领导了反抗丹麦统治者克里斯蒂安二世的民族起义。1523 年 6 月古斯塔夫·瓦萨被推举为瑞典国王,即古斯塔夫一世(Gustav Ⅰ,1523—1560 年在位)。当时丹麦正值王位更迭时期,无暇顾及瑞典局势,因此瑞典便成功地摆脱了丹麦的统治,卡尔马联盟正式崩溃,瑞典历史进入了新的发展阶段。

古斯塔夫·瓦萨是瑞典历史上有重要影响的君主之一。"他的当选和加冕礼开启了延续至今、没有中断过的继承史——尽管王位是在几个家族中继承的。在他和三个儿子的统治下,瑞典逐渐变成了信奉路德宗的国家,并形成了当代政府早期的雏形,包括一支国家军队和海军舰队、半数代表的议会、中央官僚、扩大了的税收制度和首都(斯德哥尔摩)。"②自古斯塔夫·瓦萨时代开始,瑞典王国就开辟了一种行政力量的源泉。在其统治期间,他励精图治,推行一系列改革,不仅巩固了瑞典作为一个主权国家的地位,建立了世

① [英]尼尔·肯特:《瑞典史》,吴英译,24 页,北京,中国大百科全书出版社,2010。
② [美]布莱恩·诺德斯特姆:《悠闲瑞典》,陶秋月译,14 页,长春,长春出版社,2012。

袭君主政体，重新改组了政府、法律、行政、财政、税收、货币和军队系统，而且拒绝承认罗马教皇的权威，支持瑞典的路德派教会改革，剥夺了罗马天主教会的财产，使瑞典国王和贵族的经济实力显著增强。古斯塔夫·瓦萨不仅建立了由瑞典士兵组成的陆军，而且奠定了瑞典海军的基础。他还鼓励发展采矿业、畜牧业、农业和手工业等，并督促王室成员加强经营和管理。1560 年古斯塔夫·瓦萨去世时，他所推行的改革实际上已经完成，全国 2/3 的土地直接归王室管理，面积广大的公爵领地掌握在三个王子手中，大部分封地已分配给与国王有亲属关系的人。16 世纪中期，瑞典的财政比较稳定，经济状况明显好转。

随着经济实力的日益强大，古斯塔夫·瓦萨的后继者们开始了一系列的对外战争，以建立自己在波罗的海地区的霸权。从 1560 年埃里克十四世继位到 1660 年查理十世（Charles Ⅹ，1654—1660 年在位）驾崩，瑞典进行了五次重要的战争，获得了南部和西部的大片土地，这些土地至今仍掌握在瑞典手中。1563 年 9 月，瑞典与丹麦爆发了公开的战争，史称丹瑞战争（1563—1570 年）。这场战争虽以瑞典失败而告终，但瑞典并未失去领土。1611 年丹麦发起了卡尔马战争（1611—1613 年），迫使瑞典把北方的芬马克地区归还挪威，并付给丹麦一笔巨款，其数额相当于瑞典四年的总收入。1617—1658 年是瑞典对外战争的第二阶段，也是其对外扩张达到顶峰的阶段。这时的瑞典不仅是波罗的海地区的霸主，而且成了称雄一方的欧洲大国。这一切都与古斯塔夫·阿道夫（Gustav Adolph，1611—1632 年在位）的一系列改革有关。

1611 年阿道夫继承瑞典王位，他在历史上被称为古斯塔夫二世（Gustav Ⅱ，1594—1632）。阿道夫是古斯塔夫·瓦萨的孙子，也是一位军事家，他继承了祖父的才华与热情，并致力于巩固瑞典在欧洲的地位。在行政方面，阿道夫设立了最高法院、大法官厅、陆军部、海军部、财政部等中央机构，并分别委派受过训练的、精明能干的人去掌管。在经济方面，他下令成立了土地测量署，专门负责测量全国的土地，为建立严格的税收制度及土地改革提供了依据。他关注采矿和冶金，重视军火生产。在军事方面，他改进了军队组织，建立了欧洲最早的炮兵和颇有战斗力的陆军。阿道夫还建立了有组织的教育系统，并向乌普萨拉大学提供了一笔巨额捐款，用于培养公务人员。"慢慢地，瑞典摆脱了它以前的孤立状态。这种状态所以能够扭转过来，起初是它的波罗的海政策的结果。前期的瓦萨族国王们所建立的政府机构早已是威力的源泉，现在又要加以系统化和发展，接着就出现了一个瑞典历史上空前未有的扩展和进步的时期。"①

1629年瑞典加入三十年战争，站在新教联盟一边。阿道夫的目标不仅是帮助其新教联盟，而且要在波罗的海南岸占领有价值的领土。他希望把波罗的海变成瑞典的一个内湖，由此真正巩固瑞典作为欧洲强国的地位。三十年战争的最后结果虽然不像阿道夫所想象的那样，但在政治和经济方面都对瑞典有利。战争使瑞典在波罗的海的版图大大扩张，并且给贵族阶级带来了财富、尊崇和政治势力。

1632年阿道夫在与旧教联盟的战斗中殒命，其王位由女儿克里斯蒂娜(Christina，1632—1654年在位)继承。克里斯蒂娜是一位天主教徒，她既要忠于祖国又要忠于自己的信仰，因而陷入了自相矛盾的痛苦状态，于1654年退位。克里斯蒂娜统治期间，实现了许多政府方面的改革，尤其是在贵族等级的构成方面，使高级和低级贵族的数量大大增加。查理十世(Charles X，1654—1660年在位)、查理十一世(Charles XI，1660—1697年在位)继位后，为了缓和社会矛盾，开始从贵族手中收回王室的土地，将其置于国王的直接控制之下。到1700年，约有80%曾经赠予贵族的土地被归还给王室，其中包括男爵和伯爵所占有的全部土地。王室地产已占全国土地的35.6%，贵族所

---

① [瑞典]安德生:《瑞典史》上册，苏公隽译，242~243页，北京，商务印书馆，1963。

占土地下降到 32.9%，农民的土地回升到 31.5%。① 然而，瑞典的经济仍然不发达，它作为军事强国的地位开始衰落。

二、宗教改革

瑞典的宗教改革始于 16 世纪 20 年代。在古斯塔夫·瓦萨的领导下，瑞典在北欧率先进行了宗教改革。与挪威不同，"这里主教制的传统和教会的独立性都要牢固得多，改革不可能突如其来，其过渡期近似于有机体的发育，持续了许多年"②。

早在 1524 年，瑞典的宗教改革家奥洛夫·佩特利就在斯德哥尔摩传教了。这个城市的大部分居民是德国商人，路德派在这里影响颇大。奥洛夫曾在维滕堡大学学习并获得硕士学位，他在那里接受了广泛的人文主义教育，掌握了希腊文和希伯来文。他用瑞典文出版了一本赞美诗歌集，其诗歌带有浓厚的路德派气息。1526 年，奥洛夫出版了一本代表福音派观点的《实用教诲》，以表示对传统信仰捍卫者的反击。这是瑞典出版的第一本宗教改革著作，其理论依据是路德的论著，但它所受到的影响更多来自德国南部的福音派而不是维滕堡。当宗教改革的小册子从纽伦堡传到瑞典时，奥洛夫对这些书进行了研究。1526 年出版的首部瑞典文本的《新约》，可能就是奥洛夫与时任大法官和副主教职务的劳伦蒂乌斯·安德烈埃联袂的译作。这本书基本上是译自路德的德文版《新约》，但母本却是 1526 年的斯特拉斯堡版本，这也是奥洛夫与德国西南部联系的最早文字证明。"无论是从宗教的角度还是从文化的角度看，瑞典文本的《新约》都具有非常重要的价值。"③

---

① [瑞典]安德生：《瑞典史》上册，苏公隽译，318 页，北京，商务印书馆，1963。
② [英]G.R. 埃尔顿：《新编剑桥世界近代史(第 2 卷)：宗教改革(1520—1559 年)》，中国社会科学院世界历史研究所组译，188 页，北京，中国社会科学出版社，2003。
③ [英]G.R. 埃尔顿：《新编剑桥世界近代史(第 2 卷)：宗教改革(1520—1559 年)》，中国社会科学院世界历史研究所组译，190 页，北京，中国社会科学出版社，2003。

1525—1527 年，德国、波罗的海沿岸其他国家和丹麦宗教改革的成功加快了瑞典改革的步伐。1526 年普鲁士公爵阿尔布雷希特(Albrecht，1490—1568)与古斯塔夫·瓦萨缔结了一项条约，使得宗教改革的小册子能够顺利地传播到瑞典。古斯塔夫·瓦萨和普鲁士的使节共同筹备了 1527 年的韦斯特罗斯会议，他还特意安排了一场天主教和路德派之间的宗教辩论，因为在瑞士和德国都曾采用辩论的方式解决神学争端。1527 年奥洛夫撰写了《对十二个问题的回答》小册子，他以《圣经》为依据，简要地阐述了福音派学说，强调传达上帝的声音是教会的唯一职责。可以说，这本小册子为韦斯特罗斯会议奠定了理论基础。

古斯塔夫·瓦萨在韦斯特罗斯会议上重述了瑞典在政治和经济上面临的悲惨处境，要求议会找到一条摆脱困境的途径，并谴责了那些富有的神职人员。他宣布断绝瑞典教会与罗马天主教会的联系，并将瑞典教会纳入国家的管理之下，没收了天主教会的土地、城堡和其他贵重物品。他认识到，通过没收和再分配瑞典天主教会拥有的巨大财富有利于加强王权，因为只有满足贵族的物质利益，才能获得他们的拥护。要稳定财政和巩固王权，就必须把天主教会的财产置于自己的控制之下。

据统计，在中世纪末期，瑞典教会拥有的土地占全国的 21.3%(贵族占 20.7%，国王占 5.6%，纳税农民占 52.4%)。[①] 1521 年，瑞典至少有 21% 的地产和多达 1/3 的可耕地属于教会；而到 1560 年这些土地几乎全部被重新分配，其中大部分被分给了支持国王的贵族，王室拥有的地产份额也从 5.5% 增加到 28.2%。[②] 随着教会权力的削弱，瑞典的独立和古斯塔夫·瓦萨的统治权威进一步得到巩固。劳伦蒂乌斯·安德烈埃是古斯塔夫·瓦萨指定的负责处理教会事务的首席顾问，他对中世纪后期教会存在的问题了如指掌，所以极

---

① [瑞典]安德生：《瑞典史》上册，苏公隽译，185 页，北京，商务印书馆，1963。
② [英]尼尔·肯特：《瑞典史》，吴英译，54 页，北京，中国大百科全书出版社，2010。

力赞成对天主教进行改革。他提出了一个建立民族教会的方案，并声称既然教会是信仰者(基督教人民)的社团，那么教会的财产就应该属于人民，而且要由人民的国王掌管。只有《圣经》而不是教皇颁布的法令，才具有至高无上的权威。

这次会议制定的《韦斯特罗斯法令》规定：主教们所占有的城堡应移交给国王，他们所拥有军队的人数也由国王确定；主教、大教堂和牧师的额外收入应以现金方式按期交给国王；修道院应完整地移交给贵族作为他们的封地；贵族们有权收回从 15 世纪中期起赠予教会的庄园。古斯塔夫·瓦萨将没收的一部分教会土地交给世俗贵族，同时他取消了现有的由家族、牧师教区和省份组成的松散联邦，而代之以一个中央集权的政府。"通过愈来愈多地征用教会财产和收入的方式，他减轻了人民的捐税负担，帮助改善了王室的财政情况；这时国王就能用优厚报酬来罗致有才干的人为他服务。凭借这种方法，一个现代化的中央集权国家正在建立起来。"①韦斯特罗斯会议打破了教会在政治和立法事务中的垄断地位，但保留了教会的组织机构和主教处理教会内部事务的权力。

《韦斯特罗斯法令》规定，上帝的福音应当在瑞典境内纯正地、明白地告知民众，因为福音书是纯粹的上帝之道，是天主教徒和新教徒都予以认可的最高权威。"事实上，议会的决定不仅是一次教会政治上的转变，也是一场宗教上的变革，因为它肯定了路德派的布道是合法的。这就为改革派传播信仰铺平了道路。"②

1528 年，在古斯塔夫·瓦萨的加冕仪式上，奥洛夫表达了改革派对教会与国家之间关系的看法。他认为主教和牧师的地位是一样的，他们的唯一目

---

① ［瑞典］安德生：《瑞典史》上册，苏公隽译，194 页，北京，商务印书馆，1963。
② ［英］G.R. 埃尔顿：《新编剑桥世界近代史（第 2 卷）：宗教改革（1520—1559 年）》，中国社会科学院世界历史研究所组译，192 页，北京，中国社会科学出版社，2003。

的是宣讲上帝之道，并用上帝之道净化人们的灵魂。在他看来，世俗的权威是上帝赋予的，所有人都必须服从。国王应该和全体人民一起共同遵守法律，统治者对教会的义务是保障它能够自由地宣讲福音。1528 年奥洛夫翻译了路德的《布道集》，并发表了一系列论辩性的文章，反对天主教的礼仪、习俗、圣事、独身和修道生活等。1529 年，在其倡议下，瑞典又在奥雷布洛召开了一次宗教会议，采取了进一步的改革措施。这些措施有助于维护那些出身卑微的瑞典教士的利益，而不利于那些出身于贵族的教士的利益，因为最强烈的宗教改革热情来自出身卑微的教士。1531 年奥洛夫发表了《瑞典语弥撒》，他把路德派教义翻译成瑞典文，并简明扼要地说明了瑞典早期宗教改革运动的特征：“像其他民族一样，我们瑞典人也是上帝的后裔，我们的语言是上帝所赐与的……”①

16 世纪 30 年代，瑞典退出罗马教会，最后一任大主教约翰·马格努斯(John Magnus)撤回意大利。1531 年，奥洛夫的弟弟、路德派新教徒劳伦蒂乌斯·佩特利被任命为乌普萨拉大主教。劳伦蒂乌斯在维滕堡大学留学时深受梅兰希顿的影响，并受过严格的神学和人文主义训练，熟悉宗教圣事和礼仪。他担任大主教 40 多年，极大地影响了宗教改革后的瑞典教会。1536 年劳伦蒂乌斯大主教在乌普萨拉召集宗教会议，规定不管何处的牧师都应宣讲纯粹的上帝之道，奥洛夫的《瑞典语弥撒》与手册应在全国普及和推广，废除神职人员的独身制。这次会议意味着瑞典教会与天主教决裂，福音派正式成为瑞典的国教。教会的主要任务是用福音派的信仰教育人民，所以奥洛夫的布道书、赞美诗、弥撒和路德的《教义问答》等小册子十分流行。这一时期，人们对天主教会的不满在瑞典已经形成强大的力量，宗教改革也在各个方面都取得了重大进展。

随着人们宗教改革热情的日益高涨，古斯塔夫·瓦萨企图利用这种公众

① ［瑞典］安德生：《瑞典史》上册，苏公隽译，189 页，北京，商务印书馆，1963。

情绪达到他的目的，即在一个独立的国家建立强大的王权。鉴于德国路德派的状况，古斯塔夫·瓦萨希望扩大路德派的战果，让教会完全听命于国王，所有臣民都服从于他。这就和改革派发生了冲突，因为他们信守瑞典的传统原则，即法律面前人人平等。他们的理想是在瑞典建立一个由主教领导的大众教会，它有权处理教会内部的一切事务。人民臣服于上帝而不是现世的统治者，所以他们是自由的公民。奥洛夫作为宣讲上帝之道者，猛烈地抨击了当权者的不良行为，并公开批评国王没有给国人做出表率。很明显，奥洛夫的布道造成了他与国王关系的破裂。同时，劳伦蒂乌斯大主教也因抱怨国王未给学校提供足够的资金而惹怒了国王。历来就对主教们怀有戒心的古斯塔夫·瓦萨谴责大主教企图恢复昔日的权力，结果劳伦蒂乌斯虽然保住了职位，却被迫退居幕后，德国新教徒乔治·诺曼实际上成为瑞典教会的领袖。

乔治·诺曼是一名典型的梅兰希顿信徒，他为梅兰希顿的神学和教会观在瑞典的传播奠定了基础。他坚持宗教改革要按照德国的模式进行，不管是教义还是仪式都必须德国化。这样瑞典教会就丧失了独立性，具有独立意识的主教已不复存在。在1539—1544年的"德国化"期间，诺曼到处视察并在教区内强制推行改革，大肆掠夺教堂的银器和其他财物。随着银器源源不断地流入国库，瑞典王室的财富日益增多。1542年瑞典南部爆发了一次大规模的起义，天主教神父们也火上浇油，旨在恢复天主教的信仰。古斯塔夫·瓦萨镇压起义后，不得不废除所谓"德国式"的教会敕令，恢复了以往瑞典的教会体制。这次起义使国王意识到只有与天主教彻底决裂，才能牢固地建立民族的世袭君主国。1544年在韦斯特罗斯召开的会议上，瑞典正式宣布为福音派王国，与会成员保证决不放弃信仰，圣徒崇拜、安魂弥撒、朝圣及其他天主教习俗全部被禁止。会议还批准了由瓦萨家族世袭王位的新制度，授予年轻的王子们以公爵爵位和世袭土地。

随后，瑞典民众对宗教的态度发生了改变，这无疑是福音派布道和讲授

《教义问答》的结果。1541 年奥洛夫等人发表了著名的《瓦萨圣经》，这是第一部瑞典文《圣经》全译本，对瑞典的基督教、语言和文化都有重要意义。"《圣经》译本不仅影响了民众的宗教生活，而且在瑞典语言方面也给所谓'早期新瑞典语'奠定了基础。"①1544 年后，奥洛夫、劳伦蒂乌斯及各主教重新获得了领导地位。但古斯塔夫·瓦萨对于主教和教会的独立始终存有疑心，因为他不愿看到"神职人员的统治"。为了削弱主教的权力，国王对几个主教区进行了分割，新的主教区不设神职人员，领头的是国王派去的新主教(也称"主管")。

1552 年奥洛夫去世后，劳伦蒂乌斯成了瑞典教会无可争辩的领袖人物。尤其是 1560 年古斯塔夫·瓦萨死后，他度过了一生中的辉煌时期。"他的工作能力以及他在教会生活的一切方面所显示出来的独创性都是卓越的。"②劳伦蒂乌斯毕生致力于为瑞典教会起草一份代表福音派观点的法规，他设法通过在各个独立的教区颁布暂行条例管理教会事务，这些条例被纳入 1571 年颁布的《教会法》草案，并在 1572 年的乌普萨拉宗教会议上获得通过。《教会法》正式采纳了 1527 年韦斯特罗斯会议的观点，重申上帝之道即《圣经》是瑞典教会的信纲，是教会法律的准绳。以德国路德派的信纲为依据，梅兰希顿与路德处于同等地位。主教由神职人员和平信徒(又称为教友)选举，最后由国王定夺。牧师由民众指定，学校由教会管理。1571 年《教会法》成为瑞典后来宗教发展的基础，它对瑞典的影响和 1537 年《丹麦教会法》的影响同样重大。

虽然埃里克十四世(Eric XIV，1560—1568 年在位)是在加尔文派信徒影响下接受的教育，但加尔文派始终未能在瑞典站住脚。查理九世(Charles IX，1604—1611 年在位)继位后，表现出强烈的加尔文主义倾向，试图改变祈祷

① [瑞典]安德生：《瑞典史》上册，苏公隽译，206 页，北京，商务印书馆，1963。
② [英]G.R.埃尔顿：《新编剑桥世界近代史(第 2 卷)：宗教改革(1520—1559 年)》，中国社会科学院世界历史研究所组译，196 页，北京，中国社会科学出版社，2003。

书，提出一种糅合了路德派和加尔文派观点的教义问答。但他在 1611 年去世以前，显然未能使瑞典改宗加尔文派。有学者指出："在斯堪的纳维亚国家中，中世纪的残余比在德国的路德宗那里表现得更加明显，然而在礼拜和虔诚的信念上斯堪的纳维亚国家追随着路德宗的模式，而且感到与其德国弟兄之间有一种强烈的亲近感。"①

三、教育发展

中世纪时，瑞典的教育制度已基本形成，但其文化教育并无突出成就。与斯堪的纳维亚半岛上的邻国相似，瑞典的教育机构大多以教堂或教区学校为基础，教学内容主要有阅读、书写、拉丁语、伦理学和基督教教义。学校纪律严明，教学方法简单；教师照本宣科，学生反复诵读。办学经费以教会和修道院的收入为主，许多家境贫寒的学生通过托钵的方式"乞讨"食物，他们毕业后可在教堂或修道院从事神职工作。若要获得神职人员以外的教育，就必须聘请家庭教师或前往欧洲大陆学习。

中世纪后期，随着工商业和手工业的发展，瑞典出现了一批新兴城市，如林彻平、韦斯特罗斯、延彻平、卡尔马、尼彻平、维斯比、厄勒布鲁等。这些城市效仿德国城市，建立了与之类似的行政机构并颁布了相应的法规，形成了以商人和手工业者为代表的市民阶层。瑞典最早的城市学校诞生于维斯比(1225 年)，后来扩展到其他城市，如斯德哥尔摩(1315 年)、厄勒布鲁(1347 年)、延彻平(1394 年)、尼彻平(1402 年)、卡尔马(1439 年)等。这些城市学校最初由教会捐资主办，后来逐渐由市政当局拨款设立和维持。

宗教改革时期，由于天主教会的土地及财产被没收，天主教会的文化教育事业被彻底摧毁。教会的艺术作品被国家和国王征用，图书馆收藏的羊皮

---

① [英]R.B.沃纳姆：《新编剑桥世界近代史(第 3 卷)：反宗教改革运动和价格革命(1559—1610 年)》，中国社会科学院世界历史研究所组译，112 页，北京，中国社会科学出版社，1999。

纸文件被行政官员用来装订账册，也没有新的学校取代以前天主教设立的学校。当时的情形是，修道院学校停办，大教堂学校减半，许多学校人去楼空。1533年古斯塔夫·瓦萨在致神职人员的信中抱怨说：原先曾有二三百名学生的学校，现在只有50名学生。他指出，学生减少和学校荒废对国家是极大的损害，学校培养宣讲上帝旨意和主持洗礼的神职人员是必要的。他一方面敦促农民将子弟送入学校，并建议补助大教堂学校的学生；另一方面从教会收取的什一税中抽取部分资金，以赞助7所大教堂学校和11所城市学校。尽管瓦萨国王关心教育事业，但由于受到宗教改革的影响，16世纪二三十年代瑞典教育仍处于极端衰退的境地，直到16世纪后期才恢复元气并有所发展。

（一）教育法规与拉丁语学校的发展

16世纪后期，瑞典教育经历了宗教改革的阵痛后开始复苏，并逐渐走向法治化和制度化。瑞典最早的教育法规是1571年制定的。1571年瑞典颁布的《教会法》也是最早的教育法规，有人称之为《1571年学校令》。它以梅兰希顿1528年制定的萨克森学校令为蓝本，对瑞典的学校教育发展产生了重要影响。萨克森学校令实际上从16世纪30年代开始就对瑞典的学校教育产生影响。①根据这一法令，瑞典设立了拉丁语学校，实行三学级或四学级制，修业年限为6~8年。拉丁语学校与中世纪学校相差不大，但其教学内容更加丰富。它既有基督教教义，也有人文主义教育；既进行拉丁语教学(包括拉丁语法、语源学、音韵学、散文、写作等)，也讲授希腊语法和希腊语《圣经》。如果有合适的教师，拉丁语学校还要开设辩证法和修辞学课程。一般说来，拉丁语学校的课程学习需要2年。

拉丁语学校的第一学级称为辍字级，学生首先要学会阅读和书写。在最初阶段，他们要学习字母表、使徒信条、主祷文、十诫等方面的初级读本，并且要将教材一字一句地背诵下来。第二学级称为语源级，除了基督教教义

---

① [日]梅根悟監修：《北歐教育史》，58頁，講談社，昭和五十一年(1976年)。

之外，学生要学习拉丁语的语法规则和语源学、写作知识、伊索寓言翻译以及一些名家的作品。第二学级从拉丁语作文开始，同时进行歌唱练习和学习初步的乐理知识。第三学级称为文章级，主要学习古罗马名家的作品，如西塞罗的《义务论》《家庭书简集》等。第四学级称为诗歌级，需要学习拉丁语的韵律学、韵文写作以及古罗马名家的诗篇等，因为他们的作品中含有人文主义倾向。学习基督教教义时，需要用拉丁语对《教义问答》和《圣经》进行解读；与内容的理解相比，拉丁语的语法学习更为重要。学生除了上课时需要使用拉丁语，休息时间也必须用拉丁语交流。

拉丁语学校白天上课时间很长，从早上5:00开始，一直到下午5:00结束。上午8:00—9:00、10:00—12:00是休息时间，所以真正的上课时间是9小时。星期五是下午3:00结束，只上7小时的课。星期天学生们要参加教会的仪式、唱圣歌等，这些都是义务。有时候，星期天还要举行低年级学生的《教义问答》考试。每周的教学时间合计50小时以上，其中60%用于拉丁语的学习。① 学生早晨5:00开始唱圣歌，做礼拜，朗读《圣经》；之后，低年级学生复习功课，高年级学生检查和改正作业。6:00开始正式上课，内容一般是拉丁语语法或拉丁语读本。到8:00结束后，有1小时的休息，紧接着是1小时的作文课。从10:00到12:00是准备中餐的时间。从中午12:00到下午1:00是参加合唱和学习乐理。从下午3:00到5:00是拉丁语学习。到了下午5:00，教师要告诉学生明天拉丁语课程的预习内容，最后以唱赞美歌、祈祷和训诫结束。一星期分为两部分：星期天和星期二、星期四和星期五的教学安排完全一样，星期三和星期六是对前面所学内容的复习。拉丁语的教学分为规则、范例和模仿写作三个阶段。学生首先需要记住语法规则，然后学习符合语法规则的拉丁语作品，最后是模仿范文进行写作。

拉丁语学校通常只有一个教室，为了不妨碍其他教师上课，分学级上课

① ［日］梅根悟監修:《北歐教育史》，61頁，講談社，昭和五十一年(1976年)。

时各级学生要保持安静。正规教员通常只有一名，但配备了助理教员，他们按照惯例在正规教员的监督下授课。助理教员包括原来的修道士、被解雇了的神职人员等，他们要成为教员必须参加面试，并且获得最优语法知识的证明。教师的工作很单调，负担重而且要有耐心，工资还非常低。助理教员和贫困生一样，要通过"教区巡回"维持生计。在 16 世纪后期，随着正规教员增多，出现了采用校长制的学校。一旦成为城市拉丁语学校的校长，经济条件就会逐渐改善。校长既是大教堂的评议员，也是领取工资的教师。一般说来，教师在学校工作数年后就可以去教会任职。

进入 17 世纪后，瑞典通过东征西伐将版图扩展到整个波罗的海地区，一跃成为当时欧洲的大国。为了巩固路德派的正统地位和有效地管理国家，瑞典急需培养神职人员、各级官吏和各种专门人才。在这样的背景下，瑞典的教育出现了重大变化。

随着瑞典在欧洲影响力的不断增强，当时的国王古斯塔夫·阿道夫十分重视教育事业。他要求公务员必须训练有素，因而鼓励发展各级各类教育。阿道夫的女儿克里斯蒂娜就是一位学识渊博的女子，她是瑞典第一个接受纯学术性教育的妇女。克里斯蒂娜有强烈的求知欲，无论是对神学、古典语言、文学，还是对政治学和现代语言，她都怀有浓厚的兴趣。她掌握了多种语言，包括德语、荷兰语、法语和拉丁语，并且能够流利地表达。1649 年克里斯蒂娜聘请法国哲学家笛卡儿到斯德哥尔摩担任自己的导师，女王认为正是笛卡儿促使她接受了天主教。克里斯蒂娜的宫廷成为学者和艺术家汇聚之所，她在位时颁布的校规也充满了人文主义精神。

17 世纪时，为促进学校教育的发展，瑞典颁布了一系列的教育法规。《1571 年学校令》到了 17 世纪初已明显落后于时代，而且篇幅太短。1610 年和 1611 年瑞典议会决定成立新的学校令起草委员会。1612 年委员会的提案获得议会一致通过，并于 1613 年在没有得到国王许可的情况下公布，在瑞典教育史上被称为《1611 年学校令》。

《1611 年学校令》将拉丁语学校分为两类：一是以培养神职人员为主的大教堂学校，二是以教育市民和农民子弟为主的地方学校。大教堂学校实行六学级制，地方学校实行四学级或五学级制。前面的学级仍然以拉丁语的学习确定其名称。从第一学级到第三学级被称为辍字级、语源级、文章级。第四学级是希腊语级。第五学级是修辞或伦理学级。第六学级是神学级。第一学级是入门级，学生需要学习母语和拉丁语的读写以及拉丁语的变形等，还要学习没有注解的瑞典语和拉丁语《教义问答》。第二学级需要学习正字法、语言学、音乐理论入门，以及有注解的瑞典语和拉丁语《教义问答》、伊索寓言、诗篇、所罗门的箴言等。第三学级需要学习拉丁语的文论、作诗、希腊语入门、音乐概论、神学、喜剧，以及没有注解的希腊语《教义问答》等。第四学级由地方学校的校长负责，学生主要学习希腊语、语法、修辞学、伦理学、神学、儿童教育论等，每年还要进行以伦理学和神学为主题的拉丁语讨论。地方学校到这个学级为止，其毕业生如果想继续求学，可以转入大教堂学校。

大教堂学校的第四学级也称为希腊语级，其中很多内容和地方学校的最高学级相同，但它教授的希腊语水平较高。它要求学生阅读各种名家的著作或福音书，把希腊语译成拉丁语，或把拉丁语译成希腊语，而且每年要举行拉丁语讨论会。大教堂学校的第五学级主要教授修辞学、伦理学、老年论、友情论、叙事诗、诗学等。如果时间允许的话，还教授神学论、使徒信条、希伯来语等，并且鼓励学生阅读希腊语和拉丁语的《新约圣经》。大教堂学校白天上课的时间和《1571 年学校令》规定的一样，从早上 5:00 开始，到下午 5:00 结束，中间有 3 小时的休息，每天上 9 小时课。星期三和星期六是对所学内容的复习，与之前相比没有什么变化。

此外，《1611 年学校令》规定要配备运动场，必须上体育课。每年 5 月初还要举行一次公共考试，监考人是大教堂学校监督员和大教堂议会的全部成员。《1611 年学校令》明确规定了教师的教学岗位和高学级的教学内容。学校一般设置教学人员 6 人,其中校长、副校长和神学教师各 1 人,另有教授一至三学级课程的教师 3 人。大教堂学校高学级的教学内容大大扩充,除了学习一些著名学者的作品外,还加强了希腊语和希伯来语的教学。

1620 年颁布的《学校令》规定:①大量增加实用学科,如数学、外语、植物学、地理学、天文学、法律、历史等,降低拉丁语教学的比例;②仿照德国教育家斯图谟(Johannes Sturm, 1507—1589)的做法,建立古典文科中学,其学级应相当于大学水平;③调整学校类型与结构,设立教区小学、拉丁语学校和高中三种教育机构,旨在为学生接受连续的教育做好准备;④古典文科中学由国库补助,其他学校由所在城市的财政维持;⑤对于学业优异的学生给予奖学金,学业不良的学生则留级甚至开除;⑥改变学校视导制度,由国家委派的视学官取代教会的主教。1649 年颁布的《学校令》则主要是理顺当时各级各类学校的关系,使它们各安其位、相互衔接,构成一个既独立又连续的教育体系。

通过以上努力,到 17 世纪中期,瑞典基本上形成了一个前后连贯的教育制度。

(二)《大学宪章》与高等教育的发展

在中世纪后期,一些瑞典贵族青年和富家子弟纷纷前往德国、法国、荷兰等国家的大学深造。同时,欧洲大陆一些著名的科学家和学者如笛卡儿、格劳秀斯(Hugo Grotius, 1583—1645)等也长期在瑞典生活和工作,极大地促进了瑞典高等教育与科学文化事业的发展。

在罗马教廷的支持下,1477 年瑞典天主教会创办了乌普萨拉大学。这是北欧最早的一所大学,它效仿了德国维滕堡大学的模式,不仅培养神职人员,而且为国家培养高级官吏和专门人才。然而,在宗教改革时期,乌普萨拉大学几乎被遗忘。因战争影响和经费紧张,它一度被关闭。1566 年埃里克十四世重新开办，但 1580 年由于大学教师反对约翰三世(John Ⅲ，1568—1592 年在位)的"红皮书"①再次被关闭，直到 1595 年才重新开办。然而到了 1607年，乌普萨拉大学又被查理九世关闭，因为他不赞成大学教师的独立观点。

在古斯塔夫·阿道夫统治期间，他对乌普萨拉大学的发展做出了重要贡献。1621 年，他恢复了乌普萨拉大学的办学。1624 年，为了使乌普萨拉大学实现财政独立，阿道夫捐助了 300 处王室庄园，提供了重建大学所需的巨额资金。他还任命了新的校长，设立了新的大学教授职位，并赠送了自己的精美藏书。17 世纪后期，乌普萨拉大学得到了长足的发展，虽然神学和人文学科仍占据主导地位，但自然科学开始获得人们的认可。

随着财产捐赠逐渐增多，明确大学各种特权是一项必要的工作。只有制定了《大学宪章》，才能让大学作为国家机构正常运行。乌普萨拉大学的《大学宪章》最初于 1625 年制定，但其中有很多不完善的地方，1626 年经过改编后才成为正式的宪章。《大学宪章》指出：无论如何，我们首先必须了解青少年对于种种情况的不满意，或是对于外国的赞美、对于自己的能力能否推进伟大的事业的不自信，以及对于本国现状不好的评价，这些想法和态度对于国家的统治会有种很大的妨碍；所有的问题必须通过教育加以纠正，为了使青少年养成爱国的性格和达成辉煌的业绩，就必须鼓励教师提高其能力。

乌普萨拉大学 1626 年改编后的《大学宪章》规定了学监、副学监、名誉学长、财务官的职务和权限，以及获得各种学位所必修的科目。大学各学部已有明确的划分，并任命了各学部的部长。学生除非获得正规的入学许可证，否则不能在大学学习。大学可以免除各种赋役，并可以免去学生的房租等。《大学宪章》规定的讲座有 18 个，包括神学部 4 个、法学部 2 个、医学部 2个、哲学部 10 个。② 其中哲学部设有希伯来语、希腊语、政治学、历史学、

---

① 指 1576 年约翰三世编辑的一篇具有强烈天主教倾向的新祷文。
② ［日］梅根悟監修：《北歐教育史》，112 頁，講談社，昭和五十一年(1976 年)。

修辞学、诗学、伦理学讲座各 1 个及数学讲座 3 个。数学讲座包含了代数、几何、光学、机械学、音乐、天文学、地理学等内容。但这些新开设的讲座和科目并没有引起学生的注意,如历史学、法学、政治学在当时社会中的重要性不断增强,但学习的人并不多。1627 年听罗克的历史学讲座的学生只有 4 人。当时的法学和医学也处于启蒙阶段,在 1629 年秋入学的 62 名学生中学习法学的只有 2 人,学习医学的只有 1 人。① 尽管数学只有 3 个讲座,但也达不到所期望的水平,因为数学教师的水平比较低。1627 年秋,学监访问乌普萨拉大学时,发现大学没有数学教学所用的器具。虽然大学的教育内容从外表看焕然一新,并扩充了不少内容,但实际上它与 15 世纪相比并无很大的变化。大学仍然以神学和哲学为主。这一时期的神学完全来自路德派的《圣经》,学习神学讲义并在考试中合格是全体学生的义务,而哲学对于神职人员而言也是必学的科目。

乌普萨拉大学的《大学宪章》还详细规定了取得各种学位的必要条件,但事实上几乎没有人取得除哲学以外的学士学位。当时只有少数有抱负的人取得了哲学学位,因为这是取得教会高级职务的必要途径。神职人员续任的考试是在各管辖区的监督下进行的,它和大学并没有直接的联系,因此取得神学学位的神职人员非常少。1627 年乌普萨拉大学首次颁发了博士学位,但被授予"神学博士"称号的只有 4 人。② 他们不是通过提交论文和公开辩论获得学位的,而是被授予了名誉学位。

17 世纪 30 年代后,古斯塔夫·阿道夫的继承人在新占领区,即爱沙尼亚的塔尔图(1632 年)、芬兰的图尔库(1640 年)、斯堪尼亚的隆德(1668 年)建立了新的大学。"杰出的外国学者被吸引到瑞典的大学任教,这些大学贫乏的图书馆又因得到被征服的德国城市和宫廷寄来的书籍而变得丰富起来,其中

---

① [日]梅根悟監修:《北歐教育史》,112 頁,講談社,昭和五十一年(1976 年)。
② [日]梅根悟監修:《北歐教育史》,113 頁,講談社,昭和五十一年(1976 年)。

乌普萨拉大学图书馆就有了著名的银色圣经。"①在瑞典新吞并的德国北部地区，还有一所建于 1456 年的格赖夫斯瓦尔德大学，这所大学旨在为波罗的海地区培养教士和律师。当时瑞典自诩拥有 5 所大学，它们都是在古斯塔夫·阿道夫统治期间及之后发展起来的。所有这些大学全部用于满足瑞典的政治需要，它们有助于形成一种共同的文化和价值体系，使其毕业生能够继承共同的瑞典文化遗产，并将它们融入更广泛的欧洲思想界。"的确，这几所大学也努力服务于统治者的要求，并努力为国家培养正统的官员和虔诚的教士。但是，由于它们各自所处的地理位置不同，世俗环境也不相同，它们的目标也是不同的。"②在整个 17 世纪，伴随大学的兴旺发达及与欧洲大陆的密切联系，瑞典人的精神世界得到极大的丰富。

总之，在宗教改革之前，北欧三国的教育已初见端倪。海盗时代，随着与西欧国家接触的日益频繁，北欧开始了基督教化的进程。"基督教及罗马天主教的教会制度和修道院制度及其附属于其中的学校教育，对北欧各国的教育产生了决定性影响。可以说，北欧各国正式的、成体系的学校教育的开端和发展与基督教的传入、普及和确立是息息相关的。"③按照基督教的惯例，凡是建立教堂和修道院的地方都要附设学校，以便培养神职人员和向信徒宣讲教义，由此出现了最早的学校教育形式，即大教堂学校和修道院学校。宗教改革给北欧三国的教育带来了很大的影响，三国都颁布了促进拉丁语学校发展的教育法规，如丹麦 1539 年的《教会法》、1604 年的《学校令》，挪威1632 年的《学校令》，瑞典 1571 年、1611 年、1620 年、1649 年的《学校令》等。到了 17 世纪，三国的教育状况已得到明显改善，尤其是瑞典已基本形成

---

① [瑞典]雅·阿尔文、古·哈塞尔贝里：《瑞典文学史》，李之义译，49~50 页，北京，外国文学出版社，1985。

② [比]希尔德·德·里德-西蒙斯：《欧洲大学史》第 2 卷，贺国庆、王保星等译，159 页，保定，河北大学出版社，2008。

③ 方彤：《瑞典基础教育》，7 页，广州，广东教育出版社，2004。

了一个前后连贯的教育制度。与此同时，北欧的高等教育也有重大进展。无论是课程设置、学位授予，还是科学研究，丹麦的哥本哈根大学、瑞典的乌普萨拉大学都取得了令人瞩目的成就。但需要指出的是，由于受制于丹麦的长期统治，这一时期挪威的教育，尤其是高等教育的发展明显落后于北欧其他国家。

第九章

北美殖民地的教育

美国学者亚瑟·科恩(Arthur Cohen)指出："英属北美殖民地的发展受到北美殖民地三大特征的深刻影响。首先,殖民者决心要摆脱欧洲刻板僵化的政府和家庭的束缚,从而建立一种与之完全不同的生活方式。其次,北美有广袤无垠的土地,当持不同政见者和新移民厌倦了以前的居所时,他们拥有可以无限拓展的疆域。第三,宗教所体现的时代精神。"①一方面,北美殖民地远离欧洲,有利于自身的发展,因为在某种程度上它可以免受欧洲宗主国的干扰。另一方面,北美大陆广袤无垠的土地影响了殖民地的形成,进而影响到北美殖民地的教育发展。辽阔的疆域为殖民地人民不断尝试新的生活提供了便利条件,新的宗教仪式、建筑风格和孩子养育方式等各种新观念在殖民地得以广泛实行。

北美殖民地的教育,更确切地说,是欧洲传统教育和革新的教育在北美殖民地的延伸。这一时期的教育,既有教育思想方面的探索,也有教育实践活动的革新。其中,宾夕法尼亚殖民地的威廉·佩恩(William Penn,1644—1718)和托马斯·巴德(Thomas Budd)提出了各自有代表性的教育思想,当时

---

① [美]亚瑟·科恩:《美国高等教育通史》,李子江译,11 页,北京,北京大学出版社,2010。

的教育法规以及民众兴办教育的行动也表现了北美殖民地的教育思想。在教育实践方面，当时的欧洲移民仿照母国的模式纷纷创办学校，以传播各自的宗教信仰。但由于各殖民地的特殊性，其教育活动也有明显的差异。

第一节　北美殖民地的形成

一、美洲的历史

关于美洲历史的开端，有两个问题至今仍聚讼纷纭：一是最先发现美洲大陆的是何人、何时？二是美洲大陆原有的土著居民(印第安人)是在本土发展起来的，还是从其他大陆迁徙进入美洲大陆并繁衍起来的？深入探讨这些问题，是历史学、考古学、人种学、古人类学的任务。

为简便起见，本章对上述两个问题姑且采纳目前大多数人共同接受的观点，即认为美洲大陆最初的土著居民印第安人是在距今 2.5 万年至 1 万年时从东北亚经白令海峡进入美洲大陆的。因此，在欧洲移民到来之前，美洲并非人们所说的"蛮荒之地"。据记载，在哥伦布发现"新大陆"之前的 500 年中，北欧的海盗就已到达格陵兰岛和加拿大，并与当地的土著印第安人进行贸易往来。"在哥伦布到达美洲大陆的时候，这里广袤的土地上生息繁衍着 7 500 万各族人民，其中在北美大约有 2 500 万。由于土壤和气候各异，形成了千差万别的部落文化，当时他们大约有近 200 种不同的语言。当地居民有着高超的农业种植技术……他们聪颖的才智使他们学会了栽培各种各样的水果和蔬菜的技术，例如：花生、可可、烟草、橡胶等等。"①

在漫长的历史中，北美一直在进行着人工开发。在茂密的树林间，点缀

---

① [美]霍华德·津恩：《美国人民史》，蒲国良、许光春、张爱平等译，16 页，上海，上海人民出版社，2013。

着印第安人的小棚屋和种植地，不时有猎手和从事种植的妇女出没其间。然而，由于受到技术和组织的限制，印第安人对于北美大陆的开发尚处于初始阶段。在文化上，印第安人也存在着明显的多样性，正如欧洲各个不同的国家一样。他们部落众多，语言复杂，彼此缺乏交流，内部差异很大。虽然印第安人的文化缺乏统一的体系，但它是完整和自足的。他们的社会得以维系，人口得以繁衍生息。在欧洲人到达之前，每个印第安人部落都有完善的教育制度。他们的教育往往建立在口头传统之上，没有书面文字记载，因而与欧洲正规的学校教育差别巨大。"在欧洲殖民时期，印第安人践行的关于育儿、教育和青少年发展的哲学早已经历了 1.5 万年文明的锤炼，并在口头文化中代代相传。"①当欧洲人进入北美后，印第安人的悲剧性历史便开始了，其文化赖以生存的外部环境也遭到根本性破坏。随着欧洲和非洲移民在大西洋沿岸地带的扩张，印第安人的世界变得日益支离破碎。

二、美洲的探险

尽管许多欧洲探险家在西班牙人之前就已到达美洲大陆，但这些早期探险家并未留下深刻烙印。1492 年 10 月，热那亚的商人和水手哥伦布（Cristoforo Colombo，约 1451—1506）在西班牙国王支持下率领三艘帆船到达美洲大陆，从此开始了欧洲人在美洲的殖民活动。哥伦布一直期望能在大西洋的彼岸（印度和亚洲）找到黄金和香料，因为当时黄金正成为一种新的财富象征，它的价值远远超过土地。早在几个世纪之前，意大利旅行家马可·波罗（Marco Polo，1254—1324）和其他一些探险者曾带回无数奇珍异宝，所以欧洲人相信亚洲遍地都是黄金，更不用说丝绸和香料了。但哥伦布所发现的并非某个东方国家，而是从前不为欧洲人所知的"新大陆"，这里居住着不信仰基督教的印第安人。

---

① ［美］L. 迪安·韦布：《美国教育史：一场伟大的美国实验》，陈露茜、李朝阳译，64 页，合肥，安徽教育出版社，2010。

1493 年 3 月 14 日，哥伦布在信中写道：在我发现的岛屿周围有许多安全而宽阔的海港，我以前见过的港口无一能与之媲美。海岛上大河奔流，还有连绵起伏的群山。所有的岛屿都风景如画，却又风格迥异；通往这些岛屿的交通十分便利，每座岛屿都长满了各种参天大树。这些树木郁郁葱葱、青翠欲滴，充满生机。有些树鲜花盛开，有些树果实累累，有些树则别具风格。那里有广阔的平原和牧场，各种鸟类和花蜜，并且富含除了铁矿以外的各种金属矿藏；那里还有肥沃的耕地和宜于建造房屋的土地。那里的港口之便利，河流之众多，居民之健康，除非亲眼所见，都难以置信。"在这些岛屿上，居民们外貌相似、言行举止相若，能相互理解。这一事实非常重要，对我们最显赫的君主而言，他追求的结果是让他们皈依神圣的基督教，而根据我的观察，他们是非常乐于接受的……"①

哥伦布开辟大西洋的航道以后，欧洲各国相继将目光转向美洲。西班牙、葡萄牙、英国、法国、意大利、德国、荷兰等国的冒险家和征服者及殖民者纷纷远涉重洋，来到美洲这块神奇而富饶的土地上建立殖民地。

西班牙人和葡萄牙人在美洲探险中充当先行者。以 1492 年哥伦布的航行为起点，西班牙探险家开始致力于西半球的探险活动。在一系列的探险活动中，西班牙人在"新大陆"建立了一个囊括南美洲大部、中美洲全部和北美洲西南部的广袤领土的庞大帝国。1565 年 8 月，西班牙在美洲建立了第一个欧洲人定居点。到 16 世纪中叶，西班牙在美洲的移民区已有 200 余处，它占领了整个中美洲和除巴西以外的南美洲，而巴西则由葡萄牙人占领。16 世纪时，欧洲掠夺者曾到过北美洲南部今佛罗里达、新墨西哥一带，并建立了教堂和学校。他们还印刷、出版了一些书籍，并于 1551 年在现今的墨西哥城和利马

---

① 转引自李瑜：《文艺复兴书信集》，219 页，上海，学林出版社，2002。

建立了首批殖民地学院，比哈佛学院（现为哈佛大学）的建立早了整整85 年。①

三、北美洲的殖民

17 世纪初，北美洲处于一个历史性的转折点，以往间歇性到北美探险、捕鱼和开展贸易的欧洲人，开始在这里建立永久性定居点，北美大陆的面貌随之出现了翻天覆地的变化。从人文地理的角度看，最初的殖民地大多建立在海湾附近。便利的交通使海湾成为人口、资源和财富汇聚之所，于是在海湾边上兴起了许多人口众多、商业繁荣的城镇。

无论是风险、责任还是花费，殖民活动都是个人或小型合股所不能胜任的。要想获得成功，它必须是一项联合股份的冒险事业。"要成立这样一个既有对土地的合法权利和移民的统治权威，又有要求海军保护的权利的公司，一份皇家特许状是必不可少的……这些特许状由一般用来授予贸易公司的那类特许状改写而成；它们在国王、为计划筹措费用的城市商人和移民之间建立了最初的、意义深远的协作模式。"②1606 年英王詹姆士一世（James Ⅰ，1567—1625 年在位）给弗吉尼亚公司和普利茅斯公司颁发特许状，授权它们在美洲建立定居点和殖民地，目的是给上帝"带来荣耀"和给野蛮"带来文明"。这不仅是英属北美第一个永久殖民地赖以建立的依据，也在某种意义上决定了英属北美殖民地初期土地制度的性质。

1606 年 12 月，伦敦集团所属的弗吉尼亚公司发起了第一次移民行动，组织 104 名移民分乘三艘船驶向美洲。经过近五个月的艰难航行，他们于 1607

---

① ［美］L. 迪安·韦布：《美国教育史：一场伟大的美国实验》，陈露茜、李朝阳译，54 页，合肥，安徽教育出版社，2010。

② ［英］R.B. 沃纳姆：《新编剑桥世界近代史（第 3 卷）：反宗教改革运动和价格革命（1559—1610 年）》，中国社会科学院世界历史研究所组译，702 页，北京，中国社会科学出版社，1999。

年4月进入切萨皮克湾，并在詹姆士河口附近的一个小岛上建立了永久性移民区。他们以授予其特许状的英王詹姆士一世的名字为这个地方命名，称之为詹姆士敦(Jamestown)。1609年，荷兰人在哈德逊河口建立殖民地。1613年，荷兰人在曼哈顿建立移民区，名为新阿姆斯特丹，后被英国人强占，易名纽约。

17世纪初期，英国国内的宗教斗争异常激烈，国教会和英国王室疯狂地迫害反对国教会的清教徒。清教徒们既不愿意放弃自己的信仰，又无力摆脱国教会的统治，因此许多人只好逃往国外。1620年11月首批清教徒中的激进分子102人乘坐"五月花号"船，取道荷兰，漂洋过海来到北美洲的普利茅斯，建立了普利茅斯殖民地。为了团结起来掌握自己的命运，这批移民在登陆前起草并签署了一份《"五月花号"公约》。内容如下："为了上帝的荣耀，为了增强基督教信仰，为了提高我们国王和国家的荣耀，我们漂洋过海，在弗吉尼亚北部开发第一个殖民地。我们在上帝面前共同立誓签约，自愿结为一民众自治团体。为了使上述目的能得到更好地实施、维护和发展，将来不时依此而制定颁布的被认为是对这个殖民地全体人民都最适合、最方便的法律、法规、条令、宪章和公职，我们都保证遵守和服从。"①《"五月花号"公约》是第一个试图在美洲建立"公正且平等"政府的书面文件，这一公约问世后就在普利茅斯殖民地得以实施。

1629年，在英国庄园主和律师约翰·温斯罗普(John Winthrop，1588—1649)的领导以及马萨诸塞湾公司的资助下，又一批英国清教徒到达北美，建立了马萨诸塞殖民地。在随后的10年中，每年约有2 000名清教徒移居马萨诸塞。美洲历史上所谓的"大迁徙"(1629—1642年)也自此开始。到17世纪中叶，英国移民已遍布北美各殖民地。1650年殖民地总人口为5万余人，其

---

① 转引自何顺果:《美利坚文明论:美国文明与历史研究》，336~337页，北京，北京大学出版社，2008。

中英国人为 4.4 万人。到 17 世纪末，弗吉尼亚的人口与伦敦的人口大致相同，但其土地面积却相当于整个英国。人口优势使英国的习俗和制度在各殖民地占主导地位，英国的政治、经济、宗教、阶级结构、文化教育模式被移民带到美洲大陆，成为"新大陆"各项事业发展的基础。与此同时，欧洲其他国家的新教徒为了逃避宗教压迫和封建专制统治，也纷纷移民到北美殖民地。"美洲的移民大部分是新教各派迁移运动的一个方面。他们迁移到新大陆建立自己的家园和教会，在那里他们可以享受到一定程度的在母国不可能享受到的宗教自由。"①

清教徒在移居北美时并无统一的教义、制度和组织，普利茅斯的清教徒属于分离派，马萨诸塞的清教徒则以公理会为主。清教强调秩序，承认现有等级和服从大局，要求人们各安其分，在一定程度上体现了社会的价值取向，并对后来美国文化、教育的发展产生了重大影响。清教还给新英格兰（马萨诸塞等北美东北部的几个殖民地）、早期政治打下了鲜明的印记。清教徒继承了加尔文派的理论，认为教会属于精神王国，国家乃是现世王国，两者必须分开，但教会和国家又要密切合作，共同服务于"人的精神福祉和上帝的荣耀"②。"虽然新英格兰的清教徒来到新大陆的初衷主要为了逃避英国国教的束缚和王权的控制，因为他们厌恶神权统治的观念，但他们建立的世俗政权仍然与他们的教会存在牢固的联系，并且在一些领域所实行的社会控制比他们所逃避的欧洲大陆还要苛刻。"③

1660 年斯图亚特王朝复辟以后，英国在北美的殖民活动再度兴起。在短短 20 余年里，北美大西洋沿岸又出现了北卡罗来纳（1662 年）、南卡罗来纳

---

① ［美］E.P. 克伯雷：《西方教育经典文献》上卷，任钟印译，342 页，北京，人民教育出版社，2016。

② 李剑鸣：《美国通史：美国的奠基时代（1585—1775）》第 1 卷，131 页，北京，人民出版社，2001。

③ ［美］亚瑟·科恩：《美国高等教育通史》，李子江译，13 页，北京，北京大学出版社，2010。

(1662年)、纽约(1664年)、特拉华(1664年)、新泽西(1664年)、宾夕法尼亚(1681年)6个新殖民地。到了17世纪晚期,英国在北美洲的殖民范围已远远超出切萨皮克和马萨诸塞湾地区,并且拥有更多的殖民形式,如英王特许领主独占的殖民地、公司特许殖民地和王室殖民地,其中罗得岛、新罕布什尔和康涅狄格都是清教徒移民社区。到1775年美国独立战争时,英国人已在北美洲大西洋沿岸建立了13个殖民地。

美洲的发现和欧洲人在"新大陆"的殖民,对世界历史进程起到了重大推动作用。马克思和恩格斯在1848年的《共产党宣言》中指出:"美洲的发现、绕过非洲的航行,给新兴的资产阶级开辟了新的活动场所。东印度和中国的市场、美洲的殖民化、对殖民地的贸易、交换手段和一般的商品的增加,使商业、航海业和工业空前高涨,因而使正在崩溃的封建社会内部的革命因素迅速发展。"①

在殖民运动兴起过程中,从事殖民活动的冒险家、商业公司和承包商为了吸引移民,发起了纷繁多样的宣传和招募活动。连篇累牍的宣传将美洲描绘为发财致富的福地,刺激了许多人的求富之心。例如,1609年罗伯特·约翰逊在《新不列颠》一书中宣称,美洲将会是一个各方面都值得称赞、充满希望的"人间天堂",那里有着"最芳香的空气、最健康的气候,比英国温暖得多,非常适合我们的习性"。他将弗吉尼亚描绘为一个扩大版的英国,那里有着漂亮的橡树、榆树、山毛榉、桦树、胡桃木、雪松和冷山,郁郁葱葱。"美洲在实质上就是一个乘着想象之船跨越了大西洋的'想象中的英国'。"②因此,作为第一个获得特许状的商业公司,弗吉尼亚公司希望能够说服移民将各自的财力和劳力资源汇集起来,共同实现对弗吉尼亚的殖民。冒险家可以通过

---

① 《马克思恩格斯选集》第1卷,252页,北京,人民出版社,1972。

② [英]苏珊-玛丽·格兰特:《剑桥美国史》,董晨宇、成思译,39页,北京,新星出版社,2017。

购买弗吉尼亚公司的股份获得免费船票，也可以通过自行购买船票直接获得股份。不管是无业人员还是技术工人，都可以通过与弗吉尼亚公司签订契约加入移民行列，为公司服务 7 年后就可以在"新世界"获得自由。

四、学校教育的诞生

在殖民地开发的初期，前往北美洲的移民大部分是英国人，包括商人、自耕农、劳工、手工艺人、学者以及极少数名门后裔。1619 年弗吉尼亚公司还把女性送到殖民地，旨在维持殖民地的长期稳定，让英国殖民者不会觉得这片新土地与曾经生活的地方差别太大。

从英国来到马萨诸塞的清教徒移民中，有为数众多的一批人是剑桥大学的毕业生，他们是为逃避国教会的迫害、追求宗教信仰自由来到北美的。据说，就大学生在人口中的比例而言，当时的新英格兰在全世界是最高的。据统计，在 1646 年以前就有 130 多名大学教师来到新英格兰，其中 100 人曾在剑桥大学学习，有 32 人曾就读于牛津大学，这些人中有 63 人在英国获得了硕士学位。① 这批移民对文化教育比较重视。1630 年来到马萨诸塞的移民，行装甫卸，茅庐初建，在斩荆棘、辟草莱的同时，便着手在茫茫荒原上创办学校。到 1650 年，学校作为一种体制已经被牢固地移植到北美大陆，虽然人们对它的热情程度不一。②

当欧洲人到达美洲时，整个"新大陆"还处于原始氏族公社发展阶段，除墨西哥的阿兹特克人和南美洲的玛雅人外，印第安人没有文字。"同希腊人的殖民扩张一样，英国的殖民首领把他们自己的人民、自己的经济制度以及他

---

① 滕大春：《美国教育史》，40 页，北京，人民教育出版社，1994。

② [美]劳伦斯 A. 克雷明：《美国教育史（第 1 卷）：殖民地时期的历程 1607—1783》，周玉军、苑龙、陈少英译，139 页，北京，北京师范大学出版社，2003。

们所出身的那些阶级的文化输送到这个大陆，在很大程度上再现了祖国的文明。"①

1635 年，移民们在波士顿建立了北美第一所中等学校——拉丁文法学校。1636 年，清教徒在剑桥创建了美国历史上第一所高等学校——哈佛学院。1642 年，马萨诸塞议会制定了父母必须使孩子受教育的法律。1647 年，该议会又通过法律，规定在人口达到一定数量的居民点必须建立学校，违者罚款。这项立法为许多殖民地所仿效，罚金由 5 英镑增加到 10 英镑、20 英镑。此后，各殖民地纷纷建立了学校。

随着学校的发展，自然会出现有关教育观的问题。波士顿的拉丁文法学校和哈佛学院的办学方针基本上继承了英国的传统教育观，其办学宗旨、课程设置大都沿用旧制，但也根据清教徒的宗教信条和"新大陆"的具体情况做了局部改革。例如，按照清教徒提倡严肃、简朴生活，视音乐、舞蹈为邪恶之源的信条，拉丁文法学校的基本课程七艺中取消了音乐课。又如，哈佛学院打破学院不能授予学位、只有大学才能授予学位的英国传统，第一次在"新大陆"擅自授予学位。但是，整体说来，旧的传统仍然在学校中居于统治地位。这种旧传统的两个显著特点是浓厚的宗教性和根深蒂固的古典主义，脱离实际。

第二节　北美殖民地的教育思想

在 17 世纪，随着欧洲经济、政治、社会、宗教、自然科学和技术的新发展，一股革新教育的思潮首先在英国，紧接着在整个大陆激荡。这股思潮代

---

① [美]查尔斯·A.比尔德、玛丽·R.比尔德：《美国文明的兴起》上卷，许亚芬译，22 页，北京，商务印书馆，2016。

表了在人类历史告别中世纪、走向近代的转变时期，先进人士对未来社会教育的憧憬、展望、设计和预测。实际上，近代教育大体上是在 17—18 世纪奠定理论基础，在 19 世纪付诸实践的。17 世纪欧洲的教育革新思潮也被移民带到了北美殖民地，成为北美最早的教育思想。"总之，英国洛克和培根等思想家关于新教育的理论，无论是道德品质教育或实用知识教育，都相继流入新大陆。欧陆的教育思潮也源源而来……如果没有英国和欧陆文化教育思想的大量传入，新大陆要经过如何漫长岁月的盲目演变才能跨入世界先进国家之林呢？"①

一、威廉·佩恩的教育思想

威廉·佩恩（William Penn，1644—1718）是宾夕法尼亚殖民地的开拓者。佩恩曾受教于牛津大学，系皇家学会的成员。他结交王室，与洛克、配第（William Petty，1623—1687）等人时有往来；阅读兴趣十分广泛，弥尔顿（John Milton，1608—1674）的诗歌、李维（Titus Livius，前 59—17）的著作，他都喜爱。佩恩相信社会契约学说，认为建立政府的目的在于增进幸福和保障权利；他坚持信仰自由，立志捍卫教友派（又名贵格会、公谊会）②的权利。佩恩赞同重商主义（也称为"商业本位"）的立场，认为海外殖民可以加强母国的实力。他作为教友派的领袖和出色的实业家，有志于在美洲建立一个理想的社会。

1681 年 3 月，英王查理二世（Charles Ⅱ，1630—1685）将北美一大片土地赐予佩恩，使他获得了一个进行社会实验的极好机会。这片土地被称为"宾氏林地"，这是 Pennsylvania（宾夕法尼亚）这一州名的由来。获得特许状以后，

---

①　滕大春：《美国教育史》，44 页，北京，人民教育出版社，1994。

②　教友派兴起于 17 世纪中期的英国及其美洲殖民地，创立者为乔治·福克斯（George Fox，1624—1691）。教友派的特点是没有成文的信经与教义，最初也没有专职的牧师，无圣礼与节日，而是直接依靠圣灵的启示指导信徒的宗教活动与社会生活，因而始终具有神秘主义色彩。

佩恩亲自开展宣传活动，发起向宾夕法尼亚移民的运动。同时，佩恩为了广招移民，实行开明的政策，于是瑞典、芬兰、荷兰、德国都有大批移民纷纷来到宾夕法尼亚定居。到1685年，进入宾夕法尼亚的移民达到8 000人。① 宾夕法尼亚成为被迫害的教友派信徒的避难地，人口集中的费城很快发展为繁荣的商业中心，被称为"教友派的城市"。宾夕法尼亚是17世纪英国在北美建立的最后一个殖民地。18世纪时，在新英格兰受清教徒迫害的各国教友派信徒又纷纷逃到宾夕法尼亚。

在教育思想上，威廉·佩恩深受当时在欧洲逐渐流行的教育革新思潮的影响，他自己也给这种教育革新思潮增添了智慧。

针对当时教育中仍然存在的拘泥古典和脱离实际、知道古代而不知道现代、向往来世而昧于现世、醉心于神灵而不认识自己的弊端，佩恩强调认识世界、认识自然、认识自己的重要性。他说："想一想有成千上万的人来到这个世上，又离开这个世界，却对他们自己和生活于其中的世界了无所知，这是多么令人惊奇的事！"②他批评在旧教育的培养下："……很少有人认识他们自己，不认识作为他们的心灵的居所的身体——这个世界上最奇妙的构造，活的可移动的灵魂寄居的躯体；也不认识它所由构成并从中得到供养的世界，而认识这个世界，对我们是多么有益，又多么愉快！"③佩恩指出，在青年的教育中，要让他们阅读大自然这本教科书。他说："世界的确是自然事物的一册伟大而壮观的书卷……但是，啊呀！我们认真地翻阅过的这册书卷的页数是何等少啊！这册书卷应成为青年教育的科目。这些到20岁时应当适合就业的

① 李剑鸣：《美国通史(第1卷)：美国的奠基时代(1585—1775)》，147 页，北京，人民出版社，2001。

② Sol Cohen, *Education in the United States: A Documentary History*, New York, Random House, 1973, Vol.1, p.361.

③ Sol Cohen, *Education in the United States: A Documentary History*, New York, Random House, 1973, Vol.1, p.361.

青年，对这册书卷知之甚少，甚至全然无知。"①

佩恩批评旧教育只是培养学者的教育，教给子孙的尽是无用的东西。他声称："我们辛辛苦苦地把他们培养成学者，而不是把他们培养成人！我们辛辛苦苦地培养他们说话，而不是培养他们去认识，这是十足的伪善……儿童一目了然的首先是可感知的事物，我们没有尽到职责为他们打下基础。我们过早地奴役他们的记忆力，用字词和规则为难他们，使他们紧张，加重他们的负担，要他们懂得文法和修辞，学习十之八九对他们毫无用处的一两种陌生的语言，而对他们在机械学、物理学或自然知识方面的固有天赋却弃置不问，使它们得不到培养，遭到忽视。这些知识在他们整个一生中都是极其有用的。"②

佩恩将事物的教育置于优先于文字教育的地位，他声称："诚然，文字不应受到轻视或忽略，但事物却更重要。"这几乎是重述 17 世纪捷克教育家夸美纽斯的观点。夸美纽斯说过："事物是主要的，文字只是附属的；事物是身体，文字只是外衣；事物是核，文字是外壳和外皮。"③

佩恩根据儿童年龄特点，强调建造性活动在儿童教育中的特殊意义。"儿童宁愿玩制造工具和仪器的游戏，宁愿造型、绘画、建造和建筑，也不愿背诵得体语言的规则。这些活动还会增强他们的判断力，而少些烦恼，少浪费时间。"④

夸美纽斯教育思想中的一个重要论点是追随自然，这是 17 世纪欧洲的时

---

① Sol Cohen, *Education in the United States: A Documentary History*, New York, Random House, 1973, Vol.1, p.361.

② Sol Cohen, *Education in the United States: A Documentary History*, New York, Random House, 1973, Vol.1, p.361.

③ [捷]夸美纽斯：《大教学论·教学法解析》，任钟印译，107 页，北京，人民教育出版社，2006。

④ Sol Cohen, *Education in the United States: A Documentary History*, New York, Random House, 1973, Vol.1, p.361.

代思潮。佩恩也是追随自然教育思想的积极倡导者,他说:"如果我们在自然事物中研究自然,遵循自然而行动,这是一种快事。自然的规则很少,但明白易懂,是最富于理性的。""让我们在自然开始的地方开始,追随她的脚步,总是在她终止的地方结束。我们不能错过成为好的自然主义者的机会。"①

佩恩是基督教教徒,他对上帝有着真诚的感情,以认识上帝为依归。但佩恩的宗教观离中世纪,甚至离宗教改革时期已经很远,而具有17世纪的色彩。在他看来,认识上帝,不是通过读经、祈祷、禁欲、圣事、信仰,而是通过认识现世的世界,认识自然、社会、人,通过对这些"暂时的"事物的认识,就可以达到对"永恒的"上帝的认识。佩恩使人们把眼光从天上转移到地上,从《圣经》、经院转移到现实世界,从神秘的冥想转移到现实的人生。他也和夸美纽斯一样忠于上帝,但又深信地上重于天上,今生重于来世,认识自己和认识世界重于读经、忏悔。一切奇迹、神秘、虚幻、宿命,都在他们积极向上的现实主义面前化作泡影。佩恩说:"造物对我们不再是一个谜,天、地和水,连同它们个别的、不同的无数居民,它们的产品、风景、季节、同情、反感,它们的用途、益处和愉快,将会被我们深刻了解;通过那些可感知的、短暂的形式,永恒的智慧、权力、尊严和仁慈对我们将是显而易见的。世界打上了造物主的印记,其随处可见,它的文字是聪明的孩子容易认读的。"②

佩恩主张为青少年编写新的教科书。他说:"遗憾的是,还没有由精细的、审慎的博物学家和机械学者用拉丁文编写的给年青人用的教科书,以便他们能通过文字学习实际事物,学习他们一目了然、熟悉的事物,用这种教

---

① Sol Cohen, *Education in the United States: A Documentary History*, New York, Random House, 1973, Vol.1, p.361.

② Sol Cohen, *Education in the United States: A Documentary History*, New York, Random House, 1973, Vol.1, p.362.

科书学习文字也会更加容易。"①佩恩认为，学习原理、掌握知识，对从事各种职业都是重要的。他指出："很多园丁和农民很能干，却对关于他们职业的道理茫然无知，正如多数技工对支配他们出色手艺的规律茫然无知一样。但是，博物学家和相关领域的机械学者，如果他们具有值得称赞的既勤奋又善于思考的品质，会对两者都了如指掌，甚至对他们的实际操作也了如指掌……"②

现在没有可靠证据说明威廉·佩恩的教育思想对后来北美殖民地和美国教育发展的影响。但是，对美国教育的发展具有重大影响的清教徒所办的学校大都墨守成规、趋于保守，而北美殖民地第一个关于建立开设实用学科的学校的建议是在宾夕法尼亚提出的，第一所打破古典主义传统、增设实用学科的学校创办于费城，这些都是历史事实，并且是耐人寻味的。

二、托马斯·巴德的教育思想

早在富兰克林(Benjamin Franklin，1706—1790)提出在费城建立一所文实学校(Academy) 64 年前，一个名叫托马斯·巴德(Thomas Budd)的人于 1685 年就提出了建立一所既讲授学术性学科，又开设实用学科的公立学校的建议。

巴德提出了义务教育的设想，他建议宾夕法尼亚和新泽西两个殖民地的总督及议会制定一项法律，"规定所有居住在上述两个殖民地的人都必须送他们的孩子上 7 年公立学校，如果家长愿意，时间还可更长"③。巴德认为，这种学校要建立在一切城镇，教师由总督和议会选聘，任教的条件是在正直、

① Sol Cohen, *Education in the United States: A Documentary History*, New York, Random House, 1973, Vol.1, p.362.

② Sol Cohen, *Education in the United States: A Documentary History*, New York, Random House, 1973, Vol.1, p.362.

③ Sol Cohen, *Education in the United States: A Documentary History*, New York, Random House, 1973, Vol.1, p.362.

技能和理解力方面都知名。

关于课程设置，巴德提出了一个范围广泛的课程计划："教给男女孩子他们的能力所能理解的一切有用的技艺和科学，如用纯正的英文、拉丁文和其他实用语言文字进行的阅读和写作以及漂亮的书法、算术、簿记。教给男孩子手艺的要诀，如制造教学仪器、细木工、车工、制造钟表、织布、制鞋，或学校所能教的其他手艺；教给女孩子纺织亚麻和羊毛、织手套、织袜子、缝纫、做各种有用的针线活，编制草制品如草帽、草编篮子等，或学校所能教的一切其他手艺和技艺。"①

巴德建议学校实行教学与生产劳动相结合：上午 2 小时用于学习读、写和簿记，另外 2 小时用于儿童最喜爱的手艺、技艺活动，接下来的 2 小时用于午餐和午休；下午 2 小时用于学习读、写，另外 2 小时各自从事相关的工作、劳作。由此可见，巴德建议学校每天 4 小时用于学习、4 小时用于劳动，是标准的半工半读制。

巴德建议，在公立学校学生的道德教育应受到重视。巴德规定，星期天学生只在上午上学，下午用一部分时间召开师生参加的会议。会上，教师对学生进行教诲和告诫以后，师生对主表示感恩，感谢每天从主那里得到仁慈和祝福，然后，教师对学生一星期以来的言行进行严格检查，根据错误大小，对犯有过失者进行责备、告诫或纠正。

关于建立上述学校的经费，巴德建议为所要建立的每一所公立学校在理想的地方拨 1 000 英亩②土地，以土地的地租或收益支付学校的费用。

巴德主张为穷人和印第安人的孩子提供同样的教育。"为使穷人的孩子和印第安人的孩子能够和富人的孩子享有同样的学习机会，允许他们免费上学。

---

① Sol Cohen, *Education in the United States: A Documentary History*, New York, Random House, 1973, Vol.1, p.360.

② 1 英亩≈4046.86 平方米。

学校用学生在校劳动所创的收益支付相关费用，穷人的孩子、印第安人的孩子和富人的孩子同样可以受益。"①

巴德关于学校的建议虽然不长，但其中涉及的许多基本原则后来在美国的教育发展中受到重视或成为现实。这些原则是：公立学校制度、普及教育、教育权利平等、半工半读、教学与生产劳动结合、行政当局亲自抓教育、严格的道德教育、用土地支持学校经费、慎择教师等。巴德教育思想中的民主精神是显而易见的。巴德所建议设立的是初等学校，它和后来富兰克林所提出的中等学校计划前后辉映，都是宾夕法尼亚州教育史上的闪光点。

三、教育法规中的教育思想

教育法规是教育思想的具体化、成文化，是必须执行的。它比个人的教育思想具有更大的实际影响力，往往规范着一个地区、社区或民族的教育实践。17世纪北美殖民地的教育法规分为三类：一是英国王室关于北美殖民地教育的敕令、批文、指示，二是新英格兰地区和宾夕法尼亚的教育法规，三是以弗吉尼亚为代表的北美南部各殖民地的教育法规。这三类教育法规各有不同的特点。

英国王室关于北美殖民地教育的敕令、批文、指示，主旨是宗教教育，特别是在印第安人中传播基督教，以"驯化"那些"野蛮人"与"不信教者"，其实质是从精神上奴化印第安人，消除他们对白人殖民者的不信任、敌视和反抗。印第安人归顺上帝，也就归顺了欧洲殖民者。1606年，弗吉尼亚公司建立的宗旨就是要去美洲大陆发财致富，掠夺"新大陆"的财宝，但是他们却打着上帝的旗号。

1617年，英王詹姆士一世要求他的大主教在弗吉尼亚的"未开化"人群中

---

① Sol Cohen, *Education in the United States: A Documentary History*, New York, Random House, 1973, Vol.1, p.360.

传播福音。他指出："此前在弗吉尼亚不信教者中传播福音已取得很大成绩，希望做更进一步的努力，在该殖民地建立一些教堂和学校，以便教育那里的野蛮人的孩子。"[1]

1618年，弗吉尼亚公司根据国王的旨意，指示弗吉尼亚殖民地的当选总督乔治·依尔莱(George Yeardley)在亨里克建立一所学院，"以便用纯正的宗教、道德和礼仪培养那些不信教者的孩子以及其他高尚的用途"[2]。

在英国王室关于北美殖民地教育的一些敕令、批文、指示中，他们关注的问题就是如何在印第安人中传播基督教。他们对于在印第安人中传播真正的科学文化知识毫无兴趣，也丝毫不关心教印第安人的孩子识字、阅读、书写、计算及掌握科学知识，使其真正"走进人类文明的行列"。因此，英国王室关于北美殖民地教育的观点具有浓厚的殖民主义色彩，教育与传教成了同义语，教育沦为征服印第安人的工具。

北美殖民地的第二类教育法规是新英格兰地区和宾夕法尼亚的教育法规。这一类教育法规的特点是在移民的儿童中实行普及教育，这是由新教的教义决定的。

定居于新英格兰的加尔文派中的清教徒认为，教徒应直接阅读《圣经》，直接与上帝进行心灵沟通，而不必经过中间环节——牧师、教会。但是要使每个教徒直接阅读《圣经》，就必须教每个人识字、阅读，因此清教徒重视在移民中推行普及教育，为此就必须建立学校。马萨诸塞殖民地1642年和1647年颁布的教育法规，以及新英格兰其他殖民地仿照马萨诸塞的立法制定的教育法规，都基于这一指导思想。

1642年4月，马萨诸塞议会通过了北美殖民地的第一部《教育法》。它要

---

[1] Sol Cohen, *Education in the United States：A Documentary History*, New York, Random House, 1973, Vol.1, p.334.

[2] Sol Cohen, *Education in the United States：A Documentary History*, New York, Random House, 1973, Vol.1, p.335.

求各地方的市镇委员会挑选并委派一些专门人员，授权他们随时检查家长和师傅是否能够履行自己的教育职责，儿童是否接受过有益于国家的学识、劳动及其他职业训练，是否接受过阅读、宗教原理以及国家法令的教育。家长或师傅如果不履行职责并且没有正当理由，将受到罚款惩戒，并且市镇委员会可以把孩子带走交给有能力的监护人，在他们的监护下充当学徒。

该法令规定："经过任何议会或地方长官的同意，他们有权将父母不能教给孩子一种职业或不能将他们抚养成人的儿童送去当学徒……为了更好地履行托付给他们的任务，他们可以把居民点分成几个区，指定居民点的每个居民负责监督几个家庭。他们可以提供充足的材料，如在各居民点筹集的大麻纤维、亚麻纤维等以及工具、器具，用作实施上述培养学徒计划。为了帮助他们做好上述必要的、有益的工作，如果他们遇到任何靠自己的力量不能克服的困难或反对，他们可以报告地方长官，该地方长官要根据公正的原则视情况需要采取措施，对他们提供帮助和鼓励……本法令有效期为 2 年，直到议会通过进一步的法令为止。"[1]该法令将执行的权力赋予市镇委员会，还规定如市镇委员会未能履行职责，则由法院执行。

1642 年《教育法》虽然没有规定建立学校，但它是美国教育史上的一个重要里程碑。它"首次明确提出了国家应在教育中扮演重要角色。这部法律不仅旨在扫盲，而且希望强化社会秩序……虽然该法并没有要求建立学校或者实行强迫入学，但它的重要性在于，它仅在殖民者到达新大陆 22 年后，就制定了事实上的义务教育法令"[2]。1642 年《教育法》在事实上确立了马萨诸塞殖民地教育事务的公共性，自此政府对教育事务的介入逐步向纵深发展。

1647 年 11 月，马萨诸塞议会又制定了另一部更重要的教育法令，它对殖

---

① ［美］E.P. 克伯雷：《西方教育经典文献》上卷，任钟印译，358 页，北京，人民教育出版社，2016。

② ［美］L. 迪安·韦布：《美国教育史：一场伟大的美国实验》，陈露茜、李朝阳译，78~79 页，合肥，安徽教育出版社，2010。

民地后期新英格兰教育历史有着深远的影响。这部被称作《老骗子撒旦》的法令宣称,老骗子撒旦的企图是使信徒远离真正的《圣经》知识,阻止他们甚至他们子女的灵魂被拯救,而教会和世俗长辈的学识又不可能在未来一代存续下去。因此,法令要求社区建立和支持学校。凡是满 50 户的市镇,应当立即聘任一位教授读写的教员,其工资由孩子的父母或师傅支付,或者由全体居民负担,所收取的学费不能高出别的市镇。"兹规定,如有任何居民点违反上述规定达一年以上,要向邻近的学校支付 5 英镑,直到他们履行上述规定。"①

这部法令弥补了 1642 年《教育法》的不足,进一步健全了马萨诸塞的公共教育体系。它的进步性表现在:明确提出了建立学校及其类型的要求;明确指出提供教育是社会必须承担的一项义务;罚款对象不局限于父母,市镇如果不能提供财政资助,同样要被罚款。这是北美殖民地关于建立学校的最早法规,被称为"美洲公立学校体系的基础性"文件,也是美洲第一部宣称政府有责任提供书本教学的法律。② 其结果是,在新英格兰各种各样的初级读写学校建立起来了。美国教育史学家乔尔·斯普林(Joel Spring)指出:"从历史传统来说,马萨诸塞湾殖民地的教育政策被认为是美国公立学校教育发展的先驱,以及公立学校可以结束犯罪、减少贫困、提供机会平等、改善经济、训练工人以及创建社会和政治稳定这种信念的先驱。"③

1642 年和 1647 年的教育法令是殖民地时期最早而且影响较大的法律。"……无论在 1642 年教育法还是在 1647 年教育法中都未提及教会或牧师。而且,教育被视为人民及其所选出的官员的主要责任。这奠定了美国教育制度

---

① [美]E.P. 克伯雷:《西方教育经典文献》上卷,任钟印译,359 页,北京,人民教育出版社,2016。

② [美]S.E. 佛罗斯特:《西方教育的历史和哲学基础》,吴元训、张俊洪、宋富钢等译,298~299 页,北京,华夏出版社,1987。

③ [美]乔尔·斯普林:《美国学校:教育传统与变革》,史静寰、姚运标等译,12 页,北京,人民教育出版社,2010。

基础——地方负责制的第一步。"①

　　这两部法律成为其他殖民地颁布类似法律的蓝本，后来康涅狄格（1650年）、纽黑文（1655年）和普利茅斯（1671年）等地都制定了类似法律，内容均以马萨诸塞的法律为样本，有的规定甚至更加具体。例如，康涅狄格的《学校法》指出，每个村镇都要从居民中推选一些人监督子弟的教育，以使任何家庭免受太多的"野蛮风气"侵害。该法令规定："鉴于儿童的良好教育既有益于个人，也有益于社会，鉴于很多家长和师傅对此放任自流和玩忽职守，因此本次议会及其当局命令：各管辖区和居民区内各居民点的区务委员，要密切注视他们的兄弟和邻居，首先监督他们在任何家庭中都不能容忍有此种野蛮状态，即不努力自己教或让别人教孩子和学徒学习，使他们能顺利阅读英文，知道死刑法。对怠忽此项职责者的每户处以20先令的罚金。此外，各家的家长每周至少一次以教义问答的方式将宗教的基础知识和原理教授给他们的孩子和学徒。"②该法一直沿用到1792年。1693年新罕布什尔在马萨诸塞法令基础上补充了一条，即所有学校和教会开支都应从向殖民地居民征收的税收中支付，这是新英格兰殖民地第一个真正免费的学校体系。这些法令不仅表达了对教育的关注以及清教徒对文明的需求，而且表达了对文化水平衰退可能导致的后果的担心。

　　同样，宾夕法尼亚在威廉·佩恩的管理下实行开明政策，制定了一些富于民主精神的教育法规。例如，1683年宾夕法尼亚的教育法规写道："鉴于无论穷人还是富人，他们受到良好的教育比拥有财富更重要，兹规定：本殖民地辖区内一切有孩子的居民以及一切孤儿的监护人和受托人应当教会这些孩子读和写，使他们在满12岁时能阅读《圣经》并能写字，还要教他们学会某种

---

　　① ［美］L. 迪安·韦布：《美国教育史：一场伟大的美国实验》，陈露茜、李朝阳译，79 页，合肥，安徽教育出版社，2010。

　　② ［美］E.P. 克伯雷：《西方教育经典文献》上卷，任钟印译，360～361 页，北京，人民教育出版社，2016。

手艺或技术，使穷人能维持生计，富人在变穷时不致匮乏。各县的议会对此都要注意。如发现上述家长、监护人、受托人未履行其职责，上述家长、监护人、受托人必须为每个孩子交付5英镑罚款，除非这些孩子有身体或智力障碍。"①

1683年，威廉·佩恩出席的一次举行于费城的会议决定在费城建立第一所学校。这是一所公立学校。会议决定："政府和议会经过郑重考虑，认为需要有一位教师对费城的年青人进行教导和认真的教育，特请来本城居民埃诺克·弗洛尔，并向他转达了会议参加者的意图。他过去20年中一直在英国从事这一职业，他接受了会议参加者的意见并同意下列条件：教授英文阅读，一季度4先令；教授读和写，一季度6先令；教授读、写、算，一季度8先令；一个住校的学生，即是说，食、宿、盥洗和上学全包下来，全年10英镑。"②

如前所述，英王查理二世在1681年将宾夕法尼亚这片土地赏赐给威廉·佩恩。1683年宾夕法尼亚通过教育立法，同年就着手建立第一所学校。这样的速度、效率比新英格兰的清教徒有过之而无不及，这反映了威廉·佩恩对教育的重视。

后来，美国人将马萨诸塞1642年和1647年的教育法令看作美国公立教育制度的起点，其实这个起点也存在于宾夕法尼亚殖民地。

17世纪北美殖民地的第三类教育立法以弗吉尼亚殖民地为代表。当时来到弗吉尼亚的英国移民，除了契约奴外，大多是英国上层社会富有的绅士。他们都是英国国教会的信徒，是为了大发横财而来到北美的，一般在思想上倾向于保守。在教育观上，他们深受英国传统教育政策的熏陶。这种政策认

---

① Sol Cohen, *Education in the United States: A Documentary History*, New York, Random House, 1973, Vol.1, p.359.

② Sol Cohen, *Education in the United States: A Documentary History*, New York, Random House, 1973, Vol.1, p.359.

为，教育是私人和家庭的事，有钱就受教育，无钱就不受教育，兴办教育不是国家的职责。这种政策被称为"No—Business—of—the—State Policy"（"与国家无关政策"）。沿袭这种政策，弗吉尼亚的殖民当局不关心为移民的孩子建立学校。富人们或是为自己的孩子请家庭教师，或是把孩子送回英国本土受教育。但是，殖民地贫富悬殊，多数是穷人。如果穷人的孩子、孤儿没有正当的谋生手段，在社会上游荡，将对社会的安全和秩序构成威胁，严重扰乱富人的安宁。因此，弗吉尼亚等南方诸殖民地的教育法令集中在解决穷人孩子和孤儿造成的社会问题的职业教育和宗教教育方面，使他们既能自食其力以免除社会的负担，又能做忠顺的臣民。可见，弗吉尼亚等殖民地教育法令带有明显的贵族色彩。这种教育法令是英国 1601 年《济贫法》的精神在北美殖民地的延伸。

弗吉尼亚殖民地于 1643 年制定《学徒法》，规定教区济贫人员和监护人应妥善保管已故人士留给孤儿的遗产，尽最大努力用基督教和基础知识教育这些孤儿，以保证他们将来可以自己谋生。

1646 年，弗吉尼亚殖民地制定《贫儿习艺所法》，其中有以下规定："为了改善以正直、有益的手艺和制造业技术教育年青人的工作，为了防止年青人出现懒惰和无所事事的毛病，为了减轻由于贫困而不能养活孩子的父母的负担，治安官应根据自己的判断，强制将这些家庭的孩子交给手艺人或农民，以诚实的、正当的职业培养他们……鉴于大多数父母或由于溺爱放纵，或由于刚愎自用，大都不乐意、不情愿与孩子分开……兹规定：各县的长官应该按照自己的判断，在每县挑选两名 7~8 岁的儿童，男女均可，在本月到下一个 6 月以前把他们送到詹姆士敦，使他们受雇于公办亚麻工场，交给指定的梳理、编织和纺麻的男女师傅；由上述各县向每个儿童提供六桶玉米、两条床单或一床小毛毯、一床大毛毯、一张床、一只木碗或盘子、两把白镴匙子、一头六个月大的小母猪、两只下蛋的母鸡、合身的亚麻制或羊毛制衣服、鞋袜。为改善上述儿童的居住条件，兹规定：在下一个 4 月 1 日以前，建造两间不超过 40 英尺①长，用优质、结实木料建成的房子，宽度不超过 20 英尺，屋顶高 8 英尺；在每间房子的中央有一个砖砌的烟囱；房子备有锯好的木板，以便把房子分成合用的小隔间。"②

1668 年弗吉尼亚殖民地又制定了一部法律，授权辖区内各县建立贫儿习艺所。有关法令指出："为了改善将羊毛、亚麻、大麻纤维和其他农产品加工成制造品的工作，为了增加本殖民地的工匠人数，特授权各县议会……建立习艺所，以便培养、教育贫穷儿童学会纺纱、编织和其他有益的职业和手艺，授权各县议会将贫穷的父母的孩子安置在该习艺所劳动。"③

1672 年弗吉尼亚殖民地制定的另一部《学徒法》规定："各县的治安法官一定要严格执行英国关于取缔流浪汉、懒汉和放荡者的法律。兹授权各县议会将父母无力抚养的孩子送去做学徒，学习手艺，男孩至 21 岁为止，女孩从事其他职业至 18 岁为止。"④议会严格责成各教区的教堂执事，对教区内所有有这样孩子的孤儿院的情况进行报告。

此后，其他殖民地(如北卡罗来纳)也制定了类似的法令，学徒制几乎成为南方殖民地下层民众子弟唯一的初等教育形式。

由上可知，17 世纪北美殖民地三类教育法规的主旨是十分明确的。英国王室所关心的是印第安人的宗教教育，新英格兰和宾夕法尼亚所关心的是普通移民的普及教育，弗吉尼亚等南部诸殖民地所关心的是贫穷儿童和孤儿的职业教育。尽管侧重点不同，三类人毕竟是从不同的角度和出发点对教育持

① 1 英尺≈0.304 8 米。

② Sol Cohen, *Education in the United States: A Documentary History*, New York, Random House, 1973, Vol.1, p.342.

③ Sol Cohen, *Education in the United States: A Documentary History*, New York, Random House, 1973, Vol.1, p.345.

④ [美]E.P.克伯雷：《西方教育经典文献》上卷，任钟印译，370 页，北京，人民教育出版社，2016。

积极态度。他们都不像曾担任过弗吉尼亚殖民地总督的伯克利（William Berke-ley）那样对教育和知识的普及持敌对态度。伯克利直言不讳地反对教育。他在1671 年的工作报告中说："感谢上帝，我们这里既没有免费学校，也没有出版物，但愿再过 100 年也没有这些东西。因为学问会给这个世界带来不服从、左道邪说和宗派，而出版物则散布它们，并诽谤最好的政府。上帝使我们免受二者之苦。"①

四、民众的教育思想

教育思想不是少数教育家、思想家、政治活动家的专利品，民众也自有其对教育的观点、态度与热情。民众的教育思想和观点不是写在书上，不是发表在刊物上，而是表现在他们平凡的实际行动中，以及他们对兴办教育的热忱和慷慨大度中。民众对教育的态度，在一定程度上影响着某一地区、社区或民族教育的发展水平。

在 17 世纪的北美殖民地，与英国王室、弗吉尼亚的富裕绅士和伯克利之流对民众教育的冷淡态度相比，民众表现出了对教育的高度热情。他们虽然没有写下论述教育的重要性的论文，但是他们的行为胜过 1 000 篇论文。北美殖民地民众对教育的热情，表现在无数的学徒契约中，表现在老人的临终遗嘱中，表现在民众热心捐资兴学的动人事迹中。

在北美殖民地，凡师傅接收学徒都要订立书面契约，契约中写明订约双方的姓名和学徒期限（一般男孩到 21 岁，女孩到 18 岁或结婚为止）以及学徒应履行的义务与师傅的责任。在最后一项中，除师傅必须为学徒提供生活必需品、教给学徒一种手艺外，契约毫无例外地都包含教育条款，即在学徒期间，师傅必须教会学徒读、写和算，否则就是师傅违约。这种学徒契约中的

① Sol Cohen, *Education in the United States: A Documentary History*, New York, Random House, 1973, Vol.1, p.345.

教育条款是普遍的、自愿的，已成为习惯的不成文法。例如，1656 年，新英格兰一位寡妇的女儿去当学徒，契约言明师傅"必须教她阅读英文，并教给她有关上帝的知识和她在本行的手艺"①。1674 年，缅因殖民地的一位青年跟木匠学艺，契约规定："师傅必须对学徒进行教育，教给他木匠手艺，按照学徒的能力尽量教给他精湛的技巧，同时还要教给他写和算……"②1680 年，新泽西殖民地一位陶工师傅与学徒订立的契约规定，师傅"……还要教他写字和计算"③。1698 年，弗吉尼亚的一位女青年立约当学徒，直到她 18 岁或结婚为止，契约规定师傅"要教她阅读《圣经》一章、主祷文和十诫以及女裁缝的手艺"④。

与此类似的是，在北美殖民地，凡养父接收养子女时，契约中也必须包含教育条款，规定养父对养子女的教育责任。北美殖民地的许多资料表明，各居民点的区务委员会、镇民大会、治安法官经常派人对未成年人受教育的情况进行调查并做出报告。凡父母、养父母、师傅、监护人、受托人未履行其教育职责的，要受到传讯和告诫，并责令改正错误、履行职责。

北美殖民地民众重视教育的第二种表现是老人在临终时立下遗嘱，将自己的遗产捐赠兴学。这是遵循英国的传统，捐赠一般用于教师和一定数量的男孩。那些入学的孩子免费受教育，而且膳宿免费。例如，1634 年，一位名叫西姆士(Benjamin Syms)的老人在自己身体仍然健康、神志仍然清楚时便立下书面遗嘱，申明死后将自己的 200 英亩土地和 8 头奶牛捐献出来，建立一

---

① Sol Cohen, *Education in the United States: A Documentary History*, New York, Random House, 1973, Vol.1, p.390.

② Sol Cohen, *Education in the United States: A Documentary History*, New York, Random House, 1973, Vol.1, p.390.

③ Sol Cohen, *Education in the United States: A Documentary History*, New York, Random House, 1973, Vol.1, p.390.

④ Sol Cohen, *Education in the United States: A Documentary History*, New York, Random House, 1973, Vol.1, p.330.

所免费学校，以教育本教区和邻近教区的儿童。他在遗嘱中写明："希望尊敬的市长和本特区的其余委员和上述建立学校的各教区牧师、教堂管事经常视察，检查上述遗愿是否得到正当的、认真的执行。希望借上帝之助，当上述牲口有充分的增值时，提取其收益的一部分，以建筑一栋完全够用的校舍，增值的其余部分用于学校维修。上述增加的牲口，在供给教师足够维持其生活的费用外，根据上述市长和委员的指示，将剩余部分用于资助贫穷儿童和本教区的衰老者、残疾人。"①

又如，1659 年南部殖民地一位名叫伊顿（Thomas Eaton）的老人在身体已衰弱但记忆力尚健全时立下书面遗嘱，表示："我要资助一位能干的学校教师，对出生在本县的儿童进行教育和教他们读写。"教师还要根据遗嘱教授英语语法和拉丁文。伊顿还说在他死后，遗赠 500 英亩土地，"以及附属于该土地上的所有房屋、大建筑物、果园和属于果园的权利，两名奴隶、十二头母牛、两头公牛、二十头大小不等的猪、一副床架、一张桌子、压乳酪器、十二只奶杯托盘、一把容积约 12 加仑的铁壶、一个挂壶架和挂壶钩、一只牛奶杯、一个澡盆、一只磨粉用的盆……"②，以便建立一所免费学校。该遗嘱还写明，上述财产的增值部分，除用于维持学校外，还用于救济穷人、寡妇、孤儿等慈善事业。

这种遗赠兴学完全是自觉自愿的，基于遗赠者对年青一代教育的深刻认识。踊跃捐资兴学，是 17 世纪北美殖民地人民群众高尚情感的生动表现。有的捐资者不留姓名，有的捐资者署名"Dust and Ashes"（直译为"尘埃和灰烬"），意为微不足道的人。他们有钱出钱，无钱捐物，甚至捐出自己的日用品。

---

① Sol Cohen, *Education in the United States: A Documentary History*, New York, Random House, 1973, Vol.1, pp.339-340.

② Sol Cohen, *Education in the United States: A Documentary History*, New York, Random House, 1973, Vol.1, p.341.

17 世纪初，弗吉尼亚曾拟建立一所学院对印第安人的孩子进行教育。为实现这一计划，群众热心捐献。例如，一位不具姓名的人士捐献一只圣餐用的带盖的杯子、一只镀银的盛面包的碟子、一块镶有金边和金穗的深红色的天鹅绒地毯、一块亚麻织花台布。又如，一位署名"尘埃和灰烬"的人士派人送来一只箱子，并在理事会上当众打开这只箱子，内有金币 550 英镑，捐款的用途是：用基督教和礼仪教育不信教者的孩子。再如，有的人捐献一本《圣经》、一幅地图、几册图书，或 10 英镑、25 英镑、300 英镑、40 先令不等。他们大都不留姓名。尽管学院最终没有建成，但民众对教育的热情显而易见。1693 年威廉与玛丽学院成立后也获得了不少捐赠，包括土地、现金、烟草税、土地收入等。在殖民地所有大学中，只有威廉与玛丽学院的收入可以满足它所有的需要。①

在新英格兰，当哈佛学院创办时，群众热情捐献赞助的景象也是十分动人的。邓克斯特(Dexter)所著的《美国教育史》(*History of Education in the United States*)有以下记载："我们看到一个人赠一群绵羊，另一个人捐献价值 9 先令的棉布，第三个人捐赠一把锡镴酒壶，值 10 先令。另一些人捐赠一只精致的碟子、一把糖匙、一把上端镶银的大水壶、一只大盐碟、一只有垫盘的小盐碟。这些捐赠或遗赠物的价值，从 5 先令、9 先令到 1 英镑、2 英镑不等。"②

可以想见，这些捐赠者并不都是有余钱剩米的富人，他们中很多人财力单薄，却不忘慷慨捐资兴学。民众中蕴藏的办学热情是不可低估的。

研究美国教育史的学者往往提出一个问题，美国的历史从殖民地时期算起才 400 多年，他们在茫茫荒原上白手起家，并迅速成为世界上的教育超级

---

① [美]S.E. 佛罗斯特：《西方教育的历史和哲学基础》，吴元训、张俊洪、宋富钢等译，321 页，北京，华夏出版社，1987。

② 转引自任钟印：《美国高等教育的开路先锋——哈佛大学建校 350 周年》，载《教育研究与实验》，1986(2)。

大国，原因是什么？从教育历史中可以清楚地看出，在众多的原因中，民众的热心兴学是不可忽视的。在普通民众中广泛存在的这种没有写成文字的教育思想，理应成为教育史的研究对象。

第三节　北美殖民地的教育活动

欧洲新教徒抵达北美殖民地以后，关心的一个重要问题是："我们这一代传教士命归黄泉之后，我们的教堂会不会落入不学无术的牧师手里？"因此，他们来到"新大陆"后先是建立教堂，然后是开办学校。"移民定居之初，或集资设校，或由议事会筹款办学，成为一时之盛。"①移民们认为，在与印第安人进行的不懈斗争中，学校乃是仅次于宗教而保障安宁的重要武器。"这样迁移到美洲来的每个教派和民族都随之带去了在母国所熟知的特有的教会组织形式和学校习惯，并将它们照原样重建于移民区。其结果是，我们看到在17世纪美国建立了在迁移时期存在于移民母国的主要学校类型。它们也像母国的学校一样，浓厚的宗教目的居主导地位。"②

在移民初期，讲授基督教教义和教义问答是北美殖民地最流行的教育方式。同样，宗教信仰是选聘学校教师的主要标准，而且大部分教师没有受过正规的培训。由于北美南、北各殖民地具有不同的殖民政策、风土人情和管理模式，因此各殖民地的教育活动也有很大差别。"新英格兰殖民地发展了政教合一办教育的传统。在大西洋中部的殖民地中，由于种族、语言和宗教的差别，因此，在那里出现了非政府管理的、多元化的教区学校（parochial

---

① 滕大春：《美国教育史》，52页，北京，人民教育出版社，1994。
② ［美］E.P.克伯雷：《西方教育经典文献》上卷，任钟印译，342页，北京，人民教育出版社，2016。

school)。而在南部的殖民地中，教育的机会并不是由官方教会来提供的，而几乎完全是由社会等级来决定的。"①

一、新英格兰殖民地的教育

早在 17 世纪三四十年代，新英格兰殖民地就出现了家庭学校和为下层阶级开办的初等学校。

家庭是殖民地社会组织的基本单位，它除了劳动和生活外，也是教学的场所。同英国一样，北美殖民地家庭教育的主要内容是宗教和礼仪，同时也为儿童从事某些诚实而合法的行业、工作或职业做准备。学徒制是北美殖民地最普遍的教育形式，大多数儿童很小就被送到师傅家里当学徒，由师傅负责儿童的手工训练、食宿、衣着及道德和宗教教育，并教授儿童读、写、算基本知识。

市镇也是当时的基本单位。相同的宗教信仰、土地占有权、生活习惯和志向，使每个市镇团结得像一个社会组织或经济单位。每个市镇都有许多特权，市民也有表决权。市镇学校是新英格兰初等学校的主要类型，它们由市镇筹款举办，具有地方公立学校的性质，因而学生最多。在市镇学校中，有些收取学费，有些由"地方税"支撑，有些则完全免费。市镇学校全年开课，冬季每天 7 小时，夏季每天 8 小时。它们主要面向男孩，但在特定环境下也允许女孩上学。与其他殖民地相比，新英格兰市镇学校的教师都是专业人员，而且工资高、受人尊敬。

早在强迫教育的相关法令颁布之前，新英格兰殖民地的一些市镇就已经零星地进行创办学校的试验。以马萨诸塞为例，17 世纪前期该地区 22 个市镇都做出了建校的规定。例如 1635 年波士顿镇全体居民达成协议，聘请一位名

---

① [美]L. 迪安·韦布：《美国教育史：一场伟大的美国实验》，陈露茜、李朝阳译，76 页，合肥，安徽教育出版社，2010。

叫菲尔蒙·波蒙特的教师教育他们的孩子。1640 年罗得岛的纽波特镇（New-port）聘请在马萨诸塞韦茅斯任牧师的罗伯特·兰特尔开办一所公立学校教育青年。1642 年哈特福德镇经投票决定，每年为学校提供 30 英镑的资金。1645 年马萨诸塞的罗克斯布里镇居民签订协议，为该镇一所学校的教师每年提供 20 英镑薪金。1671 年罗克斯布里镇的一位居民去世前立下遗嘱，向学校管理委员会捐赠 200 英亩土地用于办学。①

强迫教育法令的颁布是为了进一步刺激大多数市镇采取措施提供正规的学校教育，但该法令最初只获得有限的执行。一些市镇建立了单人制的读写学校，如 1648 年马萨诸塞的德达姆镇首次为建立地方学校而征收财产税，用于支付教师工资和修建学校；一些市镇则只要罚款数额不超过聘请一位教师的费用就宁愿被罚款。在 1647 年教育法令颁布后的十年内，马萨诸塞 8 个住户达百户的市镇建立了文法学校，住户达 50 户的市镇中只有 1/3 建立了读写学校。但此后再有新的市镇达到法定的规模时，它们往往对这些规定都置之不理。②

另外，主妇学校（dame school）、阅读学校（reading school）和写作学校（writing school）也是新英格兰的初等学校。这几种学校都是私立的，不如市镇学校受重视。"新英格兰的私立学校从殖民者一登陆就存在了。"③主妇学校是一种英国式的儿童教育机构，由受过一点教育的主妇或寡妇在家里创办，主要教育对象是 7~8 岁的儿童。主妇学校主要教儿童吟唱童谣，以及学习基本的拼写和阅读技能。女孩们除了学习识字外，还要学习烹饪和针线活。阅读学校和写作学校依靠学费维持，前者以阅读启蒙和宗教教育为主，后者以教

---

① ［美］E.P. 克伯雷：《西方教育经典文献》上卷，任钟印译，354~355 页，北京，人民教育出版社，2016。

② ［美］劳伦斯 A. 克雷明：《美国教育史（第 1 卷）：殖民地时期的历程 1607—1783》，周玉军、苑龙、陈少英译，138~139 页，北京，北京师范大学出版社，2003。

③ ［美］S.E. 佛罗斯特：《西方教育的历史和哲学基础》，吴元训、张俊洪、宋富钢等译，302 页，北京，华夏出版社，1987。

授商贸所需的技能为主，包括写作、算术、记账等。这两类学校以男孩为主，很少有家长愿意为女孩支付学费，大部分女孩的教育在主妇学校进行。

1635 年波士顿建立了第一所拉丁文法学校。这所学校由政府管理，部分经费来自公共基金，它后来成为新英格兰地区其他拉丁文法学校效仿的对象。文法学校与贫苦子弟所受的初等教育不相关联，它是高等教育的准备阶段，强调拉丁语和希腊语教学，目的是为社会培养领导人。1647 年马萨诸塞教育法令规定百户以上的城镇设立一所文法学校，并明确表示办学的目的在于让青年升入大学。例如，1684 年位于纽黑文的霍普金斯文法学校的教育目的是："用拉丁文或其他学术语言教育可造就的年轻人，培养他们能进入学院深造或为本地区教会和居民点全体居民服务。"① 随后，新英格兰各殖民地相继设立了文法学校，但发展速度较为缓慢。到 1700 年，新英格兰各殖民地文法学校仅有 40 余所。18 世纪之前，拉丁文法学校是北美殖民地唯一的中等学校形式，它是富贵子弟接受中等教育的场所，从拉丁文法学校毕业后可升入学院。18 世纪后，由于工商业发展急需中等水平的工程技术人员、商业贸易人员和企业管理人员，文实学校成为殖民地时期另一种新型的中等学校。

在新英格兰，为了培养殖民地政府和教会的领导人，1633 年，毕业于剑桥大学的清教徒牧师埃利奥特致信马萨诸塞当局，声明在马萨诸塞湾建立一所学院的必要性，受到人们的广泛关注。1636 年 10 月 28 日，马萨诸塞议会通过了一项议案，决定拨款 400 英镑建立一所大学或学院，后因清教徒内部斗争以及移民与印第安人之间的战争，这个议案搁置了一年。1637 年 11 月，马萨诸塞议会将校址选在新城，并任命 6 位行政官员和 6 位牧师组成校监督委员会，负责筹建和管理学院。因大多数创始人来自剑桥大学，1638 年他们将这所学院命名为"剑桥学院"。同年，清教徒牧师约翰·哈佛（John Harvard）

---

① [美]E.P. 克伯雷：《西方教育经典文献》上卷，任钟印译，355 页，北京，人民教育出版社，2016。

因病去世，他把自己的一半遗产捐赠给这所学院。为了感谢和纪念约翰·哈佛，奠基者把它更名为"哈佛学院"。

创办哈佛学院的目的是，确保殖民地拥有受过教育的牧师，以及殖民地社会组织和领导人的连续性。有学者指出，新教的使命感迫使马萨诸塞领导人建立了一所学院。新教联邦需要有能力的统治者，教会需要有知识的牧师，文明社会也需要那些有知识、有品位和有价值观的人。建立哈佛学院就是为了培养牧师、教师和地方官员。① 17 世纪哈佛学院毕业生的入职情况，证实了该学院在培养宗教和社会领导人方面的地位。哈佛学院以伊曼纽尔学院为蓝本，课程模式与剑桥大学相似，并且实行寄宿制。"可以说，哈佛学院创办之初，简直就是英国大学在美洲大陆的复制品。然而，哈佛学院建立的意义远远超出了移植一所学院的本身，它不啻是在蛮荒落后的美洲大陆点亮了一盏光芒四射的知识灯塔。在随后漫长的近 60 年岁月里，哈佛一直是北美殖民地唯一一所高等学校。"②哈佛学院的建立标志着美国高等教育的肇始，开辟了美国文化教育发展的新纪元。

二、中部殖民地的教育

中部殖民地最初是一个商埠，主要由荷兰西印度公司操纵，后来逐渐成为躲避宗教迫害的理想之地。这里汇聚了来自欧洲不同国家和教派的移民，其中有以新阿姆斯特丹(后来的纽约)为中心的荷兰改革派信徒、以纽约和新泽西为中心的英国国教会信徒、以宾夕法尼亚为中心的英国贵格会(教友派)信徒，也有德国的路德派和虔敬派(或虔信派)信徒，还有苏格兰—爱尔兰的长老派信徒、法国的胡格诺派信教徒、爱尔兰和德国的天主教教徒以及犹太

---

① [美]韦恩·厄本、杰宁斯·瓦格纳：《美国教育：一部历史档案》，周晟、谢爱磊译，68 页，北京，中国人民大学出版社，2009。
② 郭健：《哈佛大学发展史研究》，30 页，石家庄，河北教育出版社，2016。

教教徒等。据统计,1675 年在新阿姆斯特丹就可听到至少 15 种语言。① 这种多元性的民族和文化使得该地区不可能建立单一的公共学校体系,这里的人们也试图通过教育保存各自独特的价值观和传统。

由于缺少足够的认同感,每个国家和教派的移民都建立了与自己教会相联系的学校,以保护自己的语言、宗教和文化特质,从而使得中部殖民地早期教育呈现出复杂多样的特征。"在新泽西、宾夕法尼亚州,来自法国的胡格诺派、来自苏格兰的长老会以及德国的虔信派成员等,在把新英格兰和中部地区变成工商业中心同时,也把本国的初等教育和中等教育移植在殖民地上,作为教育自己子弟的学校系统,奠定了美洲普通教育的基础。"②中部殖民地的教育活动基本上反映了这一地区的多元文化背景,这里的每个宗教团体都试图按照自己的风格在家庭、教堂或社区教育自己的孩子。

新荷兰殖民地是 1621 年由荷兰人建立的。1633 年新阿姆斯特丹建立了第一所学校,罗兰森是第一个获得教师许可证的人。殖民当局规定,由荷兰西印度公司支付教师工资,并提供必要的教学设备,地方政府则负责学校建筑物的修建。教师可以收取一定的学费以补充其工资,但对于那些贫穷子弟不能收费。除了宗教节日外,学校全年开课,男女皆可入学。课程内容包括读、写、算和宗教。在新阿姆斯特丹的影响下,新荷兰殖民地的其他地区纷纷效仿,创办了自己的学校。1664 年英国获得了新荷兰殖民地的完全控制权,并将新阿姆斯特丹改名为纽约。原先由市镇控制的荷兰式学校,逐渐转为由英国国教会管理的英式学校。

在纽约殖民地,政府制定的法律体现了英国人对教育的态度。法律规定,儿童一定要由其父母或监护人或社会团体进行学徒训练,教师必须具有教会

① [美]S.E. 佛罗斯特:《西方教育的历史和哲学基础》,吴元训、张俊洪、宋富钢等译,309 页,北京,华夏出版社,1987。

② 吴式颖、阎国华:《中外教育比较史纲》近代卷,581 页,济南,山东教育出版社,1997。

颁发的许可证。但除了最低限度的教育外，英国人并没有把教育看作国家应关心的事情，无论在英国本土还是在殖民地，都是如此。因此，所有宗教团体、行会组织和家长都可以自由地创办自己所喜爱的学校。

新泽西殖民地位于各殖民地的中央，原先属于纽约殖民地的一部分，1701 年正式分离。在新泽西殖民地，宗教自由吸引了大批的宗教信徒。很多宗教团体也来到这片土地，它们认为学校对于保护宗教信仰和社会准则是必需的，并建立了与殖民地政府不同的宗教和教育模式，因此新泽西殖民地初期的教育发展实际上是各种不同影响的混合物。荷兰人自新阿姆斯特丹迁来，英国人由康涅狄格及纽约迁来，苏格兰及爱尔兰长老会信徒从其母国迁来，瑞典的路德派信徒沿德拉瓦河定居，教友派信徒及德国路德派信徒则来自宾夕法尼亚。一些宗教团体如长老会、浸礼会、荷兰改革派、犹太教及教友派等，在社区人口达到一定的数量后也开办了学校。纷繁复杂的宗教团体形成了各地的教育风格，从而使新泽西的教育呈现出混杂多元的特色。1664 年英国殖民者控制纽约之后，英国人的教育风格逐渐占据主导地位。结果，新泽西殖民地的教育发展和纽约如出一辙，除少量的宗教性慈善学校外，初等教育发展相当缓慢。

建立于 1681 年的宾夕法尼亚殖民地是中部殖民地的样板。与新英格兰殖民地以市镇学校为主显然不同，这里的学校几乎完全由教会控制，教派学校成为主要类型。1683 年宾夕法尼亚议会通过了一项法令，要求父母和监护人保证儿童在 12 岁之前具备阅读《圣经》和书写的能力。如果发现家长、监护人或受托人在这方面失职，他们就要为每个儿童支付 5 英镑，除非这些儿童在身体和智力上不能学习。各地方法院也要对此事负责，违者科以罚金。但这项法令本身不符合英国的传统和习俗，在 1683 年呈送英国国王后未获批准。与此同时，当地非教友派信徒担心一旦实行强迫入学，教友派将控制所有的学校，因而也有反对意见。有鉴于此，宾夕法尼亚政府被迫放弃建立义务教育制度的计划，取而代之的是允许各教派建立和维持自己的学校。"宾夕法尼亚与大西洋中部其他殖民地的最大区别就在于，事实上，各个教派在宾夕法尼亚地区建立了一个普遍的学校系统。"①

在活跃于宾夕法尼亚的各个教派中，教友派是最重要的教育实践者。1698 年宾夕法尼亚殖民地政府授权教友派信徒开办学校。教友派学校由其代表大会管理和给予财政资助，实行免费教育，向所有儿童开放，包括在其他殖民地被排除在外的黑人和印第安人，并实行男女合校教育。教友派强调农业、动物饲养、科学和发明等实用知识的学习，而不是宗教教义和古典学科的死记硬背；强调把兴趣而不是外在的纪律和体罚作为儿童学习的动力。"与其他教派相比，贵格宗使得自由的学校教育观点得到进一步传播……"②

总之，宾夕法尼亚和纽约的宗教学校的教育目的和新英格兰相似，强调记忆、服从和权威，《新英格兰童蒙读本》是通用的教材。然而，与新英格兰和南部殖民地不同，整个中部殖民地不存在占据绝对优势的宗教团体，也没有形成统一的国民教育方针，因而也就不存在一种单一的教育程式。正如有学者指出的："17 世纪，中部殖民地的教育属于教区，每个教会，在商业组织或殖民地通过的几条法律指导下，建立、供给、控制它自己的学校。这种体制导致了蔓延整个地区的多种多样的学校形式。"③在这里，各教派依据自己的理念教育子弟，学校则依照其移民故乡的语言，如英语、德语、摩拉维亚语等进行教学，而且与其他地区一样，只对那些极端贫困者的子弟免费。但在自由制度下，各教派团体和私人的共同努力并没有改变中部殖民地许多市镇对于初等教育事业的漠视。

---

① ［美］L. 迪安·韦布：《美国教育史：一场伟大的美国实验》，陈露茜、李朝阳译，93 页，合肥，安徽教育出版社，2010。

② ［美］L. 迪安·韦布：《美国教育史：一场伟大的美国实验》，陈露茜、李朝阳译，93 页，合肥，安徽教育出版社，2010。

③ ［美］S.E. 佛罗斯特：《西方教育的历史和哲学基础》，吴元训、张俊洪、宋富钢等译，313 页，北京，华夏出版社，1987。

三、南部殖民地的教育

南部殖民地(包括马里兰、弗吉尼亚、卡罗来纳和佐治亚)与新英格兰和中部殖民地存在着显著的差异,它是王室殖民地,由总督负责管理,并由总督直接对英王负责。弗吉尼亚是南部殖民地生活和教育的典型。该殖民地的建立是为英国公司提供利润,因此其教育目的是维持秩序和控制印第安人。"可以认为,在殖民政策的背景下,与新英格兰殖民地相比,弗吉尼亚最好地代表了英国的教育政策。这是来自祖国更为直接控制的结果,重视殖民利益。"①在整个殖民时期,弗吉尼亚在教育的精神与实践中始终保持着与其母国相似的传统,所有移民都是为了使英国的社会体制永久存续。

1671 年弗吉尼亚总督伯克利在谈及教育时说,弗吉尼亚人应该遵循英国的做法,每个人根据自己的能力教育其子女。这句话代表了弗吉尼亚主流的教育原则:教育是私人的事,是家庭关注的问题;任何能够提供教育的父母都应该教导其子女。同时,他认为教会应通过教区和教区委员会充当学校最适宜的监护者,而政府所关心的应是社会底层及穷苦人家子弟的教育。与新英格兰那些试图改革英国国教的清教徒不同,南部殖民地的移民将英国国教视为官方宗教。英国国教认为教育儿童是家长的责任,而不是政府和教会的责任。

南部殖民地的经济体制也是影响其教育发展的重要因素。南部殖民地的经济建立在大种植园基础上,主要依靠奴隶种植烟草、水稻、靛蓝和棉花等,这种经济结构使得当地的教育机会是由社会等级决定的。在弗吉尼亚,普遍存在的教育形式是那些家境殷实者聘请私人教师为其子女实施家庭教育。在17 世纪甚至 18 世纪大部分的时间里,一些种植园主和富裕的商人往往按照英

---

① [美]乔尔·斯普林:《美国学校:教育传统与变革》,史静寰、姚运标等译,27 页,北京,人民教育出版社,2010。

国的传统，聘请受过英格兰和苏格兰教育的家庭教师，为自己的子女提供文雅教育。这些家庭教师有的是合同雇工，有的是"半工半读"的大学生，有的是在教会中没有职位的牧师，有的是职业家庭教师。除了上层阶级所需要的礼仪和德行外，学生还要学习拉丁文、希腊文、法文和其他高深知识。

在南部殖民地，还有一种普遍的做法是，干脆将子女送回英国接受纯正的英格兰教育。"在弗吉尼亚，那些渡海去牛津、剑桥或就近进威廉—玛丽学院的种植园主的子弟通常在家庭教师指导下或在牧师主办的少数私立学校学习，为升学做好准备。"①中等教育结束后，他们被送到英国或欧洲大陆接受高等教育或职业教育，其中最受弗吉尼亚殖民地青年欢迎的是伦敦四个法律协会(林肯、内殿、中殿、格雷)和爱丁堡大学。

对于中产阶级子弟而言，私立学校是其接受教育的主要形式。私立学校一般由教会或殖民地政府批准的合格教师开办，在一些被抛弃的土地上的房屋内进行教学，由教区雇用的牧师、教堂的"读经师"担任教师。大多数私立学校教授读、写、算等基础知识，以及法文、拉丁文、数学、测量学等课程。

南部殖民地下层阶级人数众多，合同雇工的人数超过了黑奴。殖民地的大部分法律涉及合同雇工，要求年青的雇工、黑奴的孩子订立学徒契约，接受适合其社会地位的最低限度的教育。有些工读学校也试图为下层阶级的子弟提供教育，由殖民当局为每个孩子提供日常物品。另一些家境不富裕但粗通文墨的父母则自己教育子女。众多家庭贫困且父母不识字的孩子，很少有机会获得最基本的知识，很多人只能在无知中度过一生。

英国国教会作为法律意义上的官方教会，在弗吉尼亚殖民地事实上始终没有成为一股强大的势力，而且国教会信守英国国内的一贯做法，并不直接开办学校。弗吉尼亚殖民地的大多数牧师生活并不富裕，为此，殖民地法律

---

① [美]查尔斯·A. 比尔德、玛丽·R. 比尔德：《美国文明的兴起》上卷，许亚芬译，198 页，北京，商务印书馆，2017。

规定：每个教区供养一个牧师，所需费用由公共财政支付；每个教区腾出 100 英亩地供牧师使用，牧师每年的工资为 200 英镑，社区要为牧师建造合适的房舍和教堂。牧师的一项职责是，在每个星期日用英国国教的祈祷书、教义问答手册指导年青人和无知的人，忽视这项职责的牧师将受到重罚。另外，当地的牧师为了增加自己的收入而开办"牧师学校（Parson's School）"。有的牧师在自己家中招收缴费的学生，甚至提供住宿；有的则在教堂附近或某个建筑物旁边给学生授课；还有尚未婚配的牧师会做驻家辅导教师，他们吃住在雇主家，并有微薄的工资。

在当时，弗吉尼亚殖民地国教区还没有任何一项政策支持教育，它们既没有建立，也没有维持任何一所学校，甚至没有给贫困家庭的子女提供一点学费资助。"南部殖民地除了私立学校和种植园主阶层的家庭教师教育之外，对教育机构的发展兴趣不大。"①因此，除上层阶级之外，其他阶层的子弟都是由学徒制、捐赠的免费学校、教派学校、"荒野学校"、私立商业学校提供初等教育或中等教育。"对公共教育的忽视，使得南部殖民地的整体教育水平低于其他殖民地，特别是新英格兰。"②

在弗吉尼亚殖民地，学徒制是传播手工技艺的重要途径。学徒制既是一种拜师学艺的制度，也是教育儿童的一种方式。它始于欧洲中世纪的行会，是培训行业人员的重要制度。"不论是男孩还是女孩，甚至是自由的黑人都可以成为艺徒。"③1562 年欧洲移民把传统的学徒制引进"新大陆"，后来英国移民又把《技师法》（1563 年）和《济贫法》（1601 年）传入北美殖民地。欧洲国家的学徒大多由家长委托行业师傅进行技艺培训，而北美殖民地的学徒大多为

① ［美］乔尔·斯普林：《美国学校：教育传统与变革》，史静寰、姚运标等译，30 页，北京，人民教育出版社，2010。
② ［美］L. 迪安·韦布：《美国教育史：一场伟大的美国实验》，陈露茜、李朝阳译，98 页，合肥，安徽教育出版社，2010。
③ ［美］L. 迪安·韦布：《美国教育史：一场伟大的美国实验》，陈露茜、李朝阳译，82 页，合肥，安徽教育出版社，2010。

孤儿和家境贫寒的乞儿。由于工商业比较发达，北部和中部殖民地学校数量较多，而南部殖民地学校数量较少，因此学徒制在南部更加普遍。迫于招工的压力，师傅们逐渐把学徒看作主要的劳动力来源。1641 年弗吉尼亚殖民地责成雇用童工的师傅提供道德和技艺方面的教育，并在詹姆士敦设立济贫学校，由每县选送 2 名七八岁的儿童入学，学习生产技艺。南卡罗来纳、北卡罗来纳等地纷纷效仿。

在高等教育方面，弗吉尼亚殖民地早在 1622 年就开始了创办学院的尝试，旨在为殖民地移民和印第安人提供高等教育。当时设立了一个由绅士组成的常务委员会，负责监督计划的实施，并已经筹集了 2 000 多英镑的资金。弗吉尼亚公司还拨给 9 000 英亩土地作为办校用地，准备创建亨里克（Henri-co）学院和印第安人学校。学校附属教堂举行了领受圣餐的仪式，图书馆也已具雏形，甚至任命了帕特里克·科普兰牧师为校长。然而，这项教育计划在1622 年印第安人杀死 347 名移民（其中包括管理土地的代表）双方爆发冲突之后被放弃。1624 年弗吉尼亚公司解体也给该计划的实施带来了沉重打击。

1661 年弗吉尼亚议会又通过了一项鼓励殖民地建立学院的法案，但直到1693 年，弗吉尼亚殖民地才获得皇家特许状，要求把学院办成"广泛研究的固定场所，或永恒的神学院、哲学院、语言学院、以及其他优秀艺术和科学院"①。学院以当时的英王威廉三世（William Ⅲ，1689—1702 年在位）和王后玛丽二世（Queen Mary Ⅱ，1689—1694 年在位）的名字命名为威廉与玛丽学院，最初以教授古典课程为主。它致力于培养英国国教会的牧师、教化印第安人及培养公职人员，因而很多人把它视为获取社会地位、政治声望或经济利益的途径。

需要指出的是，包括弗吉尼亚在内的整个北美殖民地，在 17 世纪开办的

---

① ［美］S.E. 佛罗斯特：《西方教育的历史和哲学基础》，吴元训、张俊洪、宋富钢等译，320页，北京，华夏出版社，1987。

任何一种学校都是针对白人子弟的，对于尚未从奴隶制枷锁中解放的黑人或者印第安原住民子弟而言，他们大多数被排斥在学校教育之外。"大部分黑人所受的教育，不论他是自由民还是奴隶，都是由传教士或慈善组织来提供的……对黑奴和印第安人的教育怀有极大热忱的宗教组织，是圣公会海外福音传播公会。"①在所有殖民地中，对印第安人进行学校教育的努力都伴随着宗教目的，即对他们进行教化和驯服。"至于黑人，似乎只有有限的几个人同白人一道入学，而且根本没有证据表明曾专为黑人建立过任何学校……他们只能在借助家庭或教堂对白人的教育中获得一点知识。"②

这一时期，源于欧洲的性别差异观念在北美殖民地十分盛行：女子被认为在智力上天生低于男子，在社会生活的各个方面都依附于男子，女性没有经济地位、政治地位和宗教地位。在这种观念支配下，人们认为女性既无必要也无能力接受更多的教育。因此，女子教育的内容仅限于针线、读写和计算等简单的技能训练，其目标只是使女孩将来成为合格的母亲和家庭主妇。在新英格兰，当地资助的大多数初等学校只对男孩开放，有些学校只在早晨或傍晚让女孩单独学习。与之不同的是，中部殖民地的学校为女孩提供较为平等的学习机会。欧洲的殖民者，无论是英国人、德国人、荷兰人，还是瑞士人，都为他们的子女提供相同的初等教育机会。教友派和虔信派信徒则为女孩建立中等学校，为男孩建立高等院校。然而，在南部殖民地极少有女孩接受正式的教育，大多数女孩只能进入小学校学习。

在殖民地早期，对于普通民众而言，布道是一种独特的教育方式。一位能言善辩、学识渊博的牧师，可以通过布道的方式建立《圣经》与其听众之间的关系，并分享一种共同的价值观念。布道作为一种主要的宗教仪式，在殖

① ［美］L. 迪安·韦布：《美国教育史：一场伟大的美国实验》，陈露茜、李朝阳译，109 页，合肥，安徽教育出版社，2010。

② ［美］劳伦斯 A. 克雷明：《美国教育史（第 1 卷）：殖民地时期的历程 1607—1783》，周玉军、苑龙、陈少英译，150 页，北京，北京师范大学出版社，2003。

民地早期民众教育中占有重要地位。殖民地早期法律规定,所有人必须出席布道,缺席者被科以罚金。例如,1646 年的法令规定,缺席一次罚款 5 先令。星期日通常有两次布道仪式,星期四有一次宣讲,法律把星期日的仪式视为恭听《圣经》的公共典礼。几乎没有一样公共活动不是以布道作为最令人难忘的特色。或许最特别的是选举日的布道,牧师们以此影响政治事件的进程。

总之,北美殖民地占主导地位的教育思想和教育实践最初都源于英国。我国著名教育史学家滕大春先生把它称为"教育移植"①。当时正在英国兴起的各种教育思潮都在北美殖民地"教育移植"的活动中得到采纳,为"新大陆"形成独具特色的教育模式提供了思想营养。当时在英国流行的所有教育模式也都被当作殖民地学校的范例得到推广,如主妇学校、贫儿学校、慈善学校、读写学校、拉丁文法学校,高等学校也先后在不同的殖民地设置。正如有的学者指出的:"从社会和文化背景来看,殖民地绝对是英国式的……德国人带来了他们自己的语言和习俗,但是殖民地的法律、服饰、文化、宗教、职业、政府、子女养育和教育实践都是模仿英国的。"②

---

① 滕大春:《美国教育史》,39 页,北京,人民教育出版社,1994。

② [美]亚瑟·科恩:《美国高等教育通史》,李子江译,12 页,北京,北京大学出版社,2010。

第十章

日本教育的发展

16 世纪宗教改革运动在欧洲风起云涌之际，日本的历史正处于室町时代（1338—1573 年）的后期，以及安土桃山时代（1573—1603 年）。在这一百余年中，日本依然延续着此前室町时代封建武家的统治模式，并且武士集团之间纷争不断，因此这一时期也被称为日本历史上的战国时代，社会尚未进入稳定发展阶段。这显然与后来 17 世纪江户时代的日本有较大的不同，而与此前室町时代封建的日本联系更为密切。因此我们将 16 世纪的日本教育放在前一阶段进行论述（见丛书第六卷），而在这里专述 17 世纪的日本教育。

17 世纪的日本，结束了一百多年纷乱的战国时代，开始步入相对和平的江户时代。江户时代始自德川家康（Tokugawa Ieyasu，1542—1616）1603 年受封征夷大将军而建立德川幕府，直到 19 世纪 60 年代末明治维新为止，历时约两个半世纪之久。所以整个 17 世纪的一百年，只能算是日本江户时代的前期，也只是 18 世纪日本封建制度走向鼎盛的前奏。此时掌握国家实权的德川幕府设于江户（今东京），故称"江户幕府"，这一时期则被称为"江户时代"或"德川时代"。

江户幕府作为日本历史上继镰仓幕府、室町幕府时的第三个武家幕府，在 17 世纪刚刚建立时的首要任务是巩固自己的统治，特别是要在经济、制度和文化思想上形成有利于幕府统治的条件，确保幕府政权长治久安。因此这一时期的日本社会，既继承了过去武家政治的传统，也含有面临新时代的积极因素，从而带来了这一时期日本教育制度、教育实践以及教育思想的新变化。

第一节　17世纪日本社会的基本特征

虽然历史学家们将德川家康1603年建立江户幕府作为江户时代的开端，但实际上在前后各十多年间，德川家康的劲敌丰臣家族的势力依然强大。直至1615年丰臣氏被彻底打败之后，江户时代才算是真正进入稳定时期，并开始了它的和平发展之旅。

德川家康吸取历史上镰仓幕府和室町幕府的统治经验，以及造成战国时代"下克上"而群雄割据的历史教训，积极地采取了一系列政治、经济和思想文化方面的措施，限制和排除异己，完善各种制度和法规，注重经济的稳定发展和思想意识的控制，从而形成了长期相对稳定的社会局面，巩固了江户幕府的统治地位。

一、"幕藩体制"与"四民"身份制度

江户时代日本的政治体制是所谓"幕藩体制"。其中"幕"即是掌管国政的江户幕府，"藩"就是各地大名自己的领地及其施行的藩政。幕藩结合，其特点就是中央权力严格控制之下的地方割据，是幕府和藩的两级统治。幕府既是政治统治机构，又是军事指挥体系，还是全国经济的控制者。而藩作为有势力的大名控制下的统治机构，也拥有一定的自主权。幕府、藩以及其他大小领主们，以粮食产量为标准，通过农村中"村"的组织，从直接生产者"本百

姓"那里榨取以稻米为主的实物性"年贡"，以此维持"幕藩体制"的经济来源。

德川幕府为了巩固自己的统治地位，削弱和控制各藩的实力，主要采取了两方面的措施。

第一，把包括江户、大阪等政治、经济、文化重地以及重要矿山、港口在内的大片土地据为幕府的直辖领地，其土地数量及所统治的人口远远超过皇室和各藩，使各藩无法称雄割据。幕府的将军和各藩的藩主又将土地亲疏有别地分封给自己的家臣及下层武士，并通过他们把农民束缚于小生产的农业劳动中。通过这种土地分封和出租，形成了各级武士之间严格的等级制度和主从关系。

第二，为了防止地方势力积蓄力量，重演战国时代"下克上"的历史，幕府还规定：各藩经常性地为土木建筑工程出力出资，以及向幕府提供士兵和各种武器等，以削弱其财政力量；同时还实行著名的"参觐交替制"，即各地的大名必须每隔一年就到幕府所在地江户城居住半年以上的时间，汇报藩情和听候指示；他们的正妻嫡子则必须常住江户，实为人质。这一措施造成了各藩大名及其家臣集居江户的情况。各地下层武士也聚居于各藩的中心城镇，从而形成地方上的政治、经济及文化中心。

江户幕府的上述政策，造成了武士脱离农村即兵农分离的局面。同时，为了市镇中武士们生活的方便，幕府及各地武士的领导者又把商人、手工业者迁移到城边居住，在客观上促进了市镇商业交往的发展。但为了稳定"幕藩体制"的经济基础，不容许农民迁徙、买卖土地和变更职业，由此又形成了商农分离的局面。总之，武士既是依赖于幕府施舍的单纯消费阶层，又是社会的统治阶层，农村地主则由于农业的经济基础地位而受到重视，加之历史的原因，江户时代的日本社会形成了以武士为尊的士、农、工、商"四民"身份固定的等级制度。此外，还有称为"贱民"的更下层民众。

"幕藩体制"以及"四民"身份制度的确立，保证了相当长时期内日本封建制度的稳定发展。但其中武士阶层的寄生性以及有利于市镇商业交往的政策，也随着历史的发展而逐渐成为瓦解封建制度本身的因素。因此，江户时代的教育虽被幕府和藩的统治者们控制与利用，但它也必然要反映时代进步的实际需求。

二、各类"法度"与官方意识形态规范

除了以上措施之外，德川幕府还注意通过思想意识和相应行为规范的统一来巩固"幕藩体制"。这方面的重要手段之一，是通过颁布各种"法度"做出统一的规定；重要手段之二是大力推崇朱子学，使之成为社会各界共同遵循的官方意识形态。

第一个武家法令是 1615 年(元和元年)颁布的"元和令"，共 13 条。此后，许多新将军上任后对其进行了若干修订，并重新颁发。这些统称为"武家诸法度"，是规范和教育武士的指南和重要材料。初期的"武家诸法度"以行为规范、惩戒规则为主，以后历次修订的"武家诸法度"不断增加道德训诫的内容。例如：1635 年的"宽永令"增加了强调孝道的条文(第二十条)；1683 年的"法度"将忠和孝的内容提到第一条，即"应励文武忠孝，正礼义"；1710 年第六代将军颁发的"法度"，第一条就强调"应修文武之道，明人伦，正风俗"①，更加突出了道德教化的要求。从教育的角度看，这些法令实际上反映了官方的教育主旨，规范了江户时代武士教育的指导思想和基本任务，即培养忠孝信义、文武双全并具有廉洁和献身精神的武士。

江户幕府除了制定"武家诸法度"外，也为皇室及朝廷贵族("公家")和寺院制定了"法度"。例如：1615 年幕府在颁布关于武士的"元和令"的同时，也颁布了"禁中并公家诸法度"17 条，要求天皇将钻研学问作为第一要务；对于公卿官员和寺院住持的任命、皇室婚姻、宗教活动、年号变更等，幕府都有

① [日]石井紫郎校注：《日本思想大系 27 近代武家思想》，454、459 頁，岩波书店，1977。

干涉权或须征夷大将军同意。对于宗教势力，1615 年制定了针对五山十刹①的"诸宗本寺本山法度"，1665 年又系统下达了"诸宗寺院法度"，其他关于寺庙的个别性专门规定在 17 世纪更是经常出现。

　　和平环境中的幕府专制统治，特别需要相应的社会思想意识上的统一做保证。当时德川幕府接受学者藤原惺窝（Fuziwara Seika，1561—1619）的建议，极力推崇 13 世纪中期之前由中国传入日本的儒家朱子学。朱子学以其固化现存秩序的政治特征和精致的道德伦理理论，适合当权者急欲巩固政权的思想需要。它既能以"天命"说明德川幕府消灭异己、建立霸业的正当性，又能以"天理"论证三纲五常礼仪法度的必要性，对于克服战国时代遗留下来的"下克上"风气极为有用。幕府将这种学说作为控制社会意识的工具，并积极把它推向社会。朱子学也必然成为当时教育主导思想的灵魂。

三、"禁教"与闭关锁国的政治措施

　　禁止基督教传播乃至几乎全面性的闭关锁国，是影响整个江户时代日本教育的重要因素。江户时代初期，德川家康愿意发展对外贸易，对随之而来的基督教采取默许的态度，甚至将传教士作为幕府与外国商人之间的中介。但不久，他就发现了基督教"上帝面前人人平等"及其他各种思想意识和组织民众效率等方面对幕府统治的威胁，所以幕府不能再容忍基督教的传播。于是从 1612 年开始，幕府先对直辖领地下达了"禁教"令，次年推向全国。此后一再层层加码，最终形成了"锁国体制"，即禁止一切船只和人员出入国境，只在唯一的地点（长崎）同中国、朝鲜、荷兰进行幕府控制下的有限的通商。

　　闭关锁国将外界的政治变迁、思想解放、科学进步的信息都挡在了国门之外，所以它妨碍了欧洲近代思想在日本的传播，遮挡了人民面向世界的目

---

　　① 五山十刹指地位最高与次高的寺院，是自镰仓时代起仿照中国对官寺进行排序的制度。

光,扼杀了探索精神的成长。在这样的背景下,日本教育可以说也失去了与西方教育进行交流的机会,日本教育制度和教育思想只能在自我摸索中迟缓发展。但关闭国门也创造了较少干扰、平稳发展的社会条件,有利于日本特色经济、文化和教育的成长。况且,由于一直没有关闭与荷兰直接交流的窗口——长崎,所以即使幕府对基督教的传播进行了极为残酷的镇压,也没有彻底割断与西方文化的联系。这种与外界若即若离的状态,在一定程度上激发了创造性,虽然缓慢但能日积月累地促进民族文化的发展,教育思想也逐渐活泼起来。至17世纪末,江户时代走进了"日本历史上的文艺复兴时代"[1]。

四、重农政策与城市商业文化

农业作为"幕藩体制"下的主要产业和幕府统治的主要经济基础,一直受到幕府和各地大名的关注。17世纪前期,幕府颁布了不少农村政策和法令,规范土地丈量、禁止土地买卖、健全村镇机构和"五人组"连环保制度[2]等,在客观上保持了农村社会的稳定,有利于生产发展。幕府和各藩鼓励开垦新田、加强水利设施建设等原因,使耕地面积不断增加、经济作物的种植面积也不断扩大,农民的劳动兴趣和改进生产技术的积极性得到了一定程度的保护。因此,17世纪下半期日本农业生产获得了较显著的进步,农村社会对教育的需求也更加强烈。

另外,前述"参觐交替制"引起的大名在江户与藩之间的流动,推动了粮食产品、经济作物及农村手工业产品的交换,也促进了交通的发达和城市商品经济的增长。武士及工商业者居住的市镇逐渐成为交往频繁、贸易发达的城市。从农民中分离出来的商人和手工业者不断增多,这些人在人口数量上

---

① [日]小原国芳:《日本教育史》,吴家镇、戴景曦译,122页,上海,商务印书馆,1935。
② "五人组"连环保制度:五户编为一组,一户欠交年贡,全组负责,隐匿犯罪,全组问罪。

逐渐增加，在经济实力上逐渐壮大。新形成的市民阶层——"町人"（居住于城市的商人和手工业者），不仅在经济上逐渐制约武士阶层，而且不可避免地开始创造自己的城市文化。所谓"元禄文化"①，就是17世纪后期出现的具有浓厚市民情趣的文化，它与早期武士文化的刚健质朴有很大的不同。特别是其中所包含的具有商业特色的人生观、价值观、社会观，成为后来冲击正统儒学伦理观、传统的"四民"身份等级制度的强大社会思潮。这种倾向于自由和自主的思潮，必然导致教育思想的变化与进步。

总之，17世纪日本社会逐渐稳定、经济初步繁荣以及城市商业文化萌芽，提供了新的教育需求和新教育思想的社会基础。同时，占统治地位的社会意识形态也给这一时期日本的教育实践和教育思想打上了新的烙印。"幕藩体制"决定了这一时期的教育性质是服务于幕府统治的工具；各类"法度"的制定和意识形态的规范决定了这一时期的教育任务主要是培养武士阶层的接班人和俯首帖耳的民众；闭关锁国的环境决定了这一时期教育发展的基本模式是保守地缓慢探索；对于朱子学的重视和城乡经济的发展则决定了这一时期教育内容的新旧杂陈，也带来了教育理念和教育机构的逐渐多样化。

第二节　17世纪日本教育实践与制度

17世纪江户幕府统治下的日本社会，政治、经济和文化氛围极大地影响了各阶层、各行业、各地域社会成员对于教育和学习的基本态度，也决定了这一时期教育政策的制定和实施，并制约了教育发展的规模、速度和成果。

①　元禄文化，一般指17世纪80年代［元禄年间(1688—1703年)］开始的，以京都、大阪等地区为中心的武士和商人的文化，主要带有日本早期商人的特征，是当时颇具本土特征的日本城镇平民文化。

一、幕府的教育方针和官方设置的学校

作为士、农、工、商"四民"之首的武士大多数逐渐脱离了农村,聚居于大小城市。在 17 世纪较为平静的社会生活中,他们不得不将主要精力放在处理公务方面,与具有经商头脑和一定文化水平的市民们打交道,文化知识的学习对于他们来说变得日益迫切。同时,幕府也需要在思想意识上形成大一统的局面,以巩固中央的集权统治。在这样的情况下,提倡"学问"就必然地列入了幕府的重要议事日程。例如,1615 年幕府制定的"武家诸法度"和同年出台的"禁中并公家诸法度",第一条都要求把"学问"放在第一位,文武并重:"文武弓马之道,应为专门精通之事"①;"天子对于各种技艺之事,放在第一位的应该是学问"②。

这实际上也是 17 世纪德川幕府对于教育的要求,那就是:武士的教育不能只重武、不重文;文武兼备乃是武士教育的目标和任务,这也是整个社会上层教育的基本内容。此后德川幕府的历代将军都继承了德川家康的这一要求,把提倡学问列入治国理政的重要日程。

德川家康本人在戎马生涯中,很早就认识到文化修养对于社会统治阶层的重要性,因此他对文化学术特别是朱子学的关注由来已久。早在 1593 年他就曾邀请藤原惺窝到驻地讲解《贞观政要》,后又多次见面,相谈甚欢。1601 年德川家康还在驻地伏见城设立学校,聘请足利学校的第 9 代庠主三要和尚当负责人,招收僧俗子弟入学。当时德川家康还对收集、整理和出版汉书很感兴趣,1602 年他将破败的金泽文库的藏书运到江户,建立了富士见亭文库(1639 年幕府将其改建为"红叶山文库"),并让皇室、朝廷及寺院提供所藏书籍,誊录了许多副本,流传后世。1607 年,藤原惺窝向德川家康推荐了自己

---

① "武家诸法度"(元和令,1615 年)原文第一条:文武弓馬ノ道、専ラ相嗜ムベキ事。注意这里古日语"専ラ相嗜ム"的含义。

② "禁中并公家诸法度"(1615 年)原文第一条:天子諸藝能ノ事、第一御學問也。

的弟子林罗山(Hayashi Razan，1583—1657)。受到重用后，林罗山承担起幕府办学的重任。①

幕府办学是从 17 世纪 30 年代开始的。德川家族第三代大将军德川家光(Tokugawa Iemitsu，1604—1651)注重文教，1630 年他将上野忍冈(现为上野公园)的土地 5 300 余坪(约 17 520 平方米)、黄金 200 两赐予"侍讲"林罗山，让林罗山以此为基础兴办和主持幕府的文教事业。林罗山借此建成了"先圣殿"及其附属建筑，既作为每年的祭孔圣地，也是进行儒学研讨和讲学之处，被称为林家学塾。林家学塾虽然由林氏家族世代掌管，但实际上林氏掌管人及教师亦是幕府官员，所以它从一开始就是由幕府直辖的，实质上仍为幕府兴办的学校。德川家光也把它当成自己的学习场所，还曾在此听《尚书》等课程。1663 年，第四代征夷大将军德川家纲(Tokugawa Letsuna，1641—1680)给林家学塾赐名"弘文馆"，并在此后每年都给予公开的资助，林家学塾的幕府学校实质更加明确地公开化了。

到了 1691 年，"弘文馆"被第五代大将军德川纲吉(Tokugawa Tsunayoshi，1646—1709)搬迁至汤岛，并正式明确收归幕府直接管辖。当时就由幕府出资，增加了讲堂和师生宿舍等建筑，同时原"弘文馆"中的"先圣殿"改称"大成殿"，也是祭祀孔子的"圣堂"。"弘文馆"也被称为"汤岛圣堂"和"昌平黉"②，所在地则由此称为"昌平坂"。搬迁扩建后，林罗山的孙子林凤冈(Hayasi，Houkou，1645—1732)被授权为"圣堂"的主祭人和"大学头"。德川纲吉后来不仅常常去听林凤冈的"进讲"，还曾连续 8 年在"圣堂"里给部下讲授《周易》达 240 次，使得"汤岛圣堂"名噪一时，成为幕府和武家的著名学校、儒学研讨的重镇。虽然"弘文馆"此后的发展有过不少波折，却也坚持到了幕

① 杨孔炽：《日本教育现代化的历史基础》，65 页，福州，福建教育出版社，1998。
② "昌平黉"中的"昌平"指代孔子(因《史记》载孔子诞生地为"昌平乡")；"黉"初指太学等宫廷内学习场所，后在古代泛指学校。至于"昌平坂学问所"，则是 18 世纪末以后才有的名称。

府末期。到明治维新时，它与开成学校、医学校合并为"大学校"，成为后来著名的东京大学的前身。

在幕府的影响下，各藩藩主也在自己的藩内开始设校，通称为藩校或藩学，以培养藩内武士，使之成为藩政人才。当时的幕府直辖学校就成了藩校建立和运营的样板，促成了各地藩校在教育指导思想、教育内容、教学组织形式等方面的统一。藩校的教师大多由幕府学校毕业生充任，对于传播儒家学说和提高教学水平起到了促进作用。也正因为如此，17 世纪的藩校如同小型的幕府学校，没有自己的特色。在整个 17 世纪，幕府学校和藩校的招生对象还只局限于武士甚至上层武士家庭子弟的狭窄范围，全国建立的藩校一共只有 5 所左右。① 所以幕府学校和藩校在当时的影响范围还十分有限。然而，17 世纪德川幕府能在忙于清除异己武装、巩固政权经济基础的同时关注武士的文化教育，难能可贵，它为后来江户时代中期文化教育的快速发展奠定了基础。

二、农村发展及乡村教育

如前所述，17 世纪日本农村和农业的稳定发展激发了农民及其子弟的学习热情，也为农村教育发展和学校建立奠定了物质基础。从教育的角度看，当时幕府或藩发布的许多关于农村的指令文本，几乎就是农业技术教育的指导书。例如，1649 年的《庆安法令》就详细介绍了积肥的方法："厕所要宽敞；落雨天不可使雨水流入粪坑……应在屋后挖地成沟。宽 3 尺，长 12 尺左右，将垃圾及野草投入其中，加注清水，作为肥料，用于耕作。"② 此外，当时还出现了不少总结、介绍和推广农业技术的书籍。例如：17 世纪中叶出现的《清良记》，其卷七"亲民鉴月集"是日本最早的农书；1697 年有宫崎安贞

---

① 王桂:《日本教育史》，88 页，长春，吉林教育出版社，1987。

② 杨孔炽:《日本教育现代化的历史基础》，67 页，福州，福建教育出版社，1998。

（1623—1697）的《农业全书》问世，还有《才藏记》《会律农书》《百姓传记》《耕稼春秋》等。这些著作的出现表明了当时农业知识的积累及其学习与传播的必要。

农村发展所引起的教育需求具体表现在两个方面：一是随着经济作物的增加，有关栽培和买卖交换的知识（如记账、写合同书等）成为必要，读、写、算成为必不可少的基本能力；二是由于需要通过村庄负责人（有名主、组头、百姓代等称谓）来贯彻领主的有关书面命令，所以这些人及上层农民的读写能力是不可缺少的。

此外，当局还常在农村竖起"高扎"（布告牌）以传达领导者的意图，阅读"高扎"也成为村民必须提高识字能力的原因。《河内屋可正旧记》曾记载河内国的一项规定：一个人想要成为耕作高手，就必须通过预先调查，完成一本日记体的"农人笔记"。[①] 此事反映了当局对用文字记录农事和文字学习的鼓励。

出于上述需求，有的村庄负责人在村子里自发组织儿童学习小团体，名称各异，现代史家概称为"儿童组"和"青年组"。一般7岁左右的孩子就加入村里的"儿童组"，参加一年中的例行活动和自行组织的游戏等，受到社会集体生活的训练。15岁左右加入"青年组"，主要是接受遵纪守法的教导，并在各种实际活动中学习农业技术、保健知识、道德信仰以及音乐、舞蹈等。与此类似，在17世纪后期，数量较多、以识字与写字为主的儿童教学机构是"手习所"，它分布于城乡各地（主要是乡村）。当时农村尚无"寺子屋"一词出现，但儿童去寺院学习还是大有可能的，不过能去寺院学习的主要是商人子弟。许多贫困农民忙于农务或外出打工，他们的孩子从年幼时候起，就要在家里做杂事，或跟随父亲务农，只能在劳动中学习或自己体会和掌握有关的知识与技能。至12岁左右，除继承家业的长子外，其他男孩大多外出打工，

---

① ［日］寄田启夫等：《日本教育史》，52 頁，ミネルヴア書房，1993。

自谋生路,他们往往成为城市里的学徒工。[①]

从幕府和藩方面来看,为了更好地在思想上教化和引导农民,也需要开展一些农村教育。于是从17世纪中期起,农村开始出现称为"教谕所"的公立成人道德教化机构,以及招收青少年入学的乡校。二者往往结成一体,主要由当局开办。有名的冈山藩"闲谷黉"(闲谷学校),就是在1670年由该藩藩主池田光正(Ikeda Kousei,1609—1682)主持建立的一所乡校。1668年冈山藩各地已经设置123所"手习所",文化教育发展的基础较好。池田光正热心于办学:闲谷学校建立以后,1673年完成了圣堂、讲堂的建设。到了1675年,池田光正将全藩的"手习所"统归于闲谷学校,又扩建学房、领室、文库等,规模逐步扩大。在此后的发展中,闲谷学校经历各种曲折,在池田光正去世后又购置了山林和土地,新建了芳烈祠,修整了石砌围墙等。学校名噪一时,其在乡学中的地位堪比幕府学校在藩校中的地位。

三、市民生活与城镇教育

17世纪随着日本城乡交往活动增加,江户和各藩藩主所在地四周形成了商人及手工艺者聚居的称为"城下町"的新街区,进而城町合为一体,成为贸易发达的城市。江户更因为是幕府的所在地,成为上层武士和豪商巨贾往来云集的重镇。据称,17世纪末的江户已拥有100万人口,武士、町人各占一半。此外,京都不仅是宫廷所在地,也是以生产西阵织[②]为中心的轻工业城市,而大阪则是江户时代全国商品的主要集散地、商业和金融的中心,被誉为"天下的厨房"。除了江户、京都和大阪这"三都"之外,堺市、长崎、兵库、名古屋等也是当时较大的城市。尽管这些城市处于"幕藩体制"的控制之

---

① 杨孔炽:《日本教育现代化的历史基础》,68页,福州,福建教育出版社,1998。

② 西阵织,产于京都西阵地区的日本著名提花纺织物。16世纪后期即获朝廷和幕府支持,现为日本优秀丝绸产品和传统工艺品的代表之一。

下，还不可能达到欧洲近代初期城市所具有的独立性，但逐渐壮大的町人群体还是不可避免地开始了文化创造，并影响到武士阶层及整个城市。

城市商业文化发展对于读书识字等基本的学力要求越来越高，因此，以读、写、算基本常识为主要教学内容的私人学塾（多称为"手习所"）逐渐发展起来。由于当时佛教寺院在社会上属于水平较高的机构，颇受社会崇敬，所以一些商家就将子弟送往附近的寺院学习，"寺子"就是按惯例对这种儿童的称谓。后来学习读、写、算初步知识的儿童不论是否在寺内，都被称为"寺子"；从寺院独立出来的城镇里的"手习所"，也都被称为"寺子屋"。不过，17 世纪末"寺子屋"教育还处在初期的发展阶段，进入 18 世纪以后才兴盛起来。

在城镇里，另一种可以看作教育活动的方式是"年季奉公"制度。它是指城市中的商业经营者雇用伙计或工人、手工业者子弟为学徒，其中不仅有雇用契约关系，还存在着武士家族式的主从关系；它是招收学徒、培养单个商人或手工业者的一般方式。学徒一般 10 岁左右进店，经历"丁稚"（小伙计）、"手代"（领班者）、"番头"（掌柜）、"支配人"（经理）几个阶段后才能独立。店主对学徒的要求极为严格，除每年两次休假外，一般不准回家。父母一般也很少探望，以便孩子一心一意地为徒。当时的人们普遍认为，"不让他尝试寄人篱下的滋味，就不懂得关心别人"，"不离开父母身边，怎么也不知痛痒"。① 可见，对儿童的严格要求并不仅仅是店主的需要，而是一种务实风气的反映，是具有合理因素的教育观念。

手工业者收徒传艺的情况与商家收徒大体相似。徒弟多由亲戚、同乡介绍而来，并不需要明文的契约，师徒关系也是一种家族式的主从关系。以师傅为中心，徒弟唯命是从，以获得师傅的关照和帮助。这与武士中的主从关系十分相似。不同之处在于，由于工匠的工作对计算及读写要求不高，所以

———————————

① ［日］中村通夫：《日本古典文學大系 63》，121 頁，岩波書店，1957。

即使没有一点文化也可以把手工技艺学好。倘若农民或工匠的孩子想到商人家去当学徒，一般必须先到"寺子屋"学习一段时间，具备一定的读、写、算知识才行。此外，工匠的学徒在学习过程中，师傅和师兄往往并不手把手地教，而是主要靠自己积极主动地观察和模仿、细心体会，才能获得其中的诀窍。由此形成的特点是，手工业者的学徒往往专注于自身技术的熟练和提高，并且以一门手艺的掌握为目标。商人的学徒越到以后的阶段越要面向社会，学会了解社会和顾客，需要胆量和应变能力等，因此他们所要学习的东西相对来说是比较复杂和多变的。或者说，他们必须更多地关注人和社会。商人是活动性很强的阶层，这也许是在城市商人中容易产生新思想的原因之一。

在私人办的学校中，水平比"寺子屋"高的是私塾。私塾是在藩校出现之前就存在的教育机构。它多由学者自行创办，以教授儒学为主，所以也称为汉学塾。17 世纪著名的汉学塾有中江藤树(Nakae Toju，1608—1648)的私塾(后称藤树书院)、松永尺五(Matsunaga Sekigo，1592—1657)的讲习堂、木下顺庵(Kinoshita Junan，1621—1698)的雉塾、伊藤仁斋(Ito Jinsai，1627—1705)的古义堂(崛川塾)、荻生徂徕(Ogyu Sorai，1666—1728)的萱园塾等。它们既招收武士子弟入学，也对平民子弟开放，由此带来了思想文化较为丰富多彩的局面。

综上所述，在 17 世纪中后期日本闭关锁国、政局安定、民族文化逐步发展的社会环境下，日本的学校教育也多样化地发展起来了，并初步形成了独具日本特征的教育组织形态。这也是江户时代教育从佛教寺院、宫廷内走向独立、走向社会实际的开始。当然，统治阶级也尽可能地把文化教育及整个社会发展控制在自己需要的范围之内，这无疑给新生事物的成长造成了困难，这种状况直到 18 世纪以后才有所改观。

第三节　17 世纪日本朱子学派的教育思想

一、17 世纪日本朱子学派的形成

朱子学从中国传入日本之后，直到 17 世纪初期一直处于佛学的从属地位。"镰仓五山"和"京都五山"①既是佛教名寺，也是儒学研究的重镇和传播中心。在 14 世纪前期，日本学者撰写的关于宋学研究的论文集已经出现。至 15 世纪中期，专门的单行本宋学研究著作开始出版，这标志着研究的深入和研究队伍的扩大。但朱子学仍未完全脱离禅宗而独立。16 世纪末，藤原惺窝及其弟子林罗山由学禅转而接受朱子学，后来又长期在幕府担任文教要职，使朱子学得到发扬。之后朱子学开始脱离佛教，形成独立的学派，并成为官方认可的主流意识形态。

藤原惺窝和林罗山都极为推崇程朱之学，批判旧儒和佛学。藤原惺窝曾说："汉唐儒者，不过记诵辞章之间，说注解、音训、标题事迹耳。绝无圣学诚实之见识矣。"②林罗山也说"解经莫粹于紫阳氏"等，表明了他对朱子的肯定和赞誉态度。林罗山尤其注重"大义名分"的理论，他提出："上下不违，贵贱不乱，则人伦正，人伦正则国家治，国家治则王道成，此礼之盛也。"③他以此论证了江户时代武士本位的社会等级身份的合理性，这些理论也成为直接为幕府统治服务的重要思想。由此林罗山还得出了以忠为本、忠大于孝的伦理观，架起了儒学与武士道之间的一道思想桥梁。

藤原惺窝和林罗山在确立日本朱子学的同时，还提出了"神儒一体"的观

---

① "镰仓五山"即镰仓时代的建长寺、圆觉寺、寿福寺、净智寺、净妙寺，"京都五山"即室町时代建于京都的南禅寺、天龙寺、相国寺、建仁寺、东福寺。

② [日]源了圓：《近世初期實學思想の研究》，159 頁，創文社，1980。

③ [日]近代日本思想史研究会：《近代日本思想史》第 1 卷，马采译，6~7 页，北京，商务印书馆，1983。

点。藤原惺窝曾说："日本之神道以正我心、怜万民、施慈悲为奥秘，尧舜之道亦以此为奥秘也。唐土曰儒道，日本曰神道，名变而心一也。"①林罗山也力图用儒学理论说明和论证神道，鼓吹"我朝神国也，神道乃王道也"，又说"神道即理"，认为"心清明，神之光也。行迹正，神之姿也。政行，神之德也。国治，神之力也"。②他将自己这种神儒合一的神道称为"理当心地之神道"。藤原惺窝和林罗山的这些观点，用朱子学理论充实了日本神道的理论基础，开辟了神儒结合的道路，是后来武士道和军国主义的重要理论渊源之一。

此外，林罗山还参与起草了幕府禁止基督教、实行锁国政策的法令。他自己出版了《排耶稣》，记录自己与一个耶稣传教士的辩论过程，意在以儒学之"理"批判基督教的"神"。

朱子学与佛学的分离影响了17世纪日本的教育思想：一方面，朱子学在意识形态上的控制地位以及对西方学术的禁止，不可避免地导致了教育指导思想、内容和方式的局限；另一方面，这种从出世到入世的转变，为江户时代形成现实本位、儿童本位的教育观奠定了基础。

除了藤原惺窝和林罗山以外，17世纪日本还出现了其他朱子学者。在这些人物当中，既有祖述朱熹的"理本论"者，也有逐渐走向"气本论"的初步的唯物主义者，以及向"心本论"靠拢的主观唯心主义者，由此形成了不同思想来源的教育观或儿童观。朱子学在认识论和修养方法上的主张，特别是其"格物致知"的思想，与江户时代教育思想的形成有着更为直接的联系。一部分人如崎门学派③强调做内心功夫的"致知""居敬"；另一部分人如贝原益轩

① [日]藤原惺窝：《千代茂登草》，见[日]永田广志：《日本哲学思想史》，陈应平、姜晚成、尚永清等译，66页，北京，商务印书馆，1978。

② [日]林罗山：《神道传授》，见严绍璗、[日]源了圆：《中日文化交流史大系3：思想卷》，189页，杭州，浙江人民出版社，1996。

③ 崎门学派是17世纪由山崎闇斋(Yamazaki Yamiti, 1618—1682)创立的日本儒学派别。其视朱子学为儒学真传，但偏重"居敬"；又强调日本神道的独特性，创立"垂加神道"，强烈主张天皇崇拜。

（Kaibara Ekiken，1630—1714）等，则强调向外用功的"格物""穷理"。后者能够更多地将"理"解释为事物的规律性，因此也可能更多地注意对现实事物的研究，这为日本发展自然科学和顺利地接受西方自然科学成果奠定了一定的思想基础，也是客观地看待儿童、总结儿童发展规律的思想依据，反映了17世纪日本教育思想中萌发的近代因素。

二、贝原益轩的教育思想

贝原益轩是17世纪后期至18世纪初日本著名的儒学者，江户时代百科全书式的著名人物。同时，他以《和俗童子训》等十多部著作奠定了在江户时代日本教育史上的重要地位。

贝原益轩14岁就从"四书"开始学习儒学。28岁时赴京都游学，与当时著名的儒学者松永尺五、木下顺庵、山崎闇斋多有交往，同时阅读了不少阳明学者的著作。7年之后，他回到福冈藩。作为藩中的儒学者，他一边教育藩内子弟，一边进行学术和教育研究，共30余年，历3代藩主。1700年，贝原益轩去京都开设讲席，著书立说，并常到诸藩巡游讲学。《和俗童子训》等集中展示其教育思想的著作，大多是他晚年所著。贝原益轩的教育思想是以朱子学为主导，并结合自己长期的教育实践经验而形成的。

贝原益轩的"气"一元论，是他在宇宙观方面对朱子学的重大修正，也是其在教育和研究中注重自然科学知识的思想基础。在认识论和修养方法上，贝原益轩与朱熹相反，更为重视"格物"与"穷理"，并且这里的"理"主要是指事物发展规律之"理"，而不是封建伦理道德之"理"。这种思想倾向使贝原益轩积极提倡穷"万物之理"、积"博学之功"，从而达到"穷理尽性"。他注重实地考察，并将自己的研究领域扩展到医学、药学、数学、音乐、兵法、语言、农业、天文、历史等诸多方面，其著作多达99部(251卷)，以致德国19世纪的植物学家西博尔德(P. F. Siebold，1796—1866)等人称贝原益轩为"日本的亚里士多德"。① 这虽然有过誉之嫌，却也反映了贝原益轩的成就之大和在日本的影响之广。

贝原益轩虽然以"气本论"扩展了朱子学说中的唯物因素，但表现在人性论上则未能脱离"天命之性"的窠臼。他认为"天之所命，便是人之所受，此谓性也"②。贝原益轩虽然承认各人"其资各有厚薄崇卑"，提供了教育上因材施教的根据，但又认为各人"自有定分，不可迁移"③。这不利于深化对教育作用的认识。

贝原益轩以朱子学为基础，将教育目的定位在"治国平天下"这一高度。他指出："教育……乃立人道、兴国家，归于平治，使兆民同乐。上勤于德而为下之楷模，建校立师而教士民人伦之道，使士知礼节而与庶民同近善远恶，是为教。"④这里也凸显出贝原益轩"不分武士、平民，一律接受教育"的主张，具有一定的民主色彩。在《和俗童子训》的序言中，他还指出，该书是"书以国字，使穷乡村童之无师无圣者玩读"⑤，显然是以平民子弟为主要对象论述教育问题。他认为："人我一类……天地之间，人人皆我兄弟也。"⑥所以他主张不分武士和平民，一律平等接受教育，也是顺理成章的逻辑结论。

贝原益轩尤其重视将教育作为人自身发展的"养生"与"保身之道"(《家训》)。所谓"养生"与"保身之道"，不仅有作为当时的实用学问——医学上的含义，而且是"包含智慧在内"的一切学问之道。从这一点出发，贝原益轩十分重视教育在儿童成长与发展中的作用。他说："大凡人之小技也都是无师无

---

① [日]山本勳：《近世日本の學術》，175 頁，法政大學出版局，1982。

② [日]荒木見悟、井上忠校注：《日本思想大系 34 貝原益軒室鳩巣》，17 頁，岩波書店，1971。

③ 《慎思錄》，轉引自 [日]小林澄兄：《日本勤勞教育思想史》，119 頁，玉川大學出版部，1969。

④ [日]海後勝雄等：《近代教育史Ⅰ》，111~112 頁，誠文堂新光社，1956。

⑤ 《和俗童子訓》序言，[日]益軒會：《益軒全集》卷之三，165 頁，益軒全集刊行部，1969。

⑥ 《初學訓》，轉引自 [日]寄田啓夫、山中芳和：《日本教育史》，42 頁，ミネルヴァ書房，1993。

教自学难成，何况人之大业……"他认为："凡为人者……本性皆可向善。"①
贝原益轩以此说明了教育的可能性。他又从反面指出教育的必要性："大凡小
儿沾染恶习，乃父母乳娘监护之人不知教育之道，容忍恶行，顺从赞许而坏
其于本性之故。"②可见，不进行教育就是对天性的损害。"人只因为教育才成
为人"的思想命题，在贝原益轩的教育思想中也清楚地表现出来了。

贝原益轩教育思想的又一特点是强调知行并重，二者兼顾。他在《大和俗
训》中指出："学问之要有二：未知之时求知，既知则应实行。若不知，则难
行，若不行，则与不知无异，定然无用，由此，学问之道只在知行二者。"③
在《克明抄》中，他将知与行比作"车之两轮，鸟之两翼"，缺一不可。他还主
张先从易行的方面开始："盖学者于孝悌忠信，日用先行，以务实为本。而
后，学文以明善，则知与行并进，日新不息。"④在这里，贝原益轩谈论的是
道德教育中的知行并进，其具体内容仍未摆脱孝悌忠信等儒家信条，反映了
时代的局限性。

贝原益轩的"随年教法"，在日本教育史上最为学者所乐道。所谓"随年教
法"，就是随儿童年龄的增大而相应地改变教学内容和教学方式的教育法则。
这反映出贝原益轩在尊重儿童天性的前提下，循序渐进地进行教育的思想。
他在《家训》中指出："幼时之教，不可过繁，事繁而烦劳，则生厌恶和疏远学
问之心，故应选择简要之事而教。不应难而屈其气。"⑤贝原益轩以一种经验
性的儿童心理分析作为自己的立论依据，是日本江户时代近代教育因素的显
现。此外，在叙述"随年教法"时，贝原益轩还具体提出了不少新的主张。

---

① 《大和俗訓》，轉引自［日］寄田啓夫、山中芳和：《日本教育史》，42頁，ミネルヴァ書房，1993。
② ［日］益軒會：《益軒全集》卷之三，166~167頁，益軒全集刊行部，1969。
③ ［日］小林澄兄：《日本勤勞教育思想史》，127頁，玉川大學出版部，1969。
④ ［日］小林澄兄：《日本勤勞教育思想史》，131頁，玉川大學出版部，1969。
⑤ ［日］益軒會：《益軒全集》卷之三，937頁，益軒全集刊行部，1969。

　　贝原益轩指出："在日本，计算被视为卑贱之艺，名门大家从不教子弟数字计算，此乃国俗之谬，世人观念之误也。"①他要求"识字写字算术之事，贵贱四民，都应习得"②。贝原益轩还主张除了学习儒家之"礼"外，还要学习日本之礼，如日本的起居坐卧、饮食酒茶、祭祀之礼等。这反映出他在教育中注重实际的特点和民族意识的觉醒。

　　贝原益轩在《慎思录》中指出："教养乃涵育熏陶之功，无间断，候其自化。"③在这里，他把儿童的成长看成一种"自化"过程，教养只起不间断的熏陶作用，这与欧洲启蒙教育家卢梭的"消极教育"思想极为相似。由此，他还提出了许多具体的教育主张。例如，"小儿之好游戏常情也。若于道无害，不可强迫压抑而屈其气"④。又如，他强调早教："苟谕教之不早，年稍长，则内为嗜好所陷溺……"⑤凡此种种，都说明贝原益轩在考虑教育问题时，已经将儿童天性放在了重要的位置。贝原益轩的这一思想比卢梭的《爱弥儿》中类似思想大约早了 50 年。

　　贝原益轩教育思想所涉及的面很广。他的《和俗童子训》卷五还专门谈了"教女子法"，江户时代流行甚广的《女大学》就是依此而写成的；在体育方面，他力倡锻炼主义，与洛克的观点极为相近。贝原益轩还要求选择良好的保姆与教师，同时也指出社会各界、家长、子女尊师重教的重要性；他认为教为学之伴，学随教而长。此外，贝原益轩还谈到了职业教育的必要性等。贝原益轩的教育思想影响甚广，他编写的书籍和教材不仅在幕府里受到重视，而且有的教材还流行于"寺子屋"、私塾教师及民间文化人之间。他是 17 世纪末日本新教育观念的集大成者，也是推动日本教育思想向近代发展的先驱。

---

① ［日］益軒會：《益軒全集》卷之三，178 頁，益軒全集刊行部，1969。
② ［日］益軒會：《益軒全集》卷之三，177 頁，益軒全集刊行部，1969。
③ ［日］長田新監修：《日本教育史》，86 頁，御茶の水書房，1982。
④ ［日］益軒會：《益軒全集》卷之三，937 頁，益軒全集刊行部，1969。
⑤ ［日］益軒會：《益軒全集》卷之三，165 頁，益軒全集刊行部，1969。

17 世纪是日本朱子学从佛学中独立出来并逐步走向兴盛的时代。如果说藤原惺窝、林罗山等人在以朱子学构建官方意识形态和制定文教政策方面起到了重要的作用，那么贝原益轩的朱子学则在实践格物致知、尊重儿童天性、改进教学观念及方法等方面颇有建树。当然，他们在维护封建秩序方面的共性也是不容忽视的。

第四节　17 世纪日本阳明学派的教育思想

16 世纪初日本五山禅僧了庵桂悟（Iori Keigo，即堆云桂悟，1424—1514）与中国阳明学派的创始人王阳明在宁波结交，其后一百多年都没有关于日本阳明学者的活动记载。直到 17 世纪中期，才有中江藤树从朱子学派中分离出来，并在远离朱子学传播中心的江户开创了日本的阳明之学。稍后，其弟子熊泽蕃山（Kumazawa Banzan，1619—1691）也成为 17 世纪日本的阳明学大儒。但总体看来，在江户时代朱子学成为"官学"的情况下，日本阳明学一直处于"在野"的地位，备受压抑。

处于这种境地的 17 世纪日本阳明学具有两种思想倾向：一是更多地否定现存制度的政治倾向，二是更加重视行为实效的功利倾向。阳明学更多地接受和发展了重"良知"（圣人之心）、以"良知"作为判断是非标准的思想因素，进而导致以"良知"反对外在权威，实施改革行动。实际上，日本阳明学创始人中江藤树认为，外在的礼仪法度只不过是先哲根据当时的"时、处、位"而制定的，不应成为永久不变的规范，而应当以所体会到的圣人之"心"为标准。由此，他将自古以来的礼仪制度否定了，这为朱子学所不容。他的弟子熊泽蕃山更是身体力行，在池田光正的帮助下进行藩政改革，反映了日本阳明学派的重"行"倾向。到了 19 世纪，大盐中斋、吉田松阴更是将阳明学派的思想付诸政治行为的代表人物。

一、中江藤树的教育思想

(一)中江藤树思想的形成

中江藤树是日本 17 世纪前期的儒学者。当时朱子学学者藤原惺窝、林罗山被幕府委以重任,标志着儒学已取代佛教禅学登上了社会的主流思想舞台。中江藤树、山崎闇斋和藤原惺窝、林罗山一样,都是出现在江户时代早期的知名儒学者。

中江藤树名原,近江(今滋贺县)人,因而成名以后被尊称为"近江圣人",亦称"藤树先生"。中江藤树 11 岁始读《大学》,15 岁就成为武士。17岁开始学《论语》以及《四书大全》,笃信朱子之学,谨守礼法,并在 27 岁时弃官回乡侍奉老母,开始了他的教育生涯。他到 30 岁时才结婚,据说是遵从"三十男有室"的儒学之训。中江藤树的弃官和晚婚,可以说是他注重实践的思想特色的表现,也是他个人生活和思想转变的重要标志。

中江藤树由朱子学向阳明学的转变,就是在这以后发生的。他逐渐认识到朱子学过分拘泥于形式主义的礼仪法度而不利于内心修养;在 37 岁时他又"购得《阳明全书》读之",从而完全转向阳明学。中江藤树向阳明学的转变,也与他对当时林罗山家族的看法有关。他认为林氏品格不高,学问空疏,实为儒学之异端;他对林家垄断学术,傲然于他人之上的状况极为不满。这些思想都是他叛离林氏朱子学的重要原因。

(二)"致良知"与教育

中江藤树作为一个儒学者,对于朱子关于"性即理""本然之性""气质之性"的观点是基本赞同的。但在世界观方面,他与中国的阳明学者一样,将世界的本原归结于精神本体,归结于人的"心",即归结于他常说的"明德""心""良心""中"等。他认为"心"是万物和万理的本原。对于"格物",他大体上继承了朱子学的观点，但他对"致知"的解释与朱子学有较大不同。他认为"致知"主要是"致良知"，它需要克服"意"或"凡情"，否则"德"便不明，"五事"也会错乱；若除去它们，人便可获取"良知"。"致良知"是中江藤树阳明学的重要命题。

中江藤树在其晚年的著作《翁问答》中认为，无论怎样痴愚不肖的人都具有"良知""良能"，人性本善，与才智的有无没有关系。他还认为：万民都是天地之子，都是兄弟，强调了人在本原上的平等性；一个人地位的高下，大多取决于自身努力的程度，因此教育的必要性和可能性是十分明显的。他曾经将一个天生迟钝的儿童大野了佐培养成一个能独立行医的医生，并以此为例，证明了"人人通过学习都可以成为圣人"①的思想。这反映出中江藤树崇高的教育爱心和尊重人性的思想特点，也是其教育平等观的重要实践。

（三）"孝"的思想与教育

中江藤树虽然基本上继承了王阳明将世界的本原归于"良心"等观点，但与中国阳明学者及朱子学者不同的是，他将"孝"作为更本质的东西，并将其作为"全孝心法"哲学体系的最高范畴。他声称："天地万物皆由孝生。"②这里的"孝"也指宇宙万物的内在法则和道理，其地位相当于朱子学中的"理"。因此，"孝为人之本"③是道德之本和教育的起点。这就是中江藤树重视道德教育和教化的主要原因。

从注重"心"的作用和重视"孝"的思想出发，中江藤树又把教育的任务归结于促进人性本质（即所谓"明德"与"佛性"）的自觉自省，而未能达到自觉自省的儿童，其人性与成人是不同的，因此"在教导儿童方面，儿童与成人有差别"。对于"儿童的活动，倘若是游戏之事，应随其心，未必要加以制止"；

---

① ［日］麻生诚等：《教育与日本现代化》，刘付忱译，3 页，北京，人民教育出版社，1980。

② ［日］中江藤树：《孝經心法》，轉引自［日］井上哲次郎：《日本陽明學派之哲學》，45 頁，富山房，1987。

③ ［日］井上久雄：《日本の教育思想》，93 頁，福村出版株式會社，1979。

"从儿童时代起，就让他学成人的举止，由于加以禁止，其心畏，其气屈，而成为异样的人"，这无异于是在犯罪。① 从这一点来看，中江藤树在教育观上属于儿童本位，与卢梭有某种共同之处。

中江藤树认为，"孝"的方式最终表现在"爱"与"敬"两个方面。"爱"就是对人诚恳、亲近，"敬"就是敬上且对下不轻侮。但是，"爱"与"敬"的方式方法，会在日常的社会关系中因为时间、地点、条件等不同而有不同的具体形态。正如水在容器中的情形：容器的方圆相应地造成了水的不同形状。尽管如此，水仍然是水，虽然"爱"与"敬"的各种表现方式不同，但它们最终的精神是"孝"。中江藤树认为，"孝"以及"爱"和"敬"并不等于完全顺从。由于"时""处""位"的具体情况不同，做弟子的有时不免会与父辈们有所争执。在当时的情况下，这一观点无疑具有一定的冲破思想束缚的意义。中江藤树认为：在实际生活中以"爱"和"敬"实现孝道，其关键是实行立身之道；实行立身之道的根本在于"明明德"，而实现"明明德"的根本又在于以"良知"为镜而慎独。基于慎独不断修行，如此积累下去就能够达到圣人的境界。这样中江藤树就将人生和教育的最终目标定位于个人道德的完成，这是所有人（不问其身份和素质如何）都应当努力完成的重要任务。"孝悌忠信，付诸实行，乃真善人也。然若半途而废，则不足以成国家天下之大业。"②

（四）论教与学的关系

1635 年中江藤树回到家乡之后，每年都有许多人远道慕名前来求学，他都热情相待并建房给他们住宿。1639 年，他以朱子白鹿洞书院学规为样板，制定了"藤树规"和"学舍座右铭"。从此藤树书院就成了具有较为完备形态的私塾，学生数量最多的时候有 60 多人。虽然学生在藤树书院学习的时间长短

---

① ［日］中江藤樹：《鑑草》卷之四《教子報》，轉引自［日］長田新監修：《日本教育史》，85 頁，御茶の水書房，1982。

② 转引自严绍璗、［日］源了圆：《中日文化交流史大系 3：思想卷》，240 页，杭州，浙江人民出版社，1996。

不一，但是在他们离开的时候，中江藤树都要赠送告别的诗文，鼓励他们不断学习。即使在学生离开书院以后，他也经常与他们通信，以此继续教育学生。

基于平等的师生关系，中江藤树认为教与学是共同的修道之事，而不是两个方法和步骤。教师示而授之则成为教，学生受而习之则成为学，教与学为一体。学习主要是记忆和理解，主要靠自己的意志和努力程度。"拜托师友是理所当然的，学习者应当请教。但尽管如此，达到行道的境界，务必自己心上努力，不应完全借助师友之力。"①

此外，中江藤树还批评一些人读书只是为了记忆文字、拼凑诗文，以此装饰自己的口舌，向人夸耀自己的博学并作为索取功名利禄的手段。这是绝对不可取的。他认为学生之所以要好好读圣贤之"四书五经"，是因为它们是记录圣人言行(即"迹")和圣人思想(即"心")的书。要通过读圣人的"迹"去读圣人的"心"，以此作为我们的心的指导，如此，我们的心也将成为圣人之心，从而使我们的言行达到与圣人相同的境界。这样的学问才是真正的学问。

二、熊泽蕃山的教育思想

中江藤树去世以后，其阳明学分为以熊泽蕃山为中心的"事功派"和以渊冈山(Huti Okayama，1617—1687)为首的"慎独派"。后者恪守师训，没有思想创新；前者在17世纪日本阳明学的传播和发展中产生了较大的影响。

熊泽蕃山出生于京都的武士家庭，16岁时即被当地名儒推荐，成为池田光正的家臣。4年后，他辞职学习朱熹的《四书集注》，后又慕名到中江藤树处求学4年，受到中江藤树阳明学思想的影响。1646年，27岁的熊泽蕃山再度获得池田光正的信任，被聘为总理藩政的最高官员"家老"，主持藩政改革，取得令人瞩目的成绩。后来，他先后在江户、京都两地办学宣传阳明学，但

---

① [日]井上久雄：《日本の教育思想》，101 頁，福村出版株式會社，1979。

都遭到诬陷和迫害，曾被幽禁于芳野多年。1669 年以后，他曾被明石藩藩主松平信之收容，专事读书和著述。但由于 1687 年上书幕府请求改革政务，批评当时的有关政策而被幽禁于下总的古河，4 年后与世长辞。熊泽蕃山主要是因为信仰和传播阳明学而遭到迫害的。他一生的遭遇是江户时代前期官方意识形态对思想异端进行排斥和打击的写照。

作为中江藤树的学生，熊泽蕃山发展了中江藤树的"时、处、位"思想，尤其注重"行"。他说："知而不行，有始无终；知而不实，故无成也。"[①]在这方面，他继承了阳明学派的政治性格，在自己主政的藩内实行了一系列藩政改革。他的许多做法和主张客观上起到了反对幕藩体制、推行王政复古的作用，成为后来明治维新尊王倒幕的先声，也反映了其思想中以"治国平天下"为目标的"事功"特征。

教育作为培养尊王思想和经世治国人才的工具，受到了熊泽蕃山的重视。他说："学校为教授人道之所也。治国平天下以正心为本，是为政之第一要务。以往敬奉天皇、诸侯如父子般心服，其源盖由于学校教育之故也。学校教师由有德而明理者担任，其他博学之才跟随其后而讲明经传，吸引天皇、臣下及中上层武士进行讨论讲习，（教师）对于天皇道德的一句赞颂之词胜过其他千言万语而能感动地方大名和武士们的心；传至各国，则能感发众人固有之善心；道德的传播，比之命令的传达也更快捷……"[②]

从上述言论中可以看到，熊泽蕃山首先重视的是为政者子弟的教育，其次是让参与政治的士大夫的子弟入学，他把上层社会的教育放在首位。但他并没有否定平民教育，只是主张平民教育与武士教育应当有所区别，要求进行等级教育。

就道德的养成看，他认为"人欲"乃是任何人都不可避免的，农、工、商

① 转引自李甦平：《中国·日本·朝鲜实学比较》，178 页，合肥，安徽人民出版社，1995。
② 《大學或問》，轉引自［日］笠井助治：《近世藩校の綜合研究》，182 頁，吉川弘文館，1982。

尤其如此，因此对于他们的欲望不能采用禁止的办法，而要采取节制的办法。节制人的欲望的最好方法是授之以"礼"的教育，有"礼"则有敬有爱，俭朴、谦逊也由此而生。但是"礼"应以简易为贵，它不应因为等级身份的不同而具有烦琐的礼仪法式，归根结底是要明义理、安现状、各尽其责，使之成为"天下之法""随性之道"。社会的统治者则应"好仁而爱民，有仁而无欲。无欲则自然俭朴"①。徒然地以法度、禁令强行要求俭约并不是好办法。

可见，熊泽蕃山要求通过教育培养实用之才、改善现实状况。他将教育与政治联系起来，从而也将教育向现实本位的方向推进了一步。

由于熊泽蕃山重视学校教育，在他主持藩政期间，冈山藩的学校教育发展很快。1641 年先于其他藩成立藩校"花田教场"，教授武士子弟。此后庶民的学校教育也发展起来，1668 年时已经有 123 所初等习字学校——"手习所"，教师达 129 人，有 2 258 名儿童入学，学习写字、计算以及《孝经》等儒家经典。在这些学校中最有名的是"闲谷学校"。该藩教育的普及程度和良好的社会与学习风气常常为人所称道。

此外，熊泽蕃山还对幼儿启蒙教育发表过见解。他认为："蒙童之养育，应候其神志之开启。"②3~5 岁的儿童虽有羞耻之心，但知识尚少，不能分辨义与不义，难以分辨是非；而 6~8 岁的儿童则有了辞让之心，所以一般 8 岁进入小学。要顺从儿童固有的天性和成长阶段，而不应予以强迫。即使是百里挑一的天才儿童，也不应以成人的要求去对待他，否则就会使他傲视于人，不利于他才智的成长。他认为，儿童在写字、读书、计算以及武事等各方面都应当学习和积累。同时，"音乐乃培养人之性情、荡涤邪秽，并使人和顺、获得道德之物"③，因此学习音乐也极为重要。

---

① ［日］小林澄兄：《日本勤劳教育思想史》，94 页，玉川大學出版部，1969。
② ［日］小林澄兄：《日本勤劳教育思想史》，91 页，玉川大學出版部，1969。
③ ［日］熊澤蕃山：《集義和書》，轉引自［英］R.P.ドーア（多爾）：《江戸時代の教育》，50 页，松居弘道日譯，岩波書店，1970。

综上所述，17 世纪日本的阳明学大家中江藤树和熊泽蕃山等人，基于注重现实和人心的哲学理论，表现出了对教育作用的高度重视，并对儿童教育的内容和方法提出了自己的见解。他们的教育观是 17 世纪日本教育思想的重要内容，也是此后日本教育得以发展的重要思想基础。

第五节　17 世纪日本古学派的教育思想

当中国的朱子学和阳明学都传到日本以后，其思想的对立导致了他们对后世儒学的疑惑，从而在日本儒学中产生了崇尚中国古典的古学派。对 17 世纪日本古学派的产生有着直接影响的中国学者，是当时流亡日本的朱舜水（1600—1682）。朱舜水自 1659 年起定居日本 20 多年，他学术造诣深厚，在 17 世纪的日本学界享有很高的威望，特别是其崇尚孔孟、贬斥朱熹的倾向，以及经世致用的学术主张，都对古学派的思想发展有着重要的推动作用。17 世纪日本古学派作为"在野"的学术思潮，也不排除是要借助中国古代圣贤的历史影响抗衡朱子学。复古是其旗号和学术表征，但对朱子学理念的突破才是它的实质。

古学派的代表人物主要有 17 世纪后期的山鹿素行（Yamaga Sokou，1622—1682）、伊藤仁斋，以及 17 世纪末至 18 世纪初的荻生徂徕等。其中，山鹿素行可以说是古学派的先导，伊藤仁斋及其儿子伊藤东崖等人以"古义学派"著称，荻生徂徕等人则主张根据对古代语文及其语法的归纳性研究去探求孔孟古典的思想真谛，所以又称为"古文辞学派"。尽管有此三派之分，但其共同之处在于它们都认为朱子学和阳明学脱离了儒学的本来精神，要求重新从孔孟等经典原著中获得对儒学的正确理解，也主张古为今用，因而历来的日本思想史研究，都将它们统称为古学派。

一、山鹿素行的教育思想

（一）生平与基本思想

山鹿素行名高佑，字子敬，号素行。他 6 岁进私塾，8 岁就能背诵四书五经。9 岁开始随林罗山学习朱子学，才华出众。11 岁为他人讲解《小学》《论语》《贞观政要》等书，老成干练。林罗山曾破例允许他使用日本儒家自 200 多年前祖传下来的讲桌，表明了给予山鹿素行的不凡待遇。18 岁后，山鹿素行又随北条氏长（Houzyou Uzinaga，1609—1670）、小幡景宪（Obata Kagenori，1572—1663）等军事学家学习兵学，向广田坦斋学习神道、歌学及日本文学。后又自己钻研老庄、佛教等多方面的学问，名声渐响。向他求学的人日益增多，据称先后有 4 000 余人。

山鹿素行在钻研多方面学问的过程中，感到了各种思想体系之间的矛盾和对立，结果导致他转向"古学"——直接阅读周公、孔子之书，以此规范自己的学术研究。及至大约 44 岁完成《圣教要录》时，他断言"孔子没而圣人之统殆尽……道统之传，至宋竟泯没。况陆王之徒不足算，唯朱元晦大功圣经，然不得超出余流"[①]，这标志着他古学思想的定型。

山鹿素行在《圣教要录》中以"理气妙合""气一元论"，以及"理"应当解释为天地万物生生不息的"条理"等观点，批判了朱子学关于"理"是先验的形而上的实体的"理一元论"；他又以"气"的生生不息，推断出天地无始无终的世界观等。然而，山鹿素行这种依据古典反对朱熹的观点遭到了幕府官方学者的责难，大批武士集聚在山鹿素行的周围学习也遭到当权者的疑虑。结果《圣教要录》写成后，山鹿素行就被流放到赤穗。此后他继续著述，重点放在兵学研究上，写有《武家记事》《中朝实录》等著作。

---

① 转引自［日］永田广志：《日本哲学思想史》，陈应年、姜晚成、尚永清等译，90 页，北京，商务印书馆，1978。

(二)武士教育思想

进入江户时代以后,武士的社会功能和生活方式随着 17 世纪"幕藩体制"的建立和稳定而发生了极大的变化,朱子学也取代佛学成为社会的主流意识形态。武士们在政治上不得不作为行政官员发挥作用的同时,在文化素质上的要求也已相应地发生改变。时代要求武士们以一种新的面貌和武士道德昭示于社会,山鹿素行正是这种新的武士形象的提出者和设计者。他以兵法学家而闻名于世,更是江户时代日本武士道的开创者、新的历史条件下武士教育的重要思想家。他的武士教育思想是将儒家思想运用于武士教育的产物,有关的著作包括《山鹿语类》《武教小学》《武教本论》《武教要录》《武事记》《兵法或论》等,其中包含了较为丰富的武士教育思想。

在道德论方面,山鹿素行将"仁"或"仁义"看成道德的源泉和核心表现,认为人性无所谓善恶,人性的发动只要合乎"礼","仁"就会得以实现,而所谓"礼"则是客观现实中的适度。"礼者,民之所由生也,所以制中也。"[1]他明确提出人的欲望(利)存在的合理性,并要求进行适当的教育,以达到成功的目标。他说:"人皆有好利恶害之二心,是谓好恶之心";"果无此利害之心,乃死灰槁木,非人也";"果失此利心,则君臣上下之道不立";等等。[2] 他认为"利"本身与"义"并不矛盾,只要"合于节"的就是"仁",就是道德。山鹿素行的这一思想可以说突破了朱子学的道德观,在一定程度上适应了江户时代商业发展所引起的"利"的思想的出现。

但山鹿素行毕竟是武士阶层中的人,维护武士在"幕藩体制"的"四民"身份等级中的优越地位,乃是他不可逾越的历史局限。所以,他重点研究和论述了所谓"士道"问题,即新的社会条件下武士的道德和教育问题。其方法论

---

① 转引自[日]永田广志:《日本哲学思想史》,陈应年、姜晚成、尚永清等译,91 页,北京,商务印书馆,1978。

② 转引自[日]永田广志:《日本哲学思想史》,陈应年、姜晚成、尚永清等译,91 页,北京,商务印书馆,1978。

是用儒家思想去改造原有的"武士道"理论，让儒家思想取代佛教成为武士最主要的生活原理；其基本途径是以所谓"道的自觉"代替过去的"死的自觉"，而首先是要求武士们"知己之职分"。他认为："凡谓士之职，在省其身、得主人而尽忠侍奉之、交友笃信、慎独重义。而身负父子、兄弟、夫妇等不得已之交往，此亦为天下万民不可无之人伦。但农、工、商因其职业而无暇，常因相从（于职业）而不得尽其道。而士则弃农、工、商之业而专于此道，三民之中苟有违反人伦之辈则速罚之，以正人伦于天下。是故，士必具文武之德治。"①

由此可知，山鹿素行提出的武士的基本义务在于：效忠于主人，实践人伦，为整个社会人伦的实现充当监督者和社会典范。这实际上也就是武士教育的目标——培养维护统治阶级内部秩序、维护对"三民"统治的文武双全的新武士阶层。

山鹿素行认为，武士品格教育的第一步应当从 10 个方面进行：养气、度量、志气、温顺、风度、辨义利、安命、清廉、正直、节操。在此基础上，还必须进一步提高自己的道德和修养。其途径是厉行忠孝、固守正义、详究事物、广博学文。在交往中要求慎视听、慎言语、慎容貌动作，以保持武士的威仪。由此看来，山鹿素行不仅十分注重武士的道德修养，而且十分注重武士的道德实践。他甚至对武士的衣食住行等方面也做出了具体的规定。

除了道德方面的要求以外，山鹿素行还主张武士必须学习有用的日常知识和技术，如礼仪规则、武艺、武器的用法、作战的布阵指挥，以及政治制度和审判知识等。在原则和方法上，则要从"圣人之书"（周公、孔子之书）中去寻求。武士既要有道德和威仪，又要有实际的学问，还要学习儒家圣人的典籍。可见，山鹿素行的武士教育思想既保留了历来武士道德中的忠君唯上，又有所创造地提出了武士在新时期应当具有的素质。他不仅要求武士忠君孝

---

①　[日]源了圆：《德川思想小史》，80~81 頁，中央公論社，1973。

主，而且要求他们在道德上成为万民的榜样和社会人伦道德的监督者。

在学习的方法论方面，山鹿素行批评朱子学的"复性"论，认为它导致只注重内省的功夫而完全脱离日用之道。他进而提出"学问之极，唯在于穷致其事理日用"①的实学观，以及以节制欲望为出发点的教育观："人皆有好利恶害之心，是谓好恶之心。依此心立教，遂述圣人之极。"②此外，他也像同时代的熊泽蕃山以及后来的荻生徂徕一样，主张"一般教民之道与教士之道不同"③。

山鹿素行重视学校建设，认为国君和父母负有教育的职责。一国之中，改良风俗、推进教化的最好手段是建立学校和普及教育，而作为应急手段，可将各村的寺社改作学校。僧人和神主可以充当教师，以开展学校教育和社会教育。町镇应开支学校经费。

在家庭中，应以父亲为中心开展幼儿教育，知德并重，严格要求，顺应年龄逐步前进。除此以外，山鹿素行还在教育的规制、奖励、儿童的自治训练、女子教育、武士与平民共学等问题上发表了卓越的见解，其中包含了一定的近代教育思想因素。

总之，自山鹿素行开始的日本武士道思想，以其团结爱国、简朴务实的精神，与商人、企业家的要求相结合，对于此后日本经济的飞速发展起到了积极的作用。但山鹿素行从注重古学、倡行武士道开始，逐渐走向了神统论的日本主义，甚至称日本"水土卓尔于万邦而人物精秀于八纮"④等。其神统一脉、尊皇忠君的思想，又成为军国主义产生的思想温床，对近现代日本的教育和社会发展产生了不良影响。

---

① ［日］田原嗣郎、守本顺一郎：《日本思想大系32 山鹿素行》，465页，岩波书店，1978。

② 转引自［日］永田广志：《日本哲学思想史》，陈应年、姜晚成、尚永清等译，91页，北京，商务印书馆，1978。

③ ［日］笠井助治：《近世藩校の綜合研究》，183页，吉川弘文馆，1982。

④ ［日］山鹿素行：《中朝實錄》，享保十二年抄本，1页。

二、伊藤仁斋的教育思想

伊藤仁斋是与山鹿素行同时代的日本思想家和教育实践家，名维桢，字源佐，号仁斋，又号古义堂等。伊藤仁斋自幼聪明好学，据传 11 岁能读《大学》等经典，后又悉心研究《理性大全》《朱子语类》，笃信程朱，著有《太极论》等。但是，他在 30 多岁时思想发生转变，认为宋儒之说有违孔孟原意、《大学》亦非孔子遗留之书等，进而提出"直求之于《语》《孟》二书"以获得圣人之本旨的主张。伊藤仁斋有《语孟字义》《中庸发挥》《童子问》等著作，在京都堀川开办"古义堂"，声名远播，其学派由此而被称为"堀川学派""古义学派""仁斋学"等。他在盛名之下拒绝为官，终生从事教学和研究工作。

在世界观方面，伊藤仁斋以动态的"气"反对朱子学静态的"理"，反对"理在气先"。他还反对"天人合一"的说法，认为仁义这样的伦理范畴属于"人道"，与"天道"无涉，从而动摇了朱子学将封建伦理道德普遍化、绝对化的依据。在朱子学的思想链条上，伊藤仁斋为探求"天道""地道"（即自然界的规律）打开了理论缺口，也为自然科学的研究开启了大门。不过，他自己并未致力于探求"天道"，而是持不可知论的态度，转而重视"人伦日用"的伦理观。

伊藤仁斋认为，道德的"端本"是孟子所提出的"四端之心"——恻隐、羞恶、辞让、是非。此"四端之心"表明人性都是向善的，但这只是德的萌芽，尚需扩充发展，才能成为仁、义、礼、智，若再扩大到极致，就是"王道"。这一思想被伊藤仁斋称为"圣学"，是人最重要的任务。人虽有贤愚之别，但可以依人立教，随其生性，使之发展。只要实践仁义之道，人皆可以为尧舜，都能实现道德目标。

伊藤仁斋还通过长期的教学实践来反映自己丰富的教育思想。例如：他在"古义堂"中排除划一的教育模式，倡行个性发展；组织学生的"同志会"，师生以朋友间的切磋为主。他还依品行和学术水平的高低，将学生分为上、中、下三等，依学生表现每月调整一次等级，可谓现代非固定式分组教学的萌芽。伊藤仁斋当时所独创的教授汉文的翻译法，即将日译文复原为原文再译为日文的练习法，也为后世所采用。他在京都开设的"古义堂"，延续 6 代达 209 年(1662—1871 年)之久，成为日本私学教育史上的奇迹。

除了朱子学、阳明学和古学派之外，宗教，特别是神道教、佛教对 17 世纪日本教育思想也有着重要的影响。由于神道教和佛教早于儒学存在于日本社会之中，又是渗透于民间的宗教，所以它们对于民众的教育观念及民间教育习俗的影响是不可忽视的。

特别是神道教，虽然没有自己的理论体系，也没有理论性教义，但它从最初就是日本民族固有的习俗与祭礼的融合，其潜在影响力十分强大。进入江户时代以后，林罗山、熊泽蕃山等学者又积极以儒学的概念、范畴武装日本神道教，"神儒合一"，二者相得益彰，从而大大提高了神道教的地位。还有 17 世纪的伊势神道[代表人物度会延佳(Tokura Nobuka，1615—1690)]、唯一神道[代表人物吉川惟足，(Yosikawa Koretari，1616—1694)]的复兴，垂加神道(代表人物山崎闇斋)的创立等，将日常生活(包括教育)也纳入宗教的范围。例如：度会延佳提出"神道于人人日用间，无一事不为神道"的思想①；吉川惟足则援用"天人合一"论，把人看成"小体天"，把"忠"看成日本人伦之道的重点，从而影响了民间及家庭中的道德教育。

神道教和佛教的观念还强化了日本民间关于儿童的神圣观念，即所谓"7岁前的孩子是属于神的"②，把孩子视为神灵般的存在而倍加珍惜和宠爱，而并不认为孩子是大人的雏形，因此承认儿童的相对独立性。神道教和佛教的许多观念和仪式，已成为民间及家庭教育的重要内容。集体的祭祀仪式则是

---

① 宇田尚：《日本文化に及ぼせる儒教の影響》，361 頁，東洋思想研究所，1935。

② ［日］源了圓：《文化と人の形成》，160 頁，東京第一法规，1983。

一种社会性的神道教或佛教教育。甚至许多儿童游戏也源于宗教，它们包含了历史上长期形成的教育理念，这是不应忽视的。

此外，17 世纪也是日本自然科学的萌芽时期，它在一定程度上影响了教育观念的变化。例如，在数学方面，有吉田光由（Yosidami Tuyasi，1598—1672）改编的算术书《尘劫记》（1627 年），后作为教学用书广为流行，由此算术进一步受到人们的重视。在农业方面，有 17 世纪中期的《清良记》和宫崎安贞（Miyazaki Yasusada，1623—1697）的《农业全书》；在天文学方面，保井算哲（Yasui Santetu，1639—1715，涩川春海）首次编制了日本自己的历书《贞享历》（1684 年采用）。此外，17 世纪日本假名书籍逐渐增多，而佛教书籍逐渐减少，反映了文化教育中本土化、世俗化成分的加重。西川如见（Nisikawa Zyo-ken，1648—1724）的《华夷通商考》（1695 年）则初步向日本人介绍了世界，为日本吸收欧美近代文化做了铺垫。

综上所述，日本儒学在 17 世纪的发展，突破了佛教在江户时代之前对教育思想的独占局面，通过儒佛分离，将教育思想从宗教系统中解放出来，在一定程度上为其提供了走向现实本位的可能。同时，一批学者从朱子学的阵营中脱离出来，其中主要是阳明学派和古学派的代表人物提出了基于新的思想的教育观，以人或儿童为主体的教育观开始诞生。这是江户时代教育思想发展对于后世的重要贡献。此外，自然科学的发展、町人势力的抬头等因素，也导致了现实本位思想得以加强，并把教育与政治及日常生活更紧密地联系起来。这一时期，日本不仅出现了各种类别和层级的学校以及其他教学组织形式，还出现了关注教育的社会功能、关注平民教育的主张，而且在教育方法的指导思想上更为注重实践。凡此种种，都显示了 17 世纪后期江户时代教育实践和教育思想的新特征。可以说，正是它们最早预备了百年之后日本接受西方教育思想和嫁接西方学校教育的基础条件。

当然，17 世纪日本教育领域中出现的新因素，只是作为走在时代前列的事物刚刚孕育，但它作为酝酿 18 世纪乃至以后日本教育的因素之一，在当时仍然受制于"幕藩体制"的统治和官方意识形态的约束，其基本性质仍然是封建的。忠君唯上、等级制度、注重古典等，仍然是 17 世纪日本教育思想与实践中的主导因素，平民的受教育水平依然很低。

第十一章

印度教育的发展

印度的教育，如同古老的印度传统文化一样，有着悠久的历史，其起源可以追溯到吠陀时代早期。印度独立（1947年）前的教育演进，一般分为古代印度教育、中世纪（伊斯兰阶段）印度教育、近代（殖民地）印度教育三个时期，具有鲜明的阶段性特征。1000年前后，穆斯林从西部侵入印度并建立起自己的政权，伊斯兰文化和学术也随着他们的足迹传入印度，并深刻影响着之后印度教育的发展。1398年，蒙古人由中亚侵入印度。1526年建立莫卧儿帝国，成为当时世界强国之一。

莫卧儿帝国（1526—1857年）时期，伊斯兰教教育迅速发展起来。伊斯兰教教育旨在宣传伊斯兰教的原则、法律和社会习俗，使受教育者最终成为虔诚的伊斯兰教教徒。莫卧儿帝国建立后，穆斯林统治者兴建了麦克台卜（mak-tab，伊斯兰教小学）、马德拉萨（madrasah，可意译为"学院"）和图书馆等教育机构，伊斯兰教教育得到重视和庇护。当时的教育多采用波斯语或阿拉伯语进行，印度本国语言基本上被排斥在学校教育之外，并且处于边缘化的不利境地。这一时期，欧洲已经历了文艺复兴的洗礼，正处在宗教改革时期，即将迎来资本主义时代，而莫卧儿帝国仍处于封建时代，传统的封建教育仍占统治地位。

第一节 时代背景

印度位于南亚次大陆印度河和恒河流域,气候湿润,土壤肥沃,是世界文明的发祥地之一。早在公元前三千纪中叶(约公元前 2631—公元前 2498 年),印度就已出现了与尼罗河流域和两河流域同等的文明。① 到莫卧儿帝国时代,印度封建社会进入了繁荣阶段。莫卧儿帝国是印度历史上版图最大的一个帝国,它在印度的统治持续三百年之久,在印度历史上有着非常重要的地位。这一时期的政治、经济、文化等社会背景催生了以伊斯兰教教育为主导的印度教育,进一步丰富了印度的教育和文化形式。

一、政治制度

在印度独特的社会背景下,莫卧儿帝国形成了颇具特色的政治制度,主要体现在中央层面的集权和地方层面的分权。事实上,在阿克巴大帝(Akbar,1542—1605)之前,整个莫卧儿帝国仍处于大规模的战争征服阶段,无暇构建系统化的政治体制,也并未形成严格意义上的行政制度。直到阿克巴时代,在征服和掠夺的推动下,阿克巴和他的顾问们建立了一个中央集权政府,形成了以集权化、等级化和官僚化的职级为特征的严密结构。② 至 1605 年,莫卧儿帝国已经形成了一个专制主义的中央集权体制,整个行政系统以阿克巴为中心,实行完全的中央集权,由技术精熟的官僚进行管理。③ 在地方层面,仍然是一种以分权为特征的体制。完成征服后的莫卧儿帝国形成了 21 个省,

---

① 赵荣昌、单中惠:《外国教育史教学参考资料》,78 页,上海,华东师范大学出版社,1991。

② [美]约翰·F. 理查兹:《新编剑桥印度史:莫卧儿帝国》,王立新译,58 页,昆明,云南人民出版社,2014。

③ [美]约翰·F. 理查兹:《新编剑桥印度史:莫卧儿帝国》,王立新译,75 页,昆明,云南人民出版社,2014。

它们的首脑为省督，拥有自己的军队和行政机关，中央政府任命税收机关的官员，而地方政权有另收赋税的权力。军队和赋税权力的下放，为后来印度地方政权与中央政府之间的矛盾埋下了隐患，这也是莫卧儿帝国后来面临的最大的危机，并直接导致了英国殖民者的入侵。

二、社会经济

在莫卧儿帝国时期，印度教育的发展也有一定的社会经济基础。就产业结构而言，农业、手工业和商业支撑着莫卧儿帝国的经济发展。农业是莫卧儿帝国的主要产业，也是帝国收入的主要来源，它服务于整个帝国贵族的生活和消费。莫卧儿帝国的农业发展对手工业产生了重大影响，它促使手工业，尤其是纺织业从农业中分离出来，成为手工业生产中人数最多的部门，并形成了明确的分工。由于专业化程度进一步提升，其生产技术水平超过了当时欧洲的先进国家。随着手工业的发展，与手工业密切相关的商业和外贸也逐渐兴旺起来，产品远销欧亚地区。

这一时期的工业也有了初步发展，但它通常依附于手工业，很难说是一个独立的产业部门。这种工业与手工业的结合进一步促进了商业和外贸的发展。当时莫卧儿帝国最主要的工业是棉织品制造业，其棉织品销往国内外。莫尔兰德曾称赞印度说："（棉织品）总生产是 1600 年工业界最伟大的成就之一。"①商品经济的发展推动了印度商业和外贸的发展，当时的一些主要城市已开始发挥工商业中心的作用，孟加拉和古吉拉特是当时对外贸易最发达的地区，其商船往来于欧、亚、非各地。

此外，对于莫卧儿帝国来说，农村的村社制度是一个不得不提的对印度近现代社会产生重大影响的制度。村社制度是印度广大农民生活的一种组织

---

① 转引自［印］斯迪芬·麦勒迪斯·爱德华兹等：《莫卧儿帝国》，尚劝余译，209 页，西宁，青海人民出版社，2009。

形式，也是农业和手工业间以宗法联系的、自给自足的基本社会机构。村社制度的自给自足性使得村社成为独立的组织，各村社过着封闭自守的生活，对国家层面的任何重大变革都漠不关心。村社制度限制了城市和乡村进一步实行分工，也阻碍了印度经济的发展。时至今日，这种制度在印度依然存在，其消极作用亦相当显著。

三、文化教育

在莫卧儿帝国时期，印度虽然没有建立现代意义上的统一的教育制度，但与以前的帝国相比有了一定程度的发展。印度教育的发展得益于莫卧儿帝国开明的文化教育政策。历代莫卧儿帝国君主基本上都很重视教育，他们积极支持和发展文学、建筑艺术和绘画等，极大地丰富了印度的文化艺术，促进了印度文化艺术的发展和繁荣，为印度文明勾画了浓墨重彩的一笔。

莫卧儿帝国历代君主重视文化和教育，与伊斯兰教的精神内核密不可分。伊斯兰教重视并致力于推行伊斯兰教教育，先知穆罕默德曾明确强调教育的重要性。他认为："即使是零碎散乱的知识，也有相当于上百次祷告的价值"，"学者的墨水与烈士的鲜血一样珍贵"。[1] 他告诫人们，对基本义务与错误行为、错误宗教和非宗教的辨别只有通过知识才能完成。"获取知识是所有忠诚者义不容辞的责任。知识是甜美的甘露，如果没有它拯救是不可能的。"[2]伊斯兰教的这种精神内核极大地影响了穆斯林对教育的态度。这种影响在莫卧儿帝国时期的穆斯林中体现得最为明显，他们崇尚学习，崇拜和支持有学问的人，并致力于成为有学问的人。

莫卧儿帝国历代君主身体力行，采取诸多措施支持教育的发展。《莫卧儿

---

① B.K.Sahay, *Education and Learning under the Great Mughals*, 1526-1707 AD, Bombay, New Literature Publishing Company, 1968, p.1.

② [俄]萨利莫娃、[荷]多德：《国际教育史手册》，诸惠芳、方晓东、邹海燕主译，278 页，北京，人民教育出版社，2012。

皇帝的宫廷编年史》（*The Court Chronicles of Mughal Emperors*）的诸多记载可以证明莫卧儿帝国历代君主对博学和虔诚之人的充分尊重与鼓励。例如，第六代皇帝奥朗则布（Aurangzeb，1618—1707）"对学者的补贴派发充足，他向学者和教师提供津贴、赏赐土地，并根据具体情况，为他们的学生提供食物补贴"。宫廷历史学家艾卜勒·法兹尔（Abul Fazl）写道："陛下给予不同阶级、不同智慧的人以恩惠，他认为这是一种神圣的崇拜行为。陛下经常会问他的大臣，那些人值不值得资助，他们的需求是否得到了满足，等等。"①

　　在莫卧儿帝国时期，阿克巴及其继任者对教育的支持力度远超前代。出于维护国家稳定的目的，阿克巴制定了宗教信仰自由的政策，甚至引进了新的宗教，聘用了许多当时优秀的学者。② 自阿克巴时代开始，莫卧儿帝国的教育事业就进入了一个新的发展阶段，麦克台卜和马德拉萨的招生对象扩大，教育机会进一步增加。此外，随着许多梵文著作被翻译成波斯文，梵文知识也得到了进一步发展。③ 阿克巴还在各地建立了很多学校。尤其值得一提的是，阿克巴在首都法塔赫布里西格里（Fathpur Sikri）建立了一所规模宏大的大学，许多著名的穆斯林神学院教授曾经在这里教学。④ 阿克巴对教育的支持，透过外界评论可见一斑。贾塔尔在其《印度的伊斯兰教育》一书中描述了当时的情形："印度君主以慷慨而闻名于世，所以越来越多的来自阿拉伯、波斯湾等地的学者纷纷到此寻求资助……结果是，阿格拉逐渐成为一个文化城市，建立了几所学校，人们不远万里云集到此接受高等教育。"⑤

---

① B.K.Sahay, *Education and Learning under the Great Mughals*，1526-1707 AD，Bombay，New Literature Publishing Company，1968，p.2.

② ［俄］萨利莫娃、［荷］多德：《国际教育史手册》，诸惠芳、方晓东、邹海燕主译，280 页，北京，人民教育出版社，2012。

③ ［俄］萨利莫娃、［荷］多德：《国际教育史手册》，诸惠芳、方晓东、邹海燕主译，280 页，北京，人民教育出版社，2012。

④ B.K.Sahay, *Education and Learning under the Great Mughals*，1526-1707 AD，Bombay，New Literature Publishing Company，1968，pp.28-29.

⑤ 转引自王长纯：《印度教育》，54 页，长春，吉林教育出版社，2000。

贾汉吉尔（Jahangir）继承了阿克巴大力支持教育的精神，并且专门颁布了一项条例，即没有继承人的死者的遗产将被政府征用，用于建造和修缮伊斯兰教学校等。① 这使得许多荒废多年的伊斯兰教学校迎来了新的生机，并赋予了这些学校新的发展活力。沙贾汗（Shah Jahan）也跟随阿克巴的脚步创建了两所学校，一所在阿格拉，另一所位于德里，这两所学校的教师由皇帝直接任命；同时沙贾汗还不断资助其他学者和教育机构，使印度教育事业继续保持着有增无减的繁荣态势。② 曾任英国印度事务大臣的汉密尔顿（George Hanmilton，1666—1737）访问印度的时候，表达了对沙贾汗资助学习的热情和兴趣的赞赏。他说："沙贾汗是莫卧儿帝国最有礼貌的君主之一。他尤其积极赞助艺术和科学领域的优秀人才，并鼓励外国人到这里来，亲切友善地对待他们，并给他们可观的养老金。"③另外，沙贾汗重用有能力和有才华的学者担任国家职务，形成了一个高级知识分子汇集的智囊团，从而使当时莫卧儿帝国宫廷中出现了大批有学问的人。沙贾汗还重建了伊斯兰教学校"永恒之宫"（Abode of Eternity），修复了学校的大楼，并任命德里首席大法官毛拉·萨德尔·奥德丁（Maulana Sadr-ud-Din）为校长。

奥朗则布执政时期在臣民中不遗余力地推广教育，他将教育视为自己的职责，并尽其所能在帝国范围内促进教育和学习。与莫卧儿帝国前几代君主相比，奥朗则布的教育政策带有明显的宗教歧视倾向。一方面，他丝毫不关心印度教教育，并于1669年下令拆毁印度教的学校和寺庙，禁止实行印度教教育。另一方面，他竭力倡导伊斯兰教教育，建立了"无数大学和学校"④。据

---

① B.K.Sahay, *Education and Learning under the Great Mughals*, 1526-1707 AD, Bombay, New Literature Publishing Company, 1968, p.22.

② 王长纯：《印度教育》，46页，长春，吉林教育出版社，2000。

③ Alexander Hamilton, *A New Account of the East Indies*, London, Argonaut Press, 1930, p.166.

④ 转引自［印］斯迪芬·麦勒迪斯·爱德华兹等：《莫卧儿帝国》，尚劝余译，180页，西宁，青海人民出版社，2009。

说他在古吉拉特邦大力兴建伊斯兰教学校，在艾哈迈达巴德建立大学。为了促进穆斯林青年的学习，他还任命了一批教授，并为之提供丰厚的报酬。[1]

总之，在莫卧儿帝国时期，无论是行政制度、社会经济制度还是文化教育政策，都在一定程度上促进了印度教育的发展。例如：中央集权和地方分权的行政制度为印度教教育的存在提供了一定的生存空间；社会经济制度，尤其是商业的发展使印度教育具有良好的经济基础；而文化教育政策对教育的影响最为明显，它充分体现了统治阶层对教育的态度。在莫卧儿王朝三百年的统治下，印度成为当时世界上文化和力量较强大的国家之一，拥有较为广泛的国际影响力。这一时期的教育呈现出伊斯兰教教育和印度教教育并存的局面。

第二节　伊斯兰教教育

在莫卧儿帝国时代，由于特有的伊斯兰教信仰，伊斯兰教教育占有绝对统治地位，并发挥着主导作用。事实上，在阿克巴之前，莫卧儿帝国的君主就有重视教育的传统。早在巴布尔（Babur，1483—1530）征讨印度时，他就发现印度西北各地缺乏相应的教育机构。后来的统治者胡马雍（Humayun，1508—1556）任命官员在德里建立了高等教育机构，为教育事业发展做出了一定的贡献。到了阿克巴及其继任者时代，伊斯兰教教育更是迎来了发展的春天，各种教育机构层出不穷，从而使伊斯兰教教育在莫卧儿帝国时代取得了较大的进步。

---

[1] B.K.Sahay, *Education and Learning under the Great Mughals*, 1526-1707 AD, Bombay, New Literature Publishing Company, 1968, p.27.

一、伊斯兰教教育概况

如上所述，由于伊斯兰教教义的影响以及莫卧儿帝国历代开明君主的文教政策，印度的伊斯兰教教育迎来了发展的最好时期，在教育目的、教育管理、教育内容、教学方法与考试等方面，都取得了一定的进展。

(一)教育目的

宗教目的和世俗目的是中古时期伊斯兰教教育的两个方面，其中宗教目的是净化灵魂，为现世和后世的生活做准备。① 在当时，学生接受教育的主要目的是得到宗教和道德的训练，从而培养伊斯兰教意识。此外，穆斯林圣徒提出了世俗目的的重要性。"你们之中最好的人不是为另一世界而忽视这个世界或者为这个世界而忽视另一世界的人。他是为两个世界一起工作的人。"②但上述理念直到阿克巴执政时才转变为教育世俗化的措施。阿克巴进行教育改革的目的，是将教育的理念和目标从严格的宗教信仰转变为纯粹的世俗观念，强调宗教性与世俗性并行，从而使宗教教育和世俗教育携手并进。印度著名学者沙伊克·阿卜杜勒·哈克(Shaikh Abdul Haqq)写道："学生们在询问彼此的学习目的时，一些人会假意宣称他们正在进行研究，以便深入了解宗教的奥秘；另一些人则坦诚直言他们追求知识的目的是得到一些世俗的收获。当他们问我(指阿克巴)的意见时，我说我追求知识的目的是带着对历史上博学智慧之人的认识来了解我自己，并且学习他们解决问题、认识现实的方法。"③由此可见，阿克巴为印度伊斯兰教教育的转向开启了先河。自阿克巴之后，莫卧儿帝国历代君主越来越注重公共教育，并逐渐形成了宗教性和世俗性并存的教育制度。

---

① B.K.Sahay, *Education and Learning under the Great Mughals*, 1526-1707 AD, Bombay, New Literature Publishing Company, 1968, p.3.

② 马骥雄：《外国教育史略》，126~127页，北京，人民教育出版社，1993。

③ Y.Husain, *Glimpses of Medieval Indian Culture: Lectures*, London, Asia Publishing House, 1959, p.81.

阿克巴对教育充满了浓厚的兴趣，他登上皇位后颁布了一些新的规章制度，在图书馆中收藏了许多稀有的珍贵书籍，促进了教育的新发展。[①] 艾卜勒·法兹尔认为，这些制度为普通学校以及伊斯兰教学校带来了光明。[②] 这是在莫卧儿帝国历史上皇帝首次承认公共教育的重要性，并采取一系列措施支持教育的发展。在阿克巴之前，印度教育系统处于混乱状态，缺乏必要的教育制度与教育秩序。艾卜勒·法兹尔指出："让学生们（混乱地）读了很多书，其实是浪费了学生的大部分时间。"[③]

此外，阿克巴意识到当时的教育存在重宗教性轻世俗性，且过于强调对阿拉伯语和阿拉伯科学的研究的弊端，因此颁布了一项禁止学习阿拉伯语的指令，并开始倡导教育的世俗性。[④] 阿克巴的这些举措开创了教育的新局面。在晚年时期，阿克巴实行宗教宽容政策，允许非伊斯兰教教徒在学院受教育，并鼓励穆斯林研究印度学术，这些举措缓和了伊斯兰教和印度教教育之间的矛盾与冲突。可以说，在阿克巴的统治下，印度教育逐渐世俗化，其教育体制也趋于系统化和组织化。

奥朗则布继承阿克巴的遗志，在教育世俗化的发展进程中发挥了重要作用。奥朗则布对古吉拉特邦博赫拉（Bohra）社团的教育特别感兴趣，并对其进行政策上的干预和指导。他曾以政令的形式要求博赫拉社团的成人文盲和儿童在附近的中心城市接受教育，费用由该社团承担，受教育者每月接受考查，

[①]　Dinesh Chand, "Education System in Pre-independence India," *Rangpur*, *International Journal of Applied Research*, No.1, 2015, pp.110-113.

[②]　B.K.Sahay, *Education and Learning under the Great Mughals*, *1526-1707 AD*, Bombay, New Literature Publishing Company, 1968, p.21.

[③]　B.K.Sahay, *Education and Learning under the Great Mughals*, *1526-1707 AD*, Bombay, New Literature Publishing Company, 1968, p.21.

[④]　B.K.Sahay, *Education and Learning under the Great Mughals*, *1526-1707 AD*, Bombay, New Literature Publishing Company, 1968, p.21.

并将考查结果向他本人汇报。① 类似的制度和规定在印度其他省份也有，这在一定程度上体现了印度教育的规范化，并保证了印度教育世俗化的不断推进。

（二）教育管理

虽然莫卧儿帝国历代君主都高度重视教育，但当时印度并没有建立统一的教育制度，也缺乏官办的教育机构，更没有成立专门的教育管理部门。教育仍然附属于宗教，以寺庙办学为主。在当时，教育的规模十分有限，且以私人办学为主，国家不进行过多干预，仅以资金或土地的形式资助一些中小学教育机构的建设。国家对教育的资助缺乏制度保障，具有很强的随意性，拨款的数量和规模会根据统治者和贵族的想法而随时变化。在某些特殊时期，如战争时期，这些教育机构会遭受巨大的损失，许多教育机构甚至因为缺乏资金而瓦解。就学校形式而言，除了穆斯林神学家管理的学校之外，还有一种由学者主导的学校，即一些著名学者在家中开办学校，招收学生，传授知识。有些学者闻名遐迩，吸引了全国各地的学生慕名求教。

上述教育机构几乎都由私人创办，政府无暇也没有义务管理它们，但会以提供资金或土地的形式资助这些机构及个人，以便其更好地开展教育活动。事实上，皇帝和贵族的资助只是办学资金来源的一个渠道。其他一些开明人士也格外重视教育，他们通常自己建立麦克台卜和马德拉萨以及其他教育机构，甚至高薪聘请著名学者到他们举办的机构讲学。

总而言之，莫卧儿帝国时期，国家在教育管理方面几乎没有承担任何责任，只通过拨款的形式间接地参与教育事业。因此，教育主要掌握在教会手中，并表现出强烈的宗教和等级色彩。

（三）教育内容

语言是开展教育的载体，它直接影响到对教学内容的理解。这一时期的

---

① B.K.Sahay, *Education and Learning under the Great Mughals*, 1526–1707 AD, Bombay, New Literature Publishing Company, 1968, p.26.

教学语言主要为阿拉伯语和波斯语，印度本国语几乎被完全忽略了。① 就教育内容而言，伊斯兰教教育的初等、中等和高等教育内容有着很大的区别。初等教育的授课内容比较单一，学生在掌握基本读写的基础上重点学习宗教知识，以《古兰经》为主要内容，以便参加宗教祭祀之用。学生不需要明白《古兰经》的含义，只要记住就可以；教师有时还会讲授有关穆斯林的故事。② 为了帮助学生更好地掌握并传播宗教知识，课程内容也涉及一些简单的计算、写作和初级阅读等科目。在正式入学后，学生主要学习《古兰经》，另外每天花四五小时学习写作技巧。③ 在学习阿拉伯文学之后，再学习波斯语和"填鸭式"地练习波斯语语法，然后是学习一些波斯语文学。④ 这些科目的开设尚未形成定制，在很大程度上取决于教师的意愿，具有很强的主观性和随意性。

需要指出的是，麦克台卜的招生对象以普通家庭的适龄儿童为主。富家子弟通常不进入麦克台卜学习，而是以雇用教师的形式在家里接受教育；皇室成员也不进入麦克台卜学习，他们在皇宫中学习，配有专门的教师。他们学习如何用阿拉伯语和波斯语读写。按照伊斯兰教教义，学生在平等的原则下接受教育，还被教导"为了国家的利益，他们有一天可能要去治理国家"⑤。但王子和公主接受教育的内容略有差异，除了学习阿拉伯语、波斯语和伊斯兰教教义之外，王子还必须学习军事学。

在莫卧儿帝国时期，马德拉萨作为实施高等教育的主要机构，其教育兼具宗教性和世俗性，但仍以宗教课程为主导。就教学科目而言，宗教课程包

---

① 王长纯：《印度教育》，48 页，长春，吉林教育出版社，2000。

② 王长纯：《印度教育》，47 页，长春，吉林教育出版社，2000。

③ Jyotsna Kamat, *Education in Karnataka Through the Ages*, Bangalore, Mythic Society, 2009, p.97.

④ 王长纯：《印度教育》，48 页，长春，吉林教育出版社，2000。

⑤ [俄]萨利莫娃、[荷]多德：《国际教育史手册》，诸惠芳、方晓东、邹海燕主译，279 页，北京，人民教育出版社，2012。

含伊斯兰宗教和苏非派哲学①，既强调对《古兰经》的学习，也强调对苏非派教义的注解，世俗课程包括阿拉伯语、波斯语、散文、文学、逻辑学、哲学、法律、占星术、算术、历史、地理、医学和农学等。② 在当时，高等教育课程开始表现出实用性，并取得了一定的成就。例如，大胆尝试计算黄道角，测量地球体积，发明钟摆，改进航海科学，在外科上使用麻醉剂等。③ 阿克巴在位时期还特别强调对天文学、数学、医学和哲学的研究。在当时马德拉萨的课程中，"每个男孩都应该读关于道德、算术、农业、测量、几何、天文、地貌、家政学、政府法规、医学、逻辑学、塔比伊(taibi，光学)、里亚兹(riya-zi，修行)和伊拉学(illahi，真主学，即伊斯兰神学)以及与历史相关的书籍"④。还有很多人学习数学、哲学和诗歌等，这些学科通常被认为是有益的。当然，高等教育课程的开设在很大程度上取决于统治者的意愿。例如：阿克巴特别强调对数学、占星术、天文学、哲学和医学的学习，但不鼓励学习阿拉伯语和阿拉伯科学；胡马雍统治时期，特别推崇对诗歌和科学的学习，天文学、占星术、数学和地理等科目也占有重要的地位；贾汉吉尔和沙贾汗时期，鼓励对文学的研究；到了奥朗则布时期，对穆斯林法律和神学的学习占据了上风。

(四)教学方法与考试

这一时期的印度教育还没有形成规模化的班级教学，因学生人数较少，

---

① 一种8世纪开始在波斯形成的神灵象征主义，主张通过隐居、沉思、禁欲达到人神合一，是伊斯兰教神秘主义派别和教义。

② [俄]萨利莫娃、[荷]多德：《国际教育史手册》，诸惠芳、方晓东、邹海燕主译，279页，北京，人民教育出版社，2012。

③ 马骥雄：《外国教育史略》，131页，北京，人民教育出版社，1993。

④ B.K.Sahay, *Education and Learning under the Great Mughals*, 1526-1707 AD, Bombay, New Literature Publishing Company, 1968, p.13.

每个学生都能得到足够的关注。① 伊斯兰教所倡导的尊师重教传统，使教师享有极高的社会地位，并获得了来自各方尤其是学生们的尊重。在一些较小的城镇和村庄，教师在精神领域占据极其重要的地位，他们甚至扮演着社区精神向导的角色。在这种情况下，教师和学生之间建立了亲密而又自由平等的关系。事实上，当时许多学者认识到了榜样在教育中的重要性。著名学者弗赖尔（Fryer）写道："榜样比训诫更重要，学生们对世界的认识来自父母和教师，父母和教师对学生的影响非常大。"②教师以身作则，对学生进行宗教和道德教育，以强化学生的宗教和道德意识，保证个体行为的规范化。虽然教师的主要职责是教授学生一些必要的知识，以增长学生的智慧，但在教育过程中也会以春风化雨的形式感化学生，直接影响学生的个性养成。例如，巴登尼（Badauni）在著作中提到了沙伊克·穆因（Shaikh Muin）对学生的深情和仁慈态度。"他把自己维持生计以外多余的钱，都用于雇人抄写一些有价值的书，这些书在整理、装订后会给学生们看。这是他这一生的主业，他为人们贡献了成千上万本的手抄书。"③

伊斯兰教学校的教学方法比较单一，陈述和背诵课文是主要的教学方法。因为采用陈述的教学方法，教师的主要任务是讲解，学生通常是被动地听讲。④ 伊斯兰教建议学生在上课前阅读一些相关的书籍，独立准备功课，以便能够主动地学习。在课堂上遵守纪律是十分必要的，这直接影响到教师教学的质量。当时还存在一种不成型的教学方法，可视为导生制的先驱。在这种方法中，教师经常会让年长、有智慧的学生担任助教，以帮助教师管理和教

---

① Biranchi Narayan Dash, *Development of Educational System in India*, New Delhi, Dominant Publishers and Distributors, 1993, p.125.

② John Fryer, *A New Account of East India and Persia: Being Nine Years' Tavels* 1672–1681, Stamford, Kraus Reprint, 1915, pp.281-282.

③ B.K.Sahay, *Education and Learning under the Great Mughals*, 1526-1707 AD, Bombay, New Literature Publishing Company, 1968, p.19.

④ 马骥雄:《外国教育史略》，131 页，北京，人民教育出版社，1993。

育年幼的学生。学生若不遵守纪律，就会被处以体罚。在课堂中，教师具有很大的决定权，他既是判断学生行为是否合乎准则的唯一评判者，也是对学生施加何种惩罚的决定者。没有人对教师的权威质疑。学生被罚站很长时间或罚跑很远的路、头倒悬梁是常用的体罚方式。① 上课时学生会规规矩矩地盘腿坐在地上，坐成圆圈，教师通常靠着墙或柱子，坐在一个高座或者垫子上。②

在莫卧儿帝国时期，麦克台卜中的教学方法也十分单调，尤其注重机械重复、死记硬背，而且教师在教学方法的运用上具有决定权。当时没有供初学者使用的印刷书籍，学生主要在泥土或者木板上书写字母和进行计算。③ 学生学会字母后，就开始学习一些词，这些词是从《古兰经》中挑选出来的。初等教育十分重视书法的练习。在教授学生写字时，教师会先教他们用手指或其他工具在地上或者石板上写字，然后不断重复。他们能在石板上写好字时，就可以在纸上写字了。这种教学方法十分笨拙，学生的进步不大，时间利用率也不高。

阿克巴认为，小学的课程和教学方法有必要进行彻底改革，以使教师和学生都能获得更大的进步。阿克巴改革的重点是缩短上学时间，削减学生不必要的课程，精简教学内容。他希望教师充分发挥向导的作用，鼓励学生自学，并注重培养学生的自学精神。④ 例如，他主张语文学习不仅要靠背诵，还要发挥学生的积极性和主动性，学会自己写作。艾卜勒·法兹尔曾提及这些改革措施："陛下命令每一所学校的学生都应学会写字母表里的字母并学习它们的几种形式，应该花大约两天时间学习每个字母的形状和名称，接下来花大约一周时间学习组合字母并充分练习。在此之后，学生要开始学一些散文

---

① 王长纯：《印度教育》，51页，长春，吉林教育出版社，2000。
② Krishnalal Ray, *Education in Medieval India*, B.R.Publishing Corporation, 1984, p.29.
③ Krishnalal Ray, *Education in Medieval India*, B.R.Publishing Corporation, 1984, p.29.
④ 王长纯：《印度教育》，45页，长春，吉林教育出版社，2000。

和诗歌，并记住一些赞美神的诗句或有关道德的句子。关键是要在教师适当帮助的情况下让学生学会自己理解。能够熟读背诵之后，学生应该在一段时间内每天练习写一篇文章或一段诗，并持续训练。"①他预言，如果采用这种教学方法，一个男孩将在一个月甚至一天内学会需要多年时间才能理解的东西，时间利用率和学习效率将大大提高。虽然艾卜勒·法兹尔的这种说法有点夸张，但阿克巴推行的这些改革确实在很大程度上节省了学生学习的时间和精力，也减轻了学校教育的负担。

与初等教育的教学方法不同，高等教育强调在教师辅导下学生进行自主学习。印度学者沙阿·瓦里乌拉（Shah Waliullah）曾讲述他在奥朗则布在位时期担任教师的经历，并介绍了一些大学里的教学方法。他写道："我所尝试的教学方法是首先让学生学习 Sarf（词源）和 Nahv（语法）的一小部分，再根据学生能力的不同，要求他们选择性地研读三四本不同的书，然后参照字典学习一本阿拉伯语的历史或政治科学的书。然后，自行翻译并学习《古兰经》，对有关的语法问题进行充分的讨论和阐释。除了以上描述的课程任务，学生还要学习以下两部分内容：阅读像《圣训》（Sahiain）这样关于穆罕默德言行的书，以及关于法理学和神学的书；另外，还应该学习逻辑、哲学。"②

在伊斯兰教教育中，由于没有正规的教育制度，所以现代意义上的考试制度也未出现。③ 教师在学生的学习成绩和学习阶段中扮演着决定者和评判者的角色，学生在完成一个阶段的学习之后，经过教师批准才能进入下一个阶段的学习。某一学习阶段的具体分科，也是依照学生的能力高低进行分配的，教师是分科的唯一决定者和评价者。虽然没有一套预先制定的衡量学生学习

① B.K.Sahay, *Education and Learning under the Great Mughals*, *1526-1707 AD*, Bombay, New Literature Publishing Company, 1968, p.14.

② B.K.Sahay, *Education and Learning under the Great Mughals*, *1526-1707 AD*, Bombay, New Literature Publishing Company, 1968, p.14.

③ Biranchi Narayan Dash, *Development of Educational System in India*, New Delhi, Dominant Publishers and Distributors, 2010, p.127.

成效的标准，但并不是说学生的学习成效就无法测量，表现出色的学生可以通过奖学金或奖品等外在形式得到认可和奖励。

虽然没有现代意义上的学期或学年考试，但对学生的考核和观察无处不在，且经常渗透在日常生活之中。教师和学生之间也经常举行学术讨论和辩论活动，以此评估学生的成绩，这在一定程度上起着与考试相同的作用。尤其是在宫廷，皇帝和一些知名学者也会经常参与，为表现优异的学生颁发奖金和奖品。① 学校一般不会给完成学业的学生颁发毕业证书。当然也有部分专业例外，有些神学教师会给他们的学生颁发证书，以授权他们教授某一门学科。比如，给掌握宗教知识的学生授予"阿利姆(Alim)"学位，给学完逻辑知识的学生授予"阿利姆·法兹尔(Alim Fazil)"学位。② 在当时，学生就读的学校往往代表了他们的文凭，并影响着他们的声誉。事实上，从一所著名的马德拉萨毕业是那个时代最好的文凭。后来开始出现对学生的学习成效进行考评的活动。比如，奥朗则布规定古吉拉特邦的博赫拉社团的学生每月都要进行考试，这些考试的结果还必须呈交给他进行核查。

二、伊斯兰教教育机构

在莫卧儿帝国时期，伊斯兰教教育是通过各种形式的教育机构进行的。这些机构因地而异，并不完全统一。总的来说，对尚未成年的男孩和女孩进行初等教育的场所主要是麦克台卜。它通常附属于清真寺，相当于现在的小学，主要由穆斯林管理。高等教育主要是在马德拉萨进行，大部分也依附于清真寺而建立。那个时期水平最高的高等教育机构大多由著名学者主办，学生通常在学者的私人住宅里接受高等教育。普通家庭的女孩绝不能进入马德拉萨接受高等教育，只可在麦克台卜接受初等教育，而且只能学习阅读、写

---

① 王长纯:《印度教育》，50页，长春，吉林教育出版社，2000。
② 王长纯:《印度教育》，50页，长春，吉林教育出版社，2000。

作和数学等最为初级的知识与技能。只有皇家公主、皇室妇女和富人的女儿才能接受高等教育，高级种姓的女孩可以在家里接受教育。①

　　由于统治者们的重视，伊斯兰教教育在莫卧儿帝国时期有了较大发展。以麦克台卜为代表的基础教育学校在城乡都比较普遍，各个地方的管理者也很注重教育的发展，尊重学者，甚至还邀请外国学者授课。德里、阿格拉、勒克瑙、安巴拉、拉合尔等地在当时已成为高等教育的中心。高等教育领域比较注重专业性，不同的高等学校在教学研究领域各有专长，并因其专长而享有盛名。例如，德里的沙·瓦利·乌拉学院以研究传统生活价值而闻名，勒克瑙的法兰吉·玛哈尔学院以高水平的法学教育而著称。全国各地都形成了自己的文化特色，一些著名的教育中心还吸引了许多外国人参观，当时的教育达到了印度封建社会的鼎盛时期。

　　(一)麦克台卜

　　就穆斯林的教育传统而言，清真寺的创始人一般会担负起建立麦克台卜的任务，以使附近的男女儿童都能接受最基础的教育。就办学资金而言，学校的创始人通常会寻求当地富裕穆斯林的帮助，有时也会向皇帝和开明的贵族寻求经济和土地资助。1526—1707年，莫卧儿帝国涌现出很多麦克台卜。根据意大利旅行家瓦利的说法，在贾汉吉尔统治时期，每一个重要的城镇和村庄都有麦克台卜。② 这种学校的大门对印度教教徒也是开放的。③ 麦克台卜的教师通常被称为"Miyanji"或"Mawlvi"。在大多数情况下，领拜人或祷告主持人担任校长。这些初等学校不收学费，但学生完成学业后要送给教师一些礼物。为钱而教的教师被谴责为罪人，这种观念在莫卧儿帝国时期一直存在。④ 需要指出的是，与初等学校并行的是家宅教学制，它的教学目的和性质

---

①　王长纯：《印度教育》，52页，长春，吉林教育出版社，2000。

②　Krishnalal Ray, *Education in Medieval India*, B.R.Publishing Corporation, 1984, p.29.

③　马骥雄：《外国教育史略》，175页，北京，人民教育出版社，1993。

④　Krishnalal Ray, *Education in Medieval India*, B.R.Publishing Corporation, 1984, p.30.

与初等学校一样。教师的宅邸是重要的学习场所。有趣的是,在学生求学时,教师有提供食宿的义务。支付这些费用的资金一般来自皇帝和贵族的赐予,也来自富有地主在婚丧及各种宗教典礼中的捐赠。①

穆斯林十分注重仪式的象征意义。穆斯林儿童在接受教育前往往要举行一个简单的入学仪式。父母会提前咨询占星家相关事宜,在孩子4岁4个月零4天这一天举行仪式,孩子必须穿戴一新,亲朋好友也都会参加,父母还需要邀请一位教师[通常是"毛拉(Mulla)"]见证。② 仪式开始后,在孩子面前放上字母表、数字计算表、《古兰经》等,他需要在教师的指导下背诵一些《古兰经》中的句子。如果他不会,其教育就从"真主啊(Bismillah)"的发音开始,即以安拉之名开始接受教育。在以安拉的名义宣誓之后,学生要到麦克台卜接受教育。③

(二)马德拉萨

马德拉萨承担着高级阶段的教育任务,学生在麦克台卜接受完小学教育后,可进入马德拉萨继续接受高等教育。马德拉萨多由统治阶级建立,并依靠赠地或特定数额的资金维持运转,它是高深知识的中心,但其教育在一定程度上浸透着宗教意识。虽然马德拉萨由统治阶级建立,但学校的管理权并不在政府手里。高等教育机构的管理主要依赖于著名学者,一些学识渊博的学者被任命为校长,在其他教师的协助下主持教学工作。除此之外,学者们也会自立门户,开设马德拉萨。例如,学者萨迪克·汗(Sadiq Khan)在艾哈迈达巴德建立了一所马德拉萨,沙伊克·瓦吉·胡丁(Shaikh Waji Huddin)曾经在那里任教。舒贾·汗·卡尔塔拉布(Shuja Khan Kartalab)是奥朗则布时期的一位贵族,他主动在艾哈迈达巴德建立了一座清真寺和一所马德拉萨。

---

① 马骥雄:《外国教育史略》,175页,北京,人民教育出版社,1993。

② Kunwar Muhammad Ashraf, *Life and Conditions of the People of Hindustan* (*1200-1550 AD*), SOAS University of London, 1932, p.249.

③ 王长纯:《印度教育》,47页,长春,吉林教育出版社,2000。

　　莫卧儿帝国的统治者大力赞助并支持高等教育的发展。胡马雍执政时在德里建立了一所马德拉萨，并将一个"欢乐厅（娱乐场所）"改为图书馆。阿克巴当政期间，在法塔赫布尔西格里、阿格拉和其他地方建立了马德拉萨。① 贾汉吉尔执政后不久，"甚至修复了那些三十年来已成为鸟兽栖息之地的马德拉萨，使里面有了济济一堂的学生和教师"②。他还在德里建立了一所学院，修缮了一所几乎成为废墟的名叫"永恒之宫"的学院。奥朗则布曾花费约 12.4 万卢比，建立了一所被称为"海德亚特·巴什（Hydayat Baksh）"的学院。后来，皇帝持续拨款给这所学校，以维持学校的正常运营。上述诸多措施表明了伊斯兰教教育在莫卧儿帝国的重要地位。

　　马德拉萨的教学语言为阿拉伯语。那时候通常没有固定的学习年限，但多数学生学习时间为 10~15 年，这在很大程度上取决于学生的智力。德里著名学者穆哈德什（Muhaddish）写道："那个时代马德拉萨的工作时间从早晨到中午，从下午到晚上。"③

　　在莫卧儿帝国时期，虽然很多统治者强调伊斯兰教教育与印度教教育并行发展，并兼顾教育的宗教性与世俗性，但鉴于统治者的伊斯兰教信仰，伊斯兰教教育仍占据绝对的优势地位。虽然受诸多因素限制，伊斯兰教教育并未形成正规的、系统的教育制度，但无论是其教育规模、教育目的、教育方法还是教育机构，都远远优于印度教教育，并深刻影响着印度教育的发展。

---

　　① ［印］斯迪芬·麦勒迪斯·爱德华兹等：《莫卧儿帝国》，尚劝余译，178 页，西宁，青海人民出版社，2009。

　　② 戴本博：《外国教育史》上册，361 页，北京，人民教育出版社，1990。

　　③ B.K.Sahay, *Education and Learning under the Great Mughals*, *1526–1707 AD*, Bombay, New Literature Publishing Company, 1968, p.12.

第三节 印度教教育

在印度,印度教是土生土长的宗教,它的发展可追溯至吠陀时期的婆罗门教。印度教教育与婆罗门教教育一脉相承,具有悠久且绵延的历史。随着佛教兴起及其地位的不断巩固,婆罗门教风光不再,以商羯罗为代表的婆罗门教开始反思与改革,并取得了一定的成效,从而促进了印度教的诞生。然而,自穆斯林进入印度以来,尤其是以伊斯兰教为宗教基础的莫卧儿帝国的建立,使印度教及其教育处于不利地位。尽管阿克巴强调宗教宽容政策,鼓励伊斯兰教教育积极吸纳印度教教徒,但这并不能从根本上改变莫卧儿帝国时期印度教的整体颓废状态。

一、印度教教育概况

公元前4世纪以后,印度社会发展处于封建化过程之中。伴随这种社会需要,在旧的婆罗门教和佛教基础上产生了印度教。[1] 印度教源于婆罗门教,因而又称新婆罗门教,其主要经典和宗教哲学与婆罗门教基本相同。[2] 莫卧儿帝国时期,印度处于穆斯林统治之下,印度教教育没有受到国家重视。统治阶级对印度教教育推行破坏性压迫政策,印度教教徒的学习场所,如修道院和寺庙等被大量摧毁。结果导致像纳兰达(我国史籍中旧译"那烂陀")或塔西拉这样颇有名望的教育机构被毁坏,它们所收藏的丰富图书资源多数遗失。

由于国家不重视印度教教育,因此维持印度教教育机构正常教学,推动印度教教育发展的艰难任务就落在了村庄、富人和高擎文化火炬的学者身上。他们保证了印度教的发展,并成功地延续了印度教教育。例如,拉贾斯(Ra-

---

[1] 马骥雄:《外国教育史略》,172页,北京,人民教育出版社,1993。

[2] 王长纯:《印度教育》,41页,长春,吉林教育出版社,2000。

jas）和马哈拉哈斯（Maharajas）等邦首领和受过教育的社会阶层，尤其是婆罗门继续开展教育活动，在大众中传播印度教文化。印度教教育机构由此得以继续存在于印度北部。但由于诸多因素的限制，印度教在教育机构设置方面并未取得重大进展。随着莫卧儿帝国时代的到来，尤其是阿克巴的继位，印度教教育开启了新的篇章，有了较大的发展，并涌现出一批著名学者。

（一）教育管理

在莫卧儿帝国早期，印度教教育实际上并未受到前两位君主——巴布尔和胡马雍的支持。他们并不关注印度教教育，它处于自生自灭的状态。但随着阿克巴的继位，印度教教育迎来了发展机会。阿克巴意识到国家的安全和稳定在很大程度上需要占人口大多数的印度教教徒的支持，认为巩固统治的重要策略之一便是对印度教及其教育实施宽容政策，这无疑为印度教的传播和发展铺平了道路。

在阿克巴登上皇位之前，印度教和伊斯兰教之间存在着巨大的差异，并引发了潜在的矛盾与冲突。阿克巴希望消除这些差异，在最大程度上维持帝国的安全与稳定。他认为要想消除或者缩小两种宗教之间的差异，穆斯林有必要阅读一些反映印度教生活和哲学的经典著作。当时官方语言是波斯语，它与印地语和梵语存在许多隔阂，为了在最大程度上消除这些隔阂，阿克巴专门成立了一个将印度教经典著作译成波斯文的翻译部门，这无疑为印度教教育的传播和发展注入了新的动力。阿克巴对印度教学者的鼓励，以及他对印度教宗教和哲学问题的浓厚兴趣，吸引了亚洲其他地区学者前往他的帝国求知，进而提升了印度的国际影响力。

莫卧儿帝国时期有大批精通外语（如阿拉伯语和波斯语等）的印度教学者，他们曾在麦克台卜和马德拉萨担任语言教师。事实上，阿克巴对印度教教徒的宽容政策在很大程度上促成了印度人对波斯语的研究，波斯语、梵语和印地语在皇帝和贵族那里似乎受到了同等的重视。① 布洛赫曼(Blochmann)写道:"印度教教徒从16世纪起如此热衷于波斯教育,以至于在另外一个世纪到来之前,他们已经完全达到了伊斯兰教教徒的知识水平。政府的公文很快就掌握在印度人手中。"②一些印度教教徒因在波斯语方面的学术造诣而赢得宫廷中的最高荣誉。同样,在诗歌和文学领域,印度教教徒与穆斯林具有同等能力且赢得了各方赞誉。因此,从莫卧儿王朝起,印度教教徒就开始学习波斯语和波斯文学。到18世纪末,其中一些人熟练掌握了波斯语并写出了一些著名的作品。从某种程度上说,印度教教徒丰富并发展了波斯文学。

阿克巴的继任者贾汉吉尔对待印度教教育的态度与其父一致,并在很大程度上为印度教学者提供庇护。他的帝国宫廷赞助了一批印度教学者、诗人和艺术家,其中著名的有宫廷画家贾德鲁普·戈桑·拉伊·马诺哈·拉尔(Jadrup Gosasin Rai Manohar Lall)。印度教学者可以自由地出入贾汉吉尔的宫廷。贾汉吉尔本人还常常参加印度教学者举行的讨论和辩论会,他常为印度教学者的激昂演讲和学术成就感到愉悦,并赐予他们丰厚的奖赏。

印度教教育也受到沙贾汗的宽容对待,他给予印度教学者的慷慨赞助和奖励,在很大程度上促进了印度教教育的发展。事实上,沙贾汗统治时期是印度语和印度教文学发展最辉煌的时代。在他的宫廷中,不论学者的个人信仰和地位如何,皆可因其出色的文学才华受到奖励。帕达哈马(Padshahnama)对沙贾汗奖励印度教学者的情形进行了有趣的描述:"1629年9月14日,阿萨夫汗(Yamin-ud-daula Asaf Khan)带了两位来自蒂鲁德(在北比哈尔邦)的婆罗门人来到宫廷中,10位诗人在他们面前依次朗读了一首全新的印地语(梵文)诗节,待10位诗人朗读完毕,这两位婆罗门人可以按照诗人朗诵时同样

① [印]K.M.潘尼迦:《印度简史》,简宁译,217页,北京,新世界出版社,2014。

② B.K.Sahay, *Education and Learning under the Great Mughals*, *1526-1707 AD*, Bombay, New Literature Publishing Company, 1968, p.60.

的顺序复述 10 首诗节。沙贾汗陛下给予他们每人 1 000 卢比的奖励。"①在当时，类似的慷慨奖赏事例不胜枚举。

印度教教育还得到了沙贾汗皇帝的长子达拉·希科的大力支持和高度重视。达拉·希科与他的曾祖父阿克巴一样，是一个性格宽容的人，他毕生为给印地教和伊斯兰教找到一个契合点而不懈努力。他在晚年常与婆罗门、瑜伽信徒和湿婆神信徒一起从事印地语翻译工作，极大地促进了伊斯兰教与印度其他宗教的融合。

然而，随着下一位皇帝奥朗则布继位，印度教教育因他的迫害而遭受重创。奥朗则布于 1669 年命令他的省督们拆毁印度教学校和寺庙，以废除印度教的教育和宗教习俗。虽然奥朗则布本人是一位博学且有教养的人，也是一位资深教育家，但他对于印度教教育的发展采取保守和压迫政策。因此，在奥朗则布时期，印度教教育的发展由于皇帝的政策而受阻，纯粹的印度教教育机构实际上开始衰落。尽管如此，奥朗则布并未完全放弃莫卧儿帝国赞助一些印度教学者和文人墨客的传统，他的宫廷仍旧直接或间接地资助过大批印度教的学者和诗人。在奥朗则布统治期间，德里云集了许多印度教教徒和穆斯林星相学家，他们在一定程度上促进了印度对天文学等相关领域的研究。

(二)教学内容

印度教初等教育与伊斯兰教相似，都以培养学生读、写、算的基本能力为主要任务，并进行相关的宗教教育。初等教育课程由简单的入门书、算术和一些自然科学的初级知识组成。在一些小学，随着作为官方语言的波斯语的引入，波斯语也成为课程的重要组成部分。教师主要是印度教教徒中对波斯语感兴趣的人，包括各种种姓的人，如婆罗门、吠舍、刹帝利以及更低种姓的人。

---

① B.K.Sahay, *Education and Learning under the Great Mughals*, *1526-1707 AD*, Bombay, New Literature Publishing Company, 1968, p.47.

梵语也是印度教初等教育的重要内容,但梵语学习的过程与基本的读、写、算有所不同。初学者首先要掌握有关字母表的知识,这是这门语言的基本要素,它直接影响语言学习的熟练程度。在掌握字母之后,初学者开始学习拼写、阅读和写作方面的技巧,随后要掌握实用的算术知识。在对上述科目略知一二后,对这些科目仍感到困惑的人需要学习语法,其中包括词尾变化、连词和句法等。他们对梵语及其语法有了很好的了解之后,对《吠陀经》进行简要解释的《往世书》就成为下一个研究的主题,这也意味着宗教教育被提上了初等教育日程。

印度教的高等教育并无固定的学习年限,通常持续10~12年。高等教育机构本质上是高等学府,其课程通常包括梵语和文学研究、宇宙史、《吠陀经》、哲学、医学、天文学和占星术、历史和地理等。以上课程几乎流行于整个北印度地区。一般说来,高年级的学生应该掌握六个主要的学习分支:诗歌、语法、天文学和占星术、修辞学、词库以及哲学。高等教育还包括一些其他课程,如语法学、音乐和印度古典文学等。此外,军事学作为一门课程也开始在高等教育中出现,并成为其重要特征。

(三)教学方法

印度教儿童的正式教育始于入法礼之后。一般说来,儿童在5岁举行入法礼,但这种仪式对不同种姓儿童的年龄要求不同。婆罗门种姓的儿童8岁时,婆罗门便聚集在一起开会,男孩被用表示三吠陀的三根芒吉草(munji)编成的腰带紧紧系着并祈祷,腰带还将被分成三股(称作sihtan),系在儿童所信任和尊重的人的腰上。在仪式结束后,家长会将孩子交给一位博学多才的婆罗门,让孩子在其家中学习12年《吠陀经》等。这种入学仪式标志着儿童从一个阶段进入另一个阶段,这是他学习生涯的重要转折点。

具体的教学工作分为四个阶段:第一阶段,教学生在木板或沙土上写字母,这一阶段可视为儿童的自由练习阶段,注重对字母和笔画的训练。第二阶段，由教师先把字母写在棕榈叶上，然后学生用芦苇笔蘸木炭黑水描写，这与我国古时的"描红"类似，注重学生对教师的模仿。接着学生要书写并发出复合的辅音，完成将辅音和元音合成字的练习。第三阶段，用大芭蕉叶代替棕榈叶作为教学工具，教学生如何用词连成句，并区别口头语言和书面语言，而且进一步教他们算术规则、商业和农业知识。第四阶段，学生要学习一些高级课程，如写商业信件和诉状等，印度古代梵文叙事诗《罗摩衍那》（意为"罗摩游记"或"罗摩生平"）是主要教科书。同时，还要教学生初等数学。①印度教初等教育强调学生的练习和模仿，教师仍发挥着至关重要的作用。

当时一些外国游历者的记述，为我们提供了许多关于印度教初等教育机构的基本情况，包括教学方式、教科书和写作材料等。1623—1624年瓦利在印度西海岸旅行时，见证了乡村学校中一种被称作"算术"（Arith-Matic）的新式学习方法。他写道："我在寺庙的走廊里注视着小男孩们用一种怪诞的方法学习算术，他们四个人都跟从同一位教师学习同样的课程。为了用心学习当下的课程并复习之前的课程，他们中有人会用某种语调来歌唱部分课程内容，如'一生一（One by itself makes one）'，在歌唱的同时用手写下同样的数字。学生不是使用任何一种笔，也不是用纸写，而是用手指在地面上写。为此，学校的人行道专门用优质细沙铺成。当人行道上全都是手指印的时候，他们会用手把这些手指印抹掉。只要练习继续进行，他们就会一直这样做。他们告诉我，像这种学习阅读和写作的方式无须浪费笔墨、弄脏纸张。"②在缺乏现代学校设备的情况下，这当然是一种很好的教学方法。学生首先被要求在覆盖着沙子和灰尘的地板上练习书写的艺术，当他们练习合格之后，则要去学习使用芦苇、竹子等在棕榈叶或树皮上书写。学生只有熟练掌握了写作技巧，

① 马骥雄：《外国教育史略》，177页，北京，人民教育出版社，1993。
② B.K.Sahay, *Education and Learning under the Great Mughals*, 1526-1707 AD, Bombay, New Literature Publishing Company, 1968, pp.52-53.

才能使用纸笔书写。

当时已经有导生制这种教学方法。通常从较高阶段的年岁大的学生中挑选导生或者说"小先生"，让他们帮助教师教较低阶段的学生。这是印度教教育的一个贡献，对后世教学法产生了深远的影响。导生制的倡导者英国人贝尔（Andrew Bell）和兰卡斯特（Joseph Lancaster）就承认他们的观念是从印度获得的。[①]

当时惩罚已经是纪律措施的重要组成部分。体罚是最常用的手段，教典和法律都允许教师用竹棍和绳索惩罚学生。学生犯了错误，教师会用绳索在他的背部施加惩罚，使其改正错误。当学生不愿意学习的时候，教师就会使用竹棍。有时教师会把学生的手脚绑起来，在他们的胸膛上坐一会儿。这种残酷的惩罚通常发生在那些行为不端或犯了类似错误的学生身上。

印度教教育通常在考虑学生能力和需求的基础上提供简单实用的课程，教师在教学过程中采用符合学生实际的教学方法，以便每一个学生都得到充分的关注。由于课程内容适合学生的能力和需求，学生在各自的学习领域取得的进步比较大。教师只有在确保每个学生牢固掌握之前的教学内容之后，才会开始讲授当天的课程。在这样的教育体制下，一个学生完成了课程学习，也就意味着他已经掌握了教师所教授的所有知识。需要说明的是，当时并没有像今天这样常规的考试制度，学生毕业之后才会参加考试，通过者将被授予相关称号，以证明其所具备的能力。

（四）师生关系

尊师爱生一直是印度教教育中师生关系的传统美德。在学校期间，教师应该以身作则，成为学生各方面的真正向导。进入婆罗门寄宿学校的学生，不仅应该被当作学生对待，还应该被教师当作家庭成员对待。教师有职责为学生提供一切必要的训练，使他们能过上正常的生活。印度教谴责功利性的

---

① 马骥雄：《外国教育史略》，177页，北京，人民教育出版社，1993。

教育，并将给学生上课视为一项神圣的职责。

莫卧儿帝国时期，印度教教育的这种传统仍然存在。学生在完成他的教育之前无须向教师定期支付任何费用，为钱而教书的教师被谴责为罪人。教师有义务向学生免费提供膳宿和教学，他们用皇帝和富裕户主们在婚宴、葬礼和宗教仪式上的礼物来维持开销。达耶拉姆（Dayaram）在他的《萨拉达曼加》（Saradamangal）一书中写道："在我的前半辈子，我从我的教师那里得到教育，但是没有支付任何费用。"①这种教育制度确保了教师与学生之间的自由和公平交往。

该时期已有明确的条例规范学生的行为，这些条例通常包括早起、祷告、礼拜、为教师服务以及行乞。每日行乞对所有学生而言都是一种义务，这与教师和学生的经济状况无关，而是为了谆谆训诲和过一种"平淡生活"。学生对教师须全身心付出，他们相应地也会得到教师的回报。因此，教师在当时备受尊敬，通常被视为知识团体中的领导人。在教师面前，学生没有得到允许甚至不敢说一句话。几乎所有的教育机构都保持了这种森严的纪律标准。

二、印度教教育机构

在莫卧儿帝国时期，印度教教育主要通过巴拉沙拉、托尔等机构和私人导师来开展。印度教教育机构在分工上较为明确：巴拉沙拉是进行基础教育的重要场所，托尔是高等教育的场所。印度教教育中还出现了一批私人导师，他们主要负责培养学生艺术和科学方面的才能。另外，印度教还有一些在公众中传播知识的方式，如不定期举行的辩论、诗歌专题讨论会等。这些活动通常是印度教社区和农村生活的一部分，发挥着印度教教育启蒙与维持其宗教信仰的作用。

---

①　B.K.Sahay, *Education and Learning under the Great Mughals*, 1526-1707 AD, Bombay, New Literature Publishing Company, 1968, pp.64-65.

（一）初等教育机构

印度北部几乎每一个重要的村庄或城镇都设有巴拉沙拉，作为该地区学生接受初等教育的场所，这是印度教在乡村实施基础教育的主要机构。通常情况下，巴拉沙拉拥有自己的独立建筑，但如果在城镇或村庄里找不到独立的建筑或者缺乏资金建设独立的建筑，则可能设在树荫下或富人家宅院的走廊里。巴拉沙拉的建筑设计非常简单，校内不提供椅子、长凳和黑板。学生必须自备凳子，否则就只能蹲在地上。因此，教室的座位设置十分自由，当教师坐在凳子上时，他立马就会被一群学生包围。这种学校不收学费，但并不排斥节日里学生送教师礼物的行为。与伊斯兰教教育一样，为学生提供免费教育是教师的基本职责，为钱而教的任何人都会受到社会蔑视。在初等教育阶段，学生的年龄一般为6~16岁。

总之，在莫卧儿帝国时期，印度教的初等教育主要通过以下途径进行：其一，附属于印度教的寺庙，教师靠寺庙土地为生，当然还接受学生自愿送的礼物。其二，村里的地主和富人的大力倡导和慷慨解囊。其三，商人建立，这大多是在镇上。其四，地方手艺人创办。与广义上的印度教教育不同，大众化的初等教育具有明显的功利性。①

（二）高等教育中心

以往印度佛教的学术中心是坎奇普兰、那烂陀等地。穆斯林统治者征服印度时毁坏了这些学术重地。莫卧儿帝国时期，印度教教育同以前一样，与宗教密不可分。印度教高等教育由婆罗门操纵，主要机构是托尔，它的高级梵文教育主要为婆罗门设立。这一时期，印度教著名的高等教育中心有瓦拉纳西（Varanasi）、米西拉（Mithila）和纳巴德维帕（Navadwipa，在孟加拉被称为"纳迪亚"）等。

托尔的校舍十分简陋，以茅草顶和泥土墙的房舍为主。学生通常住在小

---

① 马骥雄：《外国教育史略》，177页，北京，人民教育出版社，1993。

茅棚里。在托尔修习的学科主要有逻辑学、法律、诗学、天文学、文法等。此外，在莫卧儿帝国时期，托尔还注重培育新的逻辑学派——正理派①，注重教授梵语、古印度语、巴利语、孟加拉语等多种语言。

1. 瓦拉纳西

瓦拉纳西作为印度教高等教育重要中心的名望，要追溯到很久以前。在穆斯林统治时期，尤其是在1200—1500年，统治者统治理念和政策的偏差使印度教教育，尤其是高等教育遭受了很多磨难。结果，许多博学的学者迁徙到德干（Deccan）和印度南部地区，这次迁徙给瓦拉纳西的教育事业造成了很大的破坏。随着莫卧儿帝国的建立，尤其是阿克巴统治时期，印度教教育迎来了短暂的春天，瓦拉纳西的名望再次提升。从16世纪开始，移居到瓦拉纳西的印度教教徒开始永久地居住在那里。在开明的莫卧儿帝国皇帝的赞助下，瓦拉纳西再次成为知识传播中心，并获得了崇高的学术声誉。

在16世纪和17世纪，瓦拉纳西是印度北部印度教思想复兴运动的中心，有数不胜数的圣徒和学者聚集于此。在16世纪，它已成为印度教文化的辐射中心。伯尼尔（Bernier）曾将这个城市描述为"印度的雅典"。他写道："瓦拉纳西坐落于恒河之上一个美丽富饶的地方，可以说是异教徒的一所一般性学校，它是'印度的雅典'，婆罗门教徒和别的教徒都聚集到这里。正如我们的大学一样，这个城镇里没有学院和正式的班级，而颇似古代人的学校，教师们分住在城内各处的民房里，主要是在郊区的花园里，这些地方是富商让给他们居住的。"②有些教师带四个学生，有的六个或七个，而最著名的教师可以带十二个或者十五个——这是最多的数目。"另一位学者艾卜勒·法兹尔写道："从远古时代起，瓦拉纳西就一直是学习的主要场所。为了接受教育，成

---

① 古代印度哲学中的一派，注重对逻辑和认识论的探讨。
② B.K.Sahay, *Education and Learning under the Great Mughals*, 1526-1707 AD, Bombay, New Literature Publishing Company, 1968, p.68.

群的人从遥远的地区赶来，一心一意地投入学习。"①总之，"这里是学习的宝地，是学者聚集的殿堂。那些拥有学问和教养的婆罗门以及掌握了娴熟演讲技巧的《吠陀经》读者，都居住在这里"②。

在瓦拉纳西，学者们分布在城市的不同街区，他们到这里的主要目标是阅读印度教神圣典籍，并借此教育和训练他们的学生。瓦拉纳西作为印度教高等教育的学习场所，其重要性在于：它聚集了一大批学者，而不仅仅是成立了一个机构，那里还有数不清的研讨班。

2. 米西拉

比哈尔邦的米西拉也是印度教的学习中心，它作为婆罗门的学习中心的声誉，可以追溯到《奥义书》(Upanishads)时期。在 16 世纪，米西拉被萨鲁河以北所有地区公认为世俗和宗教的首都。

在纳蒂亚大学成立前，米西拉是印度东部研究逻辑学和梵文的中心，它吸引了印度各地许多学生前来学习正理(Nyaya)或开展逻辑学研究。米西拉的一些学者声誉很好，甚至德里朝廷的人也会因他们的超凡智力和学识而前来拜访。在马哈马昊帕德耀·沟库纳(Mahamahopadhyao Gokulnath，约 1650—1750)之后，学习中心似乎转移到了纳巴德维帕，那里建立了逻辑学校，称为"Navya-Nyaya"。米西拉一些学者通过访问纳巴德维帕和瓦拉纳西完成他们关于正理的研究。

3. 纳巴德维帕

纳巴德维帕是印度教教育的另一个重要中心。这个城市里遍布着无数的教育机构，大批学者汇集于此，吸引了外地的许多学生。纳蒂亚是位于纳巴德维帕的一所正理学校，是学习梵语文学和语法的著名场所。在这所学校成

---

① B.K.Sahay, *Education and Learning under the Great Mughals*, *1526-1707 AD*, Bombay, New Literature Publishing Company, 1968, p.69.

② B.K.Sahay, *Education and Learning under the Great Mughals*, *1526-1707 AD*, Bombay, New Literature Publishing Company, 1968, p.69.

立之前，全国各地的学生都去米西拉学习正理。但米西拉学的者不允许任何学生从学校带走书本甚至是讲座笔记，这促使纳巴德维帕建立了属于自己的机构，以满足学生学习正理的迫切愿望。阿苏德瓦在接受了他父亲的语法、文学和法学教育后，在 25 岁时到米西拉专修逻辑学。他在通过有难度的抽题回答（Salaka-Pariksha）测试后，由古儒授予"萨瓦巴豪马（Sarvabhauma）"的称号，以认可他的能力和优点。当发现米西拉的教师严格保卫知识宝藏，不允许学生复制所学过的任何知识时，阿苏德瓦承诺要将整个"塔特瓦奇塔玛尼（Tattwachintamani）"和"库苏曼贾里（Kusumanjali）"的韵律全部记忆下来。之后，在纳蒂亚，他把自己从米西拉学习的两本著作写下来，并建立了自己的新逻辑学院。随后，纳巴德维帕逐渐发展成为最重要的学习中心。

除了这些著名的印度教学习中心之外，还有一些学习中心分散在印度北部的不同地区，包括克什米尔、木尔坦、希尔后、萨塔和古吉拉特。克什米尔也是一个重要的印度教文化学习中心，在这个山谷中居住着许多婆罗门，他们致力于梵语的学习和教学；木尔坦则是另一个著名的印度教学习中心，那里有众多的教育机构，布拉邦人在那里担任教师，印度教和伊斯兰教都得到了传播。卡米尔人通常成群结队地来到这里，因为这里的设施可以为科学提供实践机会，包括天文学、占星术、数学和医学等。

第四节　印度教育的特点

在莫卧儿帝国时期，印度教育开始走上一条不同于传统的道路。随着莫卧儿帝国统治的不断巩固与深化，这种不同寻常的印度教育也逐渐得到发展，并形成了自己的一些特点。

一、大力推崇伊斯兰教教育

在当时伊斯兰教教育和印度教教育并存的局面下，莫卧儿帝国历代皇帝作为忠实的伊斯兰教信徒，十分重视伊斯兰教教育的发展，并且鼓励印度教儿童到伊斯兰教学校接受教育。从巴布尔到阿克巴，再到奥朗则布等，统治者们都对伊斯兰教教育的繁荣做出了贡献。巴布尔在发现印度西北各地教育机构缺乏、教育力量不足时，积极建立了伊斯兰教学校和学院，为伊斯兰教教育在莫卧儿帝国时代的发展奠定了基础。后世的莫卧儿帝国皇帝皆以其为榜样，在全国资助或新建伊斯兰教学校，奖赏并慷慨资助重要的学者，极大地促进了伊斯兰教教育的传承。

阿克巴专门出台了一项政策，将没有人继承的遗产转化为伊斯兰教教育发展的专项资金，使得许多荒废多年的伊斯兰教学校焕发了新的活力。奥朗则布对伊斯兰教教育的推崇更是达到了巅峰：他一方面在莫卧儿帝国建立了大量的伊斯兰教学校，并专门聘请了大量有学识的伊斯兰教教师任教，以增强师资力量；另一方面，他极力排斥印度教教育，甚至颁布禁止印度教教育的训令，并摧毁了许多印度教教育机构，使印度教教育大大受挫，在一定程度上削弱了印度教教育。

在莫卧儿帝国的皇帝中，阿克巴算是一个例外，他从政治因素出发，力求平衡伊斯兰教教育和印度教教育的发展。他是莫卧儿帝国皇帝中首次意识到发展印度教教育的政治意义，并对印度教教育采取宽容政策的君主。在他之后继位的各代莫卧儿帝国皇帝也逐渐意识到，获得占人口大多数的印度教教徒的支持和拥护十分重要。因此，在莫卧儿帝国时期，发展印度教教育的政治性目的逐渐彰显。但从整体上看，在莫卧儿帝国时期伊斯兰教教育受到高度重视，而印度教教育处于附属地位。

二、突出教义教育的主导地位

在当时的背景下，宗教是人们生活的信仰，它仍然占据着人们心中的主要地位，并发挥着至关重要的作用。相应地，宗教教育也得到了人们的积极响应，因为它在一定程度上为人们接近信仰提供了一种教义教育，这也是其他教育难以做到的。虽然伊斯兰教教育兼具宗教性与世俗性，但就相关机构开设的课程而言，对伊斯兰教教义的传授仍是当时教育的重点。小学阶段主要是背诵宗教经典与经文，如伊斯兰教的《古兰经》和其他经典，学习一些基本的读、写、算知识，都是为学生掌握经典做准备的。同样，高等教育也十分重视教义教育。这一阶段要求更高，即学生能理解主要经典的内容。此外，虽然也开设了一些文法、哲学和修辞学等课程，实用科目也有所涉及，如地理、物理等，但所占比重较小。在阿克巴和奥朗则布统治时期，医学、农学、商业和手工等课程也引入了高等教育。人们虽然意识到了实用科目及科学教育的重要性，但它们只是作为学习内容的补充，并不能撼动宗教教育的重要地位。

三、形成了相对完整的教育体系

在莫卧儿帝国中后期，麦克台卜和马德拉萨已经遍布整个帝国，学生在麦克台卜学习完毕并得到教师批准后就可进入马德拉萨学习。麦克台卜主要传授基本的教义和读、写、算知识，为学生接受下一阶段的教育做准备；而马德拉萨则是研究高深学问及教义之所，要求学生学习复杂的语法和文学，理解深奥的教义以及操作性强的医学、商业等知识。麦克台卜和马德拉萨教学内容的设置是相互衔接、层层递进的。只有掌握了基本的读、写、算知识，学生才有能力进一步学习深层次的内容。在教学上，也出现了由教师主导向学生自主学习转变的趋势，反映了不同教育阶段教学方式的差异性。

在麦克台卜，由于当时印刷技术不足，学生无法人手一本教科书，只能以口耳相传的形式学习，教师在前面带着学生一起诵读。在课堂上，学生跟着教师反复诵读经文内容，大多数学生在校的大部分时间用在了经文的背诵和祷告上。教师对无法完成任务的学生十分严格，会对他们进行体罚以督促其认真学习。到了高等教育阶段，学生往往是自学，以理解为主。马德拉萨的上课形式以辩论和讨论为主，鼓励学生自由辩论以激发思想，因此对学生课外知识的积累与丰富有相当高的要求。由此，从小学到大学逐渐形成了一个由被动受教到主动学习的过程，学生对知识的追求与渴望也会相应地上升一个层次。总之，从教育的目的、内容和教学过程都可以看出莫卧儿帝国时期小学教育与大学教育的衔接与过渡，它们已经形成了一个相对完整的教育体系。

四、秉持尊师重道的历史传统

印度自古以来就有尊师重道的传统，这种传统在莫卧儿帝国时期依然保留，并深刻地体现在国家层面和师生的互动之中。就整个印度社会而言，他们一直将教师视为智者，视为知识的传授者。教师享有很高的社会地位，得到了印度社会各阶层的尊重，很多富人也会为教师的教学活动提供最大程度的便利。莫卧儿帝国时期的师生互动在不同教育阶段有不同的表现：在中小学教育阶段，主要采取"教师教，学生学"的机械教授方式，教师在学生的学习过程中承担着主要责任，学生的主要任务就是认真听教师讲课，然后以背诵的方式将教师所讲的主要内容记录下来。教师在这一过程中具有很强的权威性，学生对教师言听计从，并强调对教师的尊重。在高等教育阶段，随着学习方式的转变，教师的作用由传授和监督转变为辅助和引导。学习方式以辩论和讨论为主，强调学生的自学，鼓励学生自由辩论。在上课前，教师会布置学生相关的阅读任务，使学生对即将学习的知识提前了解，形成自己的见解，在此基础上再进行授课。在这一阶段，尽管教师的角色发生了很大转变，但学生对教师的尊崇之情有增无减。

同时，教师也有义务关心学生的学习和生活。当一个孩子开始学习生涯之后，教师就扮演着重要的角色，他们被视为孩子宗教意义上的家长。对教师而言，学生不仅是学生，还是教师家庭的重要组成部分。这种亦生亦子的关系贯穿于学生学习过程的始终。另外，教师不会向学生收取任何学费，教师的工作完全是公益性和义务性的。印度教师的这种奉献精神加深了师生之间的感情，学生尊重教师，教师爱护学生，师生之间关系密切。教师会关注每一名学生；学生也会勤奋学习，以期获得教师的赞赏。在宗教和道德教育上，教师应发挥榜样作用，通过以身作则唤醒学生的宗教和道德意识。

　　总之，印度自古即有重视教育的传统，并形成了不同宗教体系下的教育制度，这既是印度宗教观念多样化的体现，也是印度文化包容性的彰显。在莫卧儿帝国时期，由于统治者宗教信仰及统治观念的异质性，印度基本上形成了伊斯兰教教育与印度教教育并存、伊斯兰教教育占主导地位的教育状况。此时印度已基本上形成了相对完整的教育体系，并保持着尊师重教的优良传统。

结　语

在 16—17 世纪，教育理论与实践的发展中心毫无疑问当数欧洲。在经历了文艺复兴及宗教改革这两场接踵而至的思想解放运动之后，中世纪的漫漫长夜宣告终结，资本主义新时代的曙光初现。然而，新教与旧教、资本主义与封建主义的激烈搏杀仍在持续进行，并贯穿了整个宗教改革时期和 17 世纪。

综观宗教改革时期与 17 世纪的欧洲，总的来说，堪称理性向信仰挑战、科学向迷信进逼、民主向特权发难的时代。这种时代精神及错综复杂的矛盾、现实需要激发了思想家及教育家的灵感，推动了教育理论的突破，也促进了教育实践的发展。人们纷纷"思必出位"（康有为语），冲破现实条件的束缚，构筑带有理想色彩的改造社会的蓝图，包括各种教育理论和将其付诸教育实践。

一

宗教改革时期，新教教育思想的典型特征是宗教性和大众化。路德派教育思想的出发点在于：通过新教教育培养对上帝的虔诚信仰，从而使灵魂获得拯救。尽管路德强调教育的世俗化，但与宗教性目的相比，其世俗化目的是从属的、次要的。同样，加尔文派的教育目的也有二重性，主张教育目的的重心在于信仰。在对宗教性的强调上，新教与天主教并无区别，二者的区别主要在于灵魂获救的途径不同。新教主张"因信称义"，否认教会的中介作用，否定教皇的权威地位，主张个人通过阅读《圣经》和真诚的信仰与上帝直接交流；而天主教则强调教会的中介作用和教皇的权威地位。

新教的宗教性对教育思想和教育实践的发展产生了不良影响。由于把宗教性目的当作教育的理想，新教教育思想及其教育实践在客观上阻碍了由文艺复兴运动所开创的教育世俗化趋势的进一步发展。宗教改革以后，宗教教育在很长时间内继续支配着欧美的新教国家，这种局面的形成与新教教育思想具有直接关系。新教教育思想的大众化是指其教育平等的理念。"信仰面前人人平等"的宗教观反映到教育上就成为教育权利的平等。路德派把教育的权利扩大到社会下层，从而揭开了西方近代教育民主化进程的历史序幕。由此，路德派还进一步提出了普及教育的主张。加尔文派则更为明确地提出了由国家负责对全体公民进行强迫教育的思想，主张由国家管理文化教育，实施义务教育。这是新教对教育理论与实践的最主要贡献，对当时和其后的教育发展起到了决定性的作用。

反宗教改革教育思想的主要代表是罗耀拉和耶稣会，这种教育思想具有极强的功利性或者说宗教性，那就是为教皇、为天主教会服务。从教育思想的内容看，它兼收并蓄，从人文主义和新教教育思想中吸收了很多东西。在这种教育思想指导下的教育实践是卓有成效的，耶稣会学校的组织管理和师资水平堪称一流，这些无疑给耶稣会学校带来了良好的声誉。

17 世纪，欧洲教育理论的重要成果之一是以培根为先导、由夸美纽斯唱主角的泛智论。所谓泛智论，简单地说，就是探索将一切有用的知识教给一切人的方法。这是一个极其复杂的庞大工程，也是根本改造学校教育的大胆计划。夸美纽斯的泛智论大致包括以下观点：智慧使人精神丰富、心灵自由、生活美好，它比财富更加珍贵。普遍提高人们的智慧，就能拨开迷雾、驱走黑暗，认识世界的本来面目，从而摆脱愚昧、无知及偏见。智慧来自科学、来自经验的积累；人的经验越丰富、阅历越广泛，就越能产生智慧。人类积累的经验和知识因印刷术的发明而得到更广泛的传播，现在已有可能使智慧成为平民所享有的财富，因此，将一切有用的知识教给一切人乃是可以成为现实的计划。科学研究不是为了猎奇或满足理智上的快乐，智慧要帮助人认清人生的道路，为生活做好准备。生命短促，学海无涯，每个人都不可能穷尽一切知识，必须挑选各科知识中最重要、最有益于人生的精华教给一切人。各科知识并不是孤立的、互不联系的，应当寻找隐藏在事物内部的一般原理，探讨真理，开辟认识真理的共同途径。必须编写适用的教科书，使之有利于将一切有用的知识教给一切人。改革学校工作、改进教学方法，使学校从折磨儿童的地方变成发展智力的场所，变成对学生具有吸引力的机构，学校应向所有人开放。正确的教学方法必须遵循自然的程序，对文字的认识必须与对实际事物的认识紧密结合，实践为人的培养提供了有效途径。全社会的各阶层都要各尽其力，关心和支持普及教育与知识、培养人才的工作。[①]

综上所述，可以看出泛智论中贯穿着理性主义、科学精神、民主愿望以及教育改革的开拓精神。泛智论代表了一种伟大的理想，并构成了 17 世纪进步教育思想的主旋律。现在我们生活的时代距离泛智论倡导者的时代已有将近 4 个世纪，然而穿越时光的隧道，我们还是不得不对泛智论倡导者的博大胸怀及远见卓识感到由衷的敬佩。我们认为，泛智论的宗旨及精髓在我们现在生活的时代仍未过时，仍具有堪供借鉴乃至发扬光大的强烈的现实意义。泛智论的提出对后世产生了深远的影响。人们从泛智教育思想中不难发现几乎所有 18 世纪和 19 世纪西方教育思想的萌芽，以及现代教育改革运动的轮廓。

经验主义与理性主义的初步确立，以及它们之间的分歧、对立乃至斗争也是 17 世纪教育思想史上的大事。以培根与洛克为代表的经验主义者认为，

① 任钟印：《〈夸美纽斯教育论著选〉简介》，见《夸美纽斯教育论著选》，10~11 页，北京，人民教育出版社，1990。

人的认识的真正起源不在于神灵的启示或传统的权威，也不存在与生俱来的理性公理或天赋观念，一切真正的知识都发源于感官从外部事物得来的感觉经验。与此相反，以笛卡儿为代表的理性主义者认为，通过感觉经验得到的总是个别的或有限的知识。仅仅从感觉经验这一来源，不能说明人的认识如何从感性经验上升到理性的问题，也不能说明具有普遍性和必然性的真理认识的根据。因此，他们声称这种认识和感觉经验无关，只有"天赋观念"或人的理性自身才具有将感觉经验提升到普遍原理的能力。

上述经验主义与理性主义的争论对后世产生了重要影响，其中一个标志是：持有不同认识论观点的教育家的教育思想存在着明显的差异。一般而言，受到经验主义影响的教育家通常强调直观教学的作用，强调教学过程应从儿童感知具体事物开始，强调教学应坚持从具体到抽象的原则，并注重发展儿童的观察力。受到理性主义影响的教育家则强调教育应着重发展人的理性力量，认为理性的发展才是教育所要追求的目的，感性经验无非是达到这种目的的手段。

在 18—19 世纪，以康德、费希特、谢林和黑格尔为代表的德国哲学家，则力图在调和经验主义与理性主义的基础上提出新的认识论。例如，康德把人的认识过程划分为感性直观阶段、知性思维阶段、理性理念阶段 3 个阶段，从而力图以唯心主义的方式克服经验主义和理性主义各自的片面性，这是 17 世纪有关争论的延续及发展。

与经验主义有较多关联，与理性主义也有一定联系的绅士教育理论，是 17 世纪欧洲另一极具影响力并占有重要地位的教育思潮。绅士教育思想最早产生于文艺复兴时期，以托马斯·埃利奥特、蒙田为主要代表，17 世纪后在英国得到长足发展，并以弥尔顿及洛克为主要代表。它是在批判封建传统教育思想基础上确立起来的一种资产阶级现实主义教育思想。与教会教育思想和前期人文主义教育思想不同，绅士教育要求教育从现实社会生活的需求出发。其培养目标既不同于献身天国的僧侣教士，也不是在诗文之府中冥思遐想的文弱书生，而是具有强健的体魄及广博的实用知识和技能、受过世俗道德教育的精明强干的资产阶级事业家。故其重要特征是具有强烈的功利主义及推崇实践理性。相对于传统的旧教育而言，它又是一次大胆的突破，反映了资本主义上升时期资产阶级改革旧教育的迫切要求。绅士教育思想的产生，为西方教育实践由教会教育转变为资产阶级世俗教育迈出了重要的一步，并成为后世功利主义教育思想的先导。

除上述教育理论外，17 世纪的欧洲进步教育思想家们还在以下方面做出了有益的探索和贡献。

在教育科学研究方法上，以培根为代表，创立了唯物主义感觉论和科学归纳法，力主通过观察实验从许多个别的具体事物中找出共同规律，从而为科学实验方法在教学工作中的应用开辟了道路。夸美纽斯则力图以引证自然的方式使有益的教育教学实践经验上升为理论。这些都是对过去经院式或神学式论证方式的叛逆和突破。

各派教育家依据他们的哲学、心理学及人性论观点，分别提出了"白板说""种子说""暗箱说"等理论，其中前两种理论后来发展为"外铄论"及"内发论"，成为近代儿童心理学及教育思潮中的两大流派。

人们对脱离生活实际的空疏无用、咬文嚼字的宗教教育及古典主义教育强烈不满，力图加强教育与生活的联系，扩充有实用价值的教学内容，加强实科教学，使学校摆脱沉闷压抑的局面，并更好地适应社会发展及实用型人才培养的需要。

有些人还进一步提出学校不仅要成为普及实用知识的场所，而且要成为改进技术、促进生产发展、推动社会进步的有力杠杆。这些主张反映了人们对教育作为生产斗争工具的功能的逐渐认识，并开始有意识地使学校教育充分发挥这一功能。这是人们思想认识上的一大进步。

挟文艺复兴之余威，许多人要求进一步改进教育教学方法，使教育更好地适应儿童身心发展的特点。其中，强调直观教学、重视通过感知获取知识成为这一时期进步教育家的共同主张。

继莫尔的《乌托邦》问世后，安德里亚及康帕内拉又分别完成了《基督城》及《太阳城》等早期空想社会主义名著，从而为 19 世纪空想社会主义乃至马克思主义（包括其中的教育学说）提供了丰富的思想养料。

此外，许多人尤其是英国教育家严厉抨击了政府不过问教育的旧传统，并力图革除这一陋习，要求国家加强对平民子女教育的投入及领导。尽管近代各国国民教育制度（包括义务教育制度）在 19 世纪后才逐渐确立，但他们的呼吁及努力无疑是有益的，其历史进步意义不容低估。

由上可知，宗教改革时期和 17 世纪的教育思想，在继承前人成果基础上取得了巨大的成就，并对后世产生了深远的影响。然而，我们也应看到，受时代的局限，这一时期的教育思想还存在着许多不足，主要体现在以下几方面。

第一，虽然路德和加尔文等新教教育家的思想以及罗耀拉建立的耶稣会教育在欧美一些国家产生了广泛的影响，但他们的教育主张仍是宗教教育。新教教育为新教服务，天主教教育为天主教服务。在新教和天主教看来，教育主要作为一种宗教工具而被利用，对于个人发展和世俗利益的考虑则被置于次要地位。宗教的迷雾仍然笼罩在欧洲上空，并渗透于社会生活的方方面面。

第二，不少人——包括像夸美纽斯这样的进步教育家和康帕内拉这样的激进空想社会主义者——的教育理论并未和宗教脱钩，有的甚至仍带有强烈的宗教色彩。他们常常试图用"旧瓶装新酒"的方式阐述他们的新思想，这是时代的局限使然。事实上，由于西欧特殊的宗教背景，在 18 世纪末法国大革命前，资产阶级在一切思想领域的反封建斗争几乎都披上了宗教的外衣，采取了神学争论的形式。17 世纪的进步教育家也无法摆脱这一窠臼。

第三,夸美纽斯《大教学论》的问世,标志着近代资产阶级教育学(后来被人们称为"传统教育理论")的初步形成。然而,这一理论基本上以引证自然为特点,把自然适应性作为主要原理或原则,而缺乏坚实的心理学基础。后来,经过裴斯泰洛齐、赫尔巴特及乌申斯基等人的不懈努力,近代教育理论才建立在心理学(或科学的心理学)基础之上,并具有一个较为科学的外貌。在此意义上,代表 17 世纪教育思想最高成就的夸美纽斯的教育理论,只是科学教育学发展长河中的序曲。

第四,洛克的绅士教育理论代表掌权后的资产阶级的教育理论,它在世俗化、实用化的道路上较前人又大大迈进了一步,同时也具有反封建的民主精神。然而,在论及与劳动人民有关的教育时,洛克与夸美纽斯等进步教育家相比,则具有较多的保守性,反映了资产阶级的需要及时代的局限性。

另外,经验主义者和理性主义者各执一端,实际上他们的认识论都具有片面性,并未真正把握感性认识与理性认识的辩证关系。这一问题的最终解决仍需马克思主义的辩证唯物论作为指导。

综上所述,尽管 16—17 世纪的教育思想存在诸多不足,但是我们应当承认,这一时期的教育思想具有承上启下的作用,并为近代教育理论的更大发展奠定了基础。

二

在 16—17 世纪,美国、日本、印度及欧洲国家的教育实践活动得到了长足发展。

宗教改革时期,西班牙探险者最先来到美洲大陆,随后其他殖民者纷至沓来,在美洲建立自己的殖民地。"西班牙人是留下烙印的第一个来到美洲大陆的欧洲人。"①17世纪的美国仍处在殖民地时期。美洲早期移民主要来自欧洲，且多系新教徒，尤以清教徒居多。他们来到美洲后，也将宗主国及原教派的教育理念、教育制度一并引进。早期移民历尽千辛万苦来到美洲后，创建了一片属于自己的天地。这种特殊的经历及环境，要求他们注重实践理性，而无暇沉湎于象牙塔中优哉游哉，耗费光阴。这一时期美国的教育思想虽然从总体上继承了欧洲的传统，但少了许多形式主义的东西。例如，威廉·佩恩强调认识世界和认识自然，将关于事物的教育置于重要地位。他虽然是基督教教徒，但主张通过认识现实世界达到对上帝的认识。同样，托马斯·巴德主张教授一切有用的技艺和科学，实行教学与生产劳动相结合，并为穷人和印第安人的孩子提供教育。他们的教育思想为后来北美殖民地教育的发展奠定了基础。此外，北美殖民地早期的一些教育法规中蕴含了宗教教育、普及教育和职业教育的思想，民众对教育的态度也在一定程度上影响着教育发展。但由于各殖民地具有不同的殖民政策、风土人情和管理模式，它们的教育发展也有很大差别。这一时期，北美殖民地的黑人和印第安人教育、女子教育、民众教育也得到了一定程度的发展。

16—17世纪的日本尚处于封建社会的后期，在教育思想界占主导地位的仍是儒家文化。这一时期的日本教育家们虽然在思想上尚未挣脱封建传统的桎梏，但仍有不少创造与贡献。与同期西方相比，他们教育思想的贡献与理论价值也不可低估。例如，以藤原惺窝和林罗山为代表的朱子学派提倡"神儒一体"，试图用儒学理论论证神道，成为后来武士道和军国主义教育的重要渊源。17世纪后期至18世纪初的著名学者贝原益轩重视"格物"与"穷理"，强调知行并重，提倡"随年教法"，主张教育的目的在于"治国平天下"。其教育思想是日本新教育观的集大成。形成于17世纪中期的日本阳明学派，其代表

---

① [美]L.迪安·韦布：《美国教育史：一场伟大的美国实验》，陈露茜、李朝阳译，54页，合肥，安徽教育出版社，2010。

人物是中江藤树及其弟子熊泽蕃山。他们主张"致良知",并以"良知"作为判断是非的标准,反对外在权威和进行藩政改革。17 世纪后期兴起的古学派,其代表人物是山鹿素行、伊藤仁斋、荻生徂徕等。他们认为朱子学和阳明学违背了儒学的本质精神,要求重新认识儒学,做到古为今用。总之,17 世纪日本儒学的发展为教育从"宗教本位"走向"现实本位"提供了可能。这一时期日本不仅出现了各种类别和层级的学校,而且在教育方法上更为注重实践。

莫卧儿帝国是南亚次大陆历史上最强大的伊斯兰教帝国。这一时期的印度政治统一,国力强盛,版图辽阔,文化繁荣。印度建立了君主专制的中央集权官僚体制,其农业、手工业和商业等都得到了较大程度的发展,特别是手工业生产的技术水平超过了当时欧洲大陆的先进国家。一些主要城市虽然仍是封建统治的政治中心,但已开始发挥工商业中心的作用,德里、阿格拉、拉合尔、艾哈迈达巴德的城市规模可与当时的北京、巴黎、伦敦相比。同时,印度的文化艺术也进入了一个新的发展阶段。它是一种新颖的文化模式与艺术风格,既独具一格,又兼收并蓄。这不仅表现在为数众多、气势宏伟的莫卧儿帝国建筑(宫殿、城堡、清真寺、帝王陵园)上,而且反映在绘画艺术、音乐舞蹈、宫廷史学等诸多方面。① 在宗教信仰上,为了调和国内的宗教矛盾,莫卧儿帝国对非穆斯林采取宽容政策,废除了非穆斯林的人头税,并且允许印度教教徒恢复先前的信仰。这一时期的印度已形成了比较完整的教育体系,其教育类型分为伊斯兰教教育和印度教教育两种。前者的教育目的是让学生受到宗教和道德的训练,培养他们的伊斯兰教意识;后者也是为了进行相关的宗教教育。但是伊斯兰教教育占据了绝对的优势地位,印度教教育不受重视甚至遭到破坏。

宗教改革时期建立的英国国教,是一个兼有罗马天主教传统和新教特点的教派。它以《圣经》为基础,主张"因信称义",保持主教制,强调洗礼和圣

---

① 刘文龙、袁传伟:《世界文化史》近代卷,203 页,杭州,浙江人民出版社,1999。

餐等。在教育上，国教具有以下特点：一方面加强对教育领导权的控制，严格审查教师的宗教身份；另一方面依然沿袭了英国人文主义教育的课程体系和教学方法。同时，国教还大力提倡使用英语教学，培养民族意识与民族情感。到 17 世纪时，英国国教开办的各级各类学校取得了长足发展，一些教育史家称之为"教育革命"。这一时期文法学校和公学崇尚古典学科，教学内容不切实际。它们奉行精英教育的理念，以让学生升入牛津大学和剑桥大学为己任，是英国贵族子弟的学习园地。牛津大学和剑桥大学受宗教冲突的影响较大，非国教教徒基本上被拒之大学校门之外，导致大学的入学人数锐减，并使得一批优秀学者流失，大学作为文化中心的地位开始下降。对于那些非国教教徒的子弟而言，他们只能进入规模小而收费低的新型学校或学园。这些学校以传授实用知识为主，满足了中产阶级发展工商业的需要。

宗教改革时期，法国新教和旧教的冲突引发了长达 36 年的宗教战争，直到 1598 年亨利四世颁布《南特敕令》才宣告结束。《南特敕令》是欧洲实行宗教宽容政策的典范，它从法律上正式承认人人享有信仰自由，是法国宗教改革运动的伟大成果。长期的宗教冲突对法国的政治经济和文化教育产生了深远影响。亨利四世在位期间，恢复和强化了中央集权的专制统治，法国实现了社会秩序的重建和经济复苏，这一时期乃至整个 17 世纪的教育也开始得到发展。一是国家加强对教育的干预，规定在每个教区设立初等教育机构，并且建立了一批新型的教育和研究机构，如自然历史博物馆、法兰西科学院等；二是无论天主教教派（如耶稣会、基督教学校兄弟会）还是新教教派（如胡格诺派、詹森派、圣乐会）都十分重视教育，它们纷纷创办学校并颁布教学规章。例如，自 16 世纪末至 17 世纪中期，胡格诺派在法国许多地区建立了初等学校。到 17 世纪后期，胡格诺派的初等学校被摧毁后，基督教学校兄弟会在法国承担了初等教育的主要职责。

从宗教改革到 17 世纪中期，基督教世界的分裂导致德国境内诸侯国林立和战乱不止,其教育事业也受到极大的破坏。宗教改革后,德国新教地区的教育发展颇为迅速,1552 年签订的《帕骚条约》激发了各地诸侯兴办教育的热情,很多地方诸侯颁布了新的教育章程,很多文科学校也获得了各地诸侯的支持与资助。文科中学的重建以斯特拉斯堡模式为主,它们在课程上强调人文学科,在管理上隶属于城市当局。当然,各诸侯国学校体系的发展有所不同,有的比较完备,如符腾堡、梅克伦堡、普法尔茨等,有的比较简单,如法兰克尼亚等。在天主教地区,为了应对新教各教派的挑战,耶稣会兴办教育的热情十分高涨,其对德国教育的影响长达 200 年。在高等教育方面,中世纪大学的发展势头趋缓,由于受到新教大学崛起的冲击,有的德国古典大学甚至处于关闭的边缘。另外,受法兰西的影响,16 世纪末德国境内还出现了一批面向贵族子弟的骑士学园,旨在培养未来的官员和维护贵族的特权。随着手工业的迅速发展,这一时期德国的职业教育也粗具雏形。

从 16 世纪末至 17 世纪初期,俄国经历了历史上的"大混乱时期"。罗曼诺夫王朝建立后,俄国的农业、手工业和商业得到逐步发展,资本主义因素开始初露端倪。随着俄国文化的复苏,其教育也获得了相应的发展,如社会各阶层识字率提高,一些新式学校(兄弟会学校、希腊—拉丁语学校、斯拉夫—希腊—拉丁语学院等)创办。17 世纪时,俄国也出现了几位教育活动家和思想家,例如:西梅翁·波洛茨基较早地论述了青少年的公民教育,并且把劳动视为教育的重要手段之一;卡里翁·伊斯托明将夸美纽斯的教育思想创造性地运用于俄国的教学实践,主张将自然、历史和地理知识纳入教学计划;叶皮凡尼·斯拉温涅茨基则编译了《儿童公民守则》,强调儿童要遵守共同的生活准则。17 世纪俄国文化教育的发展为随后彼得一世的改革奠定了思想基础。

自 1527 年遭受"罗马浩劫"后,意大利的文化氛围发生了根本变化,文艺复兴时期"高度发达"的文明开始衰落。在反宗教改革运动中,宗教裁判所重建和禁书目录颁布，给意大利文化发展造成了灾难性的后果。在宗教改革时期和17世纪，意大利的教育完全处于耶稣会的控制之下。耶稣会在意大利各地和邻近岛屿建立了许多学校，既取得了辉煌的教育成就，又为其他宗教团体和慈善人士树立了榜样。耶稣会把大学视为战胜异教徒的主要场所，它致力于复兴旧大学和建立新大学，对当时意大利高等教育发展产生了深刻影响。由于民族国家兴起和自然科学发展，意大利大学开始由原来的国际化走向地方化，在其课程设置中出现了一些新兴的学科，如解剖学、植物学、医学等。

在宗教改革时期，北欧的丹麦、挪威和瑞典三国都进行了相应的教会改革。瑞典受路德派的直接影响，率先进行了宗教改革，并且建立了路德派的国家教会。丹麦的宗教改革基本上是和平进行的，它经历了一个缓慢的演变过程，从天主教到路德派的转变也比较平稳。挪威的宗教改革遇到了很多麻烦，由于官方语言是丹麦语，《圣经》译本、教义问答等都使用丹麦语，因而很难形成群众性运动。宗教改革给北欧三国的教育带来了极大的影响，三国都颁布了促进拉丁语学校发展的教育法规。到17世纪时，三国的教育状况已得到明显改善，各种教育机构纷纷建立，普通民众教育开始出现，高等教育发展也有了重大进步。

自1568年至17世纪末，荷兰处于历史上的"黄金时代"，其社会政治、经济、文化、科学和艺术等都发生了巨大的变化。由于人文主义思想和加尔文派的影响，荷兰的社会环境比较宽松，宗教自由的思想盛行，家庭教育受到重视，初等教育得以发展。与此同时，拉丁语学校、法语学校和职业技术学校也有了一定的发展。在高等教育方面，荷兰出现了一批新创办的大学，其中莱顿大学的科学研究成就令人瞩目，对当时荷兰乃至欧洲高等教育的发展产生了深远影响。此外，面向中产阶级的修辞学院和光辉学院等采用荷兰语教学，办学形式灵活，吸引了不少中产阶级子弟。总的来说，这一时期荷兰教育的主要特征表现为人文性、实用性和开放性三个方面。

综观16—17世纪以上各国教育的发展，我们或许可以将其特点归纳为"五化"，即世俗化、公立化、义务化、实科化(或实用化)、心理化。上述特点在17世纪进步教育家的主张及各国的教育实践中都有所体现。

第六卷共十章。各章的执笔者是：导言，任钟印、杨汉麟；第一章，任钟印、郭勇；第二章，吴国珍、杨佳；第三章，刘林海、杨佳；第四章，袁传明；第五章，郑崧；第六章，周红安；第七章，周采；第八章，杨汉麟；第九章，王莹、杨汉麟、田景正、范丽萍；第十章，周采。全书由杨汉麟、周采统稿。

第七卷共十一章。各章节的执笔人是：第一章，李贤智；第二章第一节、第二节，熊焰，第三节，范丽萍；第三章，张弢；第四章，易红郡；第五章，田景正；第六章，李先军；第七章，吴式颖；第八章，易红郡；第九章，任钟印、易红郡；第十章，杨孔炽；第十一章，王建梁；结语，杨汉麟、易红郡。全书由易红郡负责统稿，李先军和张弢协助做了一些统稿工作。

限于著者的水平，如有疏漏或不足之处，恳请读者批评指正。

参考文献

一、中文文献

安长春：《基督教笼罩下的西欧》，北京，中央编译出版社，1995。

北京大学哲学系外国哲学史教研室：《十六—十八世纪西欧各国哲学》，北京，商务印书馆，1975。

北京大学哲学系外国哲学史教研室：《西方哲学原著选读》上卷，北京，商务印书馆，1981。

陈文海译注：《特兰特圣公会议教规教令集》，北京，商务印书馆，2012。

成幼殊：《哥本哈根大学》，长沙，湖南教育出版社，1989。

褚宏启、吴国珍：《外国教育思想通史》第4卷，北京，北京师范大学出版社，2017。

戴本博：《外国教育史》上册，北京，人民教育出版社，1990。

董进泉：《西方文化与宗教裁判所》，上海，上海社会科学院出版社，2004。

董俊新：《莱顿大学》，长沙，湖南教育出版社，1988。

方彤：《瑞典基础教育》，广州，广东教育出版社，2004。

冯玉珍：《理性的悲哀与快乐》，北京，人民出版社，1993。

郭健：《哈佛大学发展史研究》，石家庄，河北教育出版社，2016。

何顺果：《美利坚文明论：美国文明与历史研究》，北京，北京大学出版社，2008。

敬东：《北欧五国简史》，北京，商务印书馆，1987。

李剑鸣：《美国通史（第1卷）：美国的奠基时代（1585—1775）》，北京，人民出版社，2001。

李甡平：《中国·日本·朝鲜实学比较》，合肥，安徽人民出版社，1995。

李映球：《空想社会主义者安德里亚的教育思想》，纪念《教育史研究》创刊二十周年论文集(16)——外国教育思想史与人物研究，北京，2009。

李瑜：《文艺复兴书信集》，上海，学林出版社，2002。

刘文龙、袁传伟：《世界文化史》近代卷，杭州，浙江人民出版社，1999。

鲁成文：《荷兰文化》，上海，上海社会科学院出版社，2013。

吕一民：《法国通史》，上海，上海社会科学院出版社，2012。

马骥雄：《外国教育史略》，北京，人民教育出版社，1993。

任钟印：《夸美纽斯教育论著选》，北京，人民教育出版社，2005。

任钟印：《美国高等教育的开路先锋——哈佛大学建校 350 周年》，载《教育研究与实验》，1986(2)。

山东大学等：《空想社会主义学说史》，杭州，浙江人民出版社，1981。

尚新建：《笛卡尔传》，石家庄，河北人民出版社，1997。

孙成木等：《俄国通史简编》上册，北京，人民出版社，1986。

滕大春：《美国教育史》，北京，人民教育出版社，1994。

滕大春：《外国教育通史》第 3 卷，济南，山东教育出版社，2003。

滕大春：《外国近代教育史》，北京，人民教育出版社，2002。

王长纯：《印度教育》，长春，吉林教育出版社，2000。

王桂：《日本教育史》，长春，吉林教育出版社，1987。

吴式颖：《俄国教育史：从教育现代化视角所作的考察》，北京，人民教育出版社，2006。

吴式颖、阎国华：《中外教育比较史纲》近代卷，济南，山东教育出版社，1997。

阎国忠、曲戈：《西方著名美学家评传》，合肥，安徽教育出版社，1991。

杨孔炽：《日本教育现代化的历史基础》，福州，福建教育出版社，1998。

姚鹏：《笛卡尔的天赋观念说》，北京，求实出版社，1986。

张建华：《俄国史》，北京，人民出版社，2004。

赵荣昌、单中惠：《外国教育史教学参考资料》，上海，华东师范大学出版社，1991。

郑崧：《国家、教会与学校教育：法国教育制度世俗化研究(从旧制度到 1905 年)》，上海，学林出版社，2008。

钟文芳：《西方近代初等教育史》，上海，上海科技教育出版社，2006。

周施廷：《丹麦宗教改革与新教国家联盟的形成》，载《世界历史》，2019(5)。

［奥地利］弗里德里希·希尔：《欧洲思想史》，赵复三译，桂林，广西师范大学出版社，2007。

［比］希尔德·德·里德－西蒙斯：《欧洲大学史》第2卷，贺国庆、王保星等译，保定，河北大学出版社，2008。

［丹麦］克努特·J.V. 耶斯佩森：《丹麦史》，李明、张晓华译，北京，商务印书馆，2012。

［丹麦］帕利·劳林：《丹麦王国史》，华中师范学院《丹麦王国史》翻译组译，武汉，湖北人民出版社，1973。

［德］包尔生：《德国大学与大学学习》，张弛、郄海霞、耿益群译，北京，人民教育出版社，2009。

［德］鲍尔生：《德国教育史》，滕大春、滕大生译，北京，人民教育出版社，1986。

［德］马克思、恩格斯：《共产党宣言》，北京，人民出版社，1967。

［德］文德尔班：《哲学史教程》，罗达仁译，北京，商务印书馆，1996。

［德］约翰·凡·安德里亚：《基督城》，黄宗汉译，北京，商务印书馆，1991。

［俄］戈·瓦·普列汉诺夫：《俄国社会思想史》第一卷，孙静工译，北京，商务印书馆，1998。

［俄］T. C. 格奥尔吉耶娃：《俄罗斯文化史：历史与现代》，焦东建、董茉莉译，北京，商务印书馆，2006。

［俄］萨利莫娃、［荷］多德：《国际教育史手册》，诸惠芳、方晓东、邹海燕主译，北京，人民教育出版社，2012。

［俄］M. P. 泽齐娜等：《俄罗斯文化史》，刘文飞等译，上海，上海译文出版社，1999。

［法］爱弥尔·涂尔干：《教育思想的演进》，李康译，上海，上海人民出版社，2006。

［法］加布里埃尔·孔佩雷：《教育学史》，张瑜、王强译，济南，山东教育出版社，2013。

［法］让·马蒂耶：《法国史》，郑德弟译，上海，上海译文出版社，2002。

［法］泰·德萨米：《公有法典》，黄建华、姜亚洲译，北京，商务印书馆，1982。

［荷］杜威·佛克马、弗朗斯·格里曾豪特：《欧洲视野中的荷兰文化(1650—2000

年):阐释历史》，王浩、张晓红、谢永祥译，桂林，广西师范大学出版社，2007。

[荷]亨德里克·威廉·房龙：《荷兰共和国兴衰史》，施诚译，石家庄，河北教育出版社，2002。

[捷]夸美纽斯：《大教学论·教学法解析》，任钟印译，北京，人民教育出版社，2006。

[美]爱伦·F. 丘：《俄国历史地图解说》，郭圣铭译，北京，商务印书馆，1995。

[美]布莱恩·诺德斯特姆：《悠闲瑞典》，陶秋月译，长春，长春出版社，2012。

[美]查尔斯·A. 比尔德、玛丽·R. 比尔德：《美国文明的兴起》上卷，许亚芬译，北京，商务印书馆，2017。

[美]L. 迪安·韦布：《美国教育史：一场伟大的美国实验》，陈露茜、李朝阳译，合肥，安徽教育出版社，2010。

[美]杜·舒尔茨：《现代心理学史》，沈德灿等译，北京，人民教育出版社，1981。

[美]S. E. 佛罗斯特：《西方教育的历史和哲学基础》，吴元训等译，北京，华夏出版社，1987。

[美]霍华德·津恩：《美国人民史》，蒲国良、许光春、张爱平等译，上海，上海人民出版社，2013。

[美]E. P. 克伯雷：《外国教育史料》，华中师范大学教育系等译，武汉，华中师范大学出版社，1991。

[美]E. P. 克伯雷：《西方教育经典文献》上卷，任钟印译，北京，人民教育出版社，2016。

[美]劳伦斯 A. 克雷明：《美国教育史(第1卷)：殖民地时期的历程1607—1783》，周玉军、苑龙、陈少英译，北京，北京师范大学出版社，2003。

[美]罗伯特·E. 勒纳、斯坦迪什·米查姆等：《西方文明史(Ⅰ)》，王觉非等译，北京，中国青年出版社，2009。

[美]马克·T. 胡克：《荷兰史》，黄毅翔译，上海，东方出版中心，2009。

[美]玛格丽特·海福德·奥利里：《韵致挪威》，刘新慧译，长春，长春出版社，2012。

[美]玛格丽特·L. 金：《欧洲文艺复兴》，李平译，上海，上海人民出版社，2015。

[美]乔尔·斯普林：《美国学校：教育传统与变革》，史静寰、姚运标等译，北京，人

民教育出版社，2010。

[美]史壮伯格：《近代西方思想史》，蔡伸章译，台北，桂冠图书公司，1993。

[美]梯利：《西方哲学史》下卷，葛力译，北京，商务印书馆，1979。

[美]威尔·杜兰：《世界文明史(第七卷)：理性开始时代》，幼狮文化公司译，北京，东方出版社，1998。

[美]威尔·杜兰：《世界文明史(第六卷)：宗教改革》，幼狮文化公司译，北京，东方出版社，1998。

[美]韦恩·厄本、杰宁斯·瓦格纳：《美国教育：一部历史档案》，周晟、谢爱磊译，北京，中国人民大学出版社，2009。

[美]雅克·巴尔赞：《从黎明到衰落：西方文化生活五百年，1500年至今(上)》，林华译，北京，中信出版社，2013。

[美]亚瑟·科恩：《美国高等教育通史》，李子江译，北京，北京大学出版社，2010。

[美]约翰·F. 理查兹：《新编剑桥印度史：莫卧儿帝国》，王立新译，昆明，云南人民出版社，2014。

[美]詹姆斯·W. 汤普逊：《中世纪晚期欧洲经济社会史》，徐家玲等译，北京，商务印书馆，1996。

[日]近代日本思想史研究会：《近代日本思想史》第1卷，马采译，北京，商务印书馆，1983。

[日]林罗山：《神道传授》，见严绍璗、[日]源了圆：《中日文化交流史大系3：思想卷》，杭州，浙江人民出版社，1996。

[日]麻生诚等：《教育与日本现代化》，刘付忱译，北京，人民教育出版社，1980。

[日]藤原惺窝：《千代茂登草》，见[日]永田广志：《日本哲学思想史》，陈应平、姜晚成、尚永清等译，北京，商务印书馆，1978。

[日]小原国芳：《日本教育史》，吴家镇、戴景曦译，上海，商务印书馆，1935。

[日]盐野七生：《我的朋友马基雅维利：佛罗伦萨的兴亡》，田建华、田建国译，北京，中信出版社，2016。

[日]永田广志：《日本哲学思想史》，陈应年、姜晚成、尚永清等译，北京，商务印书馆，1978。

[瑞典]安德生：《瑞典史》上册，苏公隽译，北京，商务印书馆，1963。

[瑞典]克里斯蒂娜·J. 罗宾诺维兹等:《当代维京文化》,肖琼译,北京,中国社会科学出版社,2015。

[瑞典]雅·阿尔文、古·哈塞尔贝里:《瑞典文学史》,李之义译,北京,外国文学出版社,1985。

[苏]H. A. 康斯坦丁诺夫等:《苏联教育史》,吴式颖等译,北京,商务印书馆,1996。莫斯科"教育"出版社1982年版,中译本由商务印书馆1996年出版。

[苏]米定斯基:《世界教育史》上卷,叶文雄译,北京,生活·读书·新知三联书店,1950。

[苏]尼·米·尼科利斯基:《俄国教会史》,丁士超等译,北京,商务印书馆,2000。

[苏]A. M. 普罗霍罗夫:《苏联百科词典》,丁祖永、马世元、王力文等译,北京、上海,中国大百科全书出版社,1986。

[苏]P. Γ. 斯克伦尼科夫:《伊凡雷帝传》,谷中泉等译,北京,商务印书馆,1986。

[苏]苏科院历史所列宁格勒分所:《俄国文化史纲(从远古至1917年)》,张开等译,北京,商务印书馆,1994。

[意]康帕内拉:《太阳城》,陈大维等译,北京,商务印书馆,1980。

[意]路易吉·萨尔瓦托雷利:《意大利简史:从史前到当代》,沈珩、祝本雄译,北京,商务印书馆,1998。

[印]K. M. 潘尼迦:《印度简史》,简宁译,北京,新世界出版社,2014。

[印]斯迪芬·麦勒迪斯·爱德华兹等:《莫卧儿帝国》,尚劝余译,西宁,青海人民出版社,2009。

[英]G. R. 埃尔顿:《新编剑桥世界近代史(第2卷):宗教改革(1520—1559年)》,中国社会科学院世界历史研究所组译,北京,中国社会科学出版社,2003。

[英]爱德华·伯曼:《宗教裁判所:异端之锤》,何开松译,沈阳,辽宁教育出版社,2001。

[英]博伊德、金:《西方教育史》,任宝祥、吴元训译,北京,人民教育出版社,1985。

[英]J. S. 布朗伯利:《新编剑桥世界近代史(第6卷):大不列颠和俄国的崛起(1688—1725年)》,中国社会科学院世界历史研究所组译,北京,中国社会科学出版社,2008。

[英]赫·赫德、德·普·韦利：《意大利简史》，罗念生、朱海观译，北京，商务印书馆，1975。

[英]H. P. 里克曼：《理性的探险》，姚休等译，岳长龄校，北京，商务印书馆，1996。

[英]罗伯特·R. 拉斯克、詹姆斯·斯科特兰：《伟大教育家的学说》，朱镜人、单中惠译，济南，山东教育出版社，2013。

[英]罗素：《西方哲学史》，马元德译，北京，商务印书馆，1976。

[英]罗素：《宗教与科学》，徐奕春、林国夫译，北京，商务印书馆，2005。

[英]尼尔·肯特：《瑞典史》，吴英译，北京，中国大百科全书出版社，2010。

[英]苏珊-玛丽·格兰特：《剑桥美国史》，董晨宇、成思译，北京，新星出版社，2017。

[英]托·金·德里：《挪威简史》上册，华中师范学院《挪威简史》翻译组译，武汉，湖北人民出版社，1973。

[英]托马斯·马丁·林赛：《宗教改革史》下卷，刘林海、徐洋等译，北京，商务印书馆，2016。

[英]R. B. 沃纳姆：《新编剑桥世界近代史（第3卷）：反宗教改革运动和价格革命(1559—1610年)》，中国社会科学院世界历史研究所组译，北京，中国社会科学出版社，1999。

二、外文文献

Alastair H. Thomas, *Historical Dictionary of Denmark*, Lanham, The Scarecrow Press, 2009.

Alexis de Tocqueville, *The Old Regime and the French Revolution*, trans, Stuart, Gilbert, New York, Doubledya & Company, 1955.

Alexander Hamilton, *A New Account of the East Indies*, London, Argonaut Press, 1930.

Anton Schindling, *Humanistische Hochschule und Freie Reichsstadt. Gymnasium und Akademie in Strassburg* 1538-1621, Wiesbaden, Franz Steiner Verlag, 1977.

Arjan van Dixhoorn, Benjamin Roberts, "Edifying Youths: The Chambers of Rhetoric in Seventeenth-Century Holland," *Paedagogica Historica*, Vol. 39, No. 3, 2003.

Biranchi Narayan Dash, *Development of Educational System in India*, New Delhi, Dominant Publishers and Distributors, 2010.

B. K. Sahay, *Education and Learning under the Great Mughals*, 1526 – 1707 *AD*, Bombay, New Literature Publishing Company, 1968.

Dinesh Chand, "Education System in Pre–independence India," *Rangpur*, *International Journal of Applied Research*, No. 1, 2015.

Dirk van Miert, *Humanism in an Age of Science : The Amsterdam Athenaeum in the Golden Age*, 1632–1704, Leiden, Brill, 2009.

Elise van Nederveen Meerkerk, Ariadne Schmidt, "Between Wage Labor and Vocation: Child Labor in Dutch Urban Industry, 1600 – 1800," *Journal of Social History*, Vol. 41, No. 3, 2008, pp.

F. B. Artz, *The Development of Technical Education in France*, 1500-1850, Cambridge, MIT Press, 1966.

Herman W. Roodenburg, "The Autobiography of Isabella De Moerloose: Sex, Childrearing and Popular Belief in Seventeenth Century Holland," *Journal of Social History*, Vol. 18, No. 4, 1985.

H. C. Barnard, *Fenelon on Education*, Cambridge, Cambridge University Press, 1966.

James Bowen, *A History of Western Education*, 3 *vols*. *Vol.* 3: *The Modern West Europe and the New World*, London, Methuen & Co Ltd., 1981.

Jeroen J. H. Dekker, "Beauty and Simplicity: the Power of Fine Art in Moral Teaching on Education in Seventeenth– Century Holland," *Journal of Family History*, Vol. 34, No. 2, 2009.

Jeroen J. H. Dekker, *Educational Ambitions in History: Childhood and Education in an Expanding Educational Space from the Seventeenth to the Twentieth Century*, Frankfurt am Main, Peter Lang GmbH, 2010.

Jeroen J. H. Dekker, "A Republic of Educators: Educational Messages in Seventeenth–Century Dutch Genre Painting," *History of Education Quarterly*, Vol. 36, No. 2, 1996.

John Fryer, *A New Account of East India and Persia: Being Nine Years' Tavels* 1672–1681, Stamford, Kraus Reprint, 1915.

Jyotsna Kamat, *Education in Karnataka Through the Ages*, Bangalore, Mythic Society, 2009.

Karel Davids, "The Bookkeeper's Tale: Learning Merchant Skills in the Northern Netherlands in the Sixteenth Century," In Petrus Canisius, Koen Goudriaan, Jaap van Moolenbroek, Ad Tervoort, *Education and Learning in the Netherlands*, 1400—1600: *Essays in Honour of Hilde de Ridder-Symoens*, Leiden, Koninklijke Brill NV, 2004.

Krishnalal Ray, *Education in Medieval India*, B. R. Publishing Corporation, 1984.

Kunwar Muhammad Ashraf, *Life and Conditions of the People of Hindustan* (1200–1550 AD), SOAS University of London, 1932.

Leendert F. Groenendijk, "The Reformed Church and Education During the Golden Age of the Dutch Republic," *Nederlandsch Archief voor Kerkgeschiedenis*, No. 1, Vol. 85, 2005.

Mark Motley, "Educating the English Gentleman Abroad: the Verney Family in Seventeenth-century France and Holland," *History of Education*, Vol. 23, No. 3, 1994.

Norbert Conrads, *Ritterakademien der Frühen Neuzeit. Bildung als Standesprivileg im* 16. *und* 17. *Jahrhundert*, Göttingen, Vandenhoeck & Ruprecht, 1982.

Notker Hammerstein, August Buck, *Handbuch der deutschen Bildungsgeschichte*, *Bd. I*: 15. *bis* 17. *Jahrhundert*, München, Verlag Beck, 1996.

Paul F. Grendler, "The Universities of the Renaissance and Reformation," *Renaissance Quarterly*, 2004(57).

Peter van Dael, "Two Illustrated Catechisms from Antwerp," In Petrus Canisius, Koen Goudriaan, Jaap van Moolenbroek, Ad Tervoort, *Education and Learning in the Netherlands*, 1400—1600: *Essays in Honour of Hilde de Ridder-Symoens*, Leiden, Koninklijke Brill NV, 2004.

P. D. Lockhart, *Denmark* 1513–1660: *The Rise and Decline of A Renaissance Monarchy*, Oxford, Oxford University Press, 2007.

R. Dekker, Uit de Schaduw in't Grote Licht. *Kinderen in Egodocumenten van de*

Gouden Eeuw tot de Romantiek [*Out of the Shadows into the Bright Light. Children in Ego Documents from the Golden Age to the Romantic Era*], 1995.

Sol Cohen, *Education in the United States: A Documentary History*, New York, Random House, 1973, Vol. 1.

Th. H. Lunsingh Scheurleer, G. H. M. Posthumus Meyjes, *Leiden University in the Seventeenth Century: An Exchange of Learning*, Leiden, E. J. Brill, 1975.

Y. Husain, *Glimpses of Medieval Indian Culture: Lectures*, London, Asia Publishing House, 1959.

В. В. Давыдов, Российская Педагогическая Энциклопедия Т. 1, Москва, Большая Российская Энциклопедия, 1993；Н. А. Константинов, Е. Н. Медынский, М. Ф. Шабаева, История педагогики, Москва, Просвещение, 1982.

Н. А. Константино, Е. Н. Медынский, М. Ф. Шабаева, История педагогики, Москва, Просвещение, 1982.

Э. Д. Днепров, Очерк Истории Школы и Педагогической Мысли Народов СССР с Древнейших Времен до Конца XVII в. Москва, Педагогика, 1989.

長田新監修：《日本教育史》，御茶の水書房，1982。

海後勝雄等：《近代教育史 I》，誠文堂新光社，1956。

荒木見悟、井上忠校注：《日本思想大系 34 貝原益軒室鳩巢》，岩波書店，1971。

寄田啓夫等：《日本教育史》，ミネルヴア書房，1993。

井上久雄：《日本の教育思想》，福村出版株式會社，1979。

笠井助治：《近世藩校の綜合研究》，吉川弘文館，1982。

梅根悟監修：《北歐教育史》，講談社，昭和五十一年(1976 年)。

山本勳：《近世日本の學術》，法政大學出版局，1982。

山鹿素行：《中朝實錄》，享保十二年抄本。

石井紫郎校注：《日本思想大系 27 近代武家思想》，岩波書店，1977。

田原嗣郎、守本順一郎：《日本思想大系 32 山鹿素行》，岩波書店，1978。

小林澄兄：《日本勤勞教育思想史》，玉川大學出版部，1969。

熊澤蕃山：《集義和書》，轉引自[英] R. P. ドーア(多爾)：《江戶時代の教育》，松居弘道日譯，岩波書店，1970。

益軒會：《益軒全集》卷之三，益軒全集刊行部，1969。

源了圓：《德川思想小史》，中央公論社，1973。

源了圓：《近世初期實學思想の研究》，創文社，1980。

源了圓：《文化と人の形成》，東京第一法規，1983。

中村通夫：《日本古典文學大系 63》，岩波書店，1957。

長田新監修：《日本教育史》，御茶の水書房，1982。

井上哲次郎：《日本陽明學派之哲學》，富山房，1987。

小林澄兄：《日本勤勞教育思想史》，玉川大學出版部，1969。